Stressbewältigung durch Pflegekräfte

Ingo Klingenberg

Stressbewältigung durch Pflegekräfte

Konzeptionelle und empirische Analysen vor dem Hintergrund des Copings und der Resilienz

Ingo Klingenberg
Wirtschaftswissenschaftliche Fakultät
Heinrich-Heine-Universität Düsseldorf
Düsseldorf, Deutschland

Dissertation Heirich-Heine-Universität Düsseldorf, 2021 – D 61

ISBN 978-3-658-37437-2   ISBN 978-3-658-37438-9 (eBook)
https://doi.org/10.1007/978-3-658-37438-9

Die Deutsche Nationalbibliothek verzeichnet diese Publikation in der Deutschen Nationalbibliografie; detaillierte bibliografische Daten sind im Internet über http://dnb.d-nb.de abrufbar.

Planung/Lektorat: Marija Kojic
Springer Gabler ist ein Imprint der eingetragenen Gesellschaft Springer Fachmedien Wiesbaden GmbH und ist ein Teil von Springer Nature.
Die Anschrift der Gesellschaft ist: Abraham-Lincoln-Str. 46, 65189 Wiesbaden, Germany

Danksagung

Ohne die Unterstützung diverser Personen wäre die Erstellung dieser Arbeit nicht möglich gewesen. Daher möchte ich mich auf diesem Wege herzlich bei verschiedenen Menschen bedanken.

Der größte Dank gilt meinem Doktorvater Univ.-Prof. Dr. Stefan Süß, der mich auf dem Weg stets unterstützt hat. Insbesondere der Rückhalt am Anfang meiner Promotion, die mit diversen Startschwierigkeiten verbunden war, hat mir die nötige Sicherheit zum Verfassen dieser Arbeit gegeben. Danke auch für die zahlreichen Gespräche, die hilfreichen Ratschläge und die tolle Unterstützung im Zuge der Erstellung dieser Arbeit. Im Rahmen deiner Betreuung habe ich diverse Dinge in Bezug auf das wissenschaftliche Arbeiten aber auch fürs Leben gelernt. Vielen Dank dafür!

Univ.-Prof. Dr. Rüdiger Hahn danke ich für die Übernahme und schnelle Erstellung des Zweitgutachtens. Danken möchte ich außerdem Univ.-Prof. Dr. Andreas Engelen für die Übernahme des Vorsitzes bei der Disputation.

Weiterhin möchte ich mich bei allen Interviewpartnern und Studienteilnehmern bedanken. Durch eure/Ihre Teilnahme ist die Erstellung dieser Arbeit erst möglich geworden. Ich danke daher allen, die sich die Zeit genommen haben um mich bei meiner Arbeit zu unterstützen.

Ganz besonders danken möchte ich auch meinen tollen aktuellen und ehemaligen Kollegen. Durch eure Unterstützung in Form von Anmerkungen in Doktorandenseminaren, kritischem Feedback und Korrekturlesen habt ihr alle zur erfolgreichen Fertigstellung dieser Arbeit beigetragen. Die Zusammenarbeit mit euch macht mir immer großen Spaß. Ihr seid echt wunderbare Menschen und ich freue mich jeden Tag aufs Neue, Teil eines so einzigartigen Teams zu sein. Ihr hättet alle eine eigene Seite in dieser Danksagung verdient, aus Platzgründen muss ich einzelne Kollegen besonders hervorheben.

Massiv bei der Erstellung dieser Arbeit unterstützt hat mich PD Dr. Sascha Ruhle. Dies beschränkt sich nicht nur auf wissenschaftliche und persönliche Ratschläge, die ich im Laufe der Jahre gerne entgegengenommen habe, sondern beinhaltet auch die gemeinsame Zeit – im Büro und der Freizeit – die ich immer sehr genieße. Besonderer Dank gilt außerdem Elena Gesang, die nicht nur durch ihr kritisches Auge diese Arbeit – und zahlreiche andere Texte von mir – massiv sprachlich aufgewertet hat, sondern auch durch ihr Feedback zu Inhalten und Studienideen wesentlich dazu beigetragen hat, dass die Arbeit so geworden ist, wie sie ist. Danken möchte ich außerdem Dr. Sarah Altmann von der ich insbesondere in meiner Anfangszeit viel über das Arbeiten am Lehrstuhl gelernt habe und die final ein kritisches Auge auf die Formatierungen dieser Arbeit geworfen hat. Vielen Dank auch an Ines Wulf mit der ich lange Zeit das „Rote Büro" geteilt habe und die als Sparringspartnerin zu Stress und positiver Psychologie dazu beigetragen hat, dass sich einige Ideen zu dieser Arbeit überhaupt erst entwickelt haben. Dank gilt außerdem Rouven Kollitz mit dem ich zusammen meine Tätigkeit am Lehrstuhl begonnen habe und der für mich bis heute ein Vorbild und eine wichtige Quelle der Inspiration darstellt. Danken möchte ich auch unseren (aktuellen und ehemaligen) Hilfskräften, die mich durch die Übernahme diverser kleinerer Aufgaben über die Jahre sehr entlastet haben.

Ein Dank gilt auch meinen Eltern und meiner Schwester, die mich im Rahmen ihrer Möglichkeiten immer unterstützt haben. Außerdem möchte ich meiner Schwiegermutter Karin für die Unterstützung in vielen Bereichen sowie zahlreiche warme Socken danken.

Ein besonderer Dank gilt meinen Freunden Philip, Jan, Phillip, Kevin, Benni, Jannis und Felix. Nicht nur für eure Unterstützung bei der Akquise von Probanden, sondern auch für die Ablenkung während und nach intensiven Schreibphasen.

Großer Dank gebührt, nicht zuletzt, meiner Frau Katrin die mich auf dem Weg der Promotion von Anfang bis Ende begleitet hat. Danke, dass du mir stets den Rücken freigehalten hast, mich emotional und funktional unterstützt hast und Entbehrungen in Kauf genommen hast, damit ich diese Arbeit verfassen konnte.

Die Arbeit widme ich den Pflegekräften in Deutschland und in der restlichen Welt, die Tag für Tag mit ihrem Einsatz Menschen, ihren Angehörigen und der Gesellschaft einen wichtigen Dienst erweisen.

Marl   Ingo Klingenberg
im August 2021

Inhaltsverzeichnis

Abkürzungsverzeichnis

°C	Grad Celsius
Abb.	Abbildung
ACTH	Adrenocorticotropes Hormon
AIC	Akaike Information Criterion
AltPflG	Altenpflegegesetz
AP	Altenpfleger (Teilnehmerbezeichnung Kapitel 4)
ArbSchG	Arbeitsschutzgesetz
BIC	Bayesian Information Criterion
BLRT	Parametric Bootstrapped Likelihood Ratio Test
bzgl.	bezüglich
bzw.	beziehungsweise
CATI	Computer Assisted Telephone Interview
CFI	Comparative Fit Index
CI	Confidence Intervall (Konfidenzintervall)
COVID-19	Coronavirus disease 2019
DBfK	Deutscher Berufsverband für Pflegeberufe
d. h.	das heißt
DHEA-S	Dehydroepiandrosteronsulfat
DSGVO	Datenschutz-Grundverordnung
dt.	deutsch
EFA	Explorative Faktorenanalyse
engl.	englisch
EI	Emotionale Intelligenz
ERI	Effort-Reward-Imbalance
etc.	et cetera
IKT	Informations- und Kommunikationstechnologie

insb.	insbesondere
JDC-Modell	Job-Demand-Control-Modell
JD-R-Modell	Job-Demands-Resources-Modell
KFA	Konfirmatorische Faktorenanalyse
KP	Krankenpfleger (Teilnehmerbezeichnung Kapitel 4)
KrPflG	Krankenpflegegesetz
LL	Log Likelihood
LMRT	(Vuong-)Lo-Mendell-Rubin Likelihood Ratio Test
LPA	Latente Profilanalyse
MBCT	Mindfulness-based Cognitive Therapy
MD	Median
MLR	Maximum Likelihood Schätzer
Mrd.	Milliarde
n	(Teil-)Stichprobengröße (statistischer Ausdruck)
n/a	nicht anwendbar
o. H.	ohne Heftnummer
o. Jg.	ohne Jahrgang
OR	Odds Ratio (Chancenverhältnis)
p	p-Wert (Signifikanzwert)
par.	Parameter
PTSD	Posttraumatic Stress Disorder
RMSEA	Root Mean Square Error of Approximation
S.	Seite
SD	Standard Deviation (Standardabweichung)
SE	Standard Error (Standardfehler)
SPSS	Statistical Package for the Social Sciences
SRMR	Standardized Root Mean Square Residual
TLI	Tucker-Lewis-Index
QR-Code	Quick-Response-Code
u. a.	unter anderem
URL	Uniform Resource Locator
USA	United States of America
u. v. m.	und viele mehr
vgl.	vergleiche
vs.	versus
χ^2	Chi Quadrat
z. B.	zum Beispiel
z. T.	zum Teil

Abbildungsverzeichnis

Einleitung

1.1 Ausgangssituation

Das Thema **Arbeitsstress** findet seit längerem regelmäßig Beachtung in der öffentlichen Debatte (vgl. z. B. Spiegel Online 2019; FAZ.net 2020). Dies ist zum einen darauf zurückzuführen, dass Stress gravierende negative Auswirkungen auf die physische und psychische Gesundheit von Arbeitnehmern[1] hat und somit zu Nachteilen für Individuen, Unternehmen und Gesellschaft führen kann (vgl. z. B. Dragano 2007, S. 75–88; Rau/Buyken 2015, S. 121–123). Zum anderen haben das subjektive Stressempfinden und die Zahl der psychischen Erkrankungen in den meisten Berufs- und Bevölkerungsgruppen in den letzten Jahrzehnten stetig zugenommen, weshalb das öffentliche Interesse anhält (vgl. z. B. Meyer/Böttcher/Glushanok 2015, S. 363; Knieps/Pfaff 2018; Techniker Krankenkasse 2018, S. 7).

Der Begriff **Stress** wird in der Alltagssprache häufig synonym für Stressoren und Stressreaktionen verwendet, die in der Wissenschaft klar voneinander abgegrenzt werden (vgl. z. B. Holz/Zapf/Dormann 2004, S. 278–279; Nerdinger/Blickle/Schaper 2011, S. 477). Der Begriff **Stressor** bezeichnet dabei Reize, die die Wahrscheinlichkeit erhöhen, dass ein Individuum eine Stressreaktion zeigt (vgl. Greif 1991, S. 3). **Stressreaktionen** beschreiben einen Zustand, in dem der menschliche Körper durch zusätzliche Hormonproduktion die Leistungsfähigkeit erhöht, was kurzzeitig stimulierend wirkt (vgl. Lohmann-Haislah/Schütte 2013, S. 18).

---

[1] Aus Gründen der besseren Lesbarkeit wird auf die gleichzeitige Verwendung männlicher, weiblicher und diverser Sprachformen verzichtet. Sämtliche Personenbezeichnungen gelten gleichermaßen für alle Geschlechter.

© Der/die Autor(en) 2022
I. Klingenberg, *Stressbewältigung durch Pflegekräfte*,
https://doi.org/10.1007/978-3-658-37438-9_1

Ist ein **Individuum** allerdings häufigen oder dauerhaften Stressreaktionen ausgesetzt – hierbei ist von chronischem Stress die Rede – kann dies negativen
Einfluss auf Leistung, Verhalten und Gesundheit haben (vgl. z. B. Nixon u. a.
2011; Kaluza 2015, S. 31). Kurzfristige Folgen sind z. B. Leistungsabfall, Nervosität oder Unkonzentriertheit (vgl. Kaluza 2015, S. 20–21; Milek/Bodenmann
2018, S. 559). Langfristig können psychische, psychosomatische oder körperliche
Beeinträchtigungen wie vermehrter Alkoholkonsum, Depressionen oder kardio-
vaskuläre Erkrankungen die Folgen sein (vgl. Rau/Buyken 2015, S. 121–123).
Darüber hinaus können Stressreaktionen auch zu Rücken- und Kopfschmerzen,
Augenbelastung, Schlafstörungen, Schwindel, Appetitsverlust und Magen-Darm-
Problemen führen (vgl. Nixon u. a. 2011). Ermüdung und ermüdungsähnliche
Zustände wie Monotonie, herabgesetzte Wachsamkeit, psychische Sättigung und
Burnout können ebenfalls Folgen von chronischem Stress sein (vgl. Maslach
2003, S. 189; Institut für angewandte Arbeitswissenschaft 2015, S. 110).

Für **Unternehmen** hat insbesondere die hohe Anzahl stressbedingter Fehltage
und Frühverrentungen negative Konsequenzen (vgl. Meyer/Böttcher/Glushanok
2015, S. 341; Deutsche Rentenversicherung 2020, S. 57). Die lange Ausfalldauer, die häufig mit psychischen Erkrankungen einhergeht (vgl. Lohmann-
Haislah/Schütte 2013, S. 9–10; BAuA 2020a, S. 109), führt zu höheren Kosten
und kann Produktions- bzw. Vertriebseinbußen nach sich ziehen. Weiterhin kann
Stress zu einem Motivations- und Leistungsrückgang bei Mitarbeitern führen
(vgl. Kaluza 2015, S. 20–21), sodass auch hieraus negative Folgen in Form von
geringeren Erträgen und höheren Kosten für Unternehmen resultieren können.
Neben den monetären Faktoren ergibt sich die Relevanz des Themas für Unternehmen auch daraus, dass sie eine Verantwortung gegenüber ihren Mitarbeitern
haben. Diese wird nochmals durch das Arbeitsschutzgesetz (ArbSchG) unterstri-
chen. Arbeitgeber sind demnach verpflichtet, Gefährdungen für Arbeitnehmer zu
identifizieren und Risiken zu minimieren. Seit 2013 gilt diese Pflicht auch expli-
zit in Bezug auf psychische Belastungen (vgl. ArbSchG 2020, §5). Ein hohes
Stressempfinden kann neben gesundheitlichen Auswirkungen u. a. auch negativen Einfluss auf die Arbeitszufriedenheit sowie das organisationale Commitment
nehmen und letztendlich zu höheren Wechselabsichten und tatsächlichen Orga-
nisationswechseln führen (vgl. Cavanaugh u. a. 2000; Podsakoff/LePine/LePine
2007; Dorenkamp/Weiß 2018). Somit wird das Thema Stress aus mehreren
Gründen für Unternehmen immer relevanter.

Politische Debatten über eine ‚Anti-Stress-Verordnung' (vgl. z. B. Röverkamp
2017) verdeutlichen die Relevanz, die das Thema auch für die **Gesellschaft** hat.
Die langen Ausfallzeiten und die vermehrten Frühverrentungen (vgl. Bundespsychotherapeutenkammer 2013, S. 4; Meyer/Böttcher/Glushanok 2015, S. 341)

können auch auf gesellschaftlicher Ebene zu negativen Konsequenzen führen. Hierbei ergeben sich analog zu den Produktions- bzw. Vertriebseinbußen für Unternehmen auch volkswirtschaftliche Schäden. Diese beziffern sich Schätzungen zufolge auf 22,1 Milliarden Euro an Ausfall an der Bruttowertschöpfung, die alleine durch psychische Erkrankungen entstehen (vgl. BAuA 2020b, S. 2). Weiterhin werden die Sozialsysteme dadurch belastet, dass durch weniger Arbeitsleistung auf der einen Seite tendenziell weniger eingezahlt wird, auf der anderen Seite aber höhere Kosten für die Kranken- und Rentenversicherungen entstehen können (vgl. Dragano 2007, S. 42). Darüber hinaus wird auch die Gesundheit der Bevölkerung bspw. in der Public-Health-Debatte als gesellschaftliche Aufgabe verstanden (vgl. z. B. Schott/Hornberg 2011, S. 14–16). Auch hierin zeigt sich die Verantwortung der Gesellschaft gegenüber ihren Mitgliedern.

Aufgrund der Relevanz auf individueller, organisationaler und gesellschaftlicher Ebene überrascht es nicht, dass das Thema auch von großem wissenschaftlichen Interesse ist. Ein Teil der **wissenschaftlichen Literatur** widmet sich der Identifikation und Klassifikation von Stressoren (vgl. z. B. Lepore/Evans 1996, S. 352–353; Bengel/Lyssenko 2012, S. 30). Insbesondere die Erwerbsarbeit bietet eine zentrale Quelle für Stressoren. Dabei gelten insbesondere eine zu lange Arbeitszeit, zu hohe Anforderungen, Zeitdruck, Rollenkonflikte, Lärm sowie Probleme mit Kollegen oder Vorgesetzten als mögliche Auslöser für Stressreaktionen (vgl. z. B. Cartwright/Cooper 1997, S. 14; Gilboa u. a. 2008; Bowling u. a. 2015).

Allerdings gilt es zu berücksichtigen, dass Stressoren nicht bei jedem Individuum gleich wirken, d. h. ein Stressor löst nicht bei jeder Person eine bzw. dieselbe Stressreaktion aus, sondern Stressoren werden individuell sehr unterschiedlich wahrgenommen (vgl. Nerdinger/Blickle/Schaper 2011, S. 488). Dies ist insbesondere auf die individuelle Bewertung und die individuelle Stressbewältigung zurückzuführen. Die **individuelle Bewertung** beschreibt einen teils kognitiven, teils unterbewussten Vorgang, in dem Individuen äußere Umstände (Stressoren) hinsichtlich ihrer Relevanz und Gefahr sowie der Schwierigkeit der Bewältigung bewerten (vgl. Folkman 2011, S. 454). Bewertet das Individuum einen Stressor als gefährlich, entsteht eine Stressreaktion und die individuelle Stressbewältigung wird ausgelöst (vgl. Lowe/Bennet 2003, S. 393). Bei der **individuellen Stressbewältigung** spielen insbesondere individuelle Eigenschaften wie die individuelle(n) Bewältigungsstrategie(n), das Coping sowie die Resilienz eine Rolle im Hinblick darauf, wie lange und wie intensiv eine Stressreaktion ausfällt.

Der Begriff **Coping** bezeichnet den Umgang mit Stressreaktionen und umfasst sowohl kognitive Prozesse als auch Handlungen. Coping hat zum Ziel, eine Stressreaktion zu beenden (vgl. z. B. Dewe/O'Driscoll/Cooper 2010, S. 26–27;

Nerdinger/Blickle/Schaper 2011, S. 484). Coping kann sowohl proaktiver als
auch reaktiver Natur sein, das Individuum kann also auf eine bereits eingetre-
tene Stressreaktion reagieren oder sich auf eine zukünftig eintretende Situation
vorbereiten (vgl. O'Driscoll 2013, S. 89–90). Weiterhin setzt Coping nicht
zwangsläufig Aktivität voraus, sondern kann auch durch Vermeidung (also bspw.
durch abwarten, bis die Stressreaktion beendet ist) erfolgen (vgl. Carver 2013,
S. 497–498). Darüber hinaus gilt es festzuhalten, dass Coping nicht nur auf
individueller Ebene geschieht. Das soziale Umfeld und Organisationen können
den Rahmen für das individuelle Coping festlegen. So können bspw. Kollegen,
Freunde und Familie den Einzelnen unterstützen und somit zur Besserung der
Situation beitragen (vgl. Thoits 2011, S. 152). Die verschiedenen Reaktionen im
Hinblick auf Stress werden in der Wissenschaft als Copingstrategien bezeichnet
(vgl. Dewe/O'Driscoll/Cooper 2010, S. 153). Dabei können Individuen immer
wieder die gleichen oder ähnliche Strategien anwenden – bei dieser relativ konstanten Art des Copings ist auch von einem Copingstil die Rede (vgl. Aldwin
2007, S. 129).

Als **Resilienz** wird in der Wissenschaft die Widerstandsfähigkeit gegenüber
Widrigkeiten (insbesondere Stress) verstanden (vgl. Henninger 2016, S. 158).
Resilienz beschreibt dabei eine aus der Interaktion zwischen Mensch und Umwelt
resultierende Fähigkeit (vgl. Lee u. a. 2013, S. 269), d. h. Individuen, die in der
Vergangenheit vermehrt schwierigere Situationen überstehen konnten, tendieren
dazu, diese zukünftig nicht mehr als negativ bzw. als gefährlich zu bewerten
(vgl. Gunkel/Böhm/Tannheimer 2014, S. 258). Dabei ist davon auszugehen, dass
es keine universelle Resilienz gibt, sondern Individuen über verschiedene Resilienzen verfügen, also resilient gegenüber bestimmten (Arten von) Stressoren
sind und gegenüber anderen wiederum nicht (vgl. Ungar 2004, S. 342). Neben
der erfolgreichen Bewältigung wird Resilienz durch verschiedene Schutzfaktoren begünstigt, dazu zählen z. B. Optimismus, Selbstwirksamkeitserwartung und
Achtsamkeit (vgl. z. B. Gunkel/ Böhm/Tannheimer 2014, S. 259; Soucek u. a.
2015, S. 14). Wenngleich die Resilienz gegenüber einem Stressor durch erfolgreiche Bewältigung theoretisch von jedem Individuum gestärkt werden kann,
verfügen Menschen über verschiedene Resilienzpotenziale, die bspw. von genetischen Faktoren oder der frühkindlichen Entwicklung abhängen können (vgl.
Hoffmann 2016, S. 61). Es wird also davon ausgegangen, dass der Aufbau von
Resilienz manchen Menschen einfacher fällt als anderen.

Das Wissen über die Stressentstehung und Stressbewältigung ist für die
Arbeits- und Personalforschung von großer Bedeutung, um die Entstehung von
Arbeitsstress zu erklären und eine entsprechende Arbeitsgestaltung sowie stress-
präventive Maßnahmen abzuleiten und zu evaluieren. Dies wird, wie eingangs

beschrieben, zunehmend zu einer betrieblichen Aufgabe. Von der Entwicklung präventiver Maßnahmen kann daher auch die Praxis profitieren. Dabei wird zwischen zwei Arten von Prävention unterschieden: Steht die Reduktion möglicher Stressoren im Vordergrund der Prävention, ist von einer **Verhältnisprävention** die Rede. Dieser steht die **Verhaltensprävention** gegenüber, die sich dadurch auszeichnet, dass sie das Verhalten der Mitarbeiter so anpasst, dass diese durch einen bewussten Umgang seltener Stressreaktionen erleiden (vgl. Bamberg/Busch 2006, S. 216).

In der Forschung gilt Verhältnisprävention als der effektivere Weg, Stressreaktionen zu vermeiden (vgl. Babatunde 2013, S. 80; Tetrick/Winslow 2015, S. 600). Da sich Organisationen allerdings stets einer wandelnden Umwelt und (über)betrieblichen Entwicklungen anpassen müssen, ändern sich die Arbeitsanforderungen zunehmend (vgl. z. B. Doppler u. a. 2011, S. 41–42). Aus diesen Entwicklungen können neue Stressoren resultieren (vgl. Lohmann-Haislah/Schütte 2013, S. 18). Somit ist eine reine Vermeidungsstrategie durch Verhältnisprävention seitens Organisationen nicht zielführend, da die Entstehung von Stressoren dynamischer wird und die Verhältnisprävention nicht immer umsetzbar ist. Daher sollte auch der Verhaltensprävention ein hoher Stellenwert zukommen. Insbesondere durch weitere Vertiefung des Wissens über Coping und Resilienz kann die Wissenschaft dazu einen Beitrag leisten.

Der subjektiv empfundene Stress nimmt zwar in den meisten Berufsfeldern zu, allerdings gibt es Berufe, die besonders von Arbeitsstress betroffen sind. Dazu zählen in erster Linie **Pflegekräfte**, die eine überdurchschnittliche Zahl an Krankheitstagen aufgrund psychischer Erkrankungen aufweisen (vgl. Meyer/Böttcher/Glushanok 2015, S. 389; Drupp/Meyer 2019, S. 45). Weiterhin konnten diverse Studien zeigen, dass Pflegekräfte überdurchschnittlichem Arbeitsstress ausgesetzt sind (vgl. Schulz u. a. 2009; Xie/Wang/Chen 2011; Rasch/Dewitt/Eschenbeck 2017). Dies ist zum einen darauf zurückzuführen, dass die Arbeitslast, die auf eine Pflegekraft fällt, verhältnismäßig zunimmt. Die Zahl des Personals im nichtärztlichen Dienst ist in Deutschland seit 1991 um ca. 13 % gestiegen, dabei sind die Fallzahlen der Patienten um ca. 30 % gestiegen, während die durchschnittliche Verweildauer der Patienten um ca. 50 % gesunken ist (vgl. Statistisches Bundesamt 2018, S. 10–12). Aufgrund dieser Zahlen ist anzunehmen, dass die durchschnittliche Zeit, die eine Pflegekraft für einen Patienten zur Verfügung hat, gesunken ist und sich die Aufnahme-/Entlassungsaufgaben mehren. Zum anderen sind Pflegekräfte einer Vielzahl spezifischer Stressoren ausgesetzt, die sich aus der Arbeitsumwelt ergeben (vgl. McVicar 2003, S. 640). Darunter fallen z. B. ein hohes Arbeitspensum, Schichtarbeit, Rollenkonflikte,

Aggressionen durch Patienten, ein geringer Handlungsspielraum oder Anforderungen, die sich aus der Emotionsarbeit ergeben (vgl. LePine/Podsakoff/LePine 2005; Mann/Cowburn 2005; Lim/Bogossian/Ahern 2010; Wagstaff/Sigstad Lie 2011).

1.2   Problemstellung

Die Wissenschaft hat sich in den letzten Jahrzehnten intensiv mit dem Thema **Arbeitsstress von Pflegekräften** beschäftigt. Dabei stehen insbesondere die Entstehung und Auswirkungen von Arbeitsstress im Fokus (vgl. z. B. Tummers/Landeweerd/van Merode 2002; Bakker/Le Blanc/Schaufeli 2005; Garrosa u. a. 2011; Labrague u. a. 2017). Die Forschung fokussiert darüber hinaus auch die Themen Stressprävention und Stressbewältigung von Pflegekräften (vgl. z. B. Healy/McKay 2000; Edwards/Burnard 2003; McGrath/Reid/Boore 2003; Garrosa u. a. 2010; Mark/Smith 2012). Ein Forschungszweig beschäftigt sich z. B. mit der Effektivität betrieblicher Stressprävention (vgl. z. B. Tetrick/Winslow 2015; Holman/Johnson/O'Connor 2018). Dabei wird vermehrt die fehlende Verknüpfung von Stresspräventionsmaßnahmen mit theoretischen bzw. konzeptionellen Modellen kritisiert (vgl. Ruotsalainen u. a. 2015, S. 29; Tetrick/Winslow 2015, S. 599; Havermans u. a. 2018, S. 651). Für eine effektive Stressprävention sind daher Erkenntnisse hinsichtlich wissenschaftlicher Konstrukte zur Stressbewältigung nötig, um entsprechende Modelle daraus abzuleiten. Hierbei können insbesondere Coping und Resilienz einen entscheidenden Beitrag leisten, da diese an unterschiedlichen Stellen hinsichtlich der Stressbewältigung ansetzen (vgl. 1.1).

Zum Thema **Coping** sind zahlreiche Publikationen in den letzten Jahrzehnten erschienen (vgl. z. B. Somerfield/McCrae 2000, S. 620; Dewe/Cooper 2017). Dabei beschäftigt sich die Copingforschung z. B. mit der Frage, welche Faktoren Coping beeinflussen (vgl. z. B. Connor-Smith/Flachsbart 2007; Gottschling u. a. 2016; Dewe/Cooper 2017, S. 166–167) und wie sich Coping auf die Gesundheit des Menschen auswirkt (vgl. z. B. Gouin u. a. 2016; Wahlberg/Nirenberg/Capezuti 2016). Es lässt sich allerdings keine grundsätzlich effektivere Art des Copings identifizieren. Während die frühere Forschung häufig darauf abzielte, besonders wirksame Copingstrategien zu identifizieren, hat sich mit der Zeit die Annahme einer Goodness-of-Fit-Hypothese verfestigt (vgl. Bengel/Lyssenko 2012, S. 26). Diese besagt, dass Copingstrategien in manchen Situationen wirkungsvoll sind, während sie in anderen Situationen nicht effektiv sind. Daher spielt die Erforschung des Kontextes, in dem Coping stattfindet, eine zunehmend zentrale Rolle (vgl. Dewe/Cooper 2017, S. 166–167).

Die Anzahl an **Publikationen zum Thema Resilienz** steigt disziplinübergreifend seit den 2000er-Jahren kontinuierlich an (vgl. Weiß/Hartmann/Högl 2018, S. 19–23). Dabei stehen u. a. die Entstehung von Resilienz (vgl. z. B. Li u. a. 2015; Crane/Searle 2016) und die Funktion der Resilienz als Moderator zwischen verschiedenen Stressoren und stressbedingten Erkrankungen (vgl. z. B. Hegney u. a. 2015; Ceschi u. a. 2017) im Fokus der Forschung. Während Resilienz in älteren Definitionen häufig als universelle Eigenschaft beschrieben wurde, gehen neuere Ansätze davon aus, dass ein Individuum über mehrere Resilienzen verfügen kann, d. h. dass für einige Stressoren zwar eine Resilienz besteht, für andere aber nicht (vgl. Ungar 2004, S. 342; Hoffmann 2016, S. 58–59). Daher sollten auch im Hinblick auf Resilienz kontextuelle Faktoren berücksichtigt werden.

Vor dem Hintergrund der zunehmenden Relevanz des Kontexts rücken auch Berufsgruppen vermehrt in den Fokus der Stressbewältigungsforschung. Im Hinblick auf **Coping oder Resilienz von Pflegekräften** existiert bereits eine Vielzahl an Publikationen (vgl. z. B. Olstad/Sexton/Søgaard 2001; Lambert u. a. 2004; Garrosa u. a. 2010; Gibbons 2010; Garrosa u. a. 2011; Mark/Smith 2012). Allerdings ist dabei zu bemängeln, dass sich der überwiegende Teil der Literatur isoliert auf Coping oder Resilienz bezieht. In vielen Publikationen stehen einzelne (Kategorien von) Copingstrategien oder (Schutzfaktoren der) Resilienz im Zentrum der Forschung. Daher mangelt es an dem Verständnis davon, wie Coping und Resilienz von Pflegekräften zusammenhängen. Der Mangel an dieser Unterscheidung sowie die fehlende Beachtung des Zusammenhangs von Coping und Resilienz werden auch in der Literatur außerhalb des Kontexts der Pflegekräfte bemängelt (vgl. z. B. Fletcher/Sarkar 2013, S. 17; Rice/Liu 2016, S. 330–331; van der Hallen/Jongerling/Godor 2020).

Das **Problem**, das sich daraus ergibt, ist die fehlende Analyse dazu, wie Coping und Resilienz in Wechselwirkung zueinander stehen. Bestehende Analysen greifen somit zu kurz, da sie missachten, dass Stressbewältigung mehrstufig stattfindet. Demnach verfügen Individuen über eine unterschiedliche Ausprägung von Resilienz und erfahren daher unterschiedlich ausgeprägte Stressreaktionen (vgl. Gunkel/Böhm/Tannheimer 2014, S. 258). Dadurch unterscheidet sich auch die individuelle Wahl von Copingstrategien (vgl. Fletcher/Sarkar 2013, S. 16; Lee/Kim/Young Choi 2014, S. 341). Weiterhin ist anzunehmen, dass Individuen meist (verschiedene) emotionsorientierte und problemorientierte Copingstrategien parallel anwenden (vgl. Lazarus 2012, S. 207–208) und nicht, wie in der Forschung häufig analysiert wurde, einzelne Strategien isoliert angewandt werden. Da sich sowohl Resilienz und Copingstrategien als auch Copingstrategien untereinander gegenseitig beeinflussen können (vgl. Rice/Liu 2016, S. 329), ist es

allerdings nötig, diese Beeinflussung im Stressbewältigungsprozess zu berücksichtigen. Der Stressbewältigungsliteratur im Generellen und der Literatur zur
Stressbewältigung von Pflegekräften im Speziellen mangelt es daher an Modellen
zur Stressbewältigung sowie an Erkenntnissen hinsichtlich des Zusammenhangs
von Coping und Resilienz.

Auch aus **praktischer Perspektive** fehlen aufgrund dieser Forschungslücke
Erkenntnisse, die bei der Gestaltung von Maßnahmen zur Stressprävention für
Pflegekräfte herangezogen werden können. Die Gesunderhaltung der Zielgruppe
ist aber aus mehrerlei Gründen relevant: Erstens sind in Deutschland mehr als 1,7
Millionen Personen in Pflegeberufen beschäftigt (vgl. Bundesagentur für Arbeit
2021, S. 6). Daher machen sie mit ca. 3,7 % aller Arbeitnehmer in Deutschland einen nicht unerheblichen Teil der Erwerbsbevölkerung aus. Zweitens kann
der Bedarf an Pflegekräften in vielen Regionen aufgrund eines bestehenden
Fachkräftemangels bereits heute nicht mehr gedeckt werden (vgl. Bundesagentur für Arbeit 2021, S. 16). Die geringe Attraktivität des Berufs, die u. a.
aus den Arbeitskonditionen resultiert, führt zu Jobwechsel und zur Reduzierung
der Arbeitszeiten, was wiederum zur Aufrechterhaltung des Fachkräftemangels
beiträgt (vgl. Schmucker 2019, S. 58). Durch die langen Ausfallzeiten und Frühverrentungen nimmt die Belastung für gesunde Pflegekräfte zu, da sie die Ausfälle
kompensieren müssen. Dies kann wiederum negative Folgen für deren Gesundheit haben und das Problem zusätzlich verschärfen. Drittens leisten Pflegekräfte
ihren Beitrag zur Aufrechterhaltung der Gesundheit anderer Personen. Im Hinblick auf die angesprochene medizinische Teildisziplin ‚Public Health‘ nehmen
Pflegekräfte somit eine zentrale Rolle in der gesellschaftlichen Gesunderhaltung
ein. Psychische Beeinträchtigungen des Pflegepersonals können die Fehlerquote
erhöhen und somit Risiken für Patienten nach sich ziehen und die Gesund-
heitsversorgung in Deutschland gefährden (vgl. Elfering/Semmer/Grebner 2006;
Gärtner u. a. 2010). Wissenschaftliche Erkenntnisse können dazu beitragen, die
Gesunderhaltung von Pflegekräften besser zu verstehen und zu fördern.

1.3   Zielsetzung und Aufbau der Arbeit

Angesichts dessen ist es **das Ziel der vorliegenden Arbeit**, die Stressbewältigung durch Pflegekräfte vor dem Hintergrund des Copings und der Resilienz zu
analysieren. Die Analyse erfolgt mehrstufig. Sie beinhaltet eine konzeptionelle
Analyse der bisherigen Stressliteratur, eine Zusammenfassung bisheriger empirischer Erkenntnisse zu Stressbewältigung von Pflegekräften und jeweils eine
qualitative sowie eine quantitative empirische Untersuchung.

Die vorliegende Arbeit gliedert sich in sieben Kapitel. Nach dieser Einleitung erfolgt in **Kapitel 2** die Darstellung der zentralen begrifflichen und konzeptionellen Grundlagen. Dabei wird zunächst der Begriff ‚Stress' definiert und es werden Erkenntnisse aus der biologischen, der psychologischen, der soziologischen/sozialpsychologischen und der betriebswirtschaftlichen Sicht betrachtet. Weiterhin erfolgt die Vorstellung des transaktionalen Stressmodells, das in der vorliegenden Arbeit von zentraler Bedeutung ist. Im Anschluss daran wird der Begriff ‚Coping' definiert und zentrale Erkenntnisse zu Einflussfaktoren und Effekten werden dargestellt. Daran anschließend erfolgt die Erläuterung des Begriffs ‚Resilienz' und die Darstellung der wesentlichen Erkenntnisse zu Einflussfaktoren und Effekten von Resilienz. Nachfolgend werden die Begriffe ‚Coping' und ‚Resilienz' voneinander abgegrenzt und das Begriffsverständnis dieser Arbeit wird erläutert. Aus den zusammengetragenen Erkenntnissen folgt die Ableitung eines konzeptionellen Modells, das als Grundlage für die anschließenden empirischen Analysen herangezogen wird.

In **Kapitel 3** wird der zugrundeliegende empirische Aufbau der Arbeit vorgestellt. Dazu erfolgt zunächst die Klärung des Begriffs ‚Pflegekraft' und die Darstellung zentraler Spezifika der Zielgruppe. Weiterhin werden Erkenntnisse zu Stressoren, Stressfolgen und Stressbewältigung von Pflegekräften herausgearbeitet. Dafür erfolgt zunächst die Begründung für das explorative, personenzentrierte Vorgehen. Im Anschluss folgt die Vorstellung und Erläuterung der Fragestellungen im Hinblick auf die qualitative und quantitative Analyse.

Kapitel 4 beinhaltet eine qualitative Studie zur Stressbewältigung von Pflegekräften. Dabei wird zunächst das Vorgehen im Rahmen der Analyse vorgestellt. Im Anschluss werden die deskriptiven Ergebnisse der Arbeit aufgezeigt, auf deren Grundlage im nächsten Schritt Typen gebildet und vorgestellt werden. Abschließend erfolgt die Diskussion der Ergebnisse.

In **Kapitel 5** werden die Erkenntnisse von Kapitel 4 mit den Fragestellungen und dem Forschungsaufbau von Kapitel 6 verknüpft. Zu diesem Zwecke werden Implikationen, die sich aus der vorausgehenden Analyse in Kapitel 4 für das weitere Vorgehen für Kapitel 6 ergeben, abgeleitet und diskutiert.

Kapitel 6 beinhaltet eine quantitative Studie zur Stressbewältigung von Pflegekräften. Zunächst erfolgt die Darstellung des Vorgehens im Rahmen der Analyse. Darauf folgt die Erläuterung der Methode der latenten Profilanalyse (LPA) und das Vorgehen im Rahmen der Datenanalyse wird vorgestellt. Im Anschluss werden die deskriptiven Ergebnisse aufgezeigt und im Weiteren die gebildeten Profile vorgestellt. Weiterhin werden die Erkenntnisse zu Einflussfaktoren und Auswirkungen im Hinblick auf die gefundenen Profile aufgezeigt. Im Anschluss erfolgt die Diskussion der Ergebnisse.

Kapitel 7 bildet das Ende der vorliegenden Arbeit. Die Ergebnisse der Kapitel 4 und 6 werden einander gegenübergestellt und diskutiert. Weiterhin erfolgt die Zusammenfassung der Beiträge dieser Arbeit. Im Anschluss werden die Ergebnisse hinsichtlich ihres Nutzens für die Praxis diskutiert. Zuletzt folgt die Darstellung der Limitationen der vorliegenden Arbeit sowie die Ableitung von weiterem Forschungsbedarf.

Begriffliche und konzeptionelle Grundlagen

2

2.1 Stress

2.1.1 Begriffsverständnis

Der **Begriff** ‚Stress‘ kommt aus dem Englischen und lässt sich mit ‚Anspannung‘ oder ‚Druck‘ übersetzen. Er beschreibt einen subjektiv unangenehmen Zustand, in dem ebenjene Anspannung bzw. jener Druck empfunden wird (vgl. Lyon 2012, S. 2). In der wissenschaftlichen Literatur wird in der Regel zwischen Stressoren und Stressreaktionen unterschieden (vgl. z. B. Greif 1991, S. 3; Dragano 2007, S. 70; Nerdinger/Blickle/Schaper 2011, S. 477), die in der Alltagssprache häufig vermischt und unter dem Begriff ‚Stress‘ zusammengefasst verwendet werden (vgl. Holz/Zapf/Dormann 2004, S. 278). Eine Trennung von Stressoren und Stressreaktionen bietet allerdings eine differenziertere Sichtweise, da Ursache und Wirkung voneinander isoliert werden.

Als **Stressoren** werden Reize bezeichnet, die die Wahrscheinlichkeit erhöhen, dass ein Individuum eine Stressreaktion erfährt (vgl. Greif 1991, S. 3). Eine **Stressreaktion** ist demnach die Wirkung, die sich aus der Ursache (Stressor) ergibt. Stressreaktionen äußern sich bspw. durch ein vermehrtes Ausschütten der Hormone Adrenalin und Cortisol und können kurzfristig zu einer Steigerung der Aufmerksamkeit und Leistungsfähigkeit des menschlichen Organismus führen (vgl. Dragano 2016, S. 171). Dabei unterscheiden sie sich hinsichtlich ihrer Dauer und Intensität und können bei Individuen unterschiedlich ausfallen (vgl. Nerdinger/Blickle/Schaper 2011, S. 477). Auch die Bewertung von Stressoren

---

Teile dieses Kapitels sind in ähnlicher, aber deutlich kürzerer Form in einem, gemeinsam mit Stefan Süß verfassten, Artikel erschienen (vgl. Klingenberg/Süß 2020).

© Der/die Autor(en) 2022
I. Klingenberg, *Stressbewältigung durch Pflegekräfte*,
https://doi.org/10.1007/978-3-658-37438-9_2

(vgl. 2.1.3.2), also die kognitiven Abläufe, die den Organismus in Alarmbereitschaft versetzen, erfolgt individuell. Das heißt es ist individuell unterschiedlich, ob ein Stressor zu einer Stressreaktion führt oder nicht (vgl. Holz/Zapf/Dormann 2004, S. 278–279).

Grundsätzlich ist eine Stressreaktion nicht als ausschließlich negativ zu bezeichnen. Wie beschrieben wird etwa die Leistungsfähigkeit kurzfristig erhöht. Dies hat insbesondere in der Prähistorie zum menschlichen Überleben beigetragen, da der Körper in Kampf- und Fluchtbereitschaft versetzt wurde und der Mensch so in Gefahrensituationen, z. B. im Kampf mit wilden Tieren, konzentrierter und leistungsfähiger agieren konnte (vgl. Dragano 2016, S. 171). Der menschliche Körper erbringt bei einer Stressreaktion Höchstleistungen. So erhöhen sich u. a. der Blutdruck, die Herzschlagfrequenz und die Durchblutung der Muskeln, was viele Ressourcen im Körper, z. B. Fettsäuren und Glukose, verbraucht (vgl. Kaluza 2015, S. 19). Nach Stressreaktionen ist der menschliche Körper normalerweise in der Lage, sich vollständig zu regenerieren (vgl. Nerdinger/Blickle/Schaper 2011, S. 486). Allerdings können langandauernde, sehr intensive oder häufige Stressreaktionen, insbesondere ohne Regenerationsmöglichkeiten, zu psychischen, physischen und/oder psychosomatischen Beschwerden führen (vgl. Dragano 2016, S. 172). Daher ist es aus gesundheitlicher Perspektive relevant, sich mit den Stressoren als Ursache von Stressreaktionen ebenso wie mit den Stressreaktionen selbst auseinanderzusetzen.

Heute wird der Begriff ‚Stress(reaktion)' meist negativ konnotiert (vgl. Hammermann/Stettes 2015, S. 118). Dies resultiert vor allem daraus, dass sich die Lebensumwelt und die daraus resultierenden Stressoren gravierend verändert haben. Die lebensbedrohlichen Situationen werden in der zivilisierten Welt seltener. Insbesondere in den Industrienationen resultieren Stressreaktionen daher heute primär aus den Anforderungen, die sich aus einer immer schneller verändernden Umwelt ergeben. Ein zentraler Faktor ist dabei die Arbeit (vgl. Dragano 2007, S. 76). Diese stellt heute eine wesentliche Quelle für Stressoren dar. Bei Stressreaktionen, die aus arbeitsbedingten Stressoren resultieren, ist häufig auch von **Arbeitsstress** die Rede (vgl. 2.1.5).

Im Gegensatz zu Gefahrensituationen treten arbeitsbedingte Stressoren für verschiedene Arbeitnehmer regelmäßig auf, sodass sich Stressreaktionen beim Individuum häufen können. Fehlende Regenerationsmöglichkeiten können darüber hinaus dazu beitragen, dass Stressreaktionen zu gesundheitlichen Problemen führen (vgl. Kaluza 2012, S. 33). Daraus resultieren häufig Erschöpfung, Motivations- und Leistungsverluste sowie Krankheiten (vgl. Milek/Bodenmann 2018, S. 559). Daher ist es auch nicht verwunderlich, dass durch Arbeitsstress entstandene psychische Erkrankungen zu einer der häufigsten Ursachen für

Krankschreibungen geworden sind. Diese dauern zudem im Gegensatz zu Krankschreibungen, die aus anderen Ursachen resultieren, meist überdurchschnittlich lange an (vgl. Meyer/Böttcher/Glushanok 2015, S. 341; Rennert/Kliner/Richter 2018, S. 44). Weiterhin sind psychische Erkrankungen eine der häufigsten Ursachen für Frühverrentungen (vgl. Bundespsychotherapeutenkammer 2013, S. 4; Deutsche Rentenversicherung 2020, S. 110–111). Volkswirtschaftliche Schätzungen gehen von einem Ausfall von 22,8 Mrd. Euro an der Bruttowertschöpfung aus, die alleine auf psychische Erkrankungen zurückzuführen sind (vgl. BAuA 2020b, S. 2).

Aufgrund der individuellen, organisationalen und gesellschaftlichen Relevanz (vgl. 1.1) verwundert es nicht, dass Stress bzw. Arbeitsstress auch auf ein breites wissenschaftliches Interesse aus verschiedenen Disziplinen stößt. Im Folgenden wird zunächst ein Überblick über das bestehende Wissen zu Stress und Arbeitsstress gegeben. Dabei soll die biologische (vgl. 2.1.2), psychologische (vgl. 2.1.3), soziologische bzw. sozialpsychologische (vgl. 2.1.4) und betriebswirtschaftliche Perspektive (vgl. 2.1.5) aufgezeigt werden. Weiterhin wird mit dem transaktionalen Stressmodell ein Modell vorgestellt, das die Grundlage für das konzeptionelle Modell dieser Arbeit darstellt (vgl. 2.1.6).

2.1.2 Stress aus biologischer Perspektive

2.1.2.1 Allgemeines Anpassungssyndrom

Eine zentrale Rolle in der Stressforschung spielt die **biologische Perspektive** auf Stress. Diese steht zwar nicht im Fokus dieser Arbeit, ein grundsätzliches Verständnis ist aber nötig, um die negativen Folgen nachvollziehen zu können, die Stress für den Menschen hat.

Die Biologie fokussiert insbesondere die körperlichen Abläufe während einer Stressreaktion und geht u. a. den Fragen nach, welche körperliche Funktion Stress hat, welche organischen und neurologischen Abläufe im Körper während einer Stressreaktion stattfinden und welche Folgen Stress für den menschlichen Organismus hat (vgl. 2.1.2.2). Weiterhin findet die Frage Berücksichtigung, inwiefern Organismen sich an ihre Umwelt anpassen können – dabei spielt das Prinzip der Allostase eine zentrale Rolle (vgl. 2.1.2.3). Im ersten Schritt wird das allgemeine Anpassungssyndrom als Grundlage für die heutige Stressforschung erläutert.

Erste wissenschaftliche Auseinandersetzungen mit Stress sind bereits zu Beginn des 20. Jahrhunderts erfolgt. Walter Cannon beschäftigte sich in den 1910er-Jahren mit Kampf-und Fluchtreaktionen (engl. fight or flight), die ein Vorgängerkonzept von dem darstellen, was heute als Stress bezeichnet wird (vgl.

Kaluza 2015, S. 18). Er fokussierte die Reaktionen des menschlichen Körpers, die insbesondere in Kampfsituationen entstehen und diesen schnell in einen leistungsfähigen Zustand versetzen. Cannon prägte dabei außerdem den Begriff der Homöostase (vgl. 2.1.2.2; Cannon 1929, S. 401).

Auch in den Werken Hans Selyes, der sich bereits in den 1930er-Jahren mit Stress beschäftigte und als Urvater der modernen Stressforschung gilt, stehen die Stressreaktionen im Vordergrund, die er als **allgemeines Anpassungssyndrom** bezeichnete (vgl. Selye 1946). Selye fokussierte Unterschiede zwischen Stressreaktionen. Dabei unterschied er zwischen negativen Stressreaktionen (Distress) und positiven Stressreaktionen (Eustress) (vgl. Selye 1976, S. 54; Rice 2012, S. 26). Während Eustress leistungssteigernd wirkt und einer optimalen körperlichen Aktivierung entspricht, beschreibt Distress die Über- bzw. Unterforderung und wird vom Menschen als negativ empfunden (vgl. Le Fevre/Matheny/Kolt 2003, S. 729). Der gleiche Stressor kann sowohl zu Eustress als auch zu Distress führen – die individuelle Bewertung und Stressbewältigung entscheidet darüber, ob Eustress oder Distress empfunden wird (vgl. 2.1.3.2; 2.1.6). Dabei wird von einem umgekehrt U-förmigen Verlauf ausgegangen, der im Zusammenhang mit Stress als Yerkes-Dodson-Gesetz bezeichnet wird. Dieses Gesetz besagt, dass sehr intensive (Überforderung), aber auch sehr schwache (Unterforderung) Stimulationen (z. B. Arbeitsanforderungen) zu Distress führen, während eine mittlere bzw. optimale Stressreaktion (Herausforderung) zu Eustress und

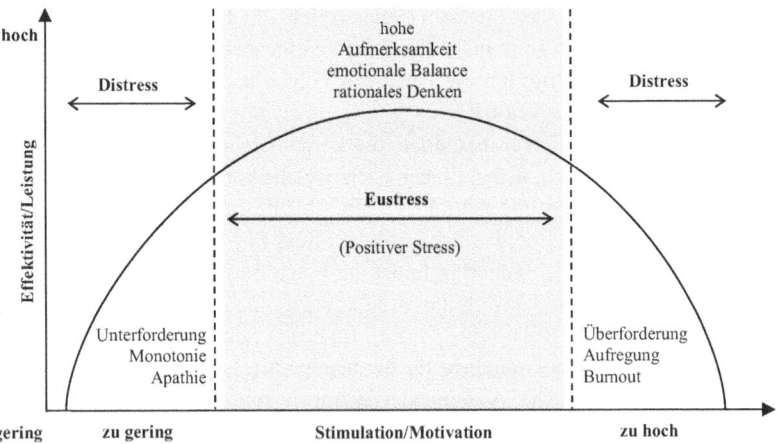

Abb. 2.1   Yerkes-Dodson-Gesetz (in Anlehnung an Welford 1973, S. 570)

somit zur Leistungssteigerung führt. Unterforderung kann dabei zu Monotonie und Apathie führen, Überforderung kann mit Burnout und Aufregung einhergehen. Eustress ist wiederum mit hoher Wachsamkeit, rationalen Handlungen und emotionaler Ausgeglichenheit verbunden (vgl. Welford 1973, S. 570, 573). Demnach sind Stressreaktionen als Aktivierung zu verstehen, die notwendig sind, damit Menschen Leistung erbringen können. Stress ist daher in einem gewissen Rahmen nützlich für das menschliche Handeln. Abbildung 2.1 visualisiert den Aktivierungsverlauf nach dem Yerkes-Dodson-Gesetz. Um das Verständnis zu vereinfachen, bezieht sich der Begriff ‚Stressreaktion' in der weiteren Arbeit ausschließlich auf Distress.

Das Modell des allgemeinen Anpassungssyndroms nach Selye (1946) systematisiert Stress in drei Phasen: (1) Die Phase der Alarmreaktion beschreibt die Reaktion des menschlichen Organismus, in der hormonelle Prozesse ausgelöst werden und die Aktivierung und somit Erhöhung der Leistungsbereitschaft stattfindet. Diese Phase kann je nach Intensität des Stressors und Anfälligkeit des Individuums von wenigen Minuten bis zu 24 Stunden andauern (vgl. Rice 2012, S. 24). (2) In der Phase des Widerstandsstadiums setzt die Rückkopplung ein. Der hohe Ressourcenverbrauch und die erhöhte Leistung der Organe bilden eine Gefahr für den Organismus, da eine Überforderung und Erschöpfung drohen. Die körpereigenen Verteidigungsmechanismen versuchen daher, den Körper zurück in den Normalzustand zu versetzen (vgl. Rice 2012, S. 25). Da das Widerstandsstadium nur temporär aufrechterhalten werden kann, kann es bei einem zeitlich lang andauernden Stressor dazu kommen, dass der Normalzustand nicht erreicht wird und das Erschöpfungsstadium eintritt. (3) Im Erschöpfungsstadium wird Stress nicht bewältigt und die anhaltend hohe Aktivierung kann zu gesundheitlichen Problemen führen (vgl. Kaluza 2015, S. 33–36).

Abbildung 2.2 visualisiert die beschriebenen Phasen des allgemeinen Anpassungssyndroms. Die X-Achse zeigt den zeitlichen Verlauf einer Stressreaktion, die Y-Achse die Widerstandskraft des menschlichen Körpers. Während der Körper zu Beginn der Stressreaktion anfälliger ist, nimmt seine Widerstandskraft während des Widerstandsstadiums zu. Je länger die Stressreaktion aber andauert, desto geringer wird die Widerstandskraft des Körpers. Daher erhöhen langanhaltende Stressreaktionen die Gefahr gesundheitlicher Folgen.

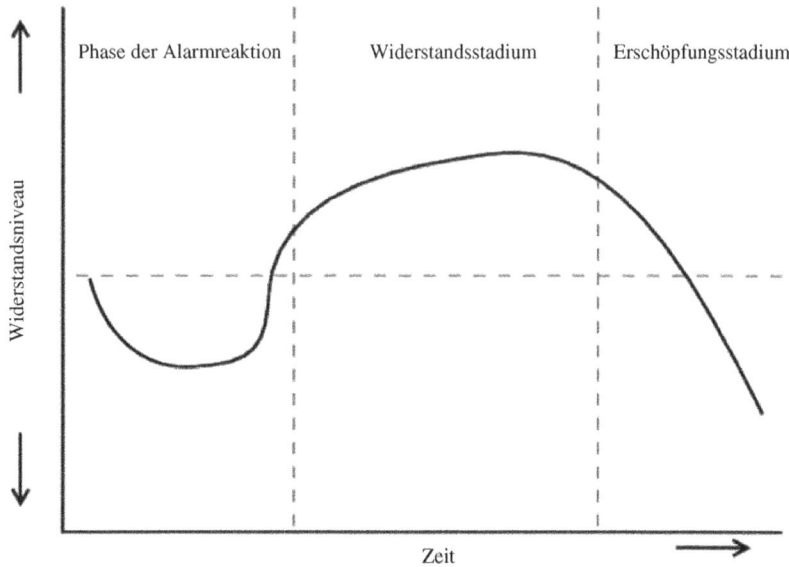

Abb. 2.2 Phasen des allgemeinen Anpassungssyndroms (in Anlehnung an Selye 1946, S. 123)

2.1.2.2 Physiologie einer Stressreaktion

Der Begriff der **Homöostase** wurde bereits von Walter Cannon im Zusammenhang mit Kampf- und Fluchtreaktionen verwendet (vgl. Cannon 1929, S. 401). Er bezeichnet die Stabilität von physiologischen Systemen (hier: des menschlichen Körpers), die durch Selbstregulierung versuchen, eine bestimmte Ordnung oder einen Zustand (z. B. Blutdruck, Glukoselevel, Körpertemperatur) konstant zu halten (vgl. Lyon 2012, S. 3–4). Stressoren stellen eine potenzielle Gefahr für die innere Ordnung dar (z. B. durch drohende Verletzungen, Extremtemperaturen, Unterversorgung mit Nährstoffen/Sauerstoff) und können den Körper in Alarmbereitschaft versetzen (vgl. Kaluza 2015, S. 18). Stressreaktionen sind demnach körperliche Reaktionen, die durch die Gefährdung der Homöostase ausgelöst werden (vgl. Lyon 2012, S. 3).

Während einer Stressreaktion finden im menschlichen Körper verschiedene Abläufe statt. Diese **physiologischen Abläufe** bei einer akuten Stressreaktion sind relevant für das Verständnis davon, wann Distress entsteht und warum dieser zu gesundheitlichen Problemen führen kann. Bei einer Gefährdung der Homöostase wird zunächst der Sympathikus (vegetatives Nervensystem) aktiviert, der für die Steuerung eines Großteils der menschlichen Organe zuständig ist. Der körperliche Prozess während einer Stressreaktion verläuft normalerweise zweigleisig und besteht aus Aktivierung und Rückkopplung. Bei der Aktivierung veranlasst der Sympathikus, dass das Nebennierenmark die Hormone Adrenalin und Noradrenalin ausschüttet und somit durch eine höhere Herzfrequenz und Verengung der Blutgefäße der Blutdruck erhöht wird (vgl. Gündel/Glaser/Angerer 2014, S. 102–103).

Dem nachgelagert ist die Ausschüttung des Adrenocorticotropen Hormons (ACTH), das von der Hypophyse an die Nebennierenrinde geleitet wird (vgl. Kaluza 2015, S. 24). Die Nebennierenrinde setzt daraufhin das Stresshormon Cortisol frei, das den Stoffwechsel des Köpers aktiviert, durch die Verarbeitung von Fetten und Zucker die Energiezufuhr steigert und parallel dazu für die Situation nicht relevante Fähigkeiten wie die Verdauungs- und Sexualfunktion hemmt (vgl. Gündel/Glaser/Angerer 2014, S. 103). Cortisol bewirkt allerdings auch die weitere Freisetzung von ACTH, was wiederum in erhöhter Konzentration die weitere Freisetzung von Cortisol stoppt und somit die Rückkopplung, also die Beendigung der Stressreaktion im menschlichen Körper, aktiviert (vgl. Kaluza 2015, S. 24). Nach erfolgreicher Rückkopplung und Beendigung der Stressreaktion beginnt der Körper mit der Regeneration und erreicht wieder seinen Normalzustand (vgl. Nerdinger/Blickle/Schaper 2011, S. 486).

Der oben beschriebene Prozess zeichnet den idealtypischen Verlauf einer akuten Stressreaktion nach, die erfolgreich bewältigt wurde. Er stellt in der Regel kein Problem für den menschlichen Organismus dar. Nur unter bestimmten Umständen führen Stressreaktionen bei gesunden Menschen zu **gesundheitlichen Problemen**. Kaluza (2012, S. 33–36) nennt vier Aspekte, unter denen Stressreaktionen zu gesundheitlichen Schädigungen führen können:

(1) Die vom Körper erzeugte Energie wird nicht verbraucht. Fette, Zucker und verklumpte Blutplättchen können die Blutbahn verstopfen und zu Gefäßverengungen führen. Die Folge ist ein erhöhtes Risiko für Infarkte in Herz, Lunge oder Hirn. (2) Chronischer Stress: Bei häufigen Stressreaktionen, insbesondere ohne Regenerationsmöglichkeiten, besteht das Risiko, dass Stress chronisch wird, d. h. der Körper verliert allmählich die Fähigkeit, zu seinem Normalzustand zurückzukehren. Die Folgen sind Daueraktivität, fehlende Regeneration und Erschöpfung (vgl. 2.1.2.1), die schließlich zu Organschäden führen können. Darüber hinaus stehen Stressreaktionen im Zusammenhang mit Rücken- und Kopfschmerzen, Augenbelastungen, Schlafstörungen, Schwindel, Appetitverlust und Magen-Darm-Problemen (vgl. Nixon u. a. 2011). (3) Schwächung des

Immunsystems: Durch chronischen Stress kann es zur Schwächung der menschlichen Abwehrkräfte kommen. Chronischer Stress geht daher häufig mit der Zunahme von anderen Erkrankungen wie Erkältungen einher. (4) Gesundheitliches Risikoverhalten: Menschen, die oft Stressreaktionen erfahren, tendieren auch zu erhöhtem Suchtmittelkonsum. Eine vermehrte Zunahme von Alkohol oder Tabak kann ebenfalls das Risiko verschiedener Krankheiten (bspw. Infarkte oder Organschäden) erhöhen (vgl. Kaluza 2012, S. 33–36).

2.1.2.3 Prinzip der Allostase

Neben den gesundheitlichen Folgen, die aus dauerhaften und intensiven Stressreaktionen entstehen können, beschäftigt sich die Biologie auch mit der Frage, inwiefern (häufige) Stressreaktionen den Organismus verändern oder sogar zu dessen Abnutzung (engl. wear and tear) führen können. Dabei ist insbesondere das Konzept der **Allostase** relevant, das eine Erweiterung des Homöostase-Konzepts darstellt (vgl. Zatura/Reich 2011, S. 176).

Insbesondere die US-amerikanischen Neurowissenschaftler Bruce McEwen (1998) sowie Sterling/Eyer (1988) beschäftigen sich mit dem Prinzip der Allostase. Später prägte McEwen in diesem Zusammenhang den Begriff der allostatischen Last (vgl. z. B. McEwen/Wingfield 2003). Die Grundannahme der Allostase ist, dass Organismen lernen müssen, sich an ihre Umwelt anzupassen, um ihre Homöostase aufrechterhalten zu können. Äußere Umstände, z. B. das Wetter, Umweltbedingungen oder Krankheiten, können zu einem **allostatischen Zustand** (engl. allostatic state), d. h. zu einem Ungleichgewicht homöostatischer Sollzustände führen (vgl. McEwen/Wingfield 2003, S. 3). Dies geschieht bspw., wenn Menschen dauerhaft extremer Hitze ausgesetzt sind: Der Organismus reduziert die Schweißbildung und damit die Abkühlung des Körpers, dessen homöostatischer Zustand bei ca. 37 °C liegt. Er toleriert eine Abweichung der Homöostase der Körpertemperatur zugunsten des Wasserhaushaltes, der bei Aufrechterhaltung der Körpertemperatur zur Dehydration führen könnte. Allostase besteht dabei aus einer Interaktion zwischen Gehirn und Organismus und führt zur Adaption durch den Organismus (vgl. Rice 2012, S. 28). Sie führt also dazu, dass der menschliche Körper und das Gehirn lernen, sich an die Umwelt anzupassen und mögliche Risiken zukünftig frühzeitig zu erkennen bzw. zu antizipieren (vgl. Semmer/Zapf 2017, S. 31).

Die Summe aller allostatischen Zustände wird als **allostatische Last** (engl. allostatic load) bezeichnet (vgl. McEwen/Wingfield 2003, S. 4). Eine langandauernde allostatische Last erhöht das Risiko von Krankheiten und kann sogar zu Veränderungen des Gehirns führen (vgl. Rice 2012, S. 29). Daraus folgen kann eine Fehlregulation des Stresssystems, das aufgrund der Häufigkeit von

Stressreaktionen auch dann Stressoren antizipiert, wenn diese nicht auftreten, und somit zu einer dauerhaften Über- oder Unterfunktion des Stresssystems führen kann (vgl. Dragano 2007, S. 72–73). Die Allostase führt zusammenfassend also dazu, dass der menschliche Organismus lernt, sich an die Umwelt (z. B. Stressoren) anzupassen und tägliche Routinen zu entwickeln. Sie kann bei Daueraktivierung aber zur intensiven allostatischen Last werden, die als **allostatische Überlast** (engl. allostatic overload) bezeichnet wird und zu Krankheiten führen kann (vgl. McEwen/Wingfield 2003, S. 4). Diese Krankheiten resultieren somit aus Fehlregulationen des Immunsystems, des kardiovaskulären Systems, des Stoffwechselprozesses und des Nervensystems, die auf allostatische Überlast zurückzuführen sind (vgl. McEwen 2004, S. 3–4).

Stressreaktionen verlaufen nicht bei jedem Individuum gleich, sondern variieren teilweise stark hinsichtlich Qualität (Eustress vs. Distress), Intensität (Mikro- vs. Makrostress) und Dauer (akut vs. chronisch). Dies lässt sich z. B. auf genetische Faktoren, die Adaption durch den Organismus oder auch Erfahrungen zurückführen (vgl. McEwen/Wingfield 2003, S. 4). Die biologische Perspektive der Stressforschung kann allerdings nur bedingt dazu beitragen, Unterschiede hinsichtlich der Stressreaktionen bei Individuen zu erklären. Denn auch psychologische Prozesse nehmen starken Einfluss darauf, inwiefern ein Individuum Stress wahrnimmt.

2.1.3 Stress aus psychologischer Perspektive

2.1.3.1 Kategorien von Stressoren

In der **psychologischen Perspektive** nehmen vor allem Stressoren eine zentrale Rolle ein. Dabei wird in erster Linie der Frage nachgegangen, welche Stressoren es gibt und warum sie bei einigen Individuen eine Stressreaktion auslösen und bei anderen wiederum nicht. Hierbei spielt vor allem die individuelle Bewertung von Stressoren (vgl. 2.1.3.2) eine entscheidende Rolle. Darüber hinaus fokussiert die Psychologie Ressourcen, also Faktoren, die zur psychischen Gesundheit beitragen können (vgl. 2.1.3.3). Weiterhin beschäftigt sich die psychologische Perspektive mit den Auswirkungen von Stress (vgl. 2.1.3.4). Dabei stehen die Folgen im Vordergrund, die Stress für das Verhalten und die Psyche haben kann. Im Folgenden sollen die zentralen Erkenntnisse aus der Psychologie aufgezeigt werden, wobei mit der Kategorisierung von Stressoren begonnen wird.

Trotz unterschiedlicher Stressmodelle, die in der Literatur existieren, besteht in der Wissenschaft Konsens darüber, dass Stress auf innere oder äußere Reize zurückzuführen ist, die als **Stressoren** bezeichnet werden (vgl. Weinert 2004,

S. 277). Daher handelt es sich um Reize, die die Wahrscheinlichkeit erhöhen, dass Individuen eine Stressreaktion empfinden (vgl. Greif 1991, S. 3). Um Stressoren zu kategorisieren und für die Forschung messbar zu machen, existieren verschiedene Ansätze. Ein Ansatz ist die Differenzierung zwischen Mikro- und Makrostressoren, der eine Kombination aus der Intensität der Belastung sowie ihrer zeitlichen Dauer darstellt.

Mikrostressoren sind wiederkehrende oder ständige Belastungen im Alltag eines Individuums. Hierzu zählen z. B. Probleme am Arbeitsplatz oder finanzielle Schwierigkeiten. **Makrostressoren** treten hingegen meist einmalig oder selten auf und stellen einen gravierenden Einschnitt in das bisherige Leben einer Person dar. Der plötzliche Tod einer nahen Person oder ein Verkehrsunfall fallen u. a. in diese Kategorie (vgl. Bengel/Lyssenko 2012, S. 29). Makrostressoren haben daher ein größeres Potenzial, zu intensiveren (traumatischen) Stressreaktionen zu führen; Mikrostressoren begünstigen tendenziell chronischen Stress.

Die **Klassifikation von Lepore/Evans (1996)** orientiert sich am Kontext, in dem Stressoren auftreten. Die Autoren unterscheiden dabei fünf Arten von Stressoren: (1) Kataklysmen sind unvorhersehbare Stressoren, die viele Menschen betreffen, z. B. Naturkatastrophen. (2) Gravierende Lebensereignisse bezeichnen schwerwiegende, unwiderrufliche Einschnitte in das eigene Leben, z. B. der Tod von Angehörigen. (3) Tägliche Stressoren sind häufig zwar nicht schwerwiegend, treten aber regelmäßig und teilweise in Kombination mit anderen Stressoren auf, z. B. der Verlust von Wertsachen oder Streit mit nahestehenden Menschen. (4) Umgebungsstressoren ergeben sich aus der Umwelt und können in ihrer Schwere variieren. Darunter fallen z. B. Lärm und Umweltverschmutzung. (5) Rollenstressoren sind Stressoren, die sich aus der sozialen Rolle (vgl. 2.1.4.2) ergeben (vgl. Lepore/Evans 1996, S. 352–353).

Ein weiterer Ansatz ist eine Kategorisierung von Stressoren, die auf die Perspektive des Individuums abzielt. Hierbei werden Stressoren bzgl. ihrer **Vorhersehbarkeit** unterschieden, also nach dem Grad, inwiefern das Auftreten eines Stressors zu erwarten ist, der Kontrollierbarkeit in Form des Grades der Beeinflussbarkeit des Ausgangs, der Ambiguität, d. h. der Unsicherheit über Dauer und Auswirkungen des Stressors, und der Verursachung, also der Quelle des Stressors (vgl. Bengel/Lyssenko 2012, S. 30).

Die unterschiedlichen Herangehensweisen schließen sich gegenseitig nicht aus. Vielmehr bieten sie, je nach Art der wissenschaftlichen Fragestellung, Vor- und Nachteile. Die Kategorisierung nach der Art der Quelle bietet sich bspw. für Vergleiche von Zielgruppen an, während die anderen genannten Konzeptionen eher die Perspektive des Individuums einnehmen und individuelle Faktoren in den Fokus setzen.

2.1.3.2 Bewertung von Stressoren

Eine zentrale Frage im Rahmen der psychologischen Perspektive von Stress ist, warum ein Stressor zu einer Stressreaktion führt. Hierbei gilt die **Bewertung** (engl. appraisal) durch das Individuum als zentrale Komponente. Das menschliche Gehirn bewertet äußere Umstände (Stressoren) teilweise auf unbewusster, teilweise auf kognitiver Ebene hinsichtlich ihrer Relevanz, Gefahr und der Schwierigkeit der Bewältigung (vgl. Folkman 2011, S. 454). Wird eine Situation als gefährlich eingestuft, wird die Hypophyse aktiviert und eine Stressreaktion eingeleitet (vgl. 2.1.2.2). Obwohl der individuellen Bewertung eine zentrale Rolle (im Stressverlauf) zukommt, wird ihr in der Stressforschung mehrheitlich nur eine geringe Beachtung geschenkt, da sie häufig nicht Teil des Forschungsvorhabens ist (vgl. Dewe/Cooper 2017, S. 140). Die Bewertung ist dabei nicht nur im Hinblick auf die Stressentstehung essenziell, sondern entscheidet auch darüber, ob und wie Stressbewältigung in Form von Coping stattfindet (vgl. 2.2; Lowe/Bennet 2003, S. 394).

Das **Challenge-Hindrance-Modell** bietet einen Ansatz, um die Bewertung zu erklären. So können Stressoren als Herausforderungen (engl. challenges) wahrgenommen und somit positiv bewertet werden oder sie werden als Hindernis (engl. hindrance), also negativ wahrgenommen (vgl. Cavanaugh u. a. 2000, S. 66). Dabei werden Stressoren nicht ausschließlich einer Ausprägung zugeschrieben. Vielmehr können Situationen gleichzeitig mit Herausforderungen und Hindernissen einhergehen. Dies ist bspw. bei einer Beförderung der Fall, die mit einer eigenen Weiterentwicklung als Herausforderung, aber auch mit komplexeren Aufgaben als Hindernis einhergehen kann (vgl. Webster/Beehr/Love 2011, S. 506). Das Challenge-Hindrance-Modell beschreibt mögliche Ausprägungen der primären Bewertung, also jener Bewertung, die der Stressreaktion vorgelagert ist (vgl. Webster/Beehr/Love 2011, S. 505). LePine/Podsakoff/LePine (2005) konnten in ihrer Meta-Analyse zeigen, dass Hindernis-Faktoren einen negativen Effekt auf die Performance von Mitarbeitern sowie deren Motivation haben und zur erhöhten psychischen Beanspruchung führen können, während Herausforderungen einen positiven Einfluss auf diese Variablen nehmen. Alternativ zum Challenge-Hindrance-Modell wird die Bewertung im transaktionalen Stressmodell nach Lazarus theoretisch erklärt. Dieses zeigt neben Herausforderungen und Hindernissen weitere Bewertungsoptionen auf (vgl. 2.1.6).

Neben den Arten der Bewertungen stehen auch Erklärungen der Bewertungsprozesse im Fokus der theoretischen Psychologie. Kaluza (2015) sieht die **individuellen Grundbedürfnisse** und deren Sollzustand als zentrale Grundlage für die primäre Bewertung an. Demnach haben Menschen bestimmte Grundbedürfnisse wie Sicherheit, Autonomie oder Selbstverwirklichung, denen sie individuelle Bedeutung beimessen. Sollwerte stellen die optimalen Ausprägungen dieser Bedürfnisse (ähnlich wie bei der physischen Homöostase, vgl. 2.1.2.1) für das Individuum dar und sind entweder zu erhalten oder zu erreichen. Ein Stressor, der den Sollzustand gefährdet oder dessen Erreichung erschwert, wird demnach als gefährlich eingestuft und kann zu einer Stressreaktion führen (vgl. Kaluza 2015, S. 44). McVicar (2003) beschreibt Stress daher als Diskrepanz zwischen den (subjektiv wahrgenommenen) Erwartungen der Umwelt an das Individuum und den (subjektiv wahrgenommenen) Möglichkeiten, diese zu erfüllen (vgl. McVicar 2003, S. 633). Das individuelle Wertesystem, also die Ideale, die ein Mensch im Leben u. a. durch Sozialisation erlernt und als erstrebenswert ansieht, steht im Zusammenhang mit seinen Grundbedürfnissen. Daraus ergeben sich auch Ziele, die als erstrebenswert gelten. Eine (potenzielle) Verfehlung dieser Ziele führt dazu, dass ein Individuum eine Situation als gefährlich bewertet (vgl. Lazarus 2012, S. 204).

Die angewandte Psychologie fokussiert **individuelle Unterschiede** bei der Stressentstehung. Die Persönlichkeit hat laut der psychologischen Sichtweise einen wesentlichen Einfluss darauf, ob ein Individuum Stress empfindet (vgl. Vollrath 2001). Studien konnten z. B. zeigen, dass Neurotizismus Stress begünstigt und bspw. zu vermehrter Wahrnehmung von Stressoren und häufiger zu psychischen Erkrankungen führen kann, während Gewissenhaftigkeit und Extraversion einen negativen Zusammenhang mit Stress aufweisen (vgl. Penley/Tomaka 2002; Grant/Langan-Fox 2006). Neben der Persönlichkeit hat auch das Geschlecht Einfluss auf das Stressempfinden: Studien haben gezeigt, dass Frauen empfänglicher für Stress sind und häufiger psychische Beeinträchtigungen aufgrund von Stress beklagen (vgl. z. B. Tytherleigh u. a. 2007; Eaton/Bradley 2008; Helgeson 2011; Pinquart 2011, S. 322). Die Persönlichkeit und das Geschlecht können außerdem Einfluss auf die Stressbewältigung nehmen (vgl. 2.2, 2.3). Ein weiterer Einflussfaktor auf das Stressempfinden kann das sogenannte Typ-A-Verhalten sein. Dieses zeichnet sich z. B. durch hohe berufliche Leistungsbereitschaft, Ehrgeiz, Ungeduld, eine Neigung zum Kontrollieren sowie ein geringes Selbstwertgefühl aus und steht in einem positiven Zusammenhang zu Stress (vgl. Nerdinger/Blickle/Schaper 2011, S. 483).

2.1.3.3 Ressourcenbegriff im Stresskontext

Die **Theorie der Ressourcenerhaltung** nach Hobfoll (1989) setzt die Ressource in den Fokus der Stressentstehung. Ressourcen werden dabei als „[…] those objects, personal characteristics, conditions, or energies that are valued by the individual or that serve as a means for attainment of these objects, personal characteristics, conditions, or energies" definiert (Hobfoll 1989, S. 516). Demnach können Ressourcen sowohl physischer als auch psychischer Natur sein. Beispiele sind u. a. persönliche Eigenschaften (Selbstbewusstsein, Selbstwirksamkeitserwartung), materielle Güter (Autos, Häuser), angestrebte Bedingungen (sicherer Arbeitsplatz, Entscheidungsraum) oder Energien, die zu weiteren Ressourcengewinnen führen können (Geld, Wissen, Zeit). Dabei ist der Wert, den ein Individuum einer Ressource beimisst, subjektiv, d. h. es ist individuell unterschiedlich, was als Ressource gilt und wie wertvoll eine Ressource für das Individuum ist.

Die Wertschätzung der Ressourcen kann sich im Laufe des Lebens ändern. Besonders bedeutsam sind bei der Wertschätzung instrumentelle Ressourcen, d. h. Ressourcen, die dem Individuum nützlich sind, und symbolische Ressourcen, d. h. Ressourcen, über die sich das Individuum definiert (vgl. Hobfoll 1989, S. 516–517). Laut Hobfoll (1989) sind Stressreaktionen auf Ressourcenverlust, drohenden Ressourcenverlust oder ein unausgeglichenes Austauschverhältnis zwischen Ressourceneinsatz und Ressourcengewinn zurückzuführen. Demnach werden Stressoren als gefährlich bewertet, wenn sie Ressourcen des Individuums gefährden oder reduzieren. Stress wird aber auch empfunden, wenn proaktive Handlungen, die mit einem Ressourcenverbrauch einhergehen, nicht zu einem gewünschten Ressourcenzugewinn führen.

Der Begriff ‚Ressource' findet in der Stressliteratur allerdings auch im Hinblick auf die **Stressbewältigung** Berücksichtigung. Demnach sind Ressourcen „[…] alle Faktoren […], auf die eine Person zurückgreifen kann, um den Umgang mit einer bedrohlichen Situation zu erleichtern" (Nerdinger/Blickle/Schaper 2011, S. 480). Dies können sowohl personenbezogene Ressourcen wie Kontrollüberzeugung, also die innere Überzeugung, eine Situation meistern zu können, als auch Ressourcen aus der physikalisch-materiellen Umwelt, bspw. gute Arbeitsbedingungen, oder Ressourcen aus der sozialen Umwelt wie Freunde oder Familie sein (vgl. Nerdinger/Blickle/Schaper 2011, 480, 483). Bedeutsame Ressourcen im Arbeitskontext sind z. B. ein ausreichender Handlungsspielraum, adäquate Gratifikation und gute soziale Beziehungen, bspw. zu Kollegen und Vorgesetzten (vgl. 2.1.5.4).

2.1.3.4 Psychische Auswirkungen von Stress

Die **Auswirkungen von Stress** werden in der Psychologie ebenfalls adressiert. Dabei steht die Psyche im Vordergrund, die durch chronischen Stress (z. B. durch Mikrostressoren, vgl. 2.1.3.1) beeinflusst wird. In diesem Fall treten die Auswirkungen nicht unmittelbar auf, sondern Schritt für Schritt, sodass zwischen kurzfristigen, mittelfristigen und langfristigen Folgen unterschieden werden kann.

Kurzfristige Folgen sind z. B. Nervosität, Unkonzentriertheit, Interessens-verlust oder Überempfindlichkeit (vgl. Milek/Bodenmann 2018, S. 559). Ein Konstrukt, das eher den **kurz- und mittelfristigen Folgen** zugeordnet werden kann, beschreibt die Irritation. Im Stresskontext beschreibt der Begriff ‚Irrita-tion' „einen Zustand psychischer Befindensbeeinträchtigung in der Folge von Stresserleben" (Müller/Mohr/Rigotti 2004, S. 214). Dieser Zustand lässt sich als temporär beschreiben und bildet eine Vorstufe zu psychischen Erkrankungen (vgl. Mohr/Rigotti/Müller 2005, S. 44). Irritationen zeichnen sich durch wieder-kehrende Gedanken zu Stressoren (bspw. Probleme auf der Arbeit) und durch Gereiztheit aufgrund nicht erreichter Ziele (bspw. unerledigte Arbeitsaufgaben) aus (vgl. Müller/Mohr/Rigotti 2004, S. 215). Aus länger anhaltenden Irritatio-nen können sich schließlich **langfristige Folgen** wie psychische Erkrankungen ergeben. Darunter fallen z. B. psychosomatische Störungen, Depressionen, Schlafstörungen oder Angstzustände (vgl. Milek/Bodenmann 2018, S. 559).

Besonders intensive Stressreaktionen (bspw. aufgrund von Makrostressoren, vgl. 2.1.2.1) können außerdem zu **Traumata** und sogenannten posttraumati-schen Belastungsstörungen (engl. Posttraumatic Stress Disorder (PTSD)) führen. Diese können akut oder chronisch verlaufen und die Psyche verändern. Sie zeichnen sich u. a. durch das (ständige) Wiedererleben von traumatischen Situa-tionen, Schlafstörungen oder die Veränderung von Gefühlen, Interessen und Verhalten aus und können dazu führen, dass Betroffene Schwierigkeiten im Umgang mit anderen Menschen und bei der Ausführung ihres Berufs haben (vgl. Schönfeld/Boos/Müller 2011, S. 987–988).

Auch durch chronischen Stress kann sich das **Verhalten** von Individuen verän-dern (vgl. z. B. Dragano 2016, S. 172). Verhaltensänderungen können sich z. B. durch erhöhte Streitbereitschaft oder den vermehrten Konsum von Suchtmitteln äußern und zu Problemen im sozialen Umfeld bis hin zur Isolation führen (vgl. Milek/Bodenmann 2018, S. 559).

Die psychologische Perspektive liefert Erkenntnisse zu den geistigen Abläu-fen im Menschen, die dazu beitragen, dass eine Stressreaktion entsteht (vgl. 2.1.3.1–2.1.3.4). Neben dem Individuum selbst hat die Umwelt einen wesent-lichen Einfluss auf die Bewertung des Individuums, da sie u. a. die psychischen Sollzustände und das Wertesystem prägt (vgl. 2.1.3.2). Dies steht im Zentrum der soziologischen/sozialpsychologischen Perspektive, die nötig ist, um Stress in seiner Gänze zu verstehen.

2.1.4 Stress aus soziologischer und sozialpsychologischer Perspektive

2.1.4.1 Stress auf der Mikroebene

Neben individuellen Faktoren wie der Genetik, dem Geschlecht und der Persönlichkeit nimmt auch das soziale Umfeld Einfluss auf die Gesundheit. Der Mensch hat grundsätzlich soziale Bedürfnisse (z. B. soziale Zugehörigkeit, Anerkennung). Deren Gefährdung oder Nichterfüllung kann zu einer Stressreaktion führen (vgl. Siegrist 2018, S. 84–85). Weiterhin prägt das Umfeld das individuelle Wertesystem, das die Bewertung von Stressoren beeinflusst (vgl. 2.1.3.2). Die **soziologische/sozialpsychologische Perspektive** fokussiert insbesondere Stressoren, die aus sozialen Beziehungen, Organisationsgestaltungen und Sozialstrukturen entstehen.

In den Sozialwissenschaften stehen unterschiedliche **Ebenen des Betrachtungsgegenstandes** im Fokus. Hierbei wird zwischen der Mikro-, Meso- und Makroebene unterschieden. Die Mikroebene adressiert das Individuum und die Interaktion mit anderen Individuen und Gruppen. Dabei können soziale Stressoren entstehen, also Stressoren, die aus der sozialen Interaktion resultieren. Als solche werden „von Personen zu bewältigende Herausforderungen an ihr Handeln in zentralen sozialen Rollen bezeichnet, die im Fall des Scheiterns ihre physische oder psychische Integrität bedrohen" (Siegrist 2018, S. 81). Dazu zählen z. B. Abneigungen gegenüber anderen, soziale Konflikte, Konkurrenz, Trennungen oder unfaires Verhalten (vgl. Dormann/Zapf 2002, S. 35; Kaluza 2015, S. 15).

Im privaten Bereich stellen insbesondere Familie und Freunde, im Arbeitskontext dagegen befreundete Kollegen und Vorgesetzte eine wichtige Bezugsgruppe dar (vgl. Thoits 2011, S. 146). Je intensiver die Bindung zu einer anderen Person oder Gruppe ist, umso stärker ist deren Einfluss (vgl. Jonas/Stroebe/Hewstone 2014, S. 435). **Soziale Unterstützung** durch Bezugspersonen spielt nicht nur eine entscheidende Rolle als Ressource bei der Stressbewältigung (vgl. 2.1.3.3), sondern fehlende soziale Unterstützung stellt auch einen Stressor dar und kann somit zu einer Stressreaktion führen (vgl. Pinquart 2011, S. 325). Soziale Unterstützung hat dabei verschiedene Funktionen – Holz/Zapf/Dormann (2004) nennen in diesem Zusammenhang vier Arten der sozialen Unterstützung: (1) Instrumentelle Unterstützung beinhaltet Hilfe bei einem konkreten Problem, bspw. wenn jemand eine Aufgabe übernimmt oder eine Lösung für ein Problem liefert. (2) Emotionale Unterstützung bezieht sich auf Unterstützung bei der Emotionsregulierung. Dies kann bspw. durch Trösten, Zuhören oder Gut-Zureden erfolgen. (3) Informationale Unterstützung bedeutet durch Informationen zu unterstützen, um Probleme zu lösen, bspw. wenn nicht bekannte Zusammenhänge erklärt werden und Betroffene dadurch Probleme zukünftig lösen können. (4) Bewertungsbezogene Unterstützung beinhaltet Bestätigungen von Entscheidungen sowie das Stärken des Selbstbewusstseins und Selbstbildes des Betroffenen (vgl. Holz/Zapf/Dormann 2004, S. 280).

Das **Zugehörigkeitsgefühl** beeinflusst das Stressempfinden in mehrerlei Hinsicht: Zum einen kann es als Ressource fungieren, zum anderen nimmt es bereits in der frühkindlichen Entwicklung Einfluss darauf, wie sich das Stresssystem des Individuums entwickelt. Ein förderndes und aufbauendes Verhältnis (Affiliation) zu Bezugspersonen (insbesondere den Eltern) kann das biologische Stresssystem des menschlichen Körpers stärken (vgl. Taylor 2011, S. 90–91). Soziale Isolation stellt wiederum einen Stressor dar, der zu gravierenden gesundheitlichen Problemen führen kann (vgl. Holt-Lunstad/Smith/Layton 2010; Kaluza 2015, S. 51–52). Weiterhin kann Stress auf enge soziale Kontakte übertragen werden, hierbei ist von Carry-Over-Effekten die Rede (vgl. Thoits 1995, S. 57).

2.1.4.2 Stress auf der Mesoebene

Auf der **Mesoebene** prägen Organisationen und Institutionen das Individuum, dem aufgrund seiner jeweiligen Zugehörigkeit eine bestimmte Rolle zuteilwird. Unter **(sozialen) Rollen** sind dabei Erwartungen zu verstehen, die von Personen oder Gruppen an den Inhaber einer Position oder Stellung in einer Gruppe gerichtet werden (vgl. Feldmann 2006, S. 69). Mit der Zugehörigkeit zu einer sozialen Gruppe gehen demnach bestimmte Werte und Normen sowie von anderen erwartete Verhaltensweisen einher. Das tatsächliche Verhalten kann dabei von dem von anderen erwarteten Verhalten abweichen (vgl. Feldmann 2006, S. 70). Eine unerfüllte Rollenerwartung kann allerdings mit negativen Konsequenzen durch andere sanktioniert werden. Dies kann in Form von Missbilligung, negativen Äußerungen, Streit, Meidung, Beenden der sozialen Beziehung oder Bestrafung erfolgen. Die Erfüllung der Rolle kann wiederum durch Belohnung in Form von Anerkennung honoriert werden (vgl. Preyer 2012, S. 84). Aus diesem Grund haben Individuen in der Regel Interesse daran, ihre Rollenerwartungen zu erfüllen.

Die **menschlichen Grundbedürfnisse** nach autonomem Handeln, sozialer Zugehörigkeit und sozialer Anerkennung sind stark mit der eigenen Rolle verknüpft (vgl. Siegrist 2018, S. 84). Daraus kann ein Dilemma entstehen, das vom betroffenen Individuum als belastend empfunden wird. Dies kann insbesondere dann geschehen, wenn die eingenommene Rolle mit einer eingeschränkten Autonomie einhergeht. Erfüllt das Individuum seine Rollenerwartung, wird sein Bedürfnis nach Autonomie nicht erfüllt, was es belasten kann. Überschreitet das Individuum wiederum die Autonomie, die mit seiner Rolle einhergeht, gefährdet es die soziale Anerkennung sowie die soziale Zugehörigkeit, was ebenfalls eine Belastung darstellt (vgl. Siegrist 2018, S. 84–85). Weil das Individuum so immer in eine belastende Situation gerät, wird diese Konstellation aus Rollenerwartung und Autonomie zu einem Dilemma, aus dem es nur schwer ausbrechen kann.

Das Individuum erfährt in seiner Rolle verschiedene Erwartungen von unterschiedlichen sozialen Gruppen (vgl. Preyer 2012, S. 58–59). Diese Erwartungen können untereinander konkurrieren und in einem **Intrarollenkonflikt** resultieren. Dieser zeichnet sich dadurch aus, dass verschiedene Rollenerwartungen vonseiten unterschiedlicher sozialer Gruppen nicht vereinbar sind (vgl. Turner 2001, S. 244–245). Hierfür eignet sich das Beispiel eines Mitarbeiters in einem Dienstleistungsunternehmen, der sowohl die Erwartungen von Kunden als auch die seines Vorgesetzen erfüllen muss. Die Erwartungen der Kunden können darin liegen, dass eine Dienstleistung pünktlich erfüllt wird, während der Vorgesetze erwartet, dass ein Auftrag für ihn erfüllt wird. Beide Erwartungen lassen sich nicht zeitgleich erfüllen. So kann dieser Intrarollenkonflikt einen Stressor für den Mitarbeiter darstellen.

Ein Mensch nimmt in seinem Leben mehrere Rollen gleichzeitig ein (vgl. Preyer 2012, S. 55), z. B. die des Arbeitnehmers, des Familienvaters, der Ehefrau, des Vereinsmitglieds usw. Dabei können die Anforderungen der einzelnen Rollen voneinander abweichen, schwer vereinbar sein oder in Konkurrenz zueinander stehen. Dabei ist von einem **Interrollenkonflikt** die Rede (vgl. Turner 2001, S. 245–246). Insbesondere die Diskrepanz zwischen beruflicher und privater Rolle kann dabei zum Stressor werden – hierbei handelt es sich um einen Work-Life-Konflikt (vgl. 2.1.5).

2.1.4.3 Stress auf der Makroebene

Die **Makroebene** beschreibt die gesellschaftliche Ebene, die der Meso- und Mikroebene übergeordnet ist. In der gesellschaftlichen Betrachtung spielen Sozialstrukturen eine entscheidende Rolle. Bei dem Begriff handelt es sich um „überindividuelle Strukturen […], von denen angenommen wird, dass sie das individuelle Handeln maßgeblich beeinflussen" (Bittlingmayer 2016, S. 23).

In der Forschung sind dabei u. a. Alter, Einkommen, Geschlecht oder Bildung gängige prägende Faktoren von **Sozialstrukturen**, die untersucht werden. Die soziale Schichtzugehörigkeit nimmt eine entscheidende Rolle in der soziologischen Stressperspektive ein. Mit sozialer Schicht sind Personengruppen gemeint, die sich aufgrund verschiedener sozialer Statusmerkmale wie Bildung oder Einkommen unterscheiden und dadurch unterschiedliche Chancen auf soziale Güter und gesellschaftliche Teilhabe haben. Die Zusammensetzung der Sozialstruktur unterscheidet sich dahingehend, welche Statusmerkmale herangezogen werden.

Meistens wird dabei nach Ober-, Mittel- und Unterschicht unterschieden. Durch Sozialisierung weisen Angehörige einer sozialen Schicht ähnliche Verhaltensmuster auf und orientieren sich an ähnlichen Werten und Normen (vgl. Siegrist 2018, S. 82).

Die **Zugehörigkeit zu einer sozialen Schicht** kann Einfluss auf die Gesundheit nehmen. Studien haben gezeigt, dass in den meisten Gesellschaften weltweit die Zugehörigkeit zu einer sozial höheren Schicht mit einer höheren durchschnittlichen Lebenserwartung einhergeht (vgl. Richter/Hurrelmann 2009, S. 16; Siegrist 2018, S. 83). Ein Erklärungsansatz dafür bietet das Modell nach Mielck (2012). Demnach lässt sich die gesundheitliche Ungleichheit darauf zurückführen, dass aufgrund der Schichtzugehörigkeit ein unterschiedlicher Zugang zu Ressourcen wie Macht, Geld, Wissen oder Prestige besteht. Dadurch ergeben sich Ungleichheiten im Hinblick auf Belastungen und Ressourcen. Angehörige sozialer Schichten leben häufig in räumlich ähnlichen Umgebungen und üben tendenziell ähnliche Berufe aus. Sozialschwächere Schichten haben z. B. seltener Zugang zu gesundheitsfördernden Ressourcen (z. B. in der räumlichen Umgebung) und sind häufiger Belastungen (z. B. bei der Arbeit) ausgesetzt. Außerdem haben sie schlechteren Zugang zur gesundheitlichen Versorgung und können sich bspw. medizinische Produkte oft nicht leisten. Weiterhin lernen Mitglieder der unteren Schichten durch die Schichtsozialisation tendenziell eher Verhaltensweisen, die nicht der Gesundheit förderlich sind, z. B. Rauchen (vgl. Mielck 2012, S. 136). Auch das Krankheitsrisiko kann sozial ungleich verteilt sein. Dies zeigt sich z. B. in der COVID19-Pandemie in der das Ansteckungsrisiko bei sozial schwächeren Gruppen höher ist als bei sozial besser gestellten (vgl. z. B. Knöchelmann/Richter 2021; Wahrendorf u. a. 2021).

Empirisch konnte mehrfach gezeigt werden, dass eine sozial niedrigere Stellung mit Distress und einem erhöhten Risiko psychischer Erkrankungen einhergeht. Demnach sind besonders oft Frauen, jüngere Erwachsene, (ethnische) Minderheiten, Alleinstehende und Angehörige einer unteren sozialen Schicht betroffen (für eine Übersicht vgl. Thoits 2010, 44).

Die soziologische/sozialpsychologische Perspektive zeigt, dass Stress nicht nur individuelle Ursachen hat, sondern auch von sozialen Beziehungen, Organisationen und der Gesellschaft beeinflusst wird. Arbeit ist daher eine zentrale Quelle für Stress, da sie mit sozialen Erwartungen einhergeht, die mit individuellen Bedürfnissen konkurrieren können. Daher erfährt Stress (bzw. Arbeitsstress) auch große Aufmerksamkeit aus der betriebswirtschaftlichen Perspektive.

2.1.5 Arbeitsstress aus betriebswirtschaftlicher Perspektive

2.1.5.1 Ursachen von Arbeitsstress

Aus betriebswirtschaftlicher Perspektive sind insbesondere die betrieblichen Ursachen und Wirkungen von Stress relevant. Diese werden in der Regel unter dem Begriff **Arbeitsstress** zusammengefasst. Darunter sind Stressreaktionen zu verstehen, die aus arbeitsbedingten Stressoren entstehen. Die Forschung liefert bereits viele Erkenntnisse zu Ursachen sowie Auswirkungen von Arbeitsstress (vgl. 2.1.5.2) und zu arbeitsbezogenen Stressoren (vgl. 2.1.5.3). Darüber hinaus finden Stressmodelle Anwendung, die speziell für den Arbeitskontext entwickelt wurden (vgl. 2.1.5.4). Diese entstammen zwar u. a. der Arbeits- und Organisationspsychologie sowie -soziologie, sind aber auch für die Betriebswirtschaftslehre von Relevanz. Im Folgenden werden die zentralen Entwicklungen aufgezeigt, die zu einer Zunahme von Arbeitsstress führen.

Die **Ursachen** für die Zunahme von arbeitsbedingten Stressoren finden sich insbesondere auf der gesellschaftlichen (Makro-)Ebene. Die Sozialstruktur und die damit verbundenen Ungleichheiten haben Einfluss auf die Verteilung der Arbeitslast. Dabei können insbesondere bei Berufen mit geringem Status eine hohe Arbeitsbelastung, ein geringer Handlungsspielraum und geringe Gratifikationen auftreten und so das Erkrankungsrisiko erhöhen (vgl. Dragano 2016, S. 174). Gesellschaftliche und technische Entwicklungen können zudem die Verteilung der Arbeitslast verändern und neue Stressoren kreieren oder bestehende Stressoren verstärken.

Dewe/Cooper (2017) nennen drei Faktoren, die die **Verteilung von Stressoren** massiv beeinflussen: (1) Globalisierung: Diese führt dazu, dass sich Unternehmen zunehmend an globale Bedürfnisse anpassen müssen, und geht mit Veränderungen von Arbeitsanforderungen, Arbeitsrollen, Karriereverläufen und Jobsicherheiten einher. Diese Faktoren wiederum können mit Stressoren verbunden sein (vgl. 2.1.5.3). (2) Technologie: Diese birgt zwar das Potenzial, Arbeit zu erleichtern, bietet aber auch Risiken, die sich bspw. in Rollenveränderungen, Unsicherheiten oder Dauerreichbarkeit (vgl. 2.1.5.2) äußern. (3) Änderungen in der Erwerbsbevölkerung, Gesellschaft und Nachhaltigkeit: Hierunter fassen Dewe/Cooper (2017) verschiedene Trends zusammen, die insbesondere im letzten Jahrhundert zu neuen Anforderungen und Rollen im Arbeitskontext geführt haben. Darunter fällt vor allem die zunehmende Diversität der Erwerbsbevölkerung. Diese ist in den Industrienationen überwiegend weiblicher, internationaler und älter geworden. Weiterhin ist der Aspekt der Nachhaltigkeit vermehrt in den

gesellschaftlichen Fokus gerückt. Beide Aspekte verändern damit auch die Anforderungen, die an Unternehmen und ihre Mitarbeiter gestellt werden, und können
bspw. Rollenkonflikte nach sich ziehen (vgl. Dewe/Cooper 2017, S. 12–39).

2.1.5.2 Auswirkungen auf Unternehmen

Für **Unternehmen** hat insbesondere die hohe Anzahl stressbedingter Fehltage
und Frühverrentungen negative Konsequenzen (vgl. Bundespsychotherapeutenkammer 2013, S. 4; Meyer/Böttcher/Glushanok 2015, S. 341). Die lange
Ausfalldauer, die meist mit psychischen Erkrankungen einhergeht (vgl. Lohmann-
Haislah/Schütte 2013, S. 9–10), führt zu höheren Kosten und kann Produktions-
bzw. Umsatzeinbußen nach sich ziehen (vgl. Cooper/Cartwright 1994).

Ein gesundheitliches Risiko, das speziell im Arbeitskontext auftritt, ist **Burnout**. Der Begriff ‚Burnout' wurde in den 1970er-Jahren von Herbert Freudenberger (1974) eingeführt und ist seitdem fester Bestandteil der Stressliteratur.
Insbesondere die Werke von Christina Maslach haben dazu beigetragen, die
Konzeptualisierung des Begriffs und dessen Operationalisierung für die empirische Forschung voranzutreiben. Burnout zeichnet sich gemäß Definition durch
emotionale Erschöpfung, zunehmende Depersonalisierung und eine reduzierte
Leistungsfähigkeit aus (vgl. Maslach u. a. 1986, S. 192). Emotionale Erschöpfung bezeichnet dabei das Gefühl, emotional überfordert und ermüdet zu sein.
Depersonalisierung meint die Entwicklung von Gleichgültigkeit sowie emotionaler Abstumpfung und/oder den Verlust des eigenen Idealismus. Die fehlende
Leistungsfähigkeit bezieht sich auf das Gefühl des Kompetenz- und Leistungs-
verlustes auf der Arbeit (vgl. Maslach/Goldberg 1998, S. 64). In neueren
Definitionen wird die Depersonalisierung als Zynismus beschrieben. Neben den
bereits genannten Merkmalen beinhaltet diese Dimension die unpassende Art,
mit Kunden und Mitarbeitern zu kommunizieren. Die fehlende Leistungsfähigkeit wird in neueren Definitionen als Unwirksamkeit (des eigenen Handelns)
bezeichnet (vgl. Maslach/Leiter 2016, S. 103). Burnout kann das Resultat von
dauerhaftem Arbeitsstress sein (vgl. Maslach 2003, S. 189).

Aus betriebswirtschaftlicher Sicht stellen nicht nur die Fehltage und Frühverrentungen, die auf Stress zurückzuführen sind, ein Problem dar. Stress kann sich
auch auf Aspekte des **Organisationsverhaltens** (engl. organizational behavior)
auswirken (vgl. Sonnentag/Frese 2006, S. 473). Dies ist aus betriebswirtschaftlicher Sicht relevant, da dieses Verhalten der Mitarbeiter im Konflikt mit den
Organisationszielen stehen und diese somit gefährden kann. Hierbei bilden neben
konkreten Handlungen auch Einstellungen und Empfindungen einen Schwerpunkt
der Forschung.

Im Arbeitskontext kann Stress negativen Einfluss auf die **Arbeitszufriedenheit** und das organisationale Commitment, also die emotionale Verbundenheit mit einer Organisation, nehmen und somit Wechselabsichten und tatsächliche Organisationswechsel von Mitarbeitern begünstigen (vgl. Cavanaugh u. a. 2000; Podsakoff/LePine/LePine 2007; Dorenkamp/Weiß 2018). Kontraproduktives Arbeitsverhalten (engl. counterproductive work behavior), also Handlungsweisen, die im Widerspruch zu den Zielen der Organisation stehen (z. B. Aggression, Diebstahl, absichtliche Fehler oder die Verweigerung, Anweisungen zu folgen), werden durch Stress begünstigt (vgl. Fox/Spector/Miles 2001, S. 292; Penney/Spector 2005). Das persönliche Wohlbefinden steht ebenfalls im negativen Zusammenhang mit Stress, ein geringes Wohlbefinden wiederum beeinflusst die Arbeitsleistung negativ (vgl. Sonnentag 2015, S. 262–263). Weiterhin führt (chronischer) Stress zu einem Motivations- und Leistungsrückgang bei Mitarbeitern (vgl. Kaluza 2015, S. 20–21), sodass auch hieraus negative Folgen bzgl. Output und Kosten für Unternehmen resultieren können.

Weiterhin können Stressoren das Anwesenheitsverhalten von Arbeitnehmern beeinflussen (vgl. Demerouti u. a. 2009). Darunter wird das Verhalten verstanden, der Arbeit fernzubleiben (Absentismus) oder trotz Krankheit zur Arbeit zu gehen (Präsentismus) (vgl. z. B. Ruhle/Süß 2019, S. 242). Präsentismus ist problematisch und kann die Arbeitsleistung einschränken, die Fehleranzahl auf der Arbeit erhöhen und zu schlimmeren Erkrankungen oder der Krankheitsübertragung auf Kollegen führen (vgl. Schultz/Edington 2007; Demerouti u. a. 2009; Johns 2010, S. 533).

2.1.5.3 Stressoren im Arbeitskontext

Neben den allgemeinen Ansätzen, Stressoren zu kategorisieren (vgl. 2.1.3), existieren auch Kategorien, die speziell auf den Arbeitskontext bezogen sind. Cartwritght/Cooper (vgl. 1997, S. 14) schlagen sechs **Kategorien von Arbeitsstressoren** vor. Diese Kategorien sind nicht als homogene Konstrukte zu verstehen, sondern haben vielmehr einen systematisierenden Charakter, um gleichartige Quellen von Stress zu identifizieren. Viele der aufgezählten Faktoren funktionieren gleichzeitig als Stressor und Ressource, die bei einer für das Individuum positiven Ausprägung das Risiko einer Stressreaktion abmildern, während sie bei einer subjektiv negativen Ausprägung die Wahrscheinlichkeit einer Stressreaktion erhöhen.

(1) Unter **Faktoren, die aus der Tätigkeit resultieren** (engl. factors intrinsic to the job), fassen Cartwright/Cooper (1997) die Stressoren zusammen, die aus den Arbeitsbedingungen wie Arbeitszeit, Anforderungen und Arbeitsumgebung resultieren. Hierzu liefert die empirische Forschung bereits einige Erkenntnisse.

Die **physische Umgebung** birgt diverse Stressoren, die sich nachteilig auf das Individuum auswirken können. Das Analysieren der physischen Umgebung hat bereits eine lange Tradition und fand schon Einzug in das Scientific Management von Taylor und in die Hawthorne-Experimente (vgl. z. B. Minssen 2006, S. 31). Stand in diesen Werken noch die Arbeitsleistung im Fokus, wird heutzutage auch das Stressempfinden durch die psychische Umgebung fokussiert. Eine als zu hoch/zu niedrig empfundene Temperatur gefährdet bspw. die Homöostase von Mitarbeitern und zieht eine allostatische Anpassung nach sich. Arbeit bei natürlichen (z. B. im Freien) oder künstlichen (z. B. in Stahlwerken) Extremtemperaturen kann daher das Risiko von chronischen Erkrankungen erhöhen (vgl. Cheung/Lee/Oksa 2016). Die Arbeitsumgebung kann z. B. in Form der Gestaltung des Büros Einfluss auf das Stressempfinden nehmen. Ein Experiment von Thayer u. a. (2010) hat gezeigt, dass Mitarbeiter, die in einem Büro mit u. a. viel Licht und wenig Geräuschemissionen arbeiten, gesündere Vitalzeichen (z. B. Pulsschlag, Cortisolspiegel) aufweisen als Mitarbeiter in lauteren, dunkleren Umgebungen. Weiterhin kann Lärm das Risiko von Hypertonie, also der erhöhten Anspannung des menschlichen Organismus, erhöhen (vgl. Skogstad u. a. 2016) und soziale Konflikte am Arbeitsplatz begünstigen (vgl. Danielsson u. a. 2015, S. 168).

Außerdem kann die chronologische und chronometrische **Gestaltung der Arbeitszeit,** d. h. deren Dauer und Lage (vgl. Scherm/Süß 2016, S. 167), Einfluss auf das Stressempfinden von Mitarbeitern nehmen. Schichtarbeit, insbesondere mit Nachtschicht, gilt gemeinhin als Stressor. Diverse Studien konnten den negativen Einfluss von Schichtarbeit belegen. Schichtarbeiter haben demnach ein höheres Risiko von Herz- und Magenbeschwerden, eine schlechtere Schlafqualität, häufige Ermüdungserscheinungen, ein erhöhtes Unfallrisiko sowie eine schlechtere Leistungsfähigkeit, weiterhin kann es zur Beeinträchtigung des Schwangerschaftserfolgs kommen (vgl. Harrington 2001, Knutsson 2003, Gerber u. a. 2010, Kecklund/Axelsson 2016). Lange Arbeitszeiten gelten ebenfalls als Stressor. Studien haben gezeigt, dass sich das Risiko kardiovaskulärer und psychischer Erkrankungen sowie von Diabetes bei langen Arbeitszeiten erhöht (vgl. Åkerstedt u. a. 2002; Kivimäki u. a. 2015; Bannai u. a. 2016). Dies gilt auch für Überstunden (vgl. Kawada/Ooya 2005) und Rufbereitschaft (vgl. Matiaske/Müller 2019), die ebenfalls im Zusammenhang mit gesundheitlichen Risiken stehen.

Die **quantitative** und **qualitative Arbeitslast** fällt ebenfalls in die Kategorie von Stressoren, die sich aus der Arbeit selbst ergeben. Eine hohe Arbeitslast, etwa in Form einer Vielzahl an Arbeitsaufgaben oder langer Arbeitszeiten, kann bspw. zu Unzufriedenheit, Frustration und häufigen Konflikten führen (vgl.

Jaramillo/Mulki/Boles 2011, S. 349). Weiterhin beeinflusst eine hohe Arbeitslast das subjektive Gesundheitsempfinden und steht im Zusammenhang mit Burnout und Schlafstörungen (vgl. Kawada/Ooya 2005; Bowling u. a. 2015; Győrffy/Dweik/Girasek 2016).

Hohe **psychische Anforderungen** (z. B. hohes Arbeitstempo) werden ebenfalls als Stressor wahrgenommen und können zu Schlafstörungen führen sowie das Risiko psychischer Störungen oder von Diabetes erhöhen (vgl. Stansfeld/Candy 2006). Zu den psychischen Anforderungen wird auch die Emotionsarbeit gezählt. Der Begriff geht auf die Soziologin Arlie Russel Hochschild (2012) zurück und beschreibt die Anforderung, Emotionen nach außen zu zeigen, selbst wenn diese der eigenen Emotionslage nicht entsprechen. Dies ist z. B. in der Gastronomie der Fall, in der sogar dann ein freundliches Auftreten erwartet wird, wenn die Gäste unfreundlich sind. Diese Diskrepanz kann als Stressor bezeichnet werden und sich negativ auf die Gesundheit auswirken (vgl. Zapf u. a. 1999, S. 396). Emotionsarbeit geht häufig mit höherem Stressempfinden einher und erhöht das Risiko von Burnout und anderen gesundheitlichen Beschwerden (vgl. Mann/Cowburn 2005; Edward/Hercelinskyj/Giandinoto 2017).

Die Digitalisierung birgt ebenfalls Stressoren. So können bspw. Unterbrechungen durch die Nutzung von Informations- und Kommunikationstechnologie (IKT) zu Stressreaktionen führen (vgl. Galluch/Grover/Thatcher 2015). Ein eigener Forschungsstrang beschäftigt sich mit dem sogenannten **Technostress**. Tarafdar u. a. (2007) nennen fünf Kategorien von Technostressoren: (a) Techno-Überladung (engl. techno-overload): Darunter fallen u. a. durch IKT verursachte Situationen, die zu längerem oder schnellerem Arbeiten führen. (b) Techno-Übernahme (engl. techno-invasion): Diese bezeichnet Situationen, in denen IKT zu erhöhter Erreichbarkeit führt. (c) Techno-Komplexität (engl. techno-complexity): Darunter werden Überforderungen mit der Technologie, bspw. durch fehlende technische Fähigkeiten, verstanden. (d) Techno-Unsicherheit (engl. techno-insecurity): Sie bezeichnet die Angst von Mitarbeitern, dass ihre Tätigkeit zukünftig von einer Technologie übernommen wird und ihr Job dadurch nicht mehr benötigt wird. (e) Techno-Ungewissheit (engl. techno-uncertainty): Sie beschreibt den Druck der ständigen Weiterbildung, um mit den aktuellen technischen Gegebenheiten zurechtzukommen (vgl. Tarafdar u. a. 2007, S. 315). Technostressoren können zu Stressreaktionen führen. Dabei haben insbesondere Techno-Overload und technikbedingte Rollenambiguität einen starken Einfluss auf das Wohlbefinden des Menschen (vgl. Ayyagari/Grover/Purvis 2011). Technostressoren können sich auch negativ auf die Leistung von Mitarbeitern auswirken oder zu ineffektivem Arbeiten führen (vgl. Stich u. a. 2015, S. 339; Tarafdar/Pullins/Ragu-Nathan

2015). Der Aufbau von Technologie-Kompetenz kann helfen, Technostress abzumildern. Dabei hat insbesondere die Technologieselbstwirksamkeitserwartung
einen positiven Einfluss und kann die Wahrscheinlichkeit einer Stressreaktionen
verringern (vgl. Tarafdar/Pullins/Ragu-Nathan 2015). Der Begriff ‚Technologieselbstwirksamkeitserwartung' beschreibt dabei die Erwartung des Individuums an
sich selbst, die Technologie erfolgreich zu nutzen (vgl. auch 2.3.2).

        (2) **Rollen innerhalb der Organisation** (engl. roles in the organization) gehen
ebenfalls mit verschiedenen Arbeitsstressoren einher. Eine Meta-Analyse von
Gilboa u. a. (2008) zeigt, dass Rollenkonflikte (vgl. 2.1.4.2), Rollenüberladung
und Rollenambiguität einen negativen Einfluss auf die Arbeitsleistung nehmen.
Rollenüberladung bezeichnet die Belastung, die aus der Vielzahl an Rollen
resultiert, die nicht mit zur Verfügung stehender Zeit, Energie und Reserven vereinbar sind (vgl. Turner 2001, S. 249). Nicht immer sind die Erwartungen, die an
eine Rolle geknüpft sind, eindeutig. Die widersprüchlichen Anforderungen anderer sowie die eigene Unsicherheit hinsichtlich der Rollenerwartung werden als
Rollenambiguität bezeichnet (vgl. Spieß/Reif 2018, S. 23). Rollenkonflikte, Rollenambiguität und Rollenüberladung stehen in einem negativen Zusammenhang
mit Arbeitsleistung, emotionaler Erschöpfung, Arbeitszufriedenheit und Wechselabsicht (vgl. Um/Harrison 1998; Stamper/Johlke 2003; Hang-yue/Foley/Loi
2005). Rollenstressoren treten darüber hinaus häufig in Zusammenhang mit anderen Stressoren auf. So können bspw. Schikane und Mobbing (vgl. Bowling/Beehr
2006), eine hohe Arbeitslast (vgl. Jaramillo/Mulki/Boles 2011) oder der Führungsstil des Vorgesetzten (vgl. Hauge/Skogstad/Einarsen 2007; Skogstad u. a.
2007) das Aufkommen von Rollenstressoren forcieren. Aufgaben, die nicht mit
der eigenen wahrgenommenen Rolle im Einklang stehen und vom Individuum als
ungerecht bzw. nicht angemessen wahrgenommen werden, werden als illegitime
Aufgaben bezeichnet. Illegitime Aufgaben stehen u. a. mit kontraproduktivem
Arbeiten, sozialen Stressoren (z. B. Konflikten) und psychischen Störungen in
Verbindung (vgl. Semmer u. a. 2010; Björk u. a. 2013; Semmer u. a. 2015). Rol-
lenklarheit in Kombination mit sozialer Unterstützung moderiert die Beziehung
zwischen hohen Anforderungen und psychischen Störungen und kann somit als
Ressource verstanden werden (vgl. Bliese/Castro 2000).

        Auch bei Rollenklarheit und der Vereinbarkeit verschiedener Rollen birgt
die Gestaltung der Arbeitsrolle potenzielle Stressoren. Der **Handlungsspielraum**, d. h. die Möglichkeiten zum autonomen Handeln, die ein Mitarbeiter hat,
kann dabei das Stressempfinden beeinflussen. Diese Annahme entstammt insbesondere dem Job-Demand-Control-Modell (JDC-Modell) nach Karasek (1979).
Dieses sieht in erster Linie die Kombination aus hohen Anforderungen (insbesondere viele Aufgaben in einem geringen Zeitfenster) und einem geringen

Handlungsspielraum als gefährlich für Mitarbeiter an. Diese Annahme konnte bereits in zahlreichen Studien nachgewiesen werden. Demnach hat die Kombination aus hohen Anforderungen und geringem Handlungsspielraum einen negativen Einfluss auf das persönliche Wohlbefinden, auf die Gesundheit, die Arbeitszufriedenheit und das Anwesenheitsverhalten von Mitarbeitern (vgl. z. B. Karasek 1990; Dwyer/Ganster 1991; de Jonge u. a. 2000; Demerouti u. a. 2001a; Stansfeld/Candy 2006; Theorell u. a. 2015). Autonomie bei der Arbeit stellt wiederum eine Ressource dar, die hohe Anforderungen abmildern kann (vgl. Bakker/Demerouti/Euwema 2005; Sonnentag 2015, S. 271).

(3) **Soziale Beziehungen** (engl. social relationships) spielen im Arbeitskontext ebenfalls eine entscheidende Rolle, da Mitarbeiter in der Regel mit Vorgesetzten, Kollegen und/oder Kunden interagieren. Soziale Beziehungen können auch eine Quelle von Stressoren sein. Wie sie im Zusammenhang mit Stress stehen, wird im Folgenden ausgeführt.

Individuen haben ein Bedürfnis nach sozialer Anerkennung (vgl. 2.1.4.1). Bleibt dieses Bedürfnis unerfüllt oder wird es gefährdet, entsteht ein erhöhtes Risiko für Stressreaktionen. **Fehlende soziale Unterstützung** gilt im Arbeitskontext daher ebenfalls als Stressor und erhöht das Risiko psychischer Erkrankungen und schwächerer Arbeitsleistungen (vgl. Visweswaran/Sanchez/Fisher 1999; Beehr u. a. 2000; Stansfeld/Candy 2006). Erfährt das Individuum soziale Unterstützung, wirkt sich dies wiederum positiv aus, denn soziale Unterstützung gilt als eine der wichtigsten Ressourcen in der Stressforschung, deren positive Wirkung bereits in diversen Studien belegt wurde (vgl. z. B. Cohen/Wills 1985; Visweswaran/Sanchez/Fisher 1999; Kawachi/Berkman 2001; Häusser u. a. 2010; Pow u. a. 2017).

Auch **soziale Konflikte** mit Vorgesetzten und Kollegen können mit Stress einhergehen. Schikane und Mobbing (engl. bullying) durch Kollegen und Vorgesetze können das Wohlbefinden der Mitarbeiter negativ beeinträchtigen (vgl. Bowling/Beehr 2006). Mobbing erhöht das Risiko einer Stressreaktion und kann u. a. weitere Stressoren wie Rollenkonflikte, höhere Wechselabsichten, Absentismus, kontraproduktives Arbeiten sowie mentale und psychische Probleme nach sich ziehen (vgl. Ayoko/Callan/Härtel 2003; Agervold/Mikkelsen 2004; Hauge/Skogstad/Einarsen 2010; Theorell u. a. 2015; Harvey u. a. 2017). Ursachen für Mobbing sind sehr vielfältig. Im Arbeitskontext kann Mobbing z. B. durch den Führungsstil des Vorgesetzten gefördert werden und bspw. durch die Unzufriedenheit von Kollegen mit ihrer eigenen Rolle motiviert sein (vgl. Hauge u. a. 2011).

Mitarbeiterführung steht ebenfalls im Zusammenhang mit Arbeitsstress, bspw. kann sich das Stressempfinden des Vorgesetzten auf die Mitarbeiter übertragen (vgl. Harms u. a. 2017; Inceoglu u. a. 2018). Der Führungsstil des Vorgesetzten kann nicht nur direkten Einfluss auf das Stressempfinden nehmen, sondern auch andere Stressoren hervorrufen. In diesem Zusammenhang konnte aufgezeigt werden, dass ein Laissez-Faire-Führungsstil zu Rollenambiguität, Rollenkonflikten und Konflikten zwischen Mitarbeitern führen kann (vgl. Hauge/Skogstad/Einarsen 2007; Skogstad u. a. 2007). Ein positiv wahrgenommener Führungsstil kann andererseits als Ressource dienen. Insbesondere der transformationale Führungsstil steht im negativen Zusammenhang mit empfundenen Stressreaktionen (vgl. Gregersen u. a. 2011; Weiß/Süß 2016).

(4) **Organisationale Faktoren** (engl. organizational factors) gelten ebenfalls als Quelle von Stressoren. Dazu zählen u. a. die Organisationsstruktur sowie Veränderungsprozesse und das Organisationsklima. Diese beeinflussen das Stressempfinden der Mitarbeiter nicht (ausschließlich) unmittelbar, sondern durch Einfluss auf andere Stressoren wie z. B. Arbeitsplatzsicherheit, soziale Beziehungen oder Rollenkonflikte.

Unter **Organisationsklima** wird die kollektive Wahrnehmung der betrieblichen Bedingungen verstanden (vgl. Schneider/Ehrhart/Macey 2013, S. 362). In einer Organisation können mehrere Klimata vorherrschen, die parallel zueinander existieren und unterschiedliche Fokusse haben, z. B. Serviceklima, Sicherheitsklima, Gerechtigkeitsklima (vgl. Schneider/Ehrhart/Macey 2013, S. 369). Das Organisationsklima kann sich auf das Stressempfinden, die Organisationseffizienz und die mentale Gesundheit von Mitarbeitern auswirken (vgl. Arnetz/Lucas/Arnetz 2011). Ein als ungerecht und unsozial wahrgenommenes Klima kann den wahrgenommenen Stress und u. a. das Risiko von Burnout, Depressionen und Mobbing am Arbeitsplatz erhöhen (vgl. Agervold/Mikkelsen 2004; Finney u. a. 2013; Theorell u. a. 2015). Ein ermutigendes, unterstützendes Organisationsklima kann dagegen als Ressource dienen und hohe Arbeitsanforderungen abmildern (vgl. Bakker u. a. 2007). Hinsichtlich eines kompetitiven Arbeitsklimas liegen unterschiedliche Ansichten vor. So kann es zwar die negativen Wirkungen von Rollenstressoren reduzieren (vgl. Arnold u. a. 2009), aber auch Stressreaktionen begünstigen (vgl. Fletcher/Major/Davis 2008).

Betriebliche Veränderungsprozesse, z. B. in Form von Zusammenschlüssen und Übernahmen (engl. mergers and acquisitions), können Einfluss auf das Stressempfinden von Führungskräften und Mitarbeitern nehmen. So stehen betriebliche Veränderungsprozesse mit einer Zunahme von Rollenstressoren und gesundheitlichen Beeinträchtigungen in Zusammenhang (vgl. Swanson/Power 2001; Dahl 2011). Dabei hat die Intensität der Veränderung Einfluss auf ihre Auswirkungen: Größere Veränderungen steigern das Stressempfinden und die gesundheitlichen Risiken in stärkerem Ausmaß als kleinere Veränderungen (vgl. Greubel/Kecklund

2011). Eine frühe Klärung der neuen Rollen, eine gute Erreichbarkeit der Führungskräfte während der Veränderung und ein konstruktiver Austausch können die potenziellen negativen gesundheitlichen Folgen im Veränderungsprozess abmildern (vgl. Saksvik u. a. 2007).

Unter **organisationalen Einschränkungen** (engl. organizational constraints) werden Situationen oder organisatorische Hindernisse verstanden, die Mitarbeiter von der Ausübung ihrer Arbeit abhalten. Darunter fallen z. B. Zeit- oder Materialmangel, fehlende Informationen oder fehlende Kompetenzen (vgl. Nixon u. a. 2011, S. 8). Organisationale Einschränkungen gelten ebenfalls als Stressor, können zu kontraproduktivem Arbeiten und Wechselabsichten führen und u. a. einen negativen Einfluss auf die physische und psychische Gesundheit sowie das Wohlbefinden der Mitarbeiter haben (vgl. Stetz/Castro/Bliese 2007; Liu u. a. 2010; Pindek/Spector 2016).

Die Organisation bietet neben Stressoren auch Ressourcen. Hierzu zählt insbesondere die wahrgenommene **organisationale Unterstützung**. Diese kann Effekte von Rollenstressoren abmildern (vgl. Stamper/Johlke 2003) und außerdem negative Folgen von Stress für das organisationale Commitment und dem Wohlbefinden abmildern (vgl. Panaccio/Vandenberghe 2009; Arshadi 2011). Unter **organisationaler Gerechtigkeit** (engl. organizational justice) ist die wahrgenommene Fairness des Austauschverhältnisses von individuellen Leistungen und Zuwendungen seitens der Organisation zu verstehen (vgl. Judge/Colquitt 2004, S. 395). Fehlende organisationale Gerechtigkeit gilt als Stressor und kann bspw. kontraproduktives Arbeiten und Absentismus fördern sowie zu gesundheitlichen Problemen und geringerem organisationalem Commitment führen (vgl. Fox/Spector/Miles 2001; Elovainio/Kivimäki/Vahtera 2002; Lambert/Hogan/Griffin 2007). Vorhandene organisationale Gerechtigkeit zählt als Ressource und kann das Stressempfinden reduzieren (vgl. Elovainio/Kivimäki/Helkama 2001; Judge/Colquitt 2004; Kivimäki u. a. 2005).

(5) Die **Karriereentwicklung** (engl. career development) kann für das Individuum insbesondere dann zum Stressor werden, wenn sie mit Unsicherheiten verbunden ist und die Erfüllung der persönlichen Grundbedürfnisse (z. B. durch Jobverlust) gefährdet.

Arbeitslosigkeit gilt als massiver Stressor (vgl. Kieselbach/Beelmann 2006). Menschen ohne Beschäftigung sind häufiger krank, sterben durchschnittlich früher und haben häufiger psychische Erkrankungen als Menschen mit Beschäftigung (vgl. Kroll/Lampert 2012; Kroll/Müters/Lampert 2016). Dabei steigt mit zunehmender Dauer der Arbeitslosigkeit das Risiko psychischer Probleme wie z. B. Burnout (vgl. Wüstner 2005, S. 143). Allerdings birgt nicht nur die tatsächliche Arbeitslosigkeit ein gesundheitliches Risiko; bereits die drohende Arbeitslosigkeit stellt einen Stressor dar. Studien zeigen, dass sich Job-Unsicherheit bereits stark auf die Gesundheit auswirken und insbesondere zu psychischen Störungen führen kann (vgl. Näswall/Sverke/Hellgren 2005; Gilboa u. a. 2008; Virtanen u. a. 2013; Goh u. a. 2015, S. 46).

Unsicherheiten, die mit dem Verlauf der eigenen Karriere einhergehen, werden von Individuen häufig als Stressor wahrgenommen. Daraus können sowohl Über- als auch Unterforderung resultieren. Beispielsweise können die Unklarheiten hinsichtlich der eigenen Rolle und Anforderungen, die durch eine Beförderung entstehen, als Stressor wahrgenommen werden (vgl. Carlson/Rotondo 2001, S. 100). Nicht erfüllte Beförderungswünsche gelten ebenfalls als Stressor und können sich bspw. negativ auf das organisationale Commitment und den Verbleib eines Individuums in einer Organisation auswirken (vgl. Ito/Brotheridge 2009).

(6) Cartwright/Cooper (1997) zählen die Kategorie der **nicht arbeitsbezogenen Faktoren** (engl. non-work factors) ebenfalls zu den arbeitsbedingten Stressoren. Darunter fallen Faktoren, die zwar nicht unmittelbar durch die Arbeit verursacht werden, aber indirekt durch diese entstehen. Insbesondere die Verknüpfung der Bereiche Arbeit und Zuhause (engl. work-home interface) stellt dabei eine zentrale Quelle für Stressoren dar. Dies wird im Folgenden erläutert.

Das Verhältnis zwischen Arbeitszeit und Freizeit, die sognannte **Work-Life-Balance**, kann bei einem dauerhaft subjektiv empfundenen Ungleichgewicht zu einem Stressor werden. Eine unausgeglichene Work-Life-Balance, die auch als Work-Life-Conflict bezeichnet wird, kann sich z. B. negativ auf die Arbeitszufriedenheit auswirken oder zu Absentismus und Wechselabsichten führen sowie gesundheitliche Probleme begünstigen (vgl. Hughes/Bozionelos 2007; Lunau u. a. 2014; Dorenkamp/Ruhle 2019).

Konflikte zwischen Anforderungen aus der Arbeit und der Familie, sogenannte **Work-Family-Conflicts**, korrelieren mit empfundenen Stressreaktionen (vgl. Gilboa u. a. 2008). Dabei kann Stress in der Familie Einfluss auf die Arbeitszufriedenheit nehmen. Allerdings nimmt Stress bedingt durch die Arbeit noch größeren Einfluss auf die Zufriedenheit mit der Familie (vgl. Ford/Heinen/Langkamer 2007, S. 68). Insbesondere Rollenkonflikte, fehlende soziale Unterstützung (zuhause und auf der Arbeit) sowie ein negatives Familien- oder Organisationsklima können dazu führen, dass Stress aufgrund von Arbeit und Familie entsteht (vgl. Michel u. a. 2011). Dabei sind Frauen häufiger von Work-Family-Konflikten betroffen als Männer (vgl. van Veldhoven/Beijer 2012). Die Verknüpfung zwischen Arbeit und Familie kann allerdings auch eine Ressource sein: Der sogenannte Mood-Spillover besagt, dass sich nicht nur gute, sondern auch schlechte Laune von der Arbeit aufs Privatleben überträgt und umgekehrt (vgl. Song/Foo/Uy 2008).

Die genannten Stressoren treten für gewöhnlich nicht einzeln, sondern in verschiedenen Kombinationen auf. Zwar ist das individuelle Stressempfinden subjektiv und nicht jedes Individuum zeigt die gleichen Reaktionen auf die gleichen Stressoren, jedoch konnte die Forschung aufzeigen, dass es bestimmte Konstellationen von gleichzeitig auftretenden Stressoren gibt, die für ganze (Berufs-) Gruppen als besonders gefährlich gelten (vgl. Holz/Zapf/Dormann 2004, S. 278). Dieser Logik folgen zwei der einflussreichsten Stressmodelle im Arbeitskontext, das Modell der beruflichen Gratifikationskrise (vgl. Siegrist 1996) und das JDR-Modell (vgl. Demerouti u. a. 2001b).

2.1.5.4 Arbeitsstressmodelle

Die (arbeitswissenschaftliche) Forschung nutzt verschiedene **Arbeitsstressmodelle**, die es ermöglichen, besonders belastende Arbeitsumfelder zu analysieren. Zwei der einflussreichsten Arbeitsstressmodelle sind das Modell der beruflichen Gratifikationskrise und das JDR-Modell.

Das **Modell der beruflichen Gratifikationskrise** sieht das (Un-)Gleichgewicht zwischen (subjektiv empfundenen) Anstrengungen und Belohnungen als zentrales Element der Entstehung von Arbeitsstress an. Übersteigen die Anstrengungen (z. B. die Arbeitslast), die ein Individuum aufbringen muss dauerhaft die Gegenleistungen (z. B. in Form von Geld oder Anerkennung), entsteht Stress (vgl. Siegrist 1996, S. 30). Das Modell der beruflichen Gratifikationskrise wurde in zahlreichen Studien angewandt. Eine unausgewogene Austauschbeziehung von Anforderungen und Belohnung kann demnach das Risiko für physische (vgl. z. B. Kuper u. a. 2002; Stansfeld/Candy 2006) und psychische Erkrankungen erhöhen (vgl. z. B. Bakker u. a. 2000; Kuper u. a. 2002; van Vegchel u. a. 2005; Stansfeld/Candy 2006; Nieuwenhuijsen/Bruinvels/Frings-Dresen 2010) sowie das Wohlbefinden negativ beeinflussen (vgl. de Jonge u. a. 2000; van Vegchel u. a. 2001). Insbesondere kardiovaskuläre Erkrankungen wurden im Zusammenhang mit der Gratifikationskrise untersucht. Dabei konnte gezeigt werden, dass eine ausgeprägte Gratifikationskrise das Risiko für kardiovaskuläre Erkrankungen erhöht (vgl. z. B. Bosma u. a. 1998; Kivimäki u. a. 2002; Dragano u. a. 2017). Im Hinblick auf arbeitsrelevante Folgen kann eine Gratifikationskrise zu höheren Wechselabsichten (vgl. Kinnunen/Feldt/Mäkikangas 2008; Dorenkamp/Weiß 2018) und Frühverrentungen führen (vgl. Siegrist u. a. 2007; Wahrendorf/Dragano/Siegrist 2013).

Das **Job-Demands-Ressources-Modell** ist eine Weiterentwicklung des JDC-Modells nach Karasek (1979). Im Vergleich zum JDC-Modell (vgl. 2.1.5.3) wird beim JDR-Modell allerdings nicht nur der Handlungsspielraum den Anforderungen gegenübergestellt, sondern alle möglichen Ressourcen, die die Auswirkungen der Arbeitsanforderungen abmildern können (vgl. Demerouti u. a. 2001b, S. 502). Laut dem Modell gilt also eine Kombination aus hohen Anforderungen in Kombination mit wenig Ressourcen als Ursache für Arbeitsstress. Als Anforderungen gelten in dem Modell Überlastung, psychische/physische Arbeitsanforderungen und Work-Life-Konflikte. Zu den Ressourcen zählen u. a. ein ausreichender Handlungsspielraum, soziale Unterstützung, ein gutes Verhältnis zum Vorgesetzten und angemessenes Feedback (vgl. Bakker/Demerouti 2017, S. 273).

Verschiedene Studien belegen, dass (dauerhaft) hohe Anforderungen in Kombination mit geringen Ressourcen mit Erschöpfung, Leistungsabfall, Burnout und erhöhten Gesundheitsrisiken einhergehen (vgl. Bakker/Demerouti/Verbeke 2004; Schaufeli/Bakker 2004; Bakker/Demerouti/Euwema 2005; Schaufeli/Bakker/van Rhenen 2009; Crawford/LePine/Rich 2010). Eine Vielzahl an Ressourcen kann sich dagegen positiv auf das Commitment und die Motivation von Mitarbeitern auswirken (vgl. Bakker/Demerouti/Verbeke 2004, S. 96).

Anhand des (Un-)Gleichgewichts zwischen Anforderungen und Ressourcen sowie Anforderungen und Belohnungen lassen sich verschiedene Berufe identifizieren, die als besonders gefährdet gelten. Darunter fallen insbesondere Pflegekräfte, die im Zentrum dieser Arbeit stehen. Diese weisen überdurchschnittlich oft eine Gratifikationskrise und ein Ungleichgewicht an Anforderungen und Ressourcen auf (vgl. Schulz u. a. 2009; Xie/Wang/Chen 2011; Rasch/Dewitt/Eschenbeck 2017).

Weder die biologische noch die psychologische, soziologische/sozialpsychologische oder betriebswirtschaftliche Perspektive kann Stress allein erklären. Sowohl Umweltfaktoren als auch psychische und physiologische Abläufe im Menschen haben Einfluss darauf, inwiefern Stressoren zu einer Stressreaktion führen. Das transaktionale Stressmodell nach Lazarus/Folkman (1984) bietet einen Ansatz, der die verschiedenen Perspektiven miteinander kombiniert.

2.1.6 Das transaktionale Stressmodell

Das **transaktionale Stressmodell** nach Lazarus/Folkman (1984) bietet einen konzeptionellen Ansatz für die Transaktion von der Wahrnehmung eines Stressors in eine Stressreaktion. Ob ein Stressor zu einer Stressreaktion führt, ist individuell sehr unterschiedlich. Laut Lazarus/Folkman (1984) ist dies insbesondere auf die Bewertung (vgl. 2.1.3.2) durch das Individuum zurückzuführen. Die Bewertung findet auf kognitiver und unbewusster Ebene statt. Dabei spielen Gedanken, Wahrnehmungen und individuelle Schlussfolgerungen eine entscheidende Rolle im Hinblick darauf, ob ein Individuum einen Stressor als potenzielle Gefahr sieht (vgl. Kaluza 2015, S. 44). Lazarus (2012) geht dabei von drei Bewertungen aus, die mehrfach wiederholt werden können und darüber entscheiden, ob eine Situation als bedrohlich bewertet wird:

(1) Bei der **primären Bewertung** wird bewertet, inwiefern Einwirkungen der Umwelt, also Stressoren, eine Gefahr für das Individuum und seine Ziele bedeuten. Dabei können diese Einwirkungen laut Lazarus drei unterschiedliche Ausprägungen annehmen: (1) positiv, (2) irrelevant oder (3) gefährlich. (1) Gelangt das Individuum zu einer positiven Einschätzung, erwartet es von einem Stressor einen Nutzen für sich selbst. (2) Wird die Situation als irrelevant eingeschätzt, geht das Individuum davon aus, dass es durch diesen Stressor nicht beeinflusst wird. Sowohl bei einer positiven als auch bei einer irrelevanten Bewertung kommt es zu keiner Stressreaktion. (3) Bewertet das Individuum einen Stressor aber als gefährlich, kann es zu einer Stressreaktion kommen. Dabei tendiert es dazu, einen Stressor, der im Kontrast zu den eigenen Idealen steht oder diese gefährdet, als gefährlich zu bewerten (vgl. auch 2.1.3.2). Einen zentralen Einfluss bei der primären Bewertung hat laut Lazarus demnach die gefährdete Zielverpflichtung (engl. goal commitment) des Individuums. Darunter wird der Drang verstanden, ein Ziel trotz Rückschlägen und Schwierigkeiten zu erreichen. Die Stressreaktion entsteht demnach aufgrund der Gefährdung der eigenen Ziele (vgl. Lazarus 2012, S. 204).

Bei der Bewertung eines Stressors als Gefahr differenziert Lazarus nochmals zwischen drei verschiedenen Ausprägungen: (1) Der Stressor stellt eine Herausforderung dar, d. h. die Situation wird zwar als schwierig, aber als potenziell bewältigbar eingeschätzt. Eine solche Herausforderung kann mit Eustress (vgl. 2.1.2) verglichen werden, da sie das Individuum im idealen Maße beansprucht. (2) Der Stressor stellt eine Bedrohung dar, d. h. das Individuum erwartet einen zukünftigen Schaden, der aus dem Stressor resultiert. (3) Der Stressor bedeutet einen Verlust, d. h. aufgrund des Stressors ist bereits ein Schaden entstanden (vgl. Lazarus 2012, S. 204). Die primären Bewertungen sind vergleichbar mit dem Challenge-Hindrance-Modell (vgl. 2.1.3), da in diesem insbesondere die Bewertung als Herausforderung als tendenziell positiv eingestuft wird. Allerdings geht das transaktionale Stressmodell über das Challenge-Hindrance-Modell hinaus, indem es irrelevante Stressoren mitberücksichtigt. Somit wird nicht jeder Situation ein Einfluss auf das Individuum beigemessen. Weiterhin differenziert Lazarus in seinem Modell zwischen bereits entstandenem Schaden (Verlust) und antizipiertem Schaden (Bedrohung). Somit finden sowohl die Annahme von gefährdeten Sollzuständen als auch deren tatsächliches Nichterreichen Beachtung.

(2) Bei der **sekundären Bewertung** bewertet das Individuum, welche Möglichkeiten zum Coping (vgl. 2.2) zur Verfügung stehen. Dabei findet eine innere

Planung statt. Eine zentrale Frage bei der sekundären Bewertung lautet, wie wichtig die Bewältigung der Situation für das Individuum ist. Dem nachgelagert werden Bewältigungsoptionen überprüft und es wird entschieden, wie diese umgesetzt werden. Das Individuum wägt ab, ob, in welcher Form und wann Coping stattfinden kann. Weiterhin werden Chancen und Risiken des Copings einander gegenübergestellt und schließlich wird eine Copingstrategie ausgewählt. Letztendlich erfolgt das Coping, um die gefährliche Situation zu bewältigen (vgl. Lazarus 2012, S. 204).

(3) Anschließend wird bei der **Neubewertung** entschieden, ob die bedrohliche Situation beendet ist, anhält oder sich verändert hat. Eine Veränderung kann dabei eine Besserung bedeuten, indem z. B. eine Situation, die vormals als Bedrohung bewertet wurde, nun als Herausforderung wahrgenommen wird, oder eine Verschlechterung darstellen, indem aus einer Herausforderung eine Bedrohung wird. Ein Stressor kann ggf. sogar positiv oder irrelevant werden. Bewertet das Individuum bei der Neubewertung den Stressor nicht als positiv oder irrelevant, setzen sich die Stressreaktion und die Bewertungsschritte (beliebig oft) fort (vgl. Lazarus 2012, S. 204–205). Abbildung 2.3 visualisiert das transaktionale Stressmodell.

Bei den kognitiven Bewertungsprozessen im transaktionalen Stressmodell, insbesondere bei der primären und sekundären Bewertung, handelt „es sich nicht in jedem Falle, wahrscheinlich sogar eher selten, um bewusste, willentlich durchgeführte Denkoperationen" (Kaluza 2015, S. 47). Die genannten Bewertungsprozesse werden also überwiegend unterbewusst vorgenommen und sind daher in der angewandten Psychologie nur schwer voneinander zu trennen. Primäre und sekundäre Bewertung sind nicht voneinander unabhängig, sondern stehen vielmehr in ständiger Interaktion miteinander. Sie fokussieren zwar unterschiedliche Aspekte, sind aber dennoch als integrale Bestandteile des Stressverlaufs zu bezeichnen (vgl. Lazarus 2012, S. 204).

Das transaktionale Stressmodell eignet sich aus mehrerlei Gründen als Basis für das Forschungsmodell dieser Arbeit: Erstens bildet das transaktionale Stressmodell das Individuum mit seiner Bewertung und nicht das Verhältnis zwischen Stressoren und Ressourcen ab, wie es bspw. bei dem Modell der beruflichen Gratifikationskrise und dem JDR-Modell der Fall ist. Die Betrachtung von inneren Abläufen macht den Forschungsgegenstand zwar komplexer, zugleich folgt dieser Ansatz mehr der eigentlichen Definition eines Stressors als zunächst neutralen Reiz (vgl. 2.1.1). Das heißt, es wird berücksichtigt, dass Individuen zwar Stressoren wahrnehmen können, aber (aufgrund der Bewertung) keine Stressreaktion erfolgt. Zweitens ist das Coping, das im Zentrum der Zielstellung dieser Arbeit steht, ein Bestandteil des Modells. Dies ist gegenüber ressourcenorientierten Stressmodellen ein Vorteil, da diese die Bewältigung nicht adressieren.

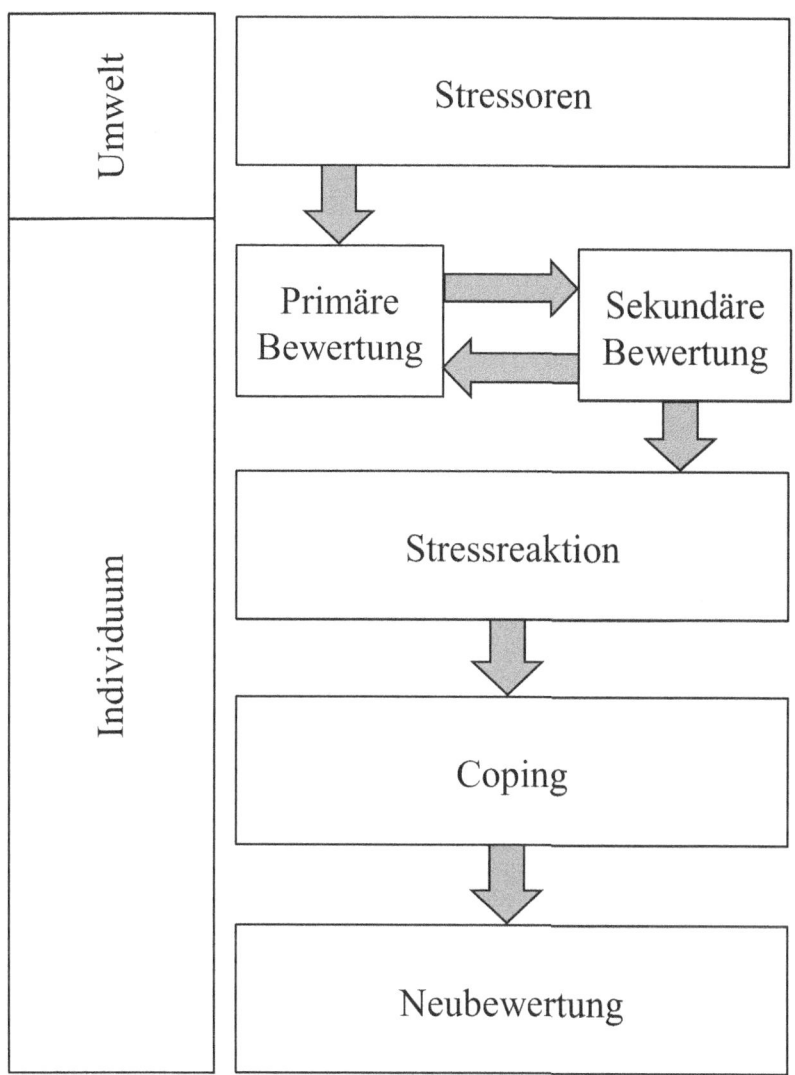

Abb. 2.3 Transaktionales Stressmodell nach Lazarus (in Anlehnung an Lazarus/Folkman 1984)

Drittens lassen sich anhand der dreifachen Bewertung die unterschiedlichen Wirkungsmechanismen von Resilienz aufzeigen (vgl. 2.3, 2.4).

2.2   Coping

2.2.1   Begriffsverständnis

Unter **Coping** werden kognitive Prozesse und Handlungen verstanden, die das Ziel haben, Schwierigkeiten wie z. B. Stress zu bewältigen (vgl. Folkman/Moskowitz 2004, S. 746–747). Dabei wird die Reaktion in Bezug auf unterschiedliche Stressoren oder Kontexte, in denen Stress erlebt wird, als **Copingstrategie** bezeichnet (vgl. Dewe/O'Driscoll/Cooper 2010, S. 153). Eine Copingstrategie kann im Hinblick auf verschiedene Stressoren variieren. Dieser Begriff ist vom **Copingstil** abzugrenzen, bei dem davon ausgegangen wird, dass Individuen in verschiedenen Situationen immer wieder zu gleichen oder ähnlichen Copingstrategien tendieren, und der eine Art Charaktereigenschaft darstellt, die zwar mit der Zeit reifen bzw. sich weiterentwickeln kann, aber relativ konstant bleibt (vgl. Aldwin 2007, S. 129). Individuen können bei Stress zwar auf unterschiedliche Copingstrategien zurückgreifen, sie ziehen bedingt durch den Copingstil aber häufig gleiche oder ähnliche Copingstrategien bevorzugt heran.

Coping hat seinen Ursprung im Konzept des **Abwehrmechanismus** (engl. defence mechanism), der bereits in die Psychoanalyse Sigmund Freuds Einzug fand (vgl. z. B. Freud/Freud 1999; Somerfield/McCrae 2000, S. 621). Im Gegensatz zum Coping findet die Abwehr ausschließlich auf der unbewussten Ebene statt (vgl. Cramer 2000, S. 638–639). Anna Freud entwickelte das Konzept des Abwehrmechanismus mit dessen Ausprägungen weiter und konnte aufzeigen, dass dieser bei Menschen unterschiedlich ausfällt und veränderbar ist. Diese Eigenschaften werden ebenfalls dem Coping zugeschrieben (vgl. Freud 1966; Somerfield/McCrae 2000, S. 621; Aldwin 2007, S. 210).

In den 1950er- und 1960er-Jahren fand das Konzept des Abwehrmechanismus als Moderator zwischen Stress und Krankheit bereits größere Beachtung in der Wissenschaft. Das Coping stellte schließlich eine Weiterentwicklung des Abwehrmechanismus dar. Durch die Entwicklung des transaktionalen Stressmodells (vgl. 2.1.6) und die Verbreitung von sogenannten Coping-Checklisten, mit denen Copingstrategien abgefragt wurden, gewann das Thema Coping seit den 1980er-Jahren in der Forschung an Relevanz. Das Interesse hält bis heute an und diverse Disziplinen, bspw. die Psychologie und die Soziologie, beschäftigen sich mit Coping (vgl. Somerfield/McCrae 2000, S. 621; Folkman/Moskowitz 2004, S. 746).

Coping bezieht sich dabei auf den Umgang mit Schwierigkeiten (insbesondere Stress) und beschreibt ein komplexes Geflecht, das u. a. aus kognitiven Abläufen und Verhaltensweisen eines Individuums besteht und dafür mitverantwortlich ist, wie dieses eine Stressreaktion übersteht (vgl. z. B. Dewe/O'Driscoll/Cooper 2010, S. 26–27; Nerdinger/Blickle/Schaper 2011, S. 484). Im Wesentlichen beschreibt Coping die Bewältigung von internen und externen Bedrohungen, die die eigenen Ressourcen übersteigen (vgl. Weinert 2004, S. 293). Diese Definition umfasst Coping in seiner Gänze und inkludiert den Umgang mit Schwierigkeiten wie Krankheiten oder Schicksalsschlägen. Da der Fokus dieser Arbeit auf Arbeitsstress liegt, bezieht sich der Begriff ‚Coping' im Folgenden ausschließlich auf die Bewältigung von Stress bzw. Arbeitsstress. Der Begriff ‚Bewältigung' ist dabei neutral zu verstehen, da Coping nicht zwangsläufig den Stress verringert, sondern positiv, dysfunktional oder negativ verlaufen kann (vgl. Carver/Scheier/Weintraub 1989, S. 269).

2.2.2 Klassifikationen von Coping

2.2.2.1 Generalistische Klassifikationen

Da es eine große Bandbreite von Copingstrategien gibt, wird Coping in der Literatur nach verschiedenen Merkmalen klassifiziert. In der Copingforschung herrscht dabei Diskrepanz darüber, wie Coping kategorisiert werden soll, daher existiert eine Vielzahl an Ansätzen zur Klassifizierung (vgl. z. B. Skinner u. a. 2003; Aldwin 2007, S. 341–345; Dewe/O'Driscoll/Cooper 2010, S. 41–42). Dabei existieren mehr als 100 Arten der Klassifikation (vgl. Skinner u. a. 2003, S. 216). Da die Darstellung sämtlicher Klassifikationen allerdings den Rahmen der vorliegenden Arbeit sprengen würde und zudem nicht zielführend ist, wird in der vorliegenden Arbeit ein Überblick über zentrale Klassifikationen gegeben, die in der Forschung größere Beachtung finden. Teilweise werden für die Systematisierung von Coping generalistische Klassifikationen herangezogen, die es in übergeordnete Dimensionen einordnen und die anhand grundsätzlicher Merkmale gebildet werden. Diese Kategorisierung fasst äußerst heterogene Arten von Coping in sich zusammen und ist deshalb umstritten (vgl. Skinner u. a. 2003, S. 216). Diese Klassifikationen bieten allerdings die Grundlage für eine Systematik, die insbesondere für Übersichten und generalistische Fragestellungen hilfreich sein kann.

Eine etablierte Unterteilung von Coping geht auf das beschriebene transaktionale Stressmodell (vgl. 2.1.6; Lazarus/Folkman 1984) zurück. Darin wird
zwischen problemorientiertem und emotionsorientiertem Coping unterschieden.
Problemorientiertes Coping beschreibt eine konkrete Handlung mit dem Ziel,
Stressoren entgegenzuwirken oder diese zu eliminieren. Beim **emotionsorientierten Coping** steht hingegen das Regulieren der durch Stressoren ausgelösten
Emotionslage im Fokus. Es wird versucht, das Stressempfinden zu reduzieren
oder durch andere Emotionen zu ersetzen. Diese beiden Arten des Copings stehen nicht in Konkurrenz zueinander; vielmehr ist davon auszugehen, dass in der
Realität meist eine Kombination aus beiden angewandt wird (vgl. Lazarus 2012,
S. 207–208). Vermehrt wird auch das **sinnorientierte Coping** (engl. meaning-
focused coping; vgl. 2.2.2.2) als dritte grundsätzliche Ausprägung des Copings
im transaktionalen Stressmodell gezählt (vgl. Folkman/Moskowitz 2004, S. 752;
Folkman 2010, S. 902). Sinnorientiertes Coping bezeichnet Copingstrategien, die
darauf abzielen, die eigenen psychischen Sollzustände (z. B. Werte und Normen, vgl. 2.1.3.2) nach einer Situation zu ändern. Dies kann dazu führen, dass
ein bestimmtes Ereignis als weniger gefährlich bewertet wird, indem die eigenen Ziele geändert werden (vgl. Carver 2013, S. 498). Ein Beispiel hierfür ist,
wenn Individuen ihre Prioritäten ändern und Zeit mit ihrer Familie als wichtiger
ansehen als die berufliche Karriere.

Bei einer anderen generalistischen Art, Coping zu klassifizieren, steht der Grad
der Adaptivität im Vordergrund, die beim Coping gezeigt wird. Dabei wird zwischen Engagement-Coping (teilweise auch als approach oder adaptives coping
bezeichnet) und Disengagement-Coping (teilweise auch als avoidance oder maladaptives coping bezeichnet) unterschieden. Das **Engagement-Coping** beschreibt
die aktive Auseinandersetzung mit Stressoren und enthält Elemente, die auch dem
problem- und emotionsorientierten Coping zugerechnet werden können (vgl. Carver 2013, S. 497–498). Es wird versucht, Stress durch Coping aktiv zu beenden.
Das **Disengagement-Coping** enthält hingegen eine Umgehung des Problems, um
dem Stress auszuweichen. Dabei kann größerer Stress meist kurzfristig vermieden
werden. Allerdings behebt eine solche Vermeidung langfristig in der Regel nicht
die Ursachen des Problems, sodass dieses andauert (vgl. Carver 2013, S. 497–
498). Eine Ausnahme bilden hierbei Stressoren, die lediglich temporär auftreten,
sodass Vermeidung in diesem Fall sogar der effizientere Weg sein kann, um Stress
zu bewältigen, da keine besonderen Anstrengungen gemacht werden müssen und
die Stressreaktion sich von alleine legt (vgl. Aldwin 2007, S. 342).

In der Literatur wird teilweise auch nach dem Zeitpunkt des Copings differenziert. Dabei gehen verschiedene Ansätze von einem **reaktiven Coping** aus, d. h.
Individuen wenden eine Copingstrategie an, nachdem oder während sie einem

Stressor ausgesetzt sind bzw. Stress empfinden. Das **proaktive Coping** beschreibt hingegen ein präventives Vorgehen, bei dem sich Individuen auf potenzielle Stressoren vorbereiten, um das daraus resultierende Stressempfinden abzumildern (vgl. Reuter/Schwarzer 2012, S. 505–506; O'Driscoll 2013, S. 89–90).

2.2.2.2 Kontextbasierte Klassifikationen

Neben den generalistischen Klassifikationen existieren in der Literatur auch Klassifikationen, die Coping anhand des Kontexts, in dem es stattfindet, systematisieren. Bei dieser Art der Klassifikation besteht jeweils ein übergeordneter Kontext, in dem nochmals zwischen verschiedenen Arten des Copings unterschieden wird.

(1) Sinnhaftigkeit (engl. meaningfulness) gewinnt im Hinblick auf Coping zunehmend an Relevanz (vgl. 2.2.3). Das Konzept des **sinnorientierten Copings** (engl. meaning-focused coping) geht auf die Annahme zurück, dass der Kontext beim Coping eine zentrale Rolle spielt und darüber entscheidet, ob eine Situation für ein Individuum überhaupt von Bedeutung ist (vgl. Dewe/Cooper 2017, S. 147). Park/Folkman (1997) unterscheiden zwischen zwei Arten von Sinnhaftigkeit: (a) die globale und (b) die situative Sinnhaftigkeit. (a) Die globale Sinnhaftigkeit beschreibt dabei ein grundsätzliches Orientierungssystem, das aus Überzeugungen, Zielen und subjektiven Gefühlen besteht. Grundsätzliche Überzeugungen beinhalten dabei die Werte und Normen des Individuums. Unter Zielen werden angestrebte Zustände und Ideale verstanden, auf die das Individuum hinarbeitet. Diese können u. a. die Arbeit und soziale Beziehungen betreffen. Subjektive Gefühle hinsichtlich der Sinnhaftigkeit beschreiben das Gefühl, etwas Sinnvolles zu tun. (b) Die situative Sinnhaftigkeit bezieht sich auf eine auftretende Stresssituation, die bewertet wird. Weicht diese von der eigenen globalen Sinnhaftigkeit ab (bspw. dadurch, dass die Situation nicht mit den eigenen Werten und Normen vereinbar ist), ist von Sinn-Diskrepanz die Rede (vgl. Park/Folkman 1997, S. 116, 121; Park 2010, S. 258–259). Sinnorientiertes Coping beschreibt demnach Coping, mit dem diese Diskrepanz zu reduzieren versucht wird. Dies kann, bewusst und unbewusst, durch Anpassungen der globalen oder der situativen Sinnhaftigkeit geschehen. Formen von sinnorientiertem Coping können bspw. die Umdeutung, dass eine gefährliche Situation weniger Bedeutung hat, Akzeptanz der Situation oder Änderungen der globalen Sinnhaftigkeit (z. B. durch Anpassung der eigenen Werte und Normen bzw. der eigenen Ziele) sein (vgl. Park 2010, S. 260).

(2) Unter **Leisure-Coping** (dt. Coping in der Freizeit) werden Copingstrategien zusammengefasst, die im Freizeitkontext stattfinden (vgl. Dewe/Cooper 2017, S. 152). Das Leisure-Coping-Modell nach Iwasaki/Mannell (2000) geht

von mehreren Ebenen von Leisure-Coping aus. Auf der ersten Ebene unterscheiden die Autoren zwischen Leisure-Coping-Beliefs und Leisure-Coping-Strategies. Unter Leisure-Coping-Beliefs verstehen sie dabei die grundsätzlichen Überzeugungen in Bezug darauf, inwiefern die Freizeit Einfluss auf die Erholung nimmt. Diese Überzeugungen sind demnach dispositiv und werden u. a. durch die Sozialisation erlernt. Sie können mit dem grundsätzlichen Copingstil verglichen werden. Leisure-Coping-Strategies bezeichnen hingegen situative Copingstrategien, die für eine konkrete Stresssituation herangezogen werden (vgl. Iwasaki/Mannell 2000, S. 165–167). Dieser Annahme folgend tendieren Individuen eher zu ihren dispositiven Eigenschaften und betreiben Coping eher gemäß ihren Überzeugungen. Sind die situativen Einflüsse sehr stark, weichen Individuen von diesen Dispositionen ab und wenden situative Copingstrategien an (vgl. Iwasaki/Mannell 2000, S. 167).

Neben dem Modell von Iwasaki/Mannell (2000) existiert eine alternative Konzeption von Leisure-Coping. Patry/Blanchard/Mask (2007) gehen von zwei grundsätzlichen Arten des Leisure-Copings aus: (a) Der Planned-Breather (dt. etwa geplante Verschnaufpause)-Leisure-Coping-Style beschreibt einen Copingstil, bei dem Menschen proaktiv Pausen und Erholungsmöglichkeiten in ihre Aktivitäten miteinplanen. (b) Der Avoidant-Leisure-Coping-Style beschreibt hingegen einen Copingstil, der darauf abzielt, durch Pausen und Nichtbearbeiten einer Aufgabe diese aufzuschieben oder die Auseinandersetzung mit dieser zu vermeiden (vgl. Patry/Blanchard/Mask 2007, S. 250).

Die empirische Forschung liefert Befunde für die Effektivität von Leisure-Coping. So konnte gezeigt werden, dass insbesondere das Abhalten von regelmäßigen (geplanten) Pausen und das Heranziehen von sozialer Unterstützung in der Freizeit mit einer besseren psychischen und physischen Gesundheit einhergehen (vgl. Iwasaki u. a. 2002). Auch für das Modell nach Patry liefert die empirische Forschung Befunde. Demnach wirkt sich der Planned-Breather-Copingstil positiv, der Avoidant-Leisure-Copingstil hingegen negativ auf das Wohlbefinden aus (vgl. Tsaur/Tang 2012). Weiterhin kann Leisure-Coping positiv zum Stressrelated Growth (vgl. 2.2.4), also zum Wachsen am Stress beitragen (vgl. Chun u. a. 2012). Jenseits des Copingkontextes besteht weitestgehend Konsens darüber, dass sich eine erholsame Freizeit positiv auf das Wohlbefinden und die Gesundheit auswirkt (vgl. z. B. Caldwell 2005, S. 23; Sonnentag/Venz/Casper 2017, S. 365).

(3) Coping findet nicht ausschließlich auf der individuellen Ebene statt, sondern kann auch gemeinschaftlich erfolgen. Dies wird unter dem Begriff des **sozialen Copings** (teilweise auch unter den Synonymen ,gemeinschaftliches' oder

‚kollektives Coping') zusammengefasst. Damit sind gemeinschaftliche Bemühungen gemeint, Stress durch kollektive Ressourcen und Handlungen zu bewältigen. Dies kann bspw. bei Paaren, Familien oder Gemeinschaften stattfinden (vgl. Lyons u. a. 1998, S. 580). Laut Lyons u. a. (1998) gibt es drei Voraussetzungen für soziales Coping: (a) Eine gemeinschaftliche Copingorientierung: Das heißt mindestens eine Person ist der Überzeugung ist, dass eine gemeinschaftliche Bewältigung des Problems erfolgreicher ist als eine individuelle Bewältigung. (b) Kommunikation über den Stressor: Um kollektives Coping durchführen zu können, müssen sich die Betroffenen über die potenzielle Gefahr und die Bedeutung für die Betroffenen austauschen. (c) Kooperative Handlung: Es bedarf einer gemeinschaftlichen Handlungsstrategie und der Klärung der Frage, wie dem Problem begegnet werden soll oder wie es gelöst werden kann (vgl. Lyons u. a. 1998, S. 583–584).

Fehlende **soziale Unterstützung** gilt als Stressor (vgl. 2.1.4.1). Darüber hinaus kann vorhandene soziale Unterstützung aber als Ressource oder als Form von Coping betrachtet werden. In der Empirie sind die positiven Effekte sozialer Unterstützung breit dokumentiert (vgl. z. B. Viswesvaran/Sanchez/Fisher 1999; Schwarzer/Knoll 2007; Chao 2011). Insbesondere bei benachteiligten Gruppen und Minderheiten zeigt sich, dass Mitglieder durch aktive und passive soziale Unterstützung besser mit Vorurteilen und Diskriminierung umgehen können (vgl. Haslam u. a. 2009, S. 12).

Laut Kuo (2013) besteht soziales Coping nicht nur aus sozialer Unterstützung, sondern wird insbesondere durch **kulturelle Einflüsse** bestimmt. Demnach prägt die soziale Umgebung das Coping des Individuums durch vier Quellen: (a) Werte können das individuelle Coping beeinflussen. Diese können bspw. durch den Stellenwert der Familie oder die Hierarchie innerhalb der Gesellschaft geprägt sein. (b) Interpersonelle Beziehungen können sich darauf auswirken, inwiefern ein Individuum Gebrauch von sozialen Copingstrategien machen kann. (c) Die Kultur kann Einfluss auf kognitive Prozesse und das Denken von Individuen haben. (d) Durch religiöse und kulturelle Prägung entstandene Rituale können zudem das Coping beeinflussen (vgl. Kuo 2013, S. 377).

(4) Beim **religiösen Coping** (engl. religious coping) wird der religiöse bzw. spirituelle Kontext in den Fokus gerückt. Religionen betonen meist das menschliche Leid, das durch einen religiösen Lebensstil überwunden werden könne (vgl. Pargament 1997, S. 3). Dies macht die Religion für Gläubige zu einer essenziellen Coping-Quelle. Laut Pargament/Koenig/Perez (2000) erfüllt Religion fünf Funktionen im Angesicht von Krisen: (a) Sinnhaftigkeit, (b) Kontrolle, (c) Komfort, (d) Intimität und (e) Lebenswandel. (a) Sinnhaftigkeit bezieht sich dabei

auf die Funktion, dass schwierige Lebensphasen und Krisen erklärt werden können. Es hat (subjektiv empfunden) eine Bedeutung, warum das Individuum Leid
erfahren muss (z. B. Gottes Plan). (b) Kontrolle (engl. control) bedeutet, dass
Religion dabei helfen kann, das Gefühl der Beherrschbarkeit zu gewinnen, wenn
eine Situation die eigenen Fähigkeiten übersteigt. (c) (Spiritueller) Komfort (engl.
comfort) beschreibt das Bedürfnis, sich mit einer höheren Macht in Verbindung
zu setzen (z. B. Gebet). (d) Auch (spirituelle) Intimität (engl. intimacy) beschreibt
das Bedürfnis, spirituelle Rituale mit anderen auszuführen und von anderen zu
erhalten (z. B. Gottesdienste). (e) Unter Lebensveränderung (engl. life transformation) wird in diesem Kontext verstanden, dass Religion dabei helfen kann, sich
von alten Idealen zu lösen und neuen Dingen Bedeutung zukommen zu lassen
(vgl. Pargament/Koenig/Perez 2000, S. 521).

Ano/Vasconcelles (2005) zeigen auf, dass sich religiöse Copingstrategien in
positive (z. B. spirituelle Konnektivität, religiöse Zusammenkunft, Hilfe suchen
bei Geistlichen) und negative (z. B. religiöse Unzufriedenheit, Annahme eines
strafenden Gottes) aufteilen lassen (vgl. Ano/Vasconcelles 2005, S. 464). Positives religiöses Coping geht dabei mit einer besseren, negatives religiöses Coping
geht mit einer schlechteren Bewältigung von stressvollen Situationen einher (vgl.
Ano/Vasconcelles 2005).

(5) Copingstile zeichnen sich nicht zwangsläufig durch einseitige Copingstrategien aus. Die Unterscheidung zwischen starren und flexiblen Copingstilen
existiert bereits lange in der wissenschaftlichen Literatur. Dabei gilt ein fle-
xibler Stil als gesünder (vgl. z. B. Lester/Smart/Baum 1994, S. 410). Trotzdem
hat das Thema **Copingflexibilität** (engl. coping flexibility) erst in den letzten
Jahrzehnten vermehrt Aufmerksamkeit erhalten. Die Grundannahme im Hinblick
auf Copingflexibilität ist die Goodness-of-Fit-Hypothese (vgl. 2.2.4). Demnach
unterscheidet sich die Effektivität von Copingstrategien in unterschiedlichen stressigen Situationen (vgl. Bonanno/Pat-Horenczyk/Noll 2011, S. 118). Menschen,
die sich flexibel an ihre Umwelt anpassen können und die Fähigkeit haben, die
richtige Strategie in der richtigen Situation anzuwenden, haben ein höheres Wohlbefinden als Menschen mit einem unflexiblen Copingstil (vgl. Cheng/Cheung
2005, S. 860). Weiterhin steht Copingflexibilität in positivem Zusammenhang mit
Stress-related Growth, also der Entwicklung durch Stressbewältigung (vgl. 2.2.4)
(vgl. Galatzer-Levy/Burton/Bonanno 2012). Gemäß der Definition von Cheng
(2001) benötigt eine erfolgreiche Copingflexibilität drei Elemente: (a) Ein Individuum verfügt über eine Variabilität hinsichtlich der kognitiven Bewertung von
Situationen und über ein breites Repertoire an Copingstrategien. (b) Es gibt eine
Übereinstimmung zwischen dem Copingrepertoire und den Anforderungen durch
die Situation. (c) Eine subjektive Bewertung hinsichtlich des Erfolgs in Bezug

auf die eigenen psychischen Sollzustände, d. h. eine Reflektion darüber, inwiefern Copingstrategien dazu beitragen, angestrebte Ziele zu erreichen, und ob ein Wechsel der Strategien nötig ist (vgl. Cheng 2001, S. 816).

In der Definition nach Kato (2012) beschreibt Copingflexibilität die Fähigkeit, eine ineffektive Copingstrategie abzubrechen und eine neue Strategie zu entwickeln und anzuwenden. Dies beinhaltet zwei grundsätzliche reziproke Prozesse: (a) Evaluationscoping und (b) adaptives Coping. (a) Evaluationscoping bezieht sich auf die Fähigkeit eines Individuums, die angewandte Copingstrategie hinsichtlich ihrer Wirkung zu bewerten und bei Ineffektivität zu beenden. (b) Beim Beenden wendet das Individuum dann das adaptive Coping an, das sich in diesem Zusammenhang als die Fähigkeit ausdrückt, eine alternative Copingstrategie aus dem eigenen Repertoire auszuwählen. Diese beiden Prozesse wiederholen sich so lange, bis das gewünschte Ergebnis durch Coping erzielt werden konnte (vgl. Kato 2012, S. 263).

Die erfolgte Darstellung umfasst verschiedene, aus der Literatur bekannte Klassifikationen von Coping. Sie dient dazu eine Übersicht von Möglichkeiten zur Klassifikation und verschiedener Arten des Copings aufzuzeigen. Zu Gunsten der konzeptionellen und empirischen Offenheit, wird allerdings darauf verzichtet, eine maßgebliche Klassifikation für die vorliegende Arbeit auszuwählen. Vielmehr sollen die Ausführungen eine Orientierung für die folgenden Kapitel bieten, auf die nach Bedarf zurückgegriffen wird.

2.2.3 Einflussfaktoren auf das Coping

Die wissenschaftliche Literatur liefert bereits diverse Erkenntnisse darüber, wie der Copingstil eines Individuums entsteht bzw. was auf diesen **Einfluss** nimmt. Der Einfluss entsteht auf verschiedenen Ebenen. Zwar steht das Individuum im Zentrum des Copings, jedoch haben auch die Familie, Organisationen und die Gesellschaft Einfluss auf die Entstehung des Copingstils des Einzelnen (vgl. Aldwin 2007, S. 91–94, 125). Wie die verschiedenen Ebenen das Copingverhalten beeinflussen können, soll im Folgenden näher erläutert werden.

Auf der **individuellen Ebene** nehmen verschiedene Faktoren Einfluss auf den Copingstil. Hierbei ist zunächst die genetische Veranlagung zu nennen. Diese kann bspw. Einfluss darauf nehmen, wie die Abläufe im menschlichen Organismus ablaufen (vgl. 2.1.2.2). So kann z. B. die Genetik Einfluss auf das menschliche Dopamin-System nehmen, das den menschlichen Antrieb bzw. die Motivation reguliert. Demnach können bestimmte genetische Faktoren dazu führen, dass der Copingstil aktiver oder eher problemorientiert ausfällt (vgl. Taylor/Stanton 2007, S. 386).

Weiterhin nimmt die **Persönlichkeit** Einfluss auf das Coping. Empirische Studien zeigen, dass ein Zusammenhang zwischen Persönlichkeitsmerkmalen und dem Copingstil besteht. Beispielsweise neigen Menschen mit einer sehr gewissenhaften Persönlichkeit eher dazu, Probleme klären zu wollen und sich gedanklich neu zu ordnen. Neurotizismus hat tendenziell einen positiven Zusammenhang mit emotionsorientiertem Coping. Außerdem neigen sowohl extrovertierte als auch neurotische Persönlichkeiten dazu, soziale Unterstützung zu suchen (vgl. Connor-Smith/Flachsbart 2007).

Neben der Persönlichkeit gelten auch **Alter** und **Geschlecht** als Einflussfaktoren auf den Copingstil. So haben ältere Menschen in vielen Fällen Fähigkeiten und Routinen entwickelt, die sie Stressoren einfacher bewältigen lassen (vgl. Aldwin 2007, S. 292). Die individuelle globale Sinnhaftigkeit (vgl. 2.2.2.2), die Einfluss auf den Copingstil haben kann, wird insbesondere in frühen Lebensphasen geprägt und verändert sich durch gemachte Erfahrungen im Laufe des Lebens (vgl. Park 2010, S. 258). Auch das Geschlecht kann einen Einfluss auf den Copingstil haben. Dies resultiert u. a. aus der unterschiedlichen Genetik und auch der sozialen Rolle, die mit dem Geschlecht verbunden ist (vgl. 2.1.4.2). Frauen tendieren demnach häufiger als Männer dazu, emotionsorientiertes und Disengagement-Coping zu zeigen (vgl. Matud 2004). Iwasaki/Mackay/Mactavish (2005) konnten Unterschiede darin feststellen, wie das Coping bei männlichen und weiblichen Managern in ihrer Freizeit aussieht. Dabei schlussfolgerten sie, dass Frauen tendenziell bewusster Zeit mit Erholung und präventiven Maßnahmen wie Sport verbringen als Männer (vgl. Iwasaki/Mackay/Mactavish 2005, S. 22). Weiterhin zeigt die empirische Forschung, dass Frauen tendenziell häufiger zum Stress-related Growth (vgl. 2.2.4) tendieren als Männer. Dies lässt sich z. B. dadurch erklären, dass Frauen eher soziale Unterstützung beanspruchen als Männer, die häufiger mit der Überwindung von Krisen einhergeht (vgl. Swickert/Hittner 2009, S. 391).

Auch **soziale Faktoren** nehmen Einfluss auf den Copingstil. Empirische Studien konnten zeigen, dass z. B. Ehepaare, bei denen ein Partner eine schwere Krankheit erlitt, dyadisches Coping zeigten und die Copingstrategie des einen die des anderen beeinflusste (vgl. Aldwin 2007, S. 244). Weiterhin kann die soziale Umgebung (insbesondere in der frühen Kindheit) Einfluss darauf nehmen, wie Coping erlernt wird (vgl. Taylor/Stanton 2007, S. 387). So entwickeln bspw. Menschen aus einem ähnlichen räumlichen Milieu (z. B. Armutsviertel) oder kulturellen Umfeld einen ähnlichen Copingstil (vgl. Dewe/Cooper 2017,

S. 151). Auf betrieblicher Ebene kann dies z. B. bedeuten, dass das Organisationsklima, die Organisationskultur oder die soziale Unterstützung von Kollegen dazu führen, dass ähnliche Copingstrategien auf betriebliche Stressoren angewandt werden (vgl. Dewe/O'Driscoll/Cooper 2010, S. 136–137). So fungieren bspw. Kollegen als Unterstützer bei der Wahl der Copingstrategie oder gestalten durch soziale Unterstützung das Coping des Einzelnen mit (vgl. Thoits 2011, S. 152). Eine Studie von Korczynski (2003) zeigt in diesem Zusammenhang, dass in US-amerikanischen und australischen Call-Centern, die in die Kategorie Emotionsarbeit fallen (vgl. 2.1.5.3), unterschiedliche Coping-Gemeinschaften entstanden sind. Dabei bildeten sich u. a. informelle Gemeinschaften, die gemeinsame Bewältigungsformen teilten, oder sogar ganze Kulturen, die mit Zynismus das Erlebte verarbeiteten (vgl. Korczynski 2003, S. 72–73).

Die **gesellschaftliche Ebene** bildet den Rahmen, in dem Organisationen und Individuen handeln. Wenn sich bspw. soziale Normen und damit verbundene soziale Rollen durch gesellschaftlichen Wandel verändern, können Situationen entstehen, in denen Individuen neue Fähigkeiten benötigen, um ein Problem zu lösen, und somit bisher nicht vorhandene Copingstrategien entwickeln oder erlernen müssen (vgl. Aldwin 2007, S. 88–90). So bringt bspw. die Emanzipation der Frau für viele Frauen Rollenkonflikte zwischen Arbeit und Privatleben mit sich, die ihnen vorher nicht bekannt waren (vgl. Aldwin 2007, S. 90). Auch makroökonomische Einflüsse wie zunehmender Konkurrenzdruck können Organisationen beeinflussen (vgl. 2.1.4.3). Dies kann bspw. dazu führen, dass Organisationen eine zunehmende Erreichbarkeit der Mitarbeiter fordern, was neue Stressoren und damit verbundene Copingstrategien des Einzelnen nach sich zieht (vgl. Dettmers u. a. 2012). Durch den gesellschaftlichen Wandel können aber auch neue Möglichkeiten des Copings geschaffen werden. So werden bspw. Stigmata abgebaut und Möglichkeiten für neue Unterstützungen geschaffen. Beispielsweise waren in vielen Industrienationen Scheidungen lange Zeit gesellschaftlich nicht akzeptiert; mittlerweile finden sich viele Institutionen, die alleinerziehende Eltern unterstützen und ihnen helfen, mit neuen Herausforderungen umzugehen (vgl. Aldwin 2007, S. 90). An diesem Beispiel wird deutlich, dass auch gesellschaftliche Normen die Bereitschaft und Möglichkeiten zum sozialem Coping beeinflussen.

Die **(Landes-)Kultur** kann Einfluss auf Copingstrategien von Individuen haben, da diese das Rollenbild, also Erwartungen, wie sich Individuen zu verhalten haben, prägt (vgl. 2.1.4.1). Beispielsweise kann in individualistischen Kulturen die Norm hinsichtlich des Copings anders sein als in kollektivistischeren Kulturen (vgl. Kuo 2013, S. 385). So werden z. B. in vielen asiatischen Ländern die Harmonie und das Allgemeinwohl als wichtiger im Vergleich zum individuellen Wohl angesehen. Daher wird in diesen bspw. das Ansprechen von

negativen Dingen eher vermieden oder negative Emotionen werden nicht nach
außen getragen (vgl. Lambert u. a. 2004, S. 680).

Neben externen, meist unbewussten Einflüssen kann der Copingstil auch
bewusst verändert werden. So können verschiedene Copingstrategien erlernt und
der Copingstil des Individuums kann somit bewusst, z. B. durch entsprechende
Trainings, erweitert werden (vgl. z. B. Hersch u. a. 2016).

Neben dispositiven Faktoren, die zu einem relativ konstanten Copingstil
führen, können auch **situative Einflüsse** die tatsächliche Anwendung einer
Copingstrategie prägen (vgl. Carver/Scheier 1994, S. 194). Das heißt, dass
u. a. die Bewertung (vgl. 2.1.6) auch die Wahl der Copingstrategie in einer
Situation verändern kann (vgl. Bouchard/Guillemette/Landry-Léger 2004). In
unveränderbaren Situationen (z. B. der Tod einer nahestehenden Person) kann
es sein, dass bestimmte Möglichkeiten (insbesondere problemorientierte Strategien) nicht anwendbar sind. Daher beeinflusst die wahrgenommene Kontrollierbarkeit einer Situation ebenfalls die Wahl der Copingstrategie (vgl.
Endler/Kocovski/Macrodimitris 2001, S. 618).

2.2.4 Effekte von Coping

Bezüglich der Auswirkungen von Coping wird in vielen Fällen die **moderierende
Wirkung** von Copingstrategien erforscht, die dazu beiträgt, dass das Stressempfinden gemildert oder verstärkt wird. Dabei stehen u. a. verschiedene Stressoren
(z. B. Arbeitsanforderungen), verschiedene Copingstrategien (z. B. Suche nach
sozialer Unterstützung, Vermeidung) oder bestimmte Auswirkungen (z. B. Burnout) im Fokus der Forschung (vgl. z. B. Welbourne/Gangadharan/Esparza 2016;
Turgut/Michel/Sonntag 2017; Smith/Leslie/Wynaden 2017). Hierbei kann Coping
grundsätzlich einen positiven, negativen oder keinen Einfluss haben (vgl. Rice/Liu
2016, S. 328).

Allerdings lässt sich keine grundsätzlich überlegene Copingstrategie identifizieren. Vielmehr kann die Effektivität einzelner Copingstrategien nur für
bestimmte Stressoren und Kontexte angenommen werden. Verschiedene Studien geben Grund zu der Annahme, dass insbesondere problemorientiertes
Coping und aktives Coping generell effektiver sind als vermeidendes oder emotionsorientiertes Coping (vgl. z. B. Genc 2017; Turgut/Michel/Sonntag 2017;
Hutchins/Penney/Sublett 2018). Diese Annahmen wurden in anderen Studien
allerdings widerlegt (vgl. z. B. Kim/Duda 2003; Welbourne/Gangadharan/Esparza
2016), sodass viele Wissenschaftler heute von einer **Goodness-of-Fit-Hypothese**

ausgehen. Demnach gibt es für spezielle Situationen Copingstrategien, die wirkungsvoller sind, während diese in anderen Situationen nicht effektiv sind (vgl. Bengel/Lyssenko 2012, S. 81). Wenn eine Situation bspw. veränderbar ist, gilt problemorientiertes Coping tendenziell als erfolgreiche Strategie (vgl. Lester/Smart/Baum 1994, S. 409). Der Kontext spielt demnach eine zentrale Rolle im Hinblick darauf, ob bestimmte Copingstrategien funktionieren oder nicht. Dieser ist wiederum dynamisch, d. h. Copingstrategien, die in der Vergangenheit in einem Kontext erfolgreich waren, funktionieren in diesem Kontext möglicherweise nicht mehr (vgl. Folkman/Moskowitz 2004, S. 754).

Allerdings ist dabei die Frage, was im Copingkontext als erfolgreich bzw. effektiv zu bezeichnen ist, nicht eindeutig zu beantworten (vgl. Dewe/Cooper 2017, S. 159). Kurzzeitig lässt sich sicherlich die Beendigung einer Stressreaktion als primäres Ziel nennen. Allerdings greift diese Betrachtung im Hinblick auf die **Effektivität** zu kurz. Folkman/Moskowitz (2004) nennen vier Punkte, die zwar hinsichtlich der Effektivität relevant sind, die in der Forschung allerdings nur bedingt Berücksichtigung finden oder lösbar sind: (1) Nachhaltigkeit: Da manche Copingstrategien zwar kurzzeitig die Stressreaktion beenden können, aber nicht nachhaltig wirken und die Stressreaktion immer wieder auftritt. (2) Der Einfluss auf andere Stressoren: Copingstrategien können zwar im Hinblick auf einen Stressor erfolgreich sein, aber gleichzeitig andere Stressoren nach sich ziehen; bspw. können sehr intensive Gespräche auf der einen Seite zwar einen sozialen Stressor beenden, auf der anderen Seite aber aufgrund der investierten Zeit zu Zeitdruck führen. (3) Effektivität bei chronischem Stress: Insbesondere Stressoren, die nicht oder kaum beherrschbar sind, z. B. Arbeitslosigkeit, chronische Krankheiten oder der Verlust von Angehörigen, finden kaum Beachtung in der wissenschaftlichen Literatur. Hierbei stellt sich insbesondere die Frage, was als erfolgreiches Coping gesehen werden kann, da der Verlust teilweise nicht zu kompensieren ist und der Stressor nicht beendet werden kann. (4) Die Wahrnehmungsproblematik: Je nachdem, wer bei einer Studie befragt wird, kann die Effektivität verzerrt sein. So bewertet medizinisches Personal den Erfolg der Copingstrategie eines Patienten bspw. anders als dieser selbst. Dies resultiert daraus, dass das Ziel von Coping subjektiv anders sein kann (vgl. Folkman/Moskowitz 2004, S. 754–755).

Neben der kurzzeitigen Dimension von Coping ist die Frage relevant, wie sich Coping langfristig auswirkt. Hierbei ist die **Anpassung** (engl. adaptation) an die Umwelt von Bedeutung (vgl. McEwen 1998, S. 34). Dabei greift das allostatische Prinzip (vgl. 2.1.2.3), das auch auf psychische Anpassung angewandt werden kann, und es kann vorkommen, dass eine dauerhafte generelle Anpassung an einen Stressor dazu führt, dass selbiger bei einem Individuum keine Stressreaktion mehr erzeugt (vgl. McEwen/Wingfield 2003, S. 3). Dies geschieht etwa beim Stress-related Growth oder bei der Resilienz (vgl. 2.4). Allerdings können sich auch dysfunktionale Copingstrategien manifestieren; bspw. kann eine Person, wenn sie einem bisher unbekannten Stressor ausgesetzt wird und keine adäquate Copingstrategie entwickelt, immer wieder eine Copingstrategie anwenden, die den empfundenen Stress noch vergrößert (vgl. Rice/Liu 2016, S. 329).

Ein Thema, das hinsichtlich der Effekte von Coping zunehmend Beachtung in der Stressliteratur findet, ist **Stress-related Growth** (dt. etwa Wachstum durch Stress). Unter Stress-related Growth wird dabei eine positive Veränderung bzw. Stärkung von Individuen verstanden, die ein Unglück bzw. ein Trauma überstanden haben oder mit einem Schicksalsschlag wie Krankheit oder Verlust umgehen mussten (vgl. Linley/Joseph 2004, S. 11). Demnach gehen Menschen, die ein Stress-related Growth erfahren, mit gestärkten persönlichen und sozialen Ressourcen sowie mit besseren Fähigkeiten, Belastungen standzuhalten, aus einer Krise hervor (vgl. Park/Cohen/Murch 1996, S. 73). Stress-related Growth kann sich auch positiv auf Depressionen auswirken, steht in Verbindung mit einem besseren Wohlbefinden (vgl. Helgeson/Reynolds/Tomich 2006) und weist einen negativen Zusammenhang mit Distress auf (vgl. Linley/Joseph 2004).

2.3   Resilienz

2.3.1   Begriffsverständnis

Der Begriff ‚**Resilienz**' hat seinen Ursprung in den Naturwissenschaften und bezeichnet die Eigenschaft von Materialien oder Gegenständen, nach Einwirkungen von äußeren Einflüssen ihren ursprünglichen Zustand zu behalten oder wiederzuerlangen (vgl. Fletcher/Sarkar 2013, S. 13). Analog dazu wird der Begriff in den Verhaltenswissenschaften als Widerstandsfähigkeit gegenüber Belastungen (insbesondere Stress) verstanden (vgl. Henninger 2016, S. 158). Als Ausgangslage der modernen Resilienzforschung gelten die Werke von Emmy Werner und ihren Kollegen aus den 1950er-Jahren (vgl. z. B. Werner 1995; Hoffmann 2016, S. 58). Diese befassten sich mit der Frage, wie Menschen, die in der Kindheit in schwierigen Lebensverhältnissen aufwuchsen, zu erfolgreichen Erwachsenen werden konnten (vgl. Gunkel/Böhm/Tannheimer 2014, S. 258). In den kommenden Jahrzehnten kam es zu einem Paradigmenwechsel in der Resilienzliteratur. Galt Resilienz zunächst als etwas Außergewöhnliches, gewann zunehmend die Perspektive an Zustimmung, dass Resilienz sich durch gewöhnliches menschliches Verhalten entwickeln lässt (vgl. Masten 2001, S. 235). In den letzten Jahren fand Resilienz Aufmerksamkeit in verschiedenen Disziplinen und

es wurden verschiedene Definitionen und Annahmen entwickelt, die im Folgenden diskutiert werden sollen (vgl. Bengel/Lyssenko 2012, S. 12; Fletcher/Sarkar
2013, S. 17).

Es existieren verschiedene **Definitionen** von Resilienz, die sich anhand
mehrerer Merkmale unterscheiden. Bengel/Lyssenko (2012) unterscheiden drei
grundsätzliche Arten von Resilienz: Von (1) Stressresistenz ist die Rede, wenn
Menschen eine Immunität gegen Stress entwickelt haben, d. h. Resilienz schützt
vor Stress. Dieser prallt sozusagen an den Betroffenen ab. Bei einem Begriffsverständnis als (2) Regeneration wird davon ausgegangen, dass resiliente Menschen
zwar Stress empfinden, dieses Empfinden allerdings nur kurzfristig anhält und
der resiliente Mensch sich im Gegensatz zum nicht resilienten vollständig davon
erholt. Laut der Definition von Resilienz als (3) Rekonfiguration zeichnet sich
ein resilienter Mensch dadurch aus, dass er nach traumatischen Erfahrungen sein
Verhalten oder seine Kognition anpasst und sich somit zukünftig vor ähnlichen
Erfahrungen schützt (vgl. Bengel/Lyssenko 2012, S. 28).

Es gibt unterschiedliche Auffassungen über die **Stabilität und Universalität**
von Resilienz. Frühere Ansätze betrachten Resilienz als relativ stabile Charakter-
bzw. Persönlichkeitseigenschaft (vgl. Pangallo u. a. 2015, S. 4). Nach dieser
Auffassung gilt Resilienz als schwer beeinflussbar. Vielmehr gibt es demnach
resiliente Personen, die schwierige Situationen generell besser überstehen können als nicht resiliente Menschen (vgl. Lee u. a. 2013, S. 269). Demnach ist
Resilienz primär auf genetische Faktoren oder die kindliche Frühentwicklung
zurückzuführen und bei erwachsenen Menschen nur noch schwer zu beeinflussen.

Neuere Ansätze sehen Resilienz als eine aus der **Interaktion zwischen**
Mensch und Umwelt resultierende Fähigkeit (vgl. Lee u. a. 2013, S. 269; Gun-
kel/Böhm/Tannheimer 2014, S. 258). Das bedeutet, dass Resilienz auch vom
sozialen Umfeld, bspw. dem sozialen Milieu, Organisationen oder der Gesellschaft, beeinflusst wird (vgl. Hoffmann 2016, S. 64–65). Weiterhin gilt Resilienz
in diesem Ansatz als erlernbar und wird z. B. durch die erfolgreiche Bewältigung
von Krisen gestärkt (vgl. Henninger 2016, S. 160). Diese Annahme wird dadurch
gestützt, dass gravierende Veränderungen im Leben, bspw. neue Verantwortungen, die aus der Geburt eines Kindes für Eltern resultieren, zu Veränderungen
der Resilienz führen können (vgl. Hoffmann 2016, S. 58–59). Resilienz ist demnach dynamisch. Neue Stressoren, die in neuen Lebensabschnitten auftreten (z. B.
nach einer Hochzeit, bei Berufsbeginn), können mit einer geringen Resilienz in
(neuen) Situationen einhergehen (vgl. Lemery-Chalfant 2010, S. 58).

Hinsichtlich der Stabilität von Resilienz gibt es auch hybride Ansätze, die
von **Resilienzpotenzialen** ausgehen, die im Zuge von Entwicklungsprozessen

ausgeweitet werden können (vgl. Hoffmann 2016, S. 61–62). Dieser entwick-
lungspsychologische Ansatz basiert auf der Annahme, dass Individuen zwar über
unterschiedliche Grundvoraussetzungen verfügen, um Stressoren zu bewältigen,
ein Teil der Stressbewältigungsfähigkeit jedoch auch erlernt werden kann.

In Anbetracht der Universalität gibt es daher auch Ansätze, die Resilienz nicht
als situationsübergreifende Eigenschaft sehen, sondern von **mehreren Resilienzen** ausgehen, die immer vom Kontext abhängig sind (vgl. Rutter 1999, S. 135;
Ungar 2004, S. 342). Resilienz entsteht demnach für bestimmte Stressoren, die
in der Vergangenheit bereits erfolgreich bewältigt werden konnten, oder in Bezug
auf Situationen, die Ähnlichkeiten mit neuen Herausforderungen aufweisen.

Ein weiterer Aspekt, der in der Wissenschaft diskutiert wird, ist der Grad,
in dem Resilienz **reaktiver** Natur ist oder **protektiv** funktioniert (vgl. Flet-
cher/Sarkar 2013, S. 13; Soucek u. a. 2015, S. 13–14). Hierbei stellt sich
insbesondere die Frage, inwiefern Coping der Resilienz zuzuordnen ist (vgl. 2.4).
Laut Soucek u. a. (2015) zeichnen sich resiliente Personen nicht nur dadurch
aus, dass sie über individuelle Ressourcen verfügen, die sie Stresssituationen besser überstehen lassen, sondern auch dadurch, dass sie situativ effektives Coping
nutzen (vgl. Soucek u. a. 2015, S. 13–14). Diese Auffassung schließt also das
Verhalten in die Resilienz mit ein. Demgegenüber steht die Ansicht, dass es sich
bei Coping und Resilienz um zwei trennscharfe Konzepte handelt (vgl. Rice/Liu
2016, S. 329). In diese Diskussion mit einzugliedern ist die Frage, inwiefern
die Regeneration nach Belastungssituationen der Resilienz zugehörig ist. So
gibt es Ansätze, die davon ausgehen, dass resiliente Personen sich nach Stress
schneller erholen als nicht resiliente Personen (vgl. Gunkel/Böhm/Tannheimer
2014, S. 258). Demgegenüber steht die Ansicht, dass die Wiedergesundung
(engl. recovery) und Resilienz als differente Konstrukte zu unterscheiden sind
(vgl. Fletcher/Sarkar 2013, S. 16). Der wesentliche Unterschied besteht demnach
darin, dass die individuelle Wiedergesundung darüber entscheidet, wie schnell
eine Person nach stressreichen Situationen den psychischen Ursprungszustand
wiedererlangen kann, während resiliente Personen keine oder nur minimale Veränderungen desselbigen hinnehmen müssen, also eine relativ hohe Stabilität an
psychischen und physischen Funktionen erhalten bleibt (vgl. Bonanno 2004,
S. 20; Fletcher/Sarkar 2013, S. 16).

Laut Bengel/Lyssenko (2012) ist Resilienz durch vier Charakteristika gekenn-
zeichnet: (1) Dynamik: Resilienz verändert sich demnach durch die Mensch-
Umwelt-Interaktion stetig. (2) Variabilität: Resilienz ist im zeitlichen Verlauf des
Lebens mal ausgeprägter, mal schwächer. (3) Situationsspezifikation: Resilienz

besteht für einige Stressoren, für andere wiederum nicht. (4) Multidimensionalität: Resilienz kann in bestimmten Lebensbereichen ausgeprägter sein als in anderen (vgl. Bengel/Lyssenko 2012, S. 27).

Zusammenfassend kann Resilienz als **Dachkonstrukt** verstanden werden, unter dem verschiedene Aspekte der Widerstandskraft angesiedelt werden (vgl. Masten/Obradovic 2008, 2). Es setzt sich aus verschiedenen Schutzfaktoren zusammen, die die Widerstandskraft gegenüber der Umwelt erhöhen können (vgl. z. B. Luthar 1991, S. 601; Masten 2001, S. 227). Die Vielzahl an Definitionen und Attributen, die Resilienz zugeschrieben werden, erschweren die Vergleichbarkeit von Studien und deren Erkenntnissen. Um zu verstehen, wie Resilienz entsteht und wie sie wirkt, ist es daher zunächst nötig, Ergebnisse, die die Forschung hinsichtlich Schutzfaktoren liefert, zu betrachten. Der der vorliegenden Arbeit zugrunde liegende Resilienzbegriff wird in 2.4 abgeleitet.

2.3.2 Schutzfaktoren als Bestandteil der Resilienz

Ein Teilgebiet der Resilienzforschung setzt sich insbesondere mit der Identifikation von **Schutzfaktoren** auseinander. Im Fokus dieser Forschung steht die Frage, was Resilienz auszeichnet, also welche Eigenschaften und Merkmale dazu führen, dass ein Mensch widrige Situationen besser überstehen kann. In diesem Abschnitt werden die aus der Forschung bekannten Schutzfaktoren zusammengefasst und anhand empirischer Erkenntnisse diskutiert. Dabei sind diese Schutzfaktoren nicht als Allheilmittel zu verstehen; vielmehr erhöhen sie die Wahrscheinlichkeit, dass Stress besser bewältigt werden kann (vgl. Bengel/Lyssenko 2012, S. 27).

Als Schutzfaktoren gelten z. B. Humor, Hoffnung, ein hohes Selbstwertgefühl und Religiosität. Auf betrieblicher Ebene haben insbesondere Schutzfaktoren Relevanz, die im Erwachsenenalter noch veränderbar und vor allem durch den Betrieb förderbar sind (vgl. Gunkel/Böhm/Tannheimer 2014, S. 259), darunter fallen z. B. soziale Unterstützung, Selbstwirksamkeit, Kohärenzgefühl und Achtsamkeit (vgl. Gunkel/Böhm/Tannheimer 2014, S. 259; Soucek u. a. 2015, S. 14). Im Folgenden werden elf zentrale aus der Forschung bekannte Schutzfaktoren (vgl. z. B. Bengel/Lyssenko 2012, S. 44) aufgezeigt.

(1) Das Konzept der **Achtsamkeit** ist dem Buddhismus entlehnt, in dem ein achtsamer Zustand bspw. durch Meditation erreicht werden kann und die Einstellung zum persönlichen Leid beeinflussen soll (vgl. Bishop u. a. 2004, S. 230). Siddhartha Gautama, der die Lehre des Buddhismus begründete und später als (erster) Buddha (sanskritisch: der Erleuchtete) bezeichnet wurde, sah in Achtsamkeit ein zentrales Element zur Befreiung vom Leid (vgl. Kang/Whittingham 2010,

S. 163). In der buddhistischen Lehre wird davon ausgegangen, dass menschliches Leid insbesondere aus negativen Annahmen über die Zukunft resultiert. So führt die Annahme darüber, dass ein bestimmter Zustand nicht erreicht oder nicht gehalten werden kann, zu Leid. Durch Achtsamkeit fokussiert der Mensch den gegenwärtigen Zustand und akzeptiert diesen, was wiederum zu Zufriedenheit führen soll (vgl. Brown/Ryan/Creswell 2007, S. 226–227).

In der Literatur existieren verschiedene Definitionen des Achtsamkeitsbegriffs (für eine Übersicht vgl. z. B. Bishop u. a. 2004; Purser/Milillo 2015). Dabei wird unter Achtsamkeit in der Psychologie meist ein Zustand des intensiven Bewusstseins des eigenen Zustands und erhöhter Aufmerksamkeit im Hinblick auf diesen verstanden (vgl. Brown/Ryan 2003, S. 822). In der gegenwärtigen psychologischen Literatur gewinnt Achtsamkeit insbesondere im Kontext von Stress an Bedeutung (vgl. Tomlinson u. a. 2018, S. 23). Bishop u. a. (2004) definieren Achtsamkeit als „an approach for increasing awareness and responding skillfully to mental processes that contribute to emotional distress and maladaptive behavior" (Bishop u. a. 2004, S. 230). Laut dieser Definition können durch Achtsamkeit also Emotionen und Verhalten bewusst wahrgenommen und beeinflusst werden. Zwar sind Bewusstsein und Aufmerksamkeit normale Eigenschaften eines Individuums; ein achtsamer Zustand zeichnet sich allerdings dadurch aus, dass diese Eigenschaften besonders intensiviert werden und der Moment bewusst, d. h. ohne gedankliche Abschweifungen wahrgenommen wird und Gedanken gelenkt werden können (vgl. Brown/Ryan 2003, S. 822).

In der klinischen Psychologie wird Achtsamkeit bereits länger im Hinblick auf gesundheitsfördernde Wirkungen untersucht (vgl. Bishop u. a. 2004, S. 230; Shapiro u. a. 2006; Shapiro 2009, S. 555). Achtsamkeit kann demnach insbesondere durch Meditation oder Achtsamkeitsübungen erlernt werden. Bei letzteren soll bspw. die gedankliche Fokussierung auf ein Objekt, d. h. ohne Ablenkungen durch Erinnerungen oder zukünftige Ereignisse, gestärkt werden (vgl. Hölzel u. a. 2011, S. 539–540). In der Psychotherapie findet Achtsamkeit z. B. durch Achtsamkeitsbasierte Kognitive Therapien (engl. Mindfulness-based Cognitive Therapy (MBCT)) Anwendung. Dabei absolvieren Teilnehmende u. a. Meditations- und Atemübungen und praktizieren Yoga (vgl. Hofmann u. a. 2010, S. 171). Die empirische Forschung zeigt, dass diese Art von Therapie positive Auswirkungen auf Individuen haben kann. Sie hilft bspw. Symptome von Depressionen zu lindern und Süchte zu mildern (vgl. Goldberg u. a. 2018), Angstzustände und Stimmungsprobleme zu reduzieren (vgl. Hofmann u. a. 2010) und positive Emotionen zu fördern (vgl. Gu u. a. 2015). Weiterhin zeigt die empirische Forschung, dass Achtsamkeit die Emotionsregulierung fördern und Stressempfinden reduzieren kann (vgl. Brown/Ryan 2003; Tomlinson u. a. 2018).

Darüber hinaus kann Achtsamkeit in Kombination mit anderen Schutzfaktoren wie Optimismus, Hoffnung und Selbstwirksamkeitserwartung Einfluss auf
die Arbeitsleistung und das generelle subjektive Wohlbefinden nehmen (vgl.
Malinowski/Lim 2015).

In der Literatur wird dabei zwischen Achtsamkeit als Zustand (engl. state
mindfulness) und Achtsamkeit als Persönlichkeitseigenschaft (engl. trait mindfulness) unterschieden. Dabei kann das häufige Erreichen eines achtsamen Zustands
dazu führen, dass Individuen eine achtsame Persönlichkeit entwickeln und generell achtsamer durchs Leben gehen. Dies geht mit einem selteneren Empfinden
von Distress einher (vgl. Kiken u. a. 2015, S. 41, 45).

(2) **Emotionale Intelligenz (EI)** gilt ebenfalls als Schutzfaktor (vgl. Schnei-
der/Lyons/Khazon 2013, S. 912). Der Begriff EI geht auf Salovey/Mayer (1990)
zurück und begründet sich in der Annahme, dass der Mensch über verschiedene
Intelligenzen verfügt. Die EI ist Teil der sozialen Intelligenz, die sich von anderen Intelligenzen wie der abstrakten oder mechanischen Intelligenz unterscheidet
und sich insbesondere durch die Fähigkeit auszeichnet, mit anderen Menschen
interagieren zu können (vgl. Salovey/Mayer 1990, S. 187–188). Salovey/Mayer
(1990) verstehen EI dabei als die Fähigkeit, Gefühle und Emotionen interpretieren zu können, und definieren sie als „the ability to monitor one's own and
others' feelings and emotions, to discriminate among them and to use this information to guide one's thinking and actions" (Salovey/Mayer 1990, S. 188). Dabei
umfasst EI die Fähigkeit, auf sich selbst und andere bezogene Emotionen auf verbale und nonverbale Art zu äußern, bewerten zu können, zu beeinflussen und zu
nutzen (vgl. Mayer/Salovey 1993, S. 433). Während EI die generelle Fähigkeit
beinhaltet, Emotionen zu deuten und zu beeinflussen, kann Achtsamkeit dazu beitragen, diese bewusst wahrzunehmen (vgl. Brown/Ryan 2003, S. 823), d. h. eine
Kombination aus den Eigenschaften Achtsamkeit und EI ist besonders wirkungsvoll. Die unterstützende Funktion von EI in der Beziehung zwischen Achtsamkeit
und wahrgenommenem Stress und Wohlbefinden konnte auch in der empirischen
Forschung belegt werden (vgl. Schutte/Malouff 2011; Bao/Xue/Kong 2015).

Die Forschung liefert darüber hinaus verschiedene Erkenntnisse zur positiven Wirkung von EI. So konnte gezeigt werden, dass EI in Verbindung mit
einer besseren psychischen Gesundheit steht (vgl. Petrides/Frederickson/Furnham
2004; Martins/Ramalho/Morin 2010; Francis/Emslie/Payne 2019) und wahrgenommen Stress reduzieren kann (vgl. Mérida-López/Bakker/Extremera 2019).
Schneider/Lyons/Khazon (2013) kommen dabei zu dem Schluss, dass EI bereits
den Bewertungsprozess beeinflussen kann. Demnach bewerten Individuen mit
einer höheren EI Stressoren tendenziell seltener als gefährlich als Menschen mit
geringerer EI (vgl. Schneider/Lyons/Khazon 2013).

(3) Als weiterer Schutzfaktor gilt **Hardiness.** Der Begriff ‚Hardiness' geht auf Suzanne Kobasa (1979) zurück und beschreibt eine Persönlichkeitseigenschaft, die Menschen trotz intensiver Stresserfahrung gesundhalten kann (vgl. Kobasa 1979, S. 3). Laut Kobasa (1979) zeichnet sich eine Hardy-Persönlichkeit durch drei Merkmale aus: (a) Kontrolle (engl. control), also der Glaube daran, die Kontrolle über bedrohliche Situationen zu haben und diese zu beeinflussen. (b) Selbstverpflichtung (engl. commitment), also das Gefühl, Einfluss auf Dinge nehmen zu können. (c) Herausforderung (engl. challenge), also die positive Antizipation von Veränderungen. Diese werden eher als Chance zur Entwicklung denn als Bedrohung wahrgenommen (vgl. Kobasa 1979, S. 3).

Insbesondere in den 1990er-Jahren fand Hardiness großes Interesse in der empirischen Forschung. Dabei konnte aufgezeigt werden, dass sie Einfluss auf die Bewertung von Stressoren und die Art der Copingstrategien nehmen kann. Demnach bewerten Individuen mit einer höheren Ausprägung der Merkmale Kontrolle und Selbstverpflichtung Situationen seltener als gefährlich (die Bewertung entspricht dabei der primären Bewertung; vgl. 2.1.3.2, 2.1.4). Weiterhin führt die Selbstverpflichtung zur selteneren Nutzung von emotionsorientierten Copingstrategien und Kontrolle eher zu problemorientiertem Coping sowie zur Suche nach Hilfe (vgl. Florian/Mikulincer/Taubman 1995). Hardiness nimmt außerdem positiven Einfluss auf den wahrgenommenen Stress (vgl. Williams/Wiebe/Smith 1992). Weiterhin zeigt sich, dass sie den Zusammenhang von Stress und Gesundheit positiv beeinflusst (vgl. Hystad u. a. 2009). Studien zeigen darüber hinaus, dass Hardiness tendenziell eher bei männlichen als bei weiblichen Individuen zu positiven Effekten führt (vgl. Shepperd/Kashani 1991, S. 762; Williams/Wiebe/Smith 1992).

(4) **Humor bzw. Sinn für Humor** (engl. sense of humor) steht seit Jahrhunderten im Interesse von Philosophen und Wissenschaftlern und fand u. a. bereits in den Werken von Platon, Aristoteles, Kant und Freud Beachtung (vgl. Martin 1998, S. 16). Im Zuge der positiven Psychologie gewann Sinn für Humor auch im Hinblick auf die psychische Gesundheit und das (seelische) Wohlbefinden an Interesse (vgl. Martin u. a. 2003, S. 49). Humor lässt sich in diesem Zusammenhang als Eigenschaft verstehen, bedrohliche Situationen durch kognitiv-affektive Veränderung als weniger bedrohlich zu bewerten oder besser mit ihnen umgehen zu können (vgl. Abel 2002, S. 366–367). Dabei gilt Humor teilweise als automatischer Abwehrmechanismus, teilweise als bewusste Copingstrategie (vgl. 2.2.1; Martin u. a. 2003, S. 53), d. h. ein Individuum entscheidet sich nicht immer bewusst dazu, Humor zu zeigen, sondern zeigt Humor z. T. im Affekt als mögliche Reaktion (bspw. auf eine Stresssituation).

Der konzeptionelle Ansatz von Martin u. a. (2003) geht von zwei Dimensionen mit jeweils zwei Ausprägungen von Humor aus: Erstens die Funktion von Humor, die der Selbstaufwertung und/oder der Aufwertung von sozialen Beziehungen dienen kann. Die Selbstaufwertung dient demnach als Copingstrategie oder Abwehrmechanismus im Hinblick auf Stress. Die Aufwertung der sozialen Beziehung kann so interpretiert werden, dass Humor dem besseren Wohlbefinden von anderen dient, Konflikte vermeiden, soziale Beziehungen festigen oder die Attraktivität gegenüber anderen erhöhen soll. Zweitens kann zwischen wohlwollendem bzw. gutartigem Humor und schädlichem bzw. beleidigendem Humor unterschieden werden. Während der gutartige Humor eher die Aufwertung von sich selbst und anderen forciert, führt der schädliche Humor zum Herabsetzen von anderen. Aus der Kombination der beiden Dimensionen ergeben sich vier Arten von Humor: (a) Affiliativer Humor zeichnet sich dadurch aus, dass häufig lustige Sachen erzählt werden und andere (positiv) amüsiert werden sollen. (b) Selbstverstärkender Humor besteht aus einer generellen humoristischen Begegnung auf schwierige Lebensumständen und erfüllt primär die Funktion einer Copingstrategie. (c) Aggressiver Humor zeichnet sich durch Sarkasmus, Ärgern und Herabsetzen von anderen aus. (d) Kontraproduktiver Humor besteht daraus, sich selbst schlechtzumachen, um andere zu amüsieren (vgl. Martin u. a. 2003, S. 51–55).

Die empirische Forschung zeigt, dass die Art des Humors Einfluss auf die Gesundheit haben kann. Eine Studie von Cann/Stilwell/Taku (2010) verdeutlicht, dass sich gutartiger Humor kombiniert mit Persönlichkeitsausprägungen wie Hoffnung und positiven Emotionen positiv auf das subjektive Gesundheitsempfinden auswirken kann (vgl. Cann/Stilwell/Taku 2010). Weiterhin mediiert die Art des Humors den Zusammenhang zwischen Bindungsangst und Distress. Gutartiger Humor hat dabei eine vermindernde, schädlicher Humor hat eine verstärkende Wirkung auf das Stressempfinden (vgl. Besser/Luyten/Mayes 2012). Aggressiver und kontraproduktiver Humor können weiterhin das eigene Burnout-Risiko erhöhen. Aggressiver Humor kann darüber hinaus die Stresswahrnehmung fördern und sich negativ auf die Arbeitszufriedenheit auswirken (vgl. Avtgis/Taber 2006). Gutartiger Humor trägt außerdem dazu dabei, dass Stressoren positiver bewertet und erfolgreicher durch Coping bewältigt werden (vgl. Cann/Collette 2014, S. 464–465). Daher wird in der Resilienzforschung dafür plädiert, dass (gutartiger) Humor zu den Schutzfaktoren der Resilienz gezählt werden sollte (vgl. z. B. Kuiper 2012, S. 486–487).

(5) **Hoffnung** hat in der westlichen Kultur seit jeher eine große Bedeutung und wurde bereits in der griechischen Mythologie (z. B. im Rahmen der

Geschichte der Büchse der Pandora) erwähnt und beschreibt in der Alltagssprache eine Erwartungshaltung, dass zukünftig etwas (Angestrebtes) eintreten wird
(vgl. Snyder u. a. 1991, S. 570). In der Stressforschung nimmt das Interesse an
dem Konzept Hoffnung insbesondere seit den 1990er-Jahren mit der Einführung
der Hoffnungstheorie nach Snyder/Irving/Anderson (1991) zu. Darin wird Hoffnung als „motivational state that is based on an inter-actively derived sense of
successful (a) agency (goal-directed energy), and (b) pathways (planning to meet
goals)" definiert (Snyder/Irving/Anderson 1991, S. 287). Hoffnung wird demnach als psychologischer Status verstanden und enthält drei Komponenten: (a)
ein Ziel (engl. goal), (b) Wege zum Erreichen des Ziels (engl. pathways) und (c)
Entschlossenheit, ein Ziel zu erreichen (engl. agency).

Hoffnung kann als konstante individuelle Persönlichkeitseigenschaft (engl.
trait) eine kontante Ausprägung einnehmen oder als kontextueller Faktor, als sogenannte tägliche Hoffnung (engl. daily hope), variieren (vgl.
Ong/Edwards/Bergeman 2006, S. 1264). Nach Auffassung von Lazarus (1999) ist
Hoffnung sowohl als Emotion als auch als die essenzielle „Ressource für Coping"
(Lazarus 1999, S. 674), zu bezeichnen, da sie die Erwartung an die Verbesserung
einer Situation beinhaltet. Ohne diese Erwartung wäre Coping unnötig. Folkman
(2010) sieht Hoffnung als Emotion, die zu- und abnehmen kann und insbesondere
in einem reziproken Verhältnis mit Coping steht (vgl. Folkman 2010, S. 907).
Dieser Ansicht nach bildet Hoffnung ebenfalls die Grundlage für Coping, da
ein Ziel generell als erreichbar angesehen werden muss. Allerdings verstärkt sich
Hoffnung im Laufe des Copings mit längeren Beschwerden, und zwar dann, wenn
eine teilweise Verbesserung der Situation eintritt (vgl. Folkman 2010, S. 903).

Es konnte empirisch gezeigt werden, dass Hoffnung als Persönlichkeitseigenschaft seltener zu einer (primären) gefährlichen Bewertung einer Situation
führt (vgl. 2.1.3.2; 2.1.4) und dass kontextuelle Hoffnung die Erholung von
einer Stressreaktion positiv beeinflusst. Weiterhin besteht ein Zusammenhang
zwischen Hoffnung als Persönlichkeitseigenschaft und der täglichen Hoffnung
(vgl. Ong/Edwards/Bergeman 2006, S. 1271). Außerdem konnte gezeigt werden,
dass Hoffnung einen reduzierenden Einfluss auf PTSD-Symptome und Depressionen bei Kriegsveteranen nehmen (vgl. Gilman/Schumm/Chard 2012), das
Burnout-Risiko bei Sportlern reduzieren (vgl. Gustafsson u. a. 2013) und den
wahrgenommenen Stress und Folgen wie Ermüdungssymptome reduzieren kann
(vgl. Hirsch/Sirois 2016).

(6) Der Begriff **Kohärenzgefühl** geht auf Aaron Antonovsky (1979) zurück
und bildet den Kern seines Salutogenese-Konzepts. Antonovsky definiert es als „a
generalized emotional-cognitive perception on the part of an individual of the sti-
muli bombarding him, as they are, to a greater or lesser extent, controlled by him"

(Antonovsky 1987, S. 155). Ein Individuum mit Kohärenzgefühl weist demnach in gefährlichen Situation das Gefühl auf, die Situation kontrollieren zu können. Laut Antonovsky (1993) zeichnet sich das Kohärenzgefühl durch drei Merkmale aus: (a) Verstehbarkeit (engl. comprehensibility), (b) Bewältigbarkeit (engl. manageability) und (c) Sinnhaftigkeit (engl. meaningfulness) (vgl. Antonovsky 1993, S. 725).

(a) Die Verstehbarkeit bildet den Grad ab, in dem die Situation verstanden wird. Ergibt sie kognitiv einen Sinn, weist sie eine logische Struktur auf, und ist sie vom Informationsgrad her überschaubar, ist sie besonders verständlich. (b) Die Bewältigbarkeit spiegelt die Einschätzung des Individuums wider, inwiefern die notwendigen Ressourcen vorhanden sind, um die Situation zu überstehen. (c) Sinnhaftigkeit bezieht sich auf die Frage, inwiefern ein Individuum in seinem Leben Sinn sieht und ob es sich lohnt, Aufwand zu betreiben, um dieses zu verlängern (vgl. Antonovsky 1987, S. 155–156).

Das Kohärenzgefühl steht in einem positiven Zusammenhang mit der psychischen und physischen Gesundheit sowie der empfundenen Lebensqualität (vgl. Eriksson/Lindström 2007). Es kann den Effekt von empfundenem Stress bei schwierigen Lebensereignissen puffern (vgl. Richardson/Ratner 2005) sowie direkt und indirekt (über Coping) Einfluss auf die Gesundheit nehmen (vgl. Amirkhan/Greaves 2003).

Die Frage, inwiefern das Kohärenzgefühl eine Persönlichkeitseigenschaft oder ein psychologischer Zustand ist, ist umstritten. Schnyder u. a. (2000) konnten zeigen, dass sich das Kohärenzgefühl bei Unfallopfern im Längsschnitt kaum veränderte. Daraus schlussfolgerten die Autoren, dass es sich beim Kohärenzgefühl eher um eine Persönlichkeitseigenschaft als um einen Status handelt (vgl. Schnyder u. a. 2000). Nilsson u. a. (2003) konnten diese Stabilität nur bedingt nachweisen. Nur bei Probanden, die bereits zu Beginn ein hohes Kohärenzgefühl hatten, blieb dieses auch konstant hoch; im Durchschnitt nahm es zu späteren Messzeitpunkten wieder ab (vgl. Nilsson u. a. 2003).

(7) **Optimismus** gilt als weiterer Schutzfaktor der Resilienz (vgl. Soucek u. a. 2015, S. 17). Dieser beschreibt eine grundsätzliche Art, wie Menschen ihrer Umgebung begegnen. Ein Optimist erwartet dabei prinzipiell einen positiven Verlauf, während ein Pessimist, der das Gegenteil darstellt, eher negative Verläufe erwartet (vgl. Scheier/Carver 1985, S. 219–220). Grundsätzlich kann zwischen zwei Arten von Optimismus unterschieden werden, nämlich zwischen (a) dispositionellem Optimismus und (b) dem optimistischen Erklärungsstil (engl. optimistic explanatory stlye) (vgl. Forgeard/Seligman 2012, S. 109).

(a) Mit dispositionalem Optimismus ist gemeint, dass ein Individuum generell zu positiven Zukunftserwartungen neigt (vgl. Nes Solberg/Segerstrom 2006,

S. 235). Optimismus steht dabei einerseits im Zusammenhang mit Verhalten: Optimisten verfolgen Ziele intensiver und geben seltener auf. Andererseits steht Optimismus im Zusammenhang mit Affekten, die bei Optimisten ebenfalls eher positiv ausfallen, z. B. in Form von Stolz oder Dankbarkeit (vgl. Scheier/Carver 1992, S. 202). (b) Der optimistische Erklärungsstil ist aus der Hilflosigkeitstheorie entstanden (vgl. Gillham u. a. 2002, S. 54). Diese besagt, dass Individuen, die zu lange unkontrollierbaren Stressoren ausgesetzt waren, eine Hilflosigkeit gegenüber diesen entwickeln, sogar wenn diese irgendwann kontrollierbar wären (vgl. Forgeard/Seligman 2012, S. 109–110). Der optimistische Erklärungsstil bezeichnet die gegensätzliche Entwicklung und Nutzer empfinden keine Hilflosigkeit (vgl. Gillham u. a. 2002, S. 54; Forgeard/Seligman 2012, S. 110). Neben diesen beiden Arten von Optimismus wird selbiger teilweise als konstante Persönlichkeitseigenschaft beschrieben (vgl. Seligman/Csikszentmihalyi 2001, S. 9).

Snyder u. a. (2002) sehen den Hauptunterschied zwischen Optimismus und Hoffnung darin, dass Hoffnung sich durch Entschlossenheit und zielgerichtetes Verhalten auszeichnet, während Optimismus lediglich Gedanken im Hinblick auf einen positiven Zielzustand beschreibt (vgl. Snyder u. a. 2002, S. 118). Alarcon/Bowling/Khazon (2013) konnten empirisch zeigen, dass die beiden Konstrukte zwar Zusammenhänge aufweisen, allerdings grundsätzlich trennscharf sind (vgl. Alarcon/Bowling/Khazon 2013).

In der empirischen Forschung konnte die positive Wirkung von Optimismus mehrfach nachgewiesen werden. Optimismus kann u. a. einen positiven Einfluss auf Burnout nehmen (vgl. Chang/Rand/Strunk 2000; Gustafsson/Skoog 2012) sowie die Beziehung zwischen Stress und Wohlbefinden verbessern (vgl. Chang 1998). Meta-Analysen bestätigen ebenfalls den positiven Zusammenhang von Optimismus und Wohlbefinden sowie den negativen Zusammenhang von Optimismus und Krankheit (vgl. Alarcon/Bowling/Khazon 2013).

(8) Im Hinblick auf kurzzeitige Adaption können **positive Emotionen** als Schutzfaktor dienen (vgl. Ong u. a. 2006, S. 745). Bis zur Etablierung des Broaden-and-Build-Model of positive Emotions durch Barbara L. Fredrickson (1998) haben positive Emotionen in der empirischen Forschung kaum Beachtung gefunden (vgl. Fredrickson 1998, S. 300). Das Modell geht davon aus, dass positive Emotionen (z. B. Zufriedenheit, Stolz, Liebe, Interesse), die im Zuge einer Stressreaktion empfunden werden können (vgl. Folkman/Moskowitz 2000), das Repertoire an kreativen Lösungen bei Problemen erweitern sowie zum einen bei der Bewältigung von Stress helfen und zum anderen bei erfolgreicher Bewältigung zu einer personellen Ressource werden können (vgl. Fredrickson 2001, S. 222). Emotionen sind dabei von längerer Dauer als ein psychologische

Zustand (engl. state), der sich durch kurzzeitiges Erleben von Empfindungen auszeichnet. Weiterhin fungieren Ressourcen als Reservoir für Emotionen, auf die im Bedarfsfall zugegriffen werden kann (vgl. Fredrickson 1998, S. 309, 2001, S. 222).

Empirische Studien konnten dabei den positiven Einfluss von positiven Emotionen auf Stress bestätigen. Positive Emotionen nehmen Einfluss auf die Stresswahrnehmung sowie die Erholung nach einer Stressreaktion (vgl. Ong u. a. 2006), auf das Coping (vgl. Fredrickson/Joiner 2002; Gloria/Steinhardt 2016) sowie auf das Wohlbefinden und die Gesundheit (vgl. Fredrickson/Joiner 2002; Avey/Wernsing/Mhatre 2011).

(9) Der Begriff **Selbstwertgefühl** (engl. self-esteem; teilweise synonyme Verwendung von Selbstachtung und Selbstbewusstsein in der deutschen Literatur) wird oftmals ebenfalls als Schutzfaktor bezeichnet. Als Selbstwertgefühl wird dabei „a sense of self-worth, which carries the implication that one will be accepted rather than rejected by others, and that one is not a failure in one's life" verstanden (Scheier/Carver/Bridges 1994, S. 1064). Es beschreibt also den Wert, den ein Individuum sich selbst gegenüber empfindet. Allerdings gibt es kontroverse Befunde über die Wirksamkeit des Selbstwertgefühls im Hinblick auf die Stressbewältigung (für eine Übersicht vgl. Bengel/Lyssenko 2012, S. 58–61). Daher ist in der Literatur umstritten, ob das Konstrukt als Schutzfaktor gezählt werden kann.

(10) Das Konstrukt der **Selbstwirksamkeitserwartung** (engl. perceived self-efficacy) wurde insbesondere durch Albert Bandura (1977) geprägt. Laut Bandura basiert Selbstwirksamkeitserwartung auf der Annahme, dass die Motivation und Handlungen eines Menschen durch Kognitionen beeinflusst werden können. Demnach kann die gedankliche Annahme, dass ein gewünschtes Resultat aus einer Handlung resultiert, als kognitiver Motivator für ebendiese verstanden werden und daher zu einer Handlung führen. Als weiteren kognitiven Motivator sieht Bandura die eigene Zielsetzung, die dazu führt, dass Individuen Verhalten ausüben, um ihre gewünschten Standards zu erreichen, wobei das Nichterreichen zu weiterem Verhalten führt, bis ein angestrebtes Ziel erreicht ist. Wird das Ziel erreicht, entspricht der Status quo nicht lange dem Ideal und ein neues Ziel wird angestrebt (vgl. Bandura 1977, S. 193). Die Anstrengungen, um ein Ziel zu erreichen, können dabei stark variieren. Bandura sieht die Selbstwirksamkeitserwartung als zentrales Element bei der Frage, wie intensiv ein Individuum ein Ziel verfolgt (vgl. Bandura 1977, S. 194).

Die Selbstwirksamkeitserwartung geht laut Bandura (1982) einher mit „judgments of how well one can execute courses of action required to deal

with prospective situations" (Bandura 1982, S. 122). Die Selbstwirksamkeitserwartung kann somit als Grad verstanden werden, inwiefern ein Individuum
überzeugt ist, ein Ziel zu erreichen. Die Selbstwirksamkeitserwartung, deren
positive Wirkung in diversen empirischen Studien vielfach nachgewiesen werden konnte, kann Leistungen steigern (vgl. Chemers/Hu/Garcia 2001; Zaja-
cova/Lynch/Espenshade 2005), führt zu erfolgreicherer Überwindung stressbedingter Folgen (vgl. Benight/Bandura 2004; Hahn u. a. 2011) und wirkt protektiv
im Hinblick auf Burnout (vgl. Brouwers/Tomic 2000; Schwarzer/Hallum 2008).

(11) **Religiosität** wird in der Literatur teilweise ebenfalls als Schutzfaktor
gesehen (vgl. Bengel/Lyssenko 2012, S. 73). Zwar beeinflusst sie mediierend
(z. B. durch einzelne positive Emotionen) gesundheitliche Aspekte und kann bei
der Überwindung von Traumata helfen (vgl. Peres u. a. 2007; van Cappellen
u. a. 2016). Es existieren allerdings auch einige Studien, die keinen oder nur
einen bedingten Zusammenhang von Religiosität und Stress aufzeigen konnten
(vgl. O'Connor/Cobb/O'Connor 2003; Weiß/Süß 2019). Die unterschiedlichen
Ergebnisse lassen sich darauf zurückführen, dass Religiosität als Mediator sowohl
positive als auch negative Emotionen, bspw. Hoffnung oder Schuld, herbeiführen
kann (vgl. Brewer-Smyth/Koenig 2014). Daher sollte sie nicht allein als Schutzfaktor betrachtet werden. Vielmehr kann sie als Verstärker von Schutzfaktoren
betrachtet werden, der allerdings auch gegenteilig wirken kann.

2.3.3   Einflussfaktoren auf die Resilienz

Die genannten Schutzfaktoren entstehen aufgrund unterschiedlicher **Ursachen**.
Einige Faktoren werden stark durch die Genetik und die frühkindliche Entwicklung geprägt oder während der Pubertät manifestiert. Andere Schutzfaktoren
sind erlernbar bzw. entstehen aus der erfolgreichen Bewältigung von Krisen
(vgl. 2.2.4). Wieder andere sind situativ in unterschiedlicher Ausprägung vorhanden und stark von Kontext und Umgebung abhängig. Verschiedene zentrale
Einflussfaktoren auf die Resilienz werden daher im Folgenden erläutert.

Die **Genetik** spielt eine prägende Rolle im Hinblick auf Resilienz. Der genetische Code – der Genotyp, den ein Lebewesen seit seiner Geburt in sich
trägt – sorgt dafür, dass Umwelteinflüsse nicht bei jedem Individuum dieselben
Auswirkungen haben, sondern zu unterschiedlichen Reaktionen und Auswirkungen führen (vgl. Lemery-Chalfant 2010, S. 55). Die Genetik kann daher sowohl
einen Risikofaktor als auch einen Schutzfaktor darstellen (vgl. Lemery-Chalfant
2010, S. 57).

Der Phänotyp, d. h. die Gesamtheit aller Merkmale eines Organismus, ist zum einen vom Genotyp, also der Gesamtheit aller genetischen Merkmale, und zum anderen von psychologischen Merkmalen und Umwelteinflüssen, der sogenannten Reaktionsnorm, abhängig. Demnach entscheidet die Reaktionsnorm darüber, inwiefern die Umwelt Einfluss auf den Phänotyp nimmt. Sie beschreibt somit das Ausmaß des Phänotyps, das vom Genotyp unabhängig ist (vgl. Stearns/Koella 1986; Toepfer 2011, S. 59). Die genetischen Einflüsse, die auf Nachfahren übertragen werden und den Genotyp prägen, werden als Heritabilität bezeichnet (lat. Vererbbarkeit) (vgl. Lemery-Chalfant 2010, S. 59). Heritabilität beschreibt demnach das Maß der Wahrscheinlichkeit, mit der eine Eigenschaft vererbt werden kann. Hinsichtlich der Vererbbarkeit von Schutzfaktoren gibt es verschiedene Erkenntnisse dazu, inwiefern ein Faktor durch Genetik an spätere Generationen vererbt werden kann.

Als Schutzfaktoren mit moderater **Heritabilität** gelten positive Emotionen, mentale Stärke, soziale Komponenten wie soziale Unterstützung oder sogar die Qualität der Ehe. Humor und Religiosität gelten als schwach bzw. nicht heritabel und werden primär von der sozialen Umwelt geprägt (vgl. Lemery-Chalfant 2010, S. 65). Die Zusammensetzung des Genotyps wird u. a. durch das Geschlecht beeinflusst. Daher kann die Heritabilität von Schutzfaktoren auch im Hinblick auf die Geschlechter variieren (vgl. Boardman/Blalock/Button 2008; Amstadter/Myers/Kendler 2014).

Weiterhin steht die **Persönlichkeit** im Zusammenhang mit Resilienz. Studien zeigen, dass bspw. emotionale Stabilität, Gewissenhaftigkeit und Offenheit für Erfahrungen positive Zusammenhänge mit Resilienz haben können (vgl. Henninger 2016, S. 160). Weiterhin sind hier die Schutzfaktoren Optimismus und Kohärenzgefühl zu nennen (vgl. 2.3.2). Im negativen Zusammenhang mit Resilienz steht wiederum eine neurotische Persönlichkeit (vgl. Friborg u. a. 2005, S. 38).

Bei der Analyse von Einflussfaktoren der Resilienz stehen insbesondere **Kinder und Jugendliche** im Fokus der Forschung, aber auch Menschen, die widrigen Umständen wie Krankheit, Krieg, Naturkatastrophen, schweren Lebensbedingungen oder dem Verlust von Eltern ausgesetzt sind oder waren (vgl. Bengel/Lyssenko 2012, S. 7). Dabei zeigt sich, dass z. B. die Kontrollierbarkeit im Hinblick auf die eigene Situation erlernbar ist und Einfluss auf die Resilienz nehmen kann. Hierbei greift die Hilflosigkeitstheorie (vgl. 2.3.2) und zeigt: Kinder, die zunehmend das Gefühl haben, an ihrer Situation nichts ändern zu können, entwickeln tendenziell eine Vulnerabilität gegenüber ihrer Umwelt (vgl. Luthar 1991, S. 611). Die positive Bewältigung von Stress in der frühen Kindheit kann wiederum die Resilienzentwicklung fördern (vgl. Masten 2001). Dabei spielen insbesondere kognitive und affektive Prozesse eine entscheidende Rolle dahingehend, ob ein Stressor bzw. die daraus folgende Stressreaktion erfolgreich bewältigt wird oder nicht (vgl. Rutter 1999, S. 136; Henninger 2016, S. 160). Die erfolgreiche Auseinandersetzung mit Stressor und Stressreaktion ist dabei der Resilienz förderlich, während Stressvermeidung eher hinderlich ist (vgl. Rutter 2006, S. 10–11).

Die Anpassungsfähigkeit von Lebewesen wird von den in der Kindheit und Jugend gemachten Erfahrungen stark geprägt. Dabei konnte u. a. in Studien mit Affen bestätigt werden, dass eine wiederholte Aussetzung gegenüber herausfordernden, aber zu bewältigenden Stressoren die Aktivität der Hypothalamus-Hypophysen-Nebennierenrinden-Achse sowie die Emotionsregulierung und die kognitive Kontrolle positiv beeinflussen kann (vgl. Lyons/Parker 2007). Das Verhältnis zu den Eltern hat insbesondere bei Makrostressoren ebenfalls Auswirkungen auf die Resilienzentwicklung. Studien zeigen z. B., dass Kinder, die in schwierigen Situationen die Unterstützung ihrer Eltern erhalten haben, höhere Resilienz entwickeln können, während ein negatives Verhältnis zu den Eltern das Risiko für Depressionen erhöht (vgl. Feder u. a. 2010, S. 37).

Auch die **soziale Umgebung** spielt laut Helgeson/Lopez (2010) eine wesentliche Rolle bei der Resilienzbildung. Diese resultiert aus der Quantität, also der Anzahl an sozialen Kontakten, die eine Person hat. Auch die Qualität der sozialen Kontakte, d. h. die Funktionen, die diese erfüllen, spielt eine wesentliche Rolle. Soziale Kontakte können drei Funktionen erfüllen: (1) Die emotionale Unterstützung: darunter fällt der Beistand in einer schwierigen Situation, bspw. durch Verständnis, Zuneigung und Sorge. (2) Die instrumentelle Unterstützung: darunter werden konkrete Hilfsmaßnahmen verstanden, die eine Situation erleichtern können, bspw. die Abnahme von Arbeit oder das Leihen von Geld. (3) Informationelle Unterstützung: diese bezeichnet Hilfestellungen mit Empfehlungen, wie in einer Situation zu handeln ist. Kontakte beeinflussen das emotionsorientierte sowie das problemorientierte Coping und somit den möglichen Erfolg der Bewältigung. Beispielsweise beeinflussen die Ratschläge das konkrete Handeln oder emotionale Unterstützung beeinflusst emotionale und kognitive Prozesse, die die Verarbeitung beeinflussen können (vgl. Helgeson/Lopez 2010, S. 310–311). Damit haben soziale Kontakte Einfluss darauf, ob eine Situation erfolgreich bewältigt werden und daraus folgend Resilienz entwickelt werden kann (vgl. 2.4).

Analog zu den sozialen Kontakten nimmt auch die **Kultur** Einfluss auf die Resilienzbildung. Das International Resilience Project rund um den Resilienzforscher Michael Ungar (2006) leitet aus seinen Forschungsergebnissen ab, dass kulturelle Einflüsse auf die Resilienzentstehung einwirken können. In unterschiedlichen Regionen der Erde haben verschiedene Aspekte unterschiedliche

Bedeutung. Beispielsweise unterscheiden sich die Interaktionen mit den Eltern, die Verantwortung gegenüber der Familie, die Bedeutung von Religion oder auch die Rolle der Frau in verschiedenen Kulturen (vgl. Ungar 2010, S. 409, 419). Dies kann Einfluss auf die Bewertung von Stressoren (vgl. 2.1.3.2) und das Coping (2.2.3) nehmen.

Zunehmend werden auch (stressige) Berufsfelder, also **betriebliche Faktoren**, bspw. Führung, organisationale Rahmenbedingungen oder die Arbeitszufriedenheit, im Hinblick auf Resilienz erforscht (vgl. z. B. Youssef/Luthans 2007). Dabei zeigt sich, dass Resilienz zum einen proaktiv seitens der Organisation gefördert werden kann. Hierbei können die Organisationskultur, die Führungsinteraktion und die Gestaltung eines positiven psychologischen Vertrags dazu beitragen, die Resilienz von Mitarbeitern zu stärken (vgl. Luthans/Vogelgesang/Lester 2006, S. 33–35). Hilfreich sind dabei Maßnahmen, die Arbeitnehmer auf zukünftige Probleme vorbereiten, die Selbstwirksamkeitserwartung von Mitarbeitern stärken oder sie mit Ressourcen wie Hoffnung und Optimismus ausstatten. Zum anderen können reaktive Maßnahmen dabei helfen, dass Resilienz nach bzw. während des Auftretens eines Stressors aufgebaut wird. Darunter fällt insbesondere eine intensive Auseinandersetzung mit dem Stressor. Kommt es im Zuge dieser Auseinandersetzung zu positiven Emotionen, zur Entwicklung wirkungsvoller Strategien (bspw. durch Copingflexibilität; vgl. 2.2.2.2) oder zur Änderung der Sinnhaftigkeit (vgl. 2.2.2), kann daraus Resilienz entstehen (vgl. Luthans/Vogelgesang/Lester 2006, S. 35–38).

Verschiedene Faktoren sind auch noch im **Erwachsenenalter erlernbar**. Resilienz entsteht durch die erfolgreiche Bewältigung von Krisen und kann insbesondere durch Bildung und Sozialisation erlernt werden (vgl. Henninger 2016, S. 160). Auch positive Emotionen (vgl. 2.3.2) stehen darüber hinaus im positiven Zusammenhang mit Resilienz (vgl. Cohn u. a. 2009; Gloria/Steinhardt 2016). Menschen, die im Zusammenhang mit Stressoren und Stressreaktionen positive Emotionen erleben (bspw. durch ihre Persönlichkeit), können leichter Resilienz entwickeln (vgl. Ong/Bergeman/Chow 2010, S. 88). Die Entwicklung von Schutzfaktoren wie Hoffnung, Optimismus, Achtsamkeit und EI kann dazu beitragen, dass Individuen ihre Emotionen bei Stressreaktionen besser kontrollieren und in eine positive Richtung lenken können. Schutzfaktoren können z. T. im Erwachsenenalter noch gestärkt oder erlernt werden, bspw. kann Achtsamkeit durch Meditation oder Achtsamkeitsübungen (vgl. Hölzel u. a. 2011, S. 539–540) und Humor (vgl. Kuiper 2012, S. 486), Optimismus (vgl. Forgeard/Seligman 2012, S. 114) oder EI (vgl. Slaski/Cartwright 2003) über spezielle Trainings erlernt werden.

Im **betrieblichen Kontext** kann Resilienz bspw. durch soziale Unterstützung gefördert (vgl. z. B. Gunkel/Böhm/Tannheimer 2014, S. 260), aber auch durch spezielle Resilienztrainings erlernt werden (vgl. z. B. Smith u. a. 2018). Kritisch wird angemerkt, dass sich die Resilienzförderung im betrieblichen Kontext bisher zwar meist auf Resilienztrainings konzentriert, Resilienz aber auch durch die Arbeitsgestaltung gesteigert werden kann (vgl. Gunkel/Böhm/Tannheimer 2014, S. 259). Im betrieblichen Kontext kann bspw. der Führungsstil des Vorgesetzten einen positiven Einfluss auf die Resilienz des Mitarbeiters nehmen (vgl. Nguyen u. a. 2016). Unternehmen können zum Resilienzaufbau ihrer Mitarbeiter beitragen, indem sie, transportiert durch Unternehmenskultur und Führung, realistische Ziele, ausreichende Erholungsphasen und eine wertschätzende Arbeitsumgebung aufbauen sowie die Mitarbeiter mit Sozial- und Lösungskompetenzen ausstatten (vgl. Henninger 2016, S. 163).

2.3.4 Effekte von Resilienz

Bei der Erforschung der Effekte von Resilienz stehen insbesondere die positiven Auswirkungen der Resilienz im Vordergrund. Dabei hat sich gezeigt, dass Resilienz den Zusammenhang zwischen Stressoren und deren Auswirkungen auf verschiedene Weise moderieren kann.

Es konnte u. a. empirisch belegt werden, dass Resilienz die **Gesundheit** positiv beeinflussen kann. Resilienz geht mit geringeren empfundenen psychischen Belastungen und daraus resultierenden Krankheiten einher (vgl. Wang u. a. 2017) und hat positive Auswirkungen auf die generelle Lebenszufriedenheit (vgl. z. B. Youssef/Luthans 2007). Weiterhin wirkt Resilienz leistungssteigernd. So konnten Fletcher/Sarkar (2012) bspw. aufzeigen, dass Olympiasieger mit hoher Resilienz und Schutzfaktoren optimale Eigenschaften für den sportlichen Wettbewerb mit sich bringen. Außerdem kann Resilienz die Abnutzung im Zusammenhang mit der Allostase (vgl. 2.1.2.3) und damit sogar den Alterungsprozess von Menschen reduzieren bzw. verlangsamen (vgl. McEwen 2002).

Aus **betriebswirtschaftlicher Perspektive** ist Resilienz besonders relevant, da sie Arbeitnehmern helfen kann, in komplexeren Arbeitsumgebungen besser zu bestehen (vgl. Luthans 2002, S. 702). Weiterhin zeigen Studien, dass sie in positivem Zusammenhang mit organisationalem Commitment und Arbeitszufriedenheit steht (vgl. Youssef/Luthans 2007). Im Arbeitskontext konnte weiterhin belegt werden, dass Resilienz die Auswirkungen von Arbeitsplatzunsicherheit wie Zynismus, Erschöpfung und kontraproduktives Arbeiten abmildern kann (vgl. Crane/Searle 2016; Shoss/Jiang/Probst 2018). Darüber hinaus verringern sich die negativen Auswirkungen von und das Risiko für psychische Erkrankungen in Arbeitsumfeldern mit hohen Anforderungen (vgl. Ceschi u. a. 2017; Shatté u. a. 2017). Weiterhin wurden positive Zusammenhänge zwischen Resilienz und der Anwendung effektiver Copingstrategien aufgezeigt (vgl. Rabenu/Yaniv 2017).

Eine japanische Studie zeigt, dass Resilienz bei Berufsanfängern dazu führt, negative Erfahrungen bei Berufsaufnahme (sogenannter reality shock) besser zu überwinden (vgl. Kodama 2017). Weiterhin geht Resilienz mit höherem Arbeitseinsatz einher (vgl. Mache u. a. 2014; Wang/Li/Li 2017). Auch konnte im Arbeitskontext gezeigt werden, dass sie Stressempfinden reduzieren und zu höherer Arbeitszufriedenheit führen kann. Resilienz vermindert psychische Belastungen sowie daraus resultierende Krankheiten und kann positive Auswirkungen auf die generelle Lebenszufriedenheit haben (vgl. z. B. Yous-sef/Luthans 2007).

2.4 Entwicklung eines konzeptionellen Modells zum Zusammenhang von Coping und Resilienz in der Stressbewältigung

Die Begriffe ‚Coping' und ‚Resilienz' hängen eng zusammen und werden in der Literatur teilweise synonym bzw. nicht trennscharf verwendet (vgl. Fletcher/Sarkar 2013, S. 16; Rice/Liu 2016, S. 325–326). Für ein besseres Verständnis der Ausführungen dieser Arbeit wird im Folgenden das Begriffsverständnis von Coping und Resilienz aufgezeigt. Anhand dieser Ausführungen werden die Begriffe zunächst inhaltlich voneinander abgegrenzt, bevor der angenommene Zusammenhang beider Konstrukte anhand eines Modells skizziert wird.

Den Ausführungen dieser Arbeit folgend kann **Coping** als teilweise affektiver, teilweise unbewusster Ansatz zur Stressbewältigung verstanden werden. Demnach wenden Individuen, die Stressoren mit einem Verlust oder einer Gefahr bewerten (vgl. 2.1.4), Copingstrategien an, um eine entstandene Stressreaktion zu beenden. Dabei greifen sie nicht ausschließlich auf einzelne Strategien zurück, sondern wenden gleichzeitig emotionsorientierte, sinnorientierte und problemorientierte Strategien an. Je nach Kontext und Situation können die angewandten Strategien variieren. Allerdings wird in der Copingliteratur z. T. davon ausgegangen, dass Individuen einen relativ konstanten Copingstil haben und tendenziell zu ähnlichen Strategien greifen (vgl. 2.2.1). Die angewandten Copingstrategien können positiv, negativ oder dysfunktional verlaufen. Durch das parallele Anwenden verschiedener Strategien kann es vorkommen, dass sich die einzelnen Strategien gegenseitig beeinflussen. Daher sollten Copingstrategien nicht isoliert betrachtet werden, sondern Coping muss in seiner Gänze analysiert werden. Es umfasst dabei kurzzeitige, mittelfristige und langfristige Wege, mit einer Stressreaktion umzugehen.

Der Begriff **Resilienz** soll den Ausführungen folgend wie folgt verstanden werden: Resilienz bildet ein Dachkonstrukt, das sich aus verschiedenen Schutzfaktoren (vgl. 2.3.2) zusammensetzt. Diese Eigenschaften führen dazu, dass Individuen Stressoren positiver bewerten und daher seltener Stressreaktionen empfinden, sich schneller von Stressreaktionen erholen und sich zukünftig besser ihrer Umgebung anpassen können. Resilienz ist dabei variabel – sie kann sich über die Spanne des Lebens und stressoren- sowie situationsspezifisch verändern. Demnach verfügen Individuen über keine globale Resilienz, sondern vielmehr über verschiedene Resilienzen. Allerdings kann davon ausgegangen werden, dass Individuen verschiedene Resilienzpotenziale aufweisen. Diese werden insbesondere durch den Genotyp, aber auch durch Erfahrungen im Kindes- und Jugendalter geprägt. Besonders Kinder und Jugendliche, die in der Vergangenheit schwierige Situationen überwunden haben, bilden Resilienzpotenziale. Auch im Erwachsenenalter bildet sich die Resilienz durch die Mensch-Umwelt-Interaktion weiter, d. h. auch Erwachsene, die Krisen überwunden haben, können gegenüber Stressoren Resilienz entwickeln.

Die Begriffe ‚Coping‘ und ‚Resilienz‘ können anhand verschiedener Merkmale voneinander abgegrenzt werden: (1) Während Resilienz sich auf Eigenschaften (Schutzfaktoren) bezieht, werden unter Coping Handlungen und kognitive Prozesse zusammengefasst (vgl. 2.2.1; 2.3.1). (2) Copingstrategien können positiv oder negativ verlaufen, Resilienz kann lediglich eine positive Ausprägung einnehmen (vgl. Rice/Liu 2016, S. 329). (3) Weiterhin muss auf der zeitlichen Ebene unterschieden werden, dass Resilienz per Definition einen schnellen Erfolg nach sich zieht, während Anstrengungen im Rahmen des Copings kurz- oder langfristig verlaufen können (vgl. Fletcher/Sarkar 2013, S. 13; Rice/Liu 2016, S. 329).

Trotz ihrer Differenzierbarkeit sind Coping und Resilienz nicht unabhängig voneinander. Aufgrund der begrifflichen Unschärfe, die teilweise in der Literatur vorherrscht, gibt es verschiedene Auffassungen des Zusammenhangs von Coping und Resilienz: (1) Eine Sichtweise sieht Resilienz als Resultat erfolgreichen Copings (vgl. Rice/Liu 2016, S. 329). Demnach führt erfolgreiches Coping zum Aufbau von Resilienz gegenüber den zu bewältigenden Stressoren. (2) Eine andere Sichtweise sieht Coping als Bestandteil der Resilienz (vgl. Soucek u. a. 2015, S. 14). Dabei kann (effektives) Coping als Schutzfaktor verstanden werden. (3) Anderen Annahmen zufolge stellen Coping und Resilienz Substitute dar. Dabei wird davon ausgegangen, dass im ersten Schritt Resilienz darüber entscheidet, ob jemand eine Situation als stressig bewertet oder nicht. Je höher die

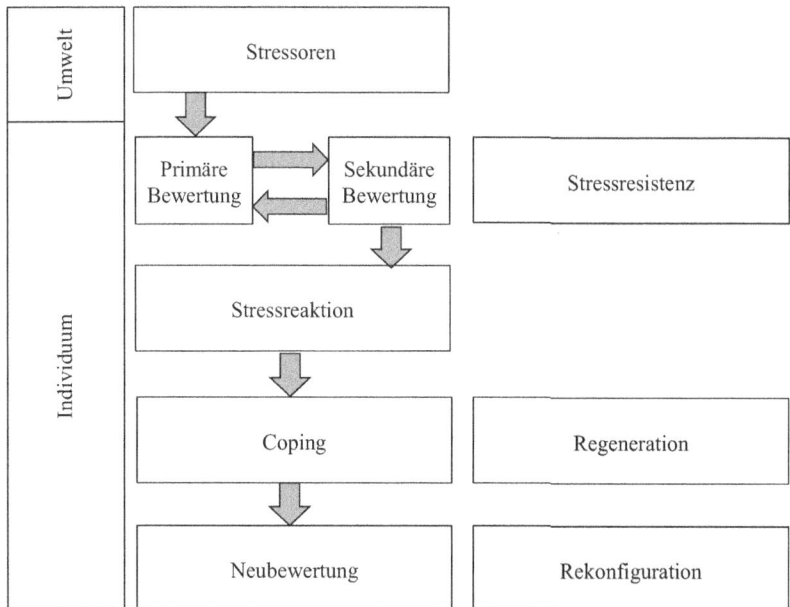

Abb. 2.4 Erweitertes transaktionales Stressmodell (eigene Darstellung in Anlehnung an Lazarus/Folkman 1984)

Resilienz ist, desto weniger stressige Situationen werden erlebt. Coping ist demnach der Resilienz nachgelagert und wird nur angewandt, wenn eine Situation als stressig bewertet wird (vgl. Fletcher/Sarkar 2013, S. 16).

Resilienz lässt sich auf unterschiedliche Ebenen in den Stressverlauf des transaktionalen Stressmodells (vgl. 2.1.4) einordnen: (1) Ausgehend von Resilienz als Stressresistenz (vgl. 2.3.1) prägt diese die Ebene der primären und sekundären **Bewertung**. Demnach zeichnet sich Resilienz dadurch aus, dass Individuen Situationen tendenziell eher als Herausforderung denn als Bedrohung oder Verlust bewerten. Eine Stressreaktion wird somit eher als handhabbar empfunden und äußert sich z. B. in Form von Eustress (vgl. Lazarus 2012, S. 204). (2) Ausgehend von Resilienz als Regeneration (vgl. 2.3.1) prägt Resilienz insbesondere die Ebene des **Copings**. Individuen sind in der Lage, sich von Stressreaktionen schnell zu erholen. Demnach ist davon auszugehen, dass sie dazu fähig sind, besonders effektive Copingstrategien auszuwählen und anzuwenden. (3) Ausgehend von Resilienz als Rekonfiguration (vgl. 2.3.1) ist diese insbesondere auf der

Ebene der **Neubewertung** anzunehmen. Demnach passen sich resiliente Individuen nach einer Stressreaktion so ihrer Umwelt an, dass sie zukünftig besser mit ähnlichen Situationen umgehen können. Abbildung 2.4 visualisiert die beschriebene Einordnung der verschiedenen Resilienzdefinitionen in das transaktionale Stressmodell.

Aus den Ausführungen in den Abschnitten 2.1 bis 2.3 lässt sich ein **Verlaufsmodell zur Stressbewältigung** ableiten. Abbildung 2.5 fasst die folgenden Ausführungen zusammen. Die Rechtecke stellen die einzelnen Elemente des Stressverlaufs dar, die Pfeile geben die Wirkungsrichtung vor. Die graue Schattierung bezieht sich auf Zeitpunkt tn, der den Folgen für tn + 1 vorausgeht, die sich insbesondere durch die Neubewertung ergeben.

Stressoren bilden dabei den Ausgangspunkt des Stressverlaufs. Sie werden durch individuelle Faktoren (vgl. 2.1.3.1) und das soziale Umfeld (vgl. 2.1.4) an das Individuum herangetragen. Insbesondere die Arbeit stellt heutzutage eine zentrale Quelle für Stressoren dar (vgl. 2.1.5.3). Ob und in welchem Maße ein Stressor zu einer Stressreaktion führt, ist im nächsten Schritt von der Bewertung des Stressors durch das Individuum abhängig.

Dabei nimmt das Individuum zwei Bewertungen vor: (1) Es bewertet zunächst, ob ein Stressor eine Gefahr darstellt und/oder mit einem (drohenden) Verlust einhergeht (vgl. Lazarus 2012, S. 204). Ein entscheidender Faktor bei der primären Bewertung sind die individuellen Grundbedürfnisse (vgl. Kaluza 2015, S. 44). Eine Bewertung als Gefahr resultiert demnach aus der Diskrepanz zwischen den (subjektiv wahrgenommenen) Erwartungen an die Umwelt durch das Individuum und den (subjektiv wahrgenommenen) fehlenden Möglichkeiten, diese zu erfüllen (vgl. McVicar 2003, S. 633).

(2) Das Individuum bewertet, welche Ressourcen und Bewältigungsmöglichkeiten zur Verfügung stehen (vgl. Lazarus 2012, S. 204). Die vorhandenen Ressourcen (z. B. soziale Kontakte) und die Einschätzung des Bewältigungserfolgs bestimmen im nächsten Schritt, welche Copingstrategien ein Individuum anwendet. Die sekundäre Bewertung beeinflusst somit die Wahl der Copingstrategie in einer Situation (vgl. Bouchard/Guillemette/Landry-Léger 2004). In unveränderbaren Situationen kann es sein, dass bestimmte Möglichkeiten (insbesondere problemorientierte Strategien) nicht anwendbar sind. Daher beeinflusst die wahrgenommene Kontrollierbarkeit einer Situation ebenfalls die Wahl der Copingstrategie (vgl. Endler/Kocovski/Macrodimitris 2001, S. 618).

Auf Grundlage der Ausführungen in Abschnitt 2.3 ist davon auszugehen, dass Resilienz die Bewertung auf verschiedene Arten prägt: (1) Verschiedene Schutzfaktoren, bspw. Achtsamkeit und EI, sorgen dafür, dass die Bewertung zum Positiven gewendet werden kann (vgl. Mayer/Salovey 1993, S. 433; Bishop

Abb. 2.5 Schematisches
Modell zur
Stressbewältigung

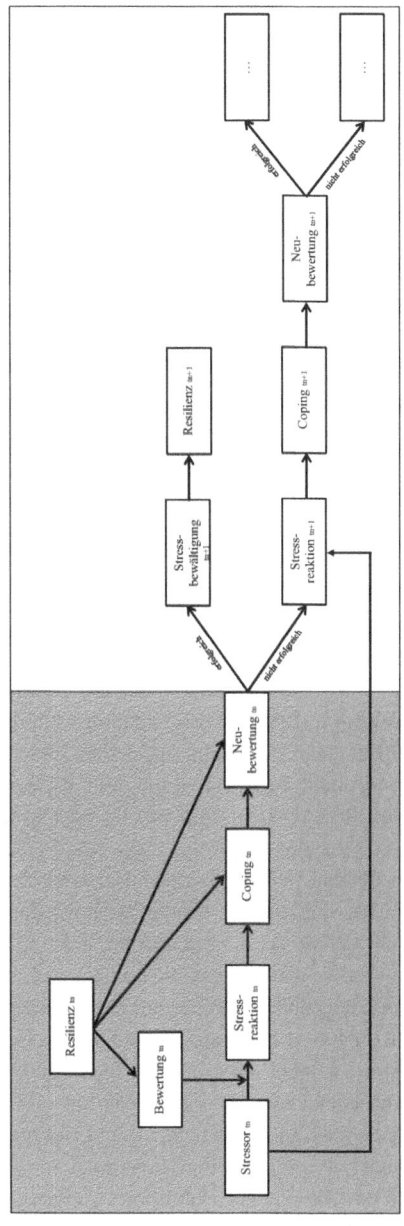

u. a. 2004, S. 230). (2) Verschiedene Schutzfaktoren können die Wahl der Copingstrategie beeinflussen; bspw. gelten Optimismus und Hoffnung als notwendige Voraussetzungen dafür, dass Individuen Chancen für den Erfolg ihrer gewählten Copingstrategie sehen (vgl. Scheier/Carver 1992, S. 202; Snyder 2002, S. 250–251). (3) Resilienz kann durch die Bewältigung von Krisen entstehen (vgl. Lee u. a. 2013, S. 269; Gunkel/Böhm/Tannheimer 2014, S. 258). Dementsprechend bewerten resiliente Individuen Stressoren seltener als gefährlich, da sie effektive Strategien gefunden haben, um mit diesen umzugehen. (4) Resilienz kann aus sinnorientiertem Coping resultieren. Individuen haben dementsprechend ihre Ziele und Bedürfnisse angepasst, sodass diese seltener in Diskrepanz mit Stressoren stehen (vgl. Carver 2013, S. 498).

Führt die Bewertung zu einer **Stressreaktion** in Form von Distress (vgl. 2.1.2.2), setzt das Individuum **Coping** ein, um die Stressreaktion zu beenden. Dabei gibt es unterschiedliche Arten von Copingstrategien, die ein Individuum heranziehen kann (vgl. 2.2.2). Gemäß der Goodness-of-Fit-Hypothese ist davon auszugehen, dass Coping situativ unterschiedlich wirksam ist. Demnach gibt es für spezielle Situationen Copingstrategien, die wirkungsvoll sind, während diese in anderen Situationen nicht wirken (vgl. Bengel/Lyssenko 2012, S. 81). Es ist dennoch anzunehmen, dass Resilienz gemäß der Definition als Regeneration dazu führt, dass Individuen besonders effektive Copingstrategien für einen entsprechenden Stressor heranziehen.

Nach dem Coping findet die **Neubewertung** der Situation statt. Individuen bewerten dabei, ob die Situation weiterhin gefährlich ist. Eine Veränderung kann dabei eine Besserung darstellen, indem z. B. eine Situation, die vormals als Bedrohung bewertet wurde, nun als Herausforderung wahrgenommen wird, oder ein Stressor ggf. sogar positiv oder irrelevant wird (vgl. Lazarus 2012, S. 204–205). In gleicher Weise kann eine Veränderung aber auch eine Verschlechterung bedeuten, indem aus einer Herausforderung eine Bedrohung wird (vgl. Lazarus 2012, S. 204–205). Findet das Individuum keine funktionale Copingstrategie und hält der Stressor weiterhin an, setzt sich die Stressreaktion fort und das Individuum wendet weiterhin Copingstrategien an. Dieser Prozess kann beliebig lange anhalten und das Prozedere sich immer wieder wiederholen. Die Stressreaktion hält dann so lange an, bis funktionale Copingstrategien gefunden werden oder der Stressor nicht mehr auf das Individuum einwirkt. Werden funktionale Strategien gefunden, wird die Stressreaktion erfolgreich bewältigt. Es ist davon auszugehen, dass Individuen aus den Erfahrungen lernen und zukünftig dem Stressor anders begegnen. Hierbei ist auch von Anpassung die Rede (vgl. McEwen 1998, S. 34). Gemäß der Definition von Resilienz als Rekonfiguration finden Individuen eine Möglichkeit der Anpassung, die sie zukünftig diese oder ähnliche Stressoren positiver bewerten lässt und/oder prinzipiell funktionalere Copingstrategien die sie anwenden.

Die dargestellten Ausführungen gehen mit verschiedenen **Annahmen** einher, die sich aus den Abschnitten 2.1 bis 2.4 ergeben: Erstens wird davon ausgegangen, dass Resilienz nicht universell ist, sondern Menschen über verschiedene Resilienzen verfügen. Demnach kann Resilienz für eine bestimmte Art von Stressor bestehen, für andere Arten von Stressoren aber wiederum nicht (vgl. 2.3.1). Zweitens geht das Modell mit der Annahme einher, dass Resilienz dynamisch ist. Fehlende oder vorhandene Resilienz ist temporär, sie kann gelernt/verlernt werden und sich mit der Zeit verändern (vgl. 2.3.1). Drittens beruht das Modell auf der Annahme, dass eine Anpassung auch dysfunktional verlaufen kann und sich dysfunktionale Copingstrategien bei Individuen manifestieren können. Individuen greifen dann aus Mangel an Resilienz immer wieder auf dysfunktionale Copingstrategien zurück. Hilflosigkeit gemäß der Hilflosigkeitstheorie entsteht (vgl. 2.3.2). Viertens wird angenommen, dass sich der Begriff der erfolgreichen Bewältigung lediglich auf die Beendigung der durch einen Stressor ausgelösten Stressreaktion bezieht. Dies kann neue Stressoren nach sich ziehen oder auch nur temporär erfolgreich sein (vgl. 2.2.4).

Forschungsstand zur Stressbewältigung durch Pflegekräfte und empirisches Vorgehen

3.1 Vorgehensweise bei der Darstellung des Forschungsstandes und der empirischen Untersuchung

In Kapitel 2 wurden zentrale Elemente zu Stress und Stressbewältigung zusammengefasst und daraus wurde ein konzeptionelles Modell abgeleitet. Dieses Modell stellt auch den konzeptionellen Rahmen für die folgenden empirischen Analysen dar und liefert somit das Begriffsverständnis sowie das Verständnis über angenommene Zusammenhänge der Konstrukte. Wie eingangs erwähnt nimmt subjektiv empfundener Stress für die meisten Berufe zu, wobei Pflegekräfte besonders häufig betroffen sind (vgl. 1.1; 1.2) und daher im Fokus dieser Arbeit stehen. Da der Kontext eine entscheidende Rolle bei der Stressbewältigung spielt (vgl. Dewe/Cooper 2017, S. 166–167) und die Goodness-of-Fit-Hypothese von situativ unterschiedlichen Effekten von Coping ausgeht (vgl. 2.2.4), können die allgemeinen Erkenntnisse zu Stress und Stressbewältigung nicht einfach auf Pflegekräfte übertragen werden.

Um zu verstehen, warum die Zunahme von empfundenem Stress und dessen Auswirkungen besonders **Pflegekräfte** betreffen, wird in diesem Kapitel zunächst der Begriff ‚Pflegekraft' definiert und Besonderheiten des Berufsfelds werden herausgestellt. Das Verständnis der beruflichen Gegebenheiten ist notwendig, um zu verstehen, welche Aufgaben, Rollen und Probleme mit dem Beruf einhergehen können. Anschließend werden bisherige Erkenntnisse aus der Forschung zu Stressoren (vgl. 3.2.2), Stressauswirkungen (vgl. 3.2.3) sowie zur Stressbewältigung (vgl. 3.2.4) von Pflegekräften aufgezeigt und zentrale Erkenntnisse herausgestellt. Dies ist zum einen nötig, um bisherige Erkenntnisse aus der Forschung zu systematisieren sowie zu verstehen, wie Stress in Pflegeberufen entsteht und welche

© Der/die Autor(en) 2022
I. Klingenberg, *Stressbewältigung durch Pflegekräfte*,
https://doi.org/10.1007/978-3-658-37438-9_3

Auswirkungen dieser hat. Zum anderen können anhand des Forschungsstandes offene Forschungsfelder identifiziert und somit weitere Forschungsbedarfe abgeleitet werden (vgl. 3.2.4).

Anhand des identifizierten Forschungsbedarfs wird das empirische Vorgehen der vorliegenden Arbeit entwickelt. Dazu werden zunächst empirische Vorüberlegungen getätigt und der Zweck bzw. die Notwendigkeit des folgenden empirischen Forschungsprozesses wird diskutiert (vgl. 3.3.1). Die empirische Forschung kennt verschiedene Arten von Perspektiven, wobei häufig zwischen personen- und variablenzentrieten Ansätzen unterschieden wird. Um aufzuzeigen, warum die vorliegende Arbeit einen personenzentrierten Ansatz verfolgt, findet eine Beschreibung und Abgrenzung von personen- und variablenzentrierten Ansätzen statt (vgl. 3.3.2). Zuletzt wird der sich ergebende Aufbau des empirischen Forschungsprozesses mit dem Vorgehen im Rahmen der folgenden empirischen Studien aufgezeigt (vgl. 3.3.3).

3.2   Forschungsstand

3.2.1   Pflegekräfte in Deutschland

Die **Geschichte der Pflege** von Menschen lässt sich bis in die Frühgeschichte zurückverfolgen, in der bspw. Schamanen und Druiden für die Heilung von Krankheiten und Verletzungen herangezogen wurden (vgl. Gerabek u. a. 2005, S. 790–791). Von der Antike über das Mittelalter bis ins 19. Jahrhundert waren es meist geistliche und religiöse Vereinigungen (daraus resultiert auch der Begriff ‚Schwester' für weibliche Pflegekräfte in Anlehnung an weibliche Ordensschwestern), die es sich zur Aufgabe machten, Menschen zu pflegen (vgl. Rüller 2005, S. 25, 29). Parallel zur Weiterentwicklung der Medizin entwickelte sich zunehmend eine Professionalisierung der Pflege und erste Pflegevereinigungen wurden in Deutschland am Anfang des 20. Jahrhunderts gegründet (vgl. Rüller 2005, S. 30). Da die erste Hälfte des 20. Jahrhunderts durch die beiden Weltkriege und den Nationalsozialismus geprägt war, kam es dazu, dass der Beruf in Deutschland auf medizinischer und professioneller Ebene in der Nachkriegszeit nicht mit internationalen Standards vergleichbar war. Um Defizite im Pflegebereich auszugleichen, wurde daher 1957 in der Bundesrepublik Deutschland, insbesondere durch die alliierten Siegermächte forciert, das Krankenpflegegesetz (KrPflG) erlassen (vgl. Stöcker 2002, S. 21). Dieses regelt u. a. die Ausbildungsvorrausetzungen für den Beruf und wurde seit seiner Einführung mehrfach überarbeitet.

Für die Altenpflege existiert seit 2003 das entsprechende Pendant, das Altenpflegegesetz (AltPflG) (vgl. Höfert 2011, S. 23). Gemäß dieser Gesetze liegen die zentralen Aufgaben von Pflegekräften in der Beratung über Pflegemaßnahmen, der Gesundheitsförderung und der Hilfe zur Selbsthilfe.

Die **Arbeitsaufgaben** von Pflegekräften können je nach Einrichtung, Station und Fachweiterbildungen sehr unterschiedlich ausfallen. Die Kerntätigkeit von Pflegekräften lässt sich gemäß Wingenfeld/Büscher (2017) in vier grundsätzliche Aufgabenarten aufteilen: (1) Die Gestaltung und Steuerung des Pflegeprozesses umfasst seine Einschätzung, Planung und Vereinbarung sowie dessen Durchführung und Evaluation. Hierunter fallen alle pflegerischen Tätigkeiten, die sich aus den Pflegebedürfnissen der Patienten/Bewohner ergeben (bspw. Lagerungen, Hygienemaßnahmen). (2) Die Beobachtung umfasst sämtliche Überwachungen des Allgemeinzustands, des Hautzustands, der zeitlichen/örtlichen Orientiertheit, möglicher Effekte von Medikation, der psychischen Situation und des Verhaltens. Verbesserungen und Verschlechterungen können mit neuen/zusätzlichen Handlungen einhergehen. (3) Die Abwehr von gesundheitlichen Risiken beinhaltet die Prophylaxe bzw. den Schutz eingeschränkter Personen vor weiteren Risiken, bspw. durch Begleitung/Stützen von Personen, die ein erhöhtes Sturzrisiko haben. (4) Die Kommunikation mit Patienten/Bewohnern, Angehörigen, ärztlichem und Sanitätspersonal bildet eine weitere Kerntätigkeit von Pflegekräften und soll sicherstellen, dass potenzielle Bedarfspersonen (bspw. Angehörige, Vormunde) über den Gesundheitszustand informiert sind (vgl. Wingenfeld/Büscher 2017, S. 13–17). Weiterhin werden auch indirekte Leistungen zu den Aufgaben von Pflegekräften gezählt; darunter fallen u. a. Dokumentationsaufgaben, Reinigungsaufgaben von Gemeinschaftsräumen oder Kooperationsgespräche mit anderen Einrichtungen (vgl. Wingenfeld/Büscher 2017, S. 27).

In der Bundesrepublik Deutschland existieren verschiedene **Ausbildungsberufe in der Pflege**. Die bisherigen Ausbildungsberufe Altenpfleger, Gesundheits- und Krankenpfleger sowie Gesundheits- und Kinderpfleger wurden 2020 durch die Ausbildung zum Pflegefachmann bzw. zur Pflegefachfrau ersetzt. Dadurch soll es Pflegekräften zukünftig möglich sein, eine generalistische Ausbildung zu absolvieren, die den Einsatz sowohl im Bereich der Alten- als auch der Krankenpflege ermöglicht. Die Möglichkeit zur Spezialisierung auf die Bereiche Alten- und Kinderpflege besteht weiterhin. Weitere Fachweiterbildungen (bspw. zum Intensiv- oder OP-Pfleger) sind im Laufe des Berufslebens möglich. Darüber hinaus existiert das Berufsfeld des Heilpflegers, das eine gesamthafte Pflege von Menschen mit Behinderung umfasst und neben pflegerischen Tätigkeiten auch pädagogische Elemente beinhaltet. Die drei genannten Berufe können auch als Helferberufe ausgeübt werden, d. h. die Tätigkeiten beziehen sich mehr auf pflegerische Tätigkeiten und enthalten keine medizinischen Aufgaben. Zu den weiteren Ausbildungsberufen im Pflegebereich zählen u. a. Fachkraft für Pflegeassistenz, Haus- und Familienpfleger und Hebammen/Entbindungspfleger. Darüber hinaus gibt es verschiedene Studiengänge mit pflegerischem Bezug. Darunter fallen z. B. Pflegewissenschaften, Pflegepädagogik und Palliativpflege (vgl. Deutscher Berufsverband für Pflegeberufe 2019).

Im Jahr 2020 arbeiteten etwa 1,7 Millionen Menschen in Deutschland in der Alten- sowie Gesundheits- und Krankenpflege. Davon waren ca. 615 000 (36,1 %) in der Altenpflege tätig. Davon waren ca. 50 % als examinierte Fachkräfte beschäftigt, die andere Hälfte arbeitete als Helfer. Ungefähr 1,1 Millionen (63,9 %) waren in der Krankenpflege beschäftigt, davon waren etwa 12 % Experten und Spezialisten, 72 % Fachkräfte und 16 % Helfer. Weiterhin waren über 80 % der Beschäftigten in der Pflege weiblich und über 43 % der Beschäftigten arbeiteten in Teilzeit. Die Nachfrage an Pflegekräften kann in fast allen Regionen in Deutschland bereits heute nicht mehr gedeckt werden, es herrscht ein flächendeckender Fachkräftemangel (vgl. Bundesagentur für Arbeit 2021, S. 6–9, 16).

Als Ursache für den derzeitigen und zukünftigen **Fachkräftemangel** lassen sich insbesondere drei wesentliche Gründe nennen: (1) Der Pflegeberuf wird zunehmend als unattraktiv angesehen. Der geringe Verdienst, die geringen Aufstiegschancen und die schweren Arbeitsbedingungen führen dazu, dass weniger jüngere Leute den Beruf ergreifen oder dass Mitarbeiter ihre Arbeitszeit verkürzen oder den Beruf wechseln (dies wird in den (sozialen) Medien teilweise als ‚Pflexit' bezeichnet) (vgl. Schmucker 2019, S. 58; Rothgang/Müller/Preuß 2020, S. 208–209). (2) Die Arbeitsbedingungen führen vermehrt zu Arbeitsunfähigkeit und Frühverrentungen, somit fehlen gesundheitsbedingt Arbeitskräfte (vgl. Techniker Krankenkasse 2019, S. 25; Rothgang/Müller/Preuß 2020, S. 210). (3) Die Pflegebedürftigkeit wird weiter zunehmen und der Bedarf an Pflegepersonal steigen (vgl. Schwinger/Klauber/Tsiasioti 2020). Daher wird zukünftig die Diskrepanz zwischen benötigtem und vorhandenem Personal nochmals größer. In Deutschland gibt es daher zunehmend Bestrebungen, Fachkräfte aus dem Ausland anzuwerben (vgl. Bundesagentur für Arbeit 2021, S. 8). Ein weltweiter Mangel an Pflegekräften erschwert allerdings entsprechende Bestrebungen und könnte zu einem globalen ‚War for Talents' führen (vgl. Lambert u. a. 2004, S. 671).

Der Pflegeberuf in Deutschland wird nach wie vor mehrheitlich von **Frauen** ausgeübt. Zwar bilden Männer insgesamt 54 % der Erwerbsbevölkerung und somit die Mehrheit der arbeitenden Bevölkerung, in Pflegeberufen zeigt sich dazu aber ein gegenteiliges Bild. Circa 80 % der Pflegekräfte in der Krankenpflege sind

weiblich, in der Altenpflege trifft dies sogar auf 83 % zu (vgl. Bundesagentur für
Arbeit 2021, S. 9).

Eine weitere Besonderheit im Vergleich zur restlichen Erwerbsbevölkerung ist
der überdurchschnittliche Anteil an Arbeitnehmern, die in **Teilzeit** arbeiten. Im
Durchschnitt arbeiten ca. 29 % aller Beschäftigten in Teilzeit. In der Krankenpflege liegt dieser Wert bei ca. 43 %, in der Altenpflege sogar bei 55 % (vgl.
Bundesagentur für Arbeit 2021, S. 8).

In Deutschland gibt es drei Arten der **Trägerschaft**, die den überwiegenden Teil der Krankenhäuser und Pflegeeinrichtungen organisieren. Dazu gehören
öffentliche, private und freigemeinnützige Träger. Als öffentliche Einrichtungen
gelten dabei solche, in denen Gebietskörperschaften (z. B. Bund, Länder, Kom-
munen) mindestens 50 % des Nennkapitals oder der Stimmrechte halten. Private
Einrichtungen sind gewerbliche Unternehmen gemäß §30 der Gewerbeordnung.
Unter freigemeinnützige Einrichtungen fallen Einrichtungen, die von kirchlichen
Gemeinden, den freien Wohlfahrtsverbänden, Vereinen oder Stiftungen getragen
werden (vgl. Wörz 2008, S. 141).

Im Bereich der Krankenhäuser gewinnt in Deutschland zunehmend der private
Bereich an Relevanz. Im Zeitraum zwischen 1991 und 2018 hat sich die Anzahl
der öffentlichen Einrichtungen von ca. 1100 auf ca. 550 Einrichtungen halbiert.
Ebenfalls hat sich die Anzahl der Einrichtungen von freigemeinnützigen Trägern
von ca. 940 auf ca. 650 reduziert. Der private Bereich hat sich im selben Zeitraum
von ca. 350 auf ca. 720 mehr als verdoppelt. Bemerkenswert ist, dass der öffentliche Bereich trotz der drastischen Reduktion an Einrichtungen noch immer knapp
die Hälfte aller Krankenbetten stellt. Insgesamt hat sich die Anzahl der Einrichtungen im genannten Zeitraum von 2411 auf 1925 reduziert (vgl. Statistisches
Bundesamt 2018, S. 14). Die Anzahl der Pflegeheime in Deutschland stieg im
Zeitraum von 1999 bis 2017 von ca. 8900 auf ca. 14 500 kontinuierlich an. Die
Mehrheit der Einrichtungen stellen mit ca. 7600 Einrichtungen die freigemein-
nützigen Träger. Private Träger stellen ca. 6100 Einrichtungen und öffentliche
Träger stellen ca. 680 Einrichtungen. Für alle Trägerschaften stieg die Zahl der
Einrichtungen in den letzten Jahren (vgl. Statistisches Bundesamt 2020).

3.2.2 Stressoren in der Pflegearbeit

In Abschnitt 2.1.5.3 wurden bereits Stressoren im Arbeitskontext identifiziert, die
aus der allgemeinen Arbeitsstressforschung bekannt sind. Die wissenschaftliche
Literatur liefert darüber hinaus bereits diverse Erkenntnisse zu Stressoren, die
speziell bei Pflegekräften auftreten (vgl. McVicar 2003, S. 640).

Eine zentrale Quelle für Stressoren ist die **Arbeitslast**. Beschäftigte in der Intensivmedizin und im Gesundheitswesen mit langen Arbeitszeiten leiden häufiger unter Burnout und machen häufiger (Behandlungs-)Fehler als andere Pflegekräfte (vgl. Rogers u. a. 2004; Embriaco u. a. 2007). Der Handlungsspielraum kann dabei den Zusammenhang zwischen Arbeitszeit und emotionaler Erschöpfung (als Teilausprägung von Burnout) beeinflussen. Ein größerer Handlungsspielraum mildert demnach negative Konsequenzen, die aus langen Arbeitszeiten resultieren, ab, während ein zu kleiner Handlungsspielraum diese noch verstärkt (vgl. Portoghese u. a. 2014).

Die **qualitativen und quantitativen Arbeitsanforderungen** stehen bei Pflegekräften ebenfalls im Zusammenhang mit negativen gesundheitlichen Folgen. Beispielsweise steht eine hohe quantitative Arbeitslast, die sich u. a. in einer Vielzahl von Aufgaben zeigt, im Zusammenhang mit emotionaler Erschöpfung (als Teilausprägung von Burnout; vgl. Greenglass/Burke/Fiksenbaum 2001). Ein hohes Arbeitstempo kann ebenfalls zu psychischen Störungen sowie Schlafproblemen und mangelnder Erholung führen (vgl. Winwood/Lushington 2006). Auch eine hohe Komplexität der Arbeitsaufgabe erhöht das Burnout-Risiko (vgl. Tummers/Landeweerd/van Merode 2002). Weiterhin wurden die Auswirkungen des (fehlenden) Handlungsspielraums nicht nur als Moderator untersucht, sondern auch als direkter Stressor von Pflegekräften, der u. a. das Burnout-Risiko erhöht (vgl. Schmitz/Neumann/ Oppermann 2000). In diesem Zusammenhang wurde in einer Untersuchung von Pflegekräften in Nordirland der fehlende Handlungsspielraum sogar als Stressor mit dem größten Einfluss auf das Stressempfinden identifiziert (vgl. McGrath/Reid/Boore 2003, S. 563).

Die **Schichtarbeit**, die in den meisten Pflegebetrieben nötig ist, nimmt ebenfalls Einfluss auf das Stressempfinden von Pflegekräften. Schichtarbeit erhöht dabei das Stressempfinden sowie das Burnout-Risiko und wirkt sich negativ auf die Arbeitszufriedenheit sowie die Zufriedenheit mit dem eigenen Leben aus (vgl. Coffey/Skipper/Jung 1988; Khammar u. a. 2017; Tahghighi u. a. 2017). Schichtarbeit und lange Arbeitszeiten können darüber hinaus auch das Unfallrisiko (z. B. durch Konzentrationsmangel) erhöhen (vgl. Wagstaff/Sigstad Lie 2011). Allerdings ist der über den Stressor Schichtwechsel empfundene Stress in verschiedenen Ländern unterschiedlich stark ausgeprägt (vgl. Admi/Eilon-Moshe 2016). Auch andere spezifische Faktoren, bspw. ob Pflegekräfte trotz Schichtarbeit genug schlafen, ob sie Vollzeit oder Teilzeit beschäftigt sind und das Geschlecht, können Einfluss darauf nehmen, wie sich Schichtarbeit auf das Stressempfinden auswirkt (vgl. Tahghighi u. a. 2017, S. 2078).

Pflegekräfte erfahren zunehmend **Gewalt und Aggressionen**. Die Analyse von Gates/Gillespie/Succop (2011), die sich mit US-amerikanischen Notfallpflegern beschäftigt, zeigt, dass diese besonders häufig Gewalt durch Patienten und Angehörige erleben. Weiterhin gaben 94 % der Befragten an, mindestens ein PTSD-Symptom (vgl. 2.1.3.4) aufgrund von Gewalt erfahren zu haben (vgl. Gates/Gillespie/Succop 2011, S. 62). Aggressionen durch Patienten sind auch in Australien ein häufig vorkommender Stressor (vgl. Lim/Bogossian/Ahern 2010). Auch für Deutschland gibt es Evidenz dafür, dass Gewalt gegenüber Pflegekräften zunimmt, demnach hat ein Großteil der Befragten schon mindestens einmal verbale (bis zu 95 % aller Befragten) oder physische Gewalt (bis zu 68 % aller Befragten) am Arbeitsplatz erlebt (vgl. Franz u. a. 2010; Schablon u. a. 2012; Schablon u. a. 2018). Neben Gewalt und Aggressionen durch Patienten konnte auch das Mobbing als Stressor in der Pflege nachgewiesen werden. Die Anzahl von britischen Krankenpflegern, die in einer Studie von Quine (2001) angaben, Opfer von Mobbing gewesen zu sein und/oder selbst gemobbt zu haben, lag bei etwa 50 % der Teilnehmenden. Die Forschung zeigt weiterhin, dass Mobbing bei Pflegekräften in negativem Zusammenhang mit der Arbeitszufriedenheit und in positivem Zusammenhang mit psychischen Problemen steht (vgl. Quine 2001; Karatza u. a. 2016).

Rollenstress (vgl. 2.1.4.2) ist ebenfalls ein gängiger Stressor von Pflegekräften. Die negativen Effekte von Rollenstress auf die Arbeitszufriedenheit und das organisationale Commitment konnten z. B. bei taiwanischen Krankenpflegern gefunden werden (vgl. Ho u. a. 2009). Rollenkonflikte stellen bei Krankenpflegern in vielerlei Hinsicht ein Risiko dar. Eine Studie von O'Brien-Pallas u. a. (2010) zeigt in diesem Zusammenhang, dass sich Rollenkonflikte bei kanadischen Krankenpflegern negativ auf die Arbeitszufriedenheit auswirken und Wechselabsichten sowie das Risiko medizinischer Fehler erhöhen können. Die genannten Effekte können sich wiederum negativ auf die Gesundheit der Betroffenen auswirken (vgl. O'Brien-Pallas u. a. 2010). Unerfüllte Karriereerwartungen, geringe Bezahlung oder zu wenig Verantwortung können ebenfalls zu einer Unzufriedenheit mit der eigenen Rolle führen und die Wechselabsichten von Pflegekräften erhöhen (vgl. Janssen/de Jonge/Bakker 1999, S. 1366). Die Arten von Rollenstress können sich im Laufe des Berufslebens ändern. In einer australischen Studie gaben Krankenpfleger an, nach der Ausbildung meist Rollenambiguität und im späteren Berufsleben vermehrt Rollenüberlastung zu empfinden (vgl. Chang/Hancock 2003).

Weiterhin kann die Pflege der **Emotionsarbeit** zugerechnet werden (vgl. 2.1.5.3). Pflegekräfte haben nicht selten mit Emotionen zu tun, die sich aus Leid,

Krankheit und Tod von Patienten ergeben. Insbesondere wenn ein inniges Verhältnis zu den Patienten besteht, kann dies die eigene Psyche in Mitleidenschaft ziehen. Trotzdem müssen Pflegekräfte häufig Zuversicht ausstrahlen und Patienten Mut machen, was belastend sein kann (vgl. Unger 2014, S. 307–308) und das Burnout-Risiko erhöht (vgl. Zaghini u. a. 2020).

Technostress (vgl. 2.1.5.3) wird in pflegenden Berufen zunehmend ein Problem. Nguyen/Bellucci/Nguyen (2014) machen deutlich, dass die Einführung elektronischer Patientenakten nicht ausschließlich mit Vorteilen für die Pflegekräfte einhergeht. Zwar finden sich gemäß den Autoren Belege dafür, dass diese Technologien die Dokumentationsqualität und Verwaltungseffizienz verbessern und allgemein zur Entlastung der Pflege beitragen können. Allerdings stellen die Veränderungen der Arbeitsabläufe und die zunehmenden Unterbrechungen der Tätigkeit, die sich aufgrund der Bedienung elektronischer Geräte teilweise verlängert, auch Risiken dar (vgl. Nguyen/Bellucci/Nguyen 2014, S. 791). Weiterhin müssen Pflegekräfte mit geringen technischen Fähigkeiten eine erhöhte kognitive Leistung erbringen, deren Folge Technokomplexität sein kann (vgl. 2.1.5.3). Verschiedene Faktoren können Einfluss darauf nehmen, inwiefern Technokomplexität entsteht. Je nach Lage der Schicht variiert die kognitive Arbeitsleistung, die zusätzlich erbracht werden muss; bspw. fällt es Betroffenen nachts teilweise schwerer, sich mit neuen technologischen Geräten zu befassen. Generelle Computerkenntnisse sind wiederum hilfreich bei der Aneignung neuer technischer Kenntnisse (vgl. Colligan u. a. 2015). Die Einstellung gegenüber solchen elektronischen Dokumentationssystemen kann aufgrund kultureller Unterschiede variieren. Die Analyse von Yontz/Zinn/Schumacher (2015) zeigt bspw., dass Perioperativ-Pfleger im Südosten der USA eine eher positive Assoziation mit elektronischen Patientenakten haben. Die Studie von Califf/Sarker/Sarker (2020) relativiert diese Ergebnisse und kommt zu dem Schluss, dass die wahrgenommenen Vor- und Nachteile (bspw. der Nutzen, die Komplexität, die Verlässlichkeit), die Pflegekräfte mit einer Technologie verbinden, darüber entscheiden, ob diese eher als Stressor oder als Ressource betrachtet werden.

Organisationale Rahmenbedingungen können Einfluss auf die Stressoren und deren Entstehung nehmen. In einer Langzeitvergleichsstudie konnte gezeigt werden, dass organisationale Veränderungen mit einer geringeren Produktion des Erholungshormons Dehydroepiandrosteronsulfat (DHEA-S) einhergehen können (vgl. Hansson u. a. 2008). Die Organisationsstrategie kann sich insbesondere dann, wenn das Individuum sie mit negativen Konsequenzen für sich assoziiert, negativ auf die Stresswahrnehmung, Arbeitszufriedenheit, Wechselabsicht und das Burnout-Risiko auswirken (vgl. Labrague u. a. 2017).

Hemmingway/Smith (1999) konnten keinen direkten oder indirekten Einfluss des **Organisationsklimas** auf Wechselabsichten, Absentismus oder Verletzungen in Verbindung mit der Arbeit feststellen. Andere Studien konnten allerdings zeigen, dass das Organisationsklima mit Stressreaktionen bei Pflegekräften einhergehen kann. Ein als potenziell gewalttätig empfundenes Klima, also ein Klima, in dem Angst vor physischer oder verbaler Gewalt vorherrscht, kann sich demnach negativ auf die psychische Gesundheit der Beschäftigten auswirken (vgl. Spector u. a. 2007). Einen anderen Ansatz verfolgen Bakker/Le Blanc/Schaufeli (2005). Sie fokussieren Intensivpfleger und gehen der Frage nach, inwiefern Burnout übertragbar ist. Ihre Ergebnisse zeigen, dass häufige Äußerungen, die über eigene Burnout-Symptome getätigt werden, das Burnout-Risiko von Kollegen erhöhen (vgl. Bakker/Le Blanc/Schaufeli 2005). Daraus lässt sich annehmen, dass das Organisationsklima das Stressempfinden von Pflegekräften auf verschiedene Weise beeinflussen kann.

Teilweise werden **individuelle Unterschiede** bei der Wahrnehmung von Stressoren analysiert. Dabei zeigt sich z. B., dass Hilfskräfte häufiger über Probleme mit schwierigen Patienten klagen, während Fachkräfte eher die hohe Arbeitslast als belastend empfinden. Beides erhöht allerdings das Burnout-Risiko, wobei soziale Unterstützung die Auswirkungen der beschriebenen Effekte mindern kann (vgl. Jenkins/Elliott 2004). Perfektionismus, also das persönliche Bedürfnis, Fehler zu vermeiden, steht bei Auszubildenden in medizinischen Berufen im Zusammenhang mit Distress und kann daher das Stressempfinden erhöhen (vgl. Henning/Ey/Shaw 1998). Teilweise konnten Studien auch Konstellationen von Persönlichkeit, Geschlecht, Familienstand und Anzahl an Kindern feststellen, die Einfluss auf die Stresswahrnehmung nehmen sollen (vgl. z. B. Barr 2018; La Cañadas-De Fuente u. a. 2018).

Glazer/Beehr (2005) finden zwar im Hinblick auf die Stressentstehung bei Krankenpflegern ähnliche Resultate für vier verschiedene Länder, kommen allerdings auch zu dem Schluss, dass **kulturelle Unterschiede** eine Rolle spielen können und daher mitberücksichtigt werden sollten (vgl. Glazer/Beehr 2005, S. 482–483). Weiterhin unterscheidet sich das Berufsbild von Pflegekräften in Ländern teilweise sehr stark, weshalb Erkenntnisse zu Stressoren nur bedingt vergleichbar sind. Beispielsweise dürfen japanische Krankenpfleger im Gegensatz zu deutschen Pflegekräften keine Medikationen ausstellen, keine Injektionen verabreichen oder invasive Tätigkeiten verrichten (vgl. Lambert/Lambert/Ito 2004, S. 95). Allerdings finden sich auch Gemeinsamkeiten hinsichtlich der auftretenden Stressoren. So stellen eine hohe Arbeitslast und der Tod von Patienten nicht nur in westlichen Ländern, sondern auch in asiatischen Gebieten die stärksten Stressoren dar (vgl. Lambert u. a. 2004, S. 680).

Die Zahl des Personals im nichtärztlichen Dienst ist in **Deutschland** seit 1991
relativ konstant geblieben und lediglich um etwa 13 % gestiegen; dabei sind
die Fallzahlen der Patienten um ca. 30 % gestiegen, während die durchschnittliche Verweildauer der Patienten um etwa 50 % gesunken ist (vgl. Statistisches
Bundesamt 2018, S. 9; 11). Daraus lässt sich folgern, dass die durchschnittliche Zeit, die ein Pfleger für einen Patienten zur Verfügung hat, gesunken ist
und sich die Aufnahme-/Entlassungsaufgaben mehren. Weiterhin weisen Pflegekräfte intensive Ausprägungen in dem Stressmaß der Gratifikationskrise auf
(vgl. Schulz u. a. 2009; Rasch/Dewitt/Eschenbeck 2017). Aus dem Pflegereport 2019 geht hervor, dass Pflegekräfte im Vergleich zu anderen Berufen im
Hinblick auf psychische und physische Arbeitsbelastungen überdurchschnittlich
schlecht abschneiden. Die häufigsten Stressoren sind dabei u. a. Zeitdruck, höhere
Arbeitslast, Emotionsarbeit, Unzufriedenheit und mangelnde Gratifikation (vgl.
Schmucker 2019).

Diese **Zusammenfassung der Literatur** stellt zwar keine vollständige Aufbe-
reitung der wissenschaftlichen Literatur dar, kann aber als umfassender Auszug
verstanden werden. Dieser zeigt auf, dass Pflegekräfte mit verschiedenen, teilweise sehr unterschiedlichen Stressoren konfrontiert sind. Obwohl Stressoren für
Pflegekräfte bereits umfangreich wissenschaftlich erforscht wurden, muss fest-
gehalten werden, dass bisher nur wenige Studien in Deutschland durchgeführt
worden sind. Dies schränkt dahingehend die Übertragbarkeit auf Pflegekräfte in
Deutschland ein, da kulturelle und gesellschaftliche Faktoren das Auftreten von
Stressoren beeinflussen können (vgl. 2.1.4.3). Weiterhin führen technische und
gesellschaftliche Entwicklungen dazu, dass sich Anforderungen an Berufe (bspw.
in Form von Technostress) verändern können; daher bedarf es regelmäßiger Forschung, die das Neuaufkommen neuer sowie den Wandel bestehender Stressoren
berücksichtigt.

3.2.3 Stressfolgen für Pflegekräfte

Die Stressfolgen für Pflegekräfte können sich zwar sehr unterschiedlich gestalten,
unterscheiden sich aber nur bedingt von jenen für andere Berufe. Die empirische
Forschung liefert im Kontext der pflegenden Berufe bereits viele Erkenntnisse.
Die Ergebnisse zeigen, dass Stress bei Pflegekräften mit **gesundheitlichen Folgen**
verbunden sein kann. Darunter fallen insbesondere ein erhöhtes Risiko für Burnout (vgl. Schmitz/Neumann/Oppermann 2000; Greenglass/Burke/Fiksenbaum
2001; Tummers/Landeweerd/van Merode 2002; Bakker/Le Blanc/Schaufeli 2005;

Embriaco u. a. 2007; Portoghese u. a. 2014), psychische Störungen bzw. Erkrankungen (vgl. Winwood/Lushington 2006; Spector u. a. 2007) und Unfälle auf der
Arbeit (vgl. Wagstaff/Sigstad Lie 2011).

In **Deutschland** zählen psychische Erkrankungen zu den drei häufigsten
Ursachen für Arbeitsunfälle von Pflegekräften. Weiterhin sind deutsche Pflegekräfte im Vergleich zu anderen Berufen überdurchschnittlich oft von psychischen
Erkrankungen betroffen. Circa 20 % aller Pflegekräfte fielen 2018 aufgrund einer
psychischen Erkrankung mindestens einmal aus. Weiterhin liegt die Ausfallzeit
von Pflegekräften aufgrund psychischer Erkrankungen mit ca. fünf Tagen über
dem Durchschnitt aller Berufe (vgl. Drupp/Meyer 2019, S. 42). Dadurch sind
Pflegekräfte nicht nur besonders häufig, sondern auch besonders schwer von
psychischen Erkrankungen betroffen.

Auch **arbeitsbezogene Folgen** können aus Stress in pflegenden Berufen
resultieren. Darunter fallen u. a. eine Abnahme der Arbeitszufriedenheit, die
Unzufriedenheit mit der eigenen Organisation (vgl. Edwards/Burnard 2003; Piko
2006; Ho u. a. 2009; Labrague u. a. 2017), Motivationsverlust (vgl. Jans-
sen/de Jonge/Bakker 1999; LePine/Podsakoff/LePine 2005), die Verringerung
des Arbeitsengagements (vgl. Garrosa u. a. 2011), die Verringerung des organisationalen Commitments (vgl. Ho u. a. 2009; Pishgooie u. a. 2019) und
erhöhte Wechselabsichten (vgl. Applebaum u. a. 2010; O'Brien-Pallas u. a. 2010;
Labrague u. a. 2017). Weiterhin kann Arbeitsstress, der insbesondere aus einem
geringen Handlungsspielraum resultiert, das Risiko von Behandlungsfehlern, wie
falschen Dokumentationen oder Fehlern bei der Medikation, sowie von Verzö-
gerungen bei der Versorgung und von Konflikten mit gewalttätigen Patienten
erhöhen (vgl. Elfering/Semmer/Grebner 2006; O'Brien-Pallas u. a. 2010).

Zusammenfassend betrachtet sind die Stressfolgen für Pflegekräfte sehr vielfältig und reichen von Motivationsverlust bis hin zur Berufsunfähigkeit. Auch
die Zunahme von Kündigungen und Jobwechseln ist problematisch, da diese
den bereits bestehenden Fachkräftemangel im Pflegebereich (vgl. 3.2.1) verschärfen kann. Die (unattraktiven) Arbeitsbedingungen verringern zusätzlich den
Zugewinn an neuen Pflegekräften (vgl. Schmucker 2019, S. 58). Die Kombination aus erhöhten Arbeitsunfähigkeiten, vermehrten Berufswechseln und einer
geringeren Anzahl an Auszubildenden in Pflegeberufen ist als kritisch anzusehen. Es lässt sich annehmen, dass diese dazu führt, dass mehr Arbeitslast von
weniger Pflegkräften aufgefangen werden muss und sich die genannten Probleme wiederum verschärfen. Eine Abwärtsspirale aus fortwährend zunehmenden
Arbeitsbelastungen und geringerer Arbeitsattraktivität könnte die Folge sein.

3.2.4 Stressbewältigung der Pflegekräfte

Die Stressbewältigung von Pflegekräften ist Bestandteil verschiedener empirischer Studien. Diese beeinflusst den Zusammenhang zwischen Stressoren und Stressfolgen und ist daher ein essenzieller Faktor im Stressverlauf (vgl. 2.4). Im Folgenden werden zentrale Erkenntnisse der bisherigen Forschung aufgezeigt und der daraus resultierende Forschungsbedarf wird abgeleitet.

Hinsichtlich der **Effektivität von Coping** gibt es keine grundsätzlich überlegene Strategie, sondern der jeweilige Kontext bzw. die situativen Gegebenheiten spielen eine entscheidende Rolle (vgl. 2.2.4). Trotzdem gibt es Erkenntnisse hinsichtlich der Effektivität verschiedener Copingstrategien im Pflegekontext, die zum Verständnis darüber beitragen, welche Strategien tendenziell in positivem Zusammenhang mit der Gesundheit von Pflegekräften stehen. So zeigen Studien, dass problemorientiertes Coping z. B. mit positiver psychischer Gesundheit korreliert (vgl. Chang u. a. 2007). Proaktives Coping gilt ebenfalls als eher positive Copingstrategie und steht im negativen Zusammenhang mit Burnout (vgl. Garrosa u. a. 2010; Chang/Chan 2015; Cruz u. a. 2018). Andere Studien zeigen auch Strategien auf, die tendenziell im negativen Zusammenhang mit psychischer Gesundheit stehen. Für emotionsorientiertes Coping wurden in diversen Studien negative Auswirkungen auf die psychische Gesundheit nachgewiesen (vgl. Chang u. a. 2007; Shin u. a. 2014). Auch der Zusammenhang zwischen Vermeidung und emotionalen Störungen, schlechterer Gesundheit sowie Arbeitszufriedenheit und Burnout konnte empirisch festgestellt werden (vgl. Healy/McKay 2000; Gibbons 2010; Schreuder u. a. 2012). Allerdings finden sich auch Studien, die positive Effekte von emotionsorientiertem Coping belegen. Insbesondere positive Neubewertung und Akzeptanz können einen positiven Einfluss auf das Stressempfinden haben (vgl. z. B. Lee u. a. 2016; Jang/Gu/Jeong 2019; Yaseen/Abdulah/Piro 2020). Teilweise werden diese Effekte durch weitere erklärende Faktoren beeinflusst. Beispielsweise zeigt sich hinsichtlich der Effektivität von problemorientierten Copingstrategien, dass die Arbeitszufriedenheit die Effekte beeinflussen kann. So hatten diese Strategien bei unzufriedenen Mitarbeiter geringeren Erfolg als bei moderat zufriedenen; bei sehr zufriedenen Mitarbeiter hatten diese wiederum nur einen moderaten Effekt (vgl. Tyson/Pongruengphant/Aggarwal 2002). Vereinzelt kommen Studien zu dem Schluss, dass einige problemorientierte (bspw. geplante Problemlösung) und einige emotionsorientierte Strategien (z. B. positive Neubewertung) einen positiven, andere wiederum einen negativen Einfluss auf Burnout haben können (vgl. Payne 2001, S. 403; Shin u. a. 2014), und decken sich demzufolge mit der aufgezeigten Kritik an den generalistischen Klassifikationen von Copingstrategien (vgl. 2.2.2).

Studien, die Copingstrategien in Form von sozialer Unterstützung untersuchen, konnten meist deren positive Auswirkungen feststellen. So kann soziale Unterstützung das Risiko von Burnout und psychischen Erkrankungen mindern (vgl. Garrosa u. a. 2010, S. 205; Reeve u. a. 2013; Karaca u. a. 2019, S. 49). Allerdings finden sich auch vereinzelt Studien, in denen diese positiven Effekte nicht festgestellt werden konnten (vgl. Tyson/Pongruengphant/Aggarwal 2002). Auch hier könnten weitere erklärende Faktoren die Beziehung beeinflussen.

Die Forschung zur Effektivität von Coping bei Pflegekräften zeichnet sich durch eher fragmentierte und kontroverse Erkenntnisse aus. Zwar zeigt ein Großteil der bisherigen Studien, dass problemorientierte und aktive Copingstile tendenziell mit besserer Gesundheit oder höherer Arbeitszufriedenheit einhergehen, allerdings sind diese Erkenntnisse aus mehrerlei Gründen als problematisch anzusehen: Erstens kommen, wie zuvor aufgezeigt, vereinzelte Studien zu anderen Ergebnissen. Zweitens finden sich Studien, die aufzeigen, dass die Effektivität von Coping durch andere Faktoren, bspw. die Arbeitszufriedenheit, beeinflusst wird. Somit lässt sich davon ausgehen, dass weitere Kontextfaktoren, wie es die Goodness-of-Fit-Hypothese suggeriert, Einfluss auf die Effektivität von Coping nehmen. Drittens ist die Heterogenität bei generalistischen Klassifikationen (wie z. B. emotions- und problemorientiertem Coping) zweifelhaft, da darunter eine weite Bandbreite an unterschiedlichen Strategien subsumiert wird (vgl. 2.2.2). Es lässt sich daher annehmen, dass andere Klassifikationen für die Betrachtung der Effektivität besser geeignet sind. Viertens fand die parallele Anwendung mehrerer Copingstrategien in der bisherigen Forschung wenig Beachtung. Gemäß dem transaktionalen Stressmodell (vgl. 2.1.6) lässt sich aber davon ausgehen, dass Individuen mehrere (emotions- und problemorientierte) Copingstrategien gleichzeitig anwenden.

Die **Wahl der Copingstrategie** wurde ebenfalls in empirischen Analysen untersucht. Sie wird u. a. durch Geschlecht, Alter, Berufserfahrungen, Erwartungen von Stress und Bewältigungschancen beeinflusst (vgl. Martins/Chaves/Campos 2014). Weiterhin gibt es Studien, die die Copingstrategien im Hinblick auf die beruflichen Stressoren analysieren. Für Pflegeschüler zeigt sich dabei, dass diese vermehrt positive Umdeutung und problemorientiertes Coping bei Stressoren anwenden, die aus der Arbeitsaufgabe oder der Arbeitszeit resultierten, während sie bei Stressoren, die auf fehlende Kenntnisse und Fähigkeiten zurückzuführen sind, eher zu Vermeidung tendieren (vgl. Labrague u. a. 2018, S. 287–288). In vielen Forschungsarbeiten finden Stressoren allerdings wenig Beachtung. Dies ist als kritisch zu bewerten, da Copingstrategien vor dem Hintergrund der Goodness-of-Fit-Hypothese bei bestimmten Stressoren effektiver sind als bei anderen und daher Berücksichtigung finden sollten.

Neben dem Coping von Pflegekräften findet auch deren Resilienz Aufmerksamkeit in der Literatur. Analysen, die die **Effekte von Resilienz** untersuchen, konnten verschiedene positive Auswirkungen feststellen: Resilienz fördert die Workability (vgl. Rushton u. a. 2015; Cope/Jones/Hendricks 2016a; Converso u. a. 2017; Guo u. a. 2018), die Empathie, die als Qualitätsmerkmal von Pflegekräften gilt (vgl. Hegney u. a. 2015), das Regulieren der Emotionslage (vgl. Lanz/Bruk-Lee 2017), effektives Coping (vgl. Li u. a. 2015) und die Arbeitszufriedenheit (vgl. Zheng u. a. 2017). Resilienz mildert darüber hinaus die emotionale Dissonanz, die aufgrund von Emotionsarbeit entstehen kann (vgl. Delgado u. a. 2017). Cooper u. a. (2020) leiten in ihrem Review-Artikel literaturgestützt den Begriff 'Nurse-Resilience' ab und kommen zu dem Schluss, dass diese einen bedeutenden Einfluss auf die Anpassungsfähigkeit von Pflegekräften in stressigen Umfeldern haben kann. Die Schutzfaktoren dieser Resilienz bilden den Autoren zufolge soziale Unterstützung, die Selbstwirksamkeitserwartung, eine ausgeglichene Work-Life-Balance, Humor, Optimismus und realistische Einschätzungen (vgl. Cooper u. a. 2020, S. 565–566).

Weiterhin gibt es Studien, die einzelne **Schutzfaktoren der Resilienz** von Pflegekräften untersuchen. Darunter finden sich Studien zu EI (vgl. Yaseen/Abdulah/Piro 2020), Hoffnung (Li u. a. 2015; Rushton u. a. 2015; Converso u. a. 2017), Humor (vgl. Lamb/Cogan 2016), Kohärenzgefühl (vgl. z. B. Kleiveland/Natvig/Jepsen 2015), Optimismus (vgl. Chang/Chan 2015; Cruz u. a. 2018), Selbstwirksamkeitserwartung (vgl. Gibbons 2010; Wahlberg/Nirenberg/Capezuti 2016), sozialer Unterstützung (vgl. Garrosa u. a. 2010; Mark/Smith 2012; Gifkins/Loudoun/Johnston 2017; Smith/Leslie/Wynaden 2017; Yu u. a. 2019) und Religiosität (vgl. Ekedahl/Wengström 2010; Bakibinga/Vinje/Mittelmark 2014). Diese genannten Faktoren gehen u. a. mit einem geringeren Stressempfinden, geringeren Burnout-Risiko, einer besseren Workability und einer als höher empfundenen Lebensqualität einher.

Hinsichtlich der **Entstehung von Resilienz bei Pflegekräften** liegen verschiedene Ergebnisse vor. Hart/Brannan/Chesnay (2014) untersuchten in ihrem Reviewartikel verschiedene Faktoren, die die Entstehung von Resilienz möglicherweise erklären können. Diskrepanz herrscht dabei hinsichtlich der Frage, inwiefern das Alter und die (Berufs-)Erfahrung die Entstehung von Resilienz beeinflussen. Zwar finden sich in der Literatur teilweise Studien, in denen ein positiver Einfluss dieser Faktoren festgestellt werden konnte (vgl. Kim/Windsor 2015, S. 25; Öksüz u. a. 2019). Hart/Brannan/Chesnay schreiben diesen aber nur einen geringen Anteil der Erklärungskraft zu (vgl. Hart/Brannan/Chesnay 2014, S. 726). Yu u. a. (2019) untersuchen in ihrem Review-Artikel den Einfluss persönlicher Faktoren wie Geschlecht, Alter, (Art der) Ausbildung oder

Arbeitserfahrung auf die Entstehung von Resilienz bei Pflegekräften. Sie gelangen allerdings zu inkonsistenten Erkenntnissen (vgl. Yu u. a. 2019, S. 137), sodass sich daraus keine Systematik ableiten lässt. Intrapersonelle Eigenschaften wie Hoffnung, Selbstwirksamkeitserwartung, Hardiness, EI und Kohärenzgefühl eignen sich gemäß den Autoren in diesem Zusammenhang als bessere Prädiktoren. Weiterhin zeigt sich, dass Pflegekräfte, die mehr Vertrauen in ihre eigenen Fähigkeiten haben und weniger Fehler bei sich selbst suchen, tendenziell resilienter sind. Als Strategien, die zu Resilienz führen, nennen Hart/Brannan/Chesnay (2014) emotionale Robustheit bzw. Distanzierung. Darunter werden Mechanismen verstanden, die es Pflegekräften ermöglichen, sich emotional von persönlichen Schicksalen abzugrenzen und ihre Pflicht davon losgelöst zu erfüllen. Weiterhin können soziale Verbindungen mit der Familie, Freunden und Kollegen zum Resilienzaufbau beitragen. Zudem werden die kritische Reflexion der eigenen Fähigkeiten sowie die emotionale Vereinbarung des eigenen Wertesystems mit den Anforderungen, die die Arbeit mit sich bringt, als erfolgreiche Strategien zum Resilienzaufbau genannt (vgl. Hart/Brannan/Chesnay 2014, S. 726–727).

Eine ausgewogene Work-Life-Balance kann ebenfalls zum Resilienzaufbau beitragen (vgl. Cameron/Brownie 2010). Patienten und Bewohner sowie Angehörige können eine wichtige Ressource sein und beim Aufbau von Resilienz eine entscheidende Rolle spielen. Insbesondere lange und intensive Kontakte sind dabei von großer Bedeutung (vgl. Cameron/Brownie 2010).

Organisationale Maßnahmen können dazu beitragen, dass Stress besser verarbeitet wird. Die Möglichkeit, die Schicht selber auszuwählen, kann das Stressempfinden von Pflegekräften reduzieren (vgl. Gifkins/Loudoun/Johnston 2017). Webbasierte Stress-Management-Trainings und Austauschprogramme zwischen Pflegekräften können dazu beitragen, dass diese weniger Stress wahrnehmen (vgl. McDonald u. a. 2012, 2013; Hersch u. a. 2016). Fachkenntnisse und Erfahrung können ebenfalls zum Resilienzaufbau beitragen (vgl. Cameron/Brownie 2010). Resilienz kann u. a. durch Fortbildungen und Resilienztrainings gefördert (vgl. Cope/Jones/Hendricks 2016a) sowie durch soziale Unterstützung, Überzeugung von den eigenen Fähigkeiten und Hoffnung gestärkt werden (vgl. Edward 2005; Cope/Jones/Hendricks 2016b, S. 93). Eine Studie von Ho u. a. (2009) zeigt, dass Maßnahmen des Personalmanagements auch als Ressourcen dienen können; so kann bspw. Job-Rotation bei Pflegekräften die Arbeitszufriedenheit und das Commitment steigern. Auch Freiräume (z. B. durch ausreichende Pausen), in denen Stress verarbeitet werden kann, können zum Resilienzaufbau beitragen (vgl. Lamb/Cogan 2016).

Zusammenfassend betrachtet liefert die Literatur bereits verschiedene Erkenntnisse zur Stressbewältigung von Pflegekräften sowie zentrale Anhaltspunkte für das grundlegende Verständnis der Stressbewältigung von Pflegekräften. Allerdings geben die bisherigen Erkenntnisse aus mehrerlei Gründen Anlass zur Kritik und ziehen **Forschungsbedarf** nach sich.

(1) Die verwendeten Klassifikationen von Coping sind häufig zu undifferenziert. In der Copingliteratur findet seit längerem eine Diskussion hinsichtlich der Klassifikation von Coping statt (vgl. z. B. Skinner u. a. 2003; Dewe/Cooper 2017, S. 169). Insbesondere die höhere Ordnung, d. h. die Merkmale auf der höchsten Ebene, anhand derer Copingstrategien aufgeteilt werden (z. B. problemorientiert/emotionsorientiert, proaktiv/reaktiv, Engagement/Disengagement), steht dabei in der Kritik. Das Problem besteht darin, dass Copingstrategien, die relativ heterogene Merkmale aufweisen, den gleichen Kategorien zugeordnet werden. So werden bspw. Alkoholkonsum und positive Neubewertung beide als Formen von emotionsorientiertem Coping gesehen, obwohl sie sich z. B. in der Adaptivität (Engagement vs. Disengagement) stark unterscheiden. Diese Heterogenität führt dazu, dass sich innerhalb einer Copingstrategie Merkmale finden, die sich z. T. gegensätzlich beeinflussen können (vgl. Skinner u. a. 2003, S. 248). In anderen Worten: Die am häufigsten verwendeten Aufteilungen von Coping führen Strategien zusammen, die getrennt voneinander betrachtet werden sollten, da sie als Variablen aus sehr unterschiedlichen, teils gegensätzlichen Elementen bestehen. Die bisherige Forschung zum Coping von Pflegekräften greift aber überwiegend auf diese Konstrukte höherer Ordnung zurück.

(2) Bisher finden sich kaum Studien, die den Zusammenhang von Coping und Resilienz von Pflegekräften beachten. Dies deckt sich mit der allgemeinen Stressbewältigungsliteratur, in der dies z. T. bemängelt wird (vgl. z. B. Fletcher/Sarkar 2013, S. 17; Rice/Liu 2016, S. 330–331; van der Hallen/Jongerling/Godor 2020). Im Hinblick auf die in Abschnitt 2.4 getroffenen konzeptionellen Überlegungen greifen diese Ansätze allerdings zu kurz, da die gegenseitige Beeinflussung dieser beiden Konstrukte ein zentrales Element im Stressbewältigungsprozess darstellen kann (vgl. 2.4).

(3) Die vorhandene Literatur greift auf verschiedene Resilienzdefinitionen zurück (vgl. z. B. Aburn/Gott/Hoare 2016; Cooper u. a. 2020, S. 556). Es ist daher fragwürdig, inwiefern Erkenntnisse hinsichtlich der Resilienz von Pflegekräften vergleichbar sind. Die Konzipierung von Konstrukten wie der Nurse-Resilience (vgl. Cooper u. a. 2020) bildet einen ersten Schritt in Richtung eines einheitlichen Resilienzbegriffs (im Kontext von Pflegekräften). Es bedarf aber weiterer Forschung, die sich kritischer mit dem Resilienzbegriff auseinandersetzt, um

ihre Entstehung und Funktion sowohl im Allgemeinen als auch im Pflegekontext besser zu verstehen.

(4) Es finden sich bisher wenige Forschungsarbeiten, die Stressbewältigung in der Pflege vor dem Hintergrund persönlicher Merkmale betrachten. Somit werden Pflegekräfte überwiegend als homogene Einheit, also variablenzentriert (vgl. 3.2.2) betrachtet. Es gibt bisher wenige Erkenntnisse zu Subpopulationen/Typologien der Stressbewältigung von Pflegekräften. Dies ist als kritisch anzusehen, da Copingstile und Resilienz insbesondere von persönlichen Merkmalen und der sozialen Umwelt geprägt werden, und sich daher annehmen lässt, dass sich diese je nach Einzelfall in der Grundgesamtheit Pflegekräfte unterscheiden.

(5) Es liegen wenige Erkenntnisse dazu vor, inwiefern arbeitsspezifische Faktoren Einfluss auf die Stressbewältigung nehmen. Es existieren nur vereinzelte Studien, die untersuchen, inwiefern arbeitsbedingte Stressoren die Wahl der Copingstrategien beeinflussen (vgl. z. B. Martins/Chaves/Campos 2014). Auch die Resilienzliteratur sucht die Gründe für die Resilienzentstehung vornehmlich in individuellen Merkmalen wie Alter, Geschlecht oder individuellen Schutzfaktoren (vgl. z. B. Hart/Brannan/Chesnay 2014). Aus betriebswirtschaftlicher Perspektive stellt sich insbesondere die Frage, welche Stressoren und Ressourcen in der Pflege existieren, um daraus entsprechende Maßnahmen zur Arbeitsgestaltung und Prävention abzuleiten.

3.3 Vorgehen im Rahmen der empirischen Analysen

3.3.1 Empirische Vorüberlegungen

Um das Ziel dieser Arbeit, Stressbewältigung von Pflegekräften vor dem Hintergrund des Copings und der Resilienz zu analysieren, zu erreichen, wurden zunächst die begrifflichen und konzeptionellen Grundlagen geschaffen. Weiterhin wurde der aktuelle Stand der Forschung anhand einer kritischen Begutachtung der bisherigen Literatur (vgl. 3.2) aufgearbeitet und weiterer Forschungsbedarf abgeleitet. Dieser soll im nächsten Schritt mittels eigener empirischer Untersuchungen reduziert werden. Dazu werden zunächst **empirische Vorüberlegungen** getroffen, die für die folgenden Analysen zu berücksichtigen sind. Hierfür wird in diesem Abschnitt zunächst der Zweck der folgenden empirischen Analysen diskutiert. Anschließend werden diese Vorüberlegungen vor dem Hintergrund des aufgezeigten Forschungsbedarfs (vgl. 3.2.4) hinsichtlich der Vor- und Nachteile von variablen- und personenzentrierten Verfahren diskutiert (vgl. 3.3.2), bevor

der Aufbau des empirischen Vorgehens aus den getroffenen Vorüberlegungen
abgeleitet und aufgezeigt wird (vgl. 3.3.3).

Empirische Studien verfolgen i. d. R. mindestens einen der drei folgenden
Zwecke: (1) Exploration, (2) Deskription oder (3) Explanation (vgl. Babbie 2007,
S. 87–90).

(1) Exploration beschreibt die Erforschung bzw. Erkundung eines Themas und
kommt in vielen Fällen bei relativ neuen bzw. unentdeckten Phänomenen zum
Einsatz. Da in diesen Fällen kein (theoretisches) Vorwissen zu den Forschungs-
gegenständen existiert, zeichnen sich explorative Studien durch Unvoreingenommenheit aus und haben das Ziel, möglichst neues Wissen zu generieren. Dabei
können z. B. neue Phänomene (z. B. neue Arten von Stressoren) entdeckt werden.
Auch Forschungsgegenstände, zu denen bereits (größeres) Vorwissen existiert,
können von explorativen Vorgehensweisen profitieren – insbesondere dann, wenn
davon auszugehen ist, dass das bestehende Wissen nicht ausreicht, um ein Phänomen zu erklären, oder Grund zur Annahme besteht, dass weiteres Wissen von
Nutzen sein kann.

(2) Deskription beinhaltet die Beschreibung von Phänomenen. Ziel ist es,
einen Untersuchungsgegenstand zu beschreiben, um diesen abbilden zu können. Dabei werden z. B. Kriterien geschaffen, die Einheiten (z. B. Kategorien
von Stressoren) ein- und von anderen Einheiten abgrenzen. Weiterhin kann die
Beschreibung eines Sachverhalts ohne weitere inhaltliche Interpretation Ziel einer
deskriptiven Analyse sein, z. B. wenn die öffentliche Meinung zu einem Thema
mittels deskriptiver Statistiken abgebildet wird.

(3) Explanation beschreibt die Erklärung von Sachverhalten. Während deskriptive Studien den Fragen nach dem Was, Wo, Wann und Wie nachgehen, befassen
sich explanatorische Studien mit dem Warum. Ziel ist es, bestimmte (deskriptive) Sachverhalte erklären zu können. Wenn bspw. neue Stressoren explorativ
entdeckt wurden, kann es das Ziel sein zu erklären, warum diese entstanden sind
(vgl. Babbie 2007, S. 87–90).

Hinsichtlich der Stressbewältigung von Pflegekräften ist vor allem der explorative Forschungsansatz relevant, da es trotz der bisherigen Erkenntnisse an noch
tiefergreifendem Wissen hinsichtlich der Stressbewältigung von Pflegekräften
mangelt. Dies zeigt sich an dem in Abschnitt 3.2.4 aufgezeigten Forschungsbedarf. Um diesen zu adressieren, wird in der vorliegenden Arbeit ein **explorativer
Forschungsansatz** herangezogen. Die Begriffsvielfalt, die teilweise synonyme
Verwendung der Begriffe ‚Coping' und ‚Resilienz' sowie die Problematik der
Kategorisierung von Coping verzerren das Vorverständnis zum Forschungsgegenstand. Daher bietet ein exploratives Vorgehen, das losgelöst ist von theoretischen

Vorannahmen, die Möglichkeit, das Feld der Stressbewältigung von Pflegekräften offen zu erforschen. Dieses explorative Vorgehen schließt allerdings auch die getroffenen konzeptionellen Vorannahmen (vgl. 2.4) nicht aus (vgl. Babbie 2007, S. 87–88), sondern bietet vielmehr die Möglichkeit, diese anhand der Ergebnisse der Studien zu evaluieren.

Zugunsten der besseren Vergleichbarkeit beschränken sich die folgenden Untersuchungen auf Personal in der **stationären Pflege**, d. h. Pflegekräfte, die in der ambulanten Pflege arbeiten, werden für die empirischen Analysen nicht berücksichtigt. Dies lässt sich damit begründen, dass in der ambulanten Pflege sehr spezielle Stressoren existieren (z. B. Verkehrsaufkommen und Parkplatzsuche zwischen Patiententerminen) und andere Formen von Ressourcen (z. B. kein Kollegenkontakt bei Patiententerminen) zu erwarten sind. Im Folgenden wird der Begriff ‚Pflegekraft' ausschließlich für Mitarbeiter in der stationären Pflege benutzt.

3.3.2 Variablen- vs. personenzentrierte Ansätze

In der Forschung gibt es verschiedene Ansätze, um Sachverhalte hinsichtlich der Erklärung ihrer Varianz zu betrachten. Eine Frage, die mit dem Ziel des jeweiligen Forschungsvorhabens einhergeht, ist diejenige, ob ein variablenzentrierter oder ein personenzentrierter Ansatz herangezogen werden soll. Nach van Rossenberg (2016) lassen sich die beiden Ansätze wie folgt beschreiben:

Variablenzentrierte Ansätze zeichnen sich dadurch aus, dass die (optimale) Zusammenfassung von Elementen (engl. items) zu zusammengehörenden Variablen für die Erklärung der Varianz eines Kriteriums im Kern der Arbeit steht, d. h. es wird versucht, anhand zusammenhängender Merkmale Variablen zu bilden, die einen möglichen Sachverhalt erklären können. Eine gut konzipierte Variable kann aufgrund zusammenhängender Merkmale einen Sachverhalt erklären. Ziel von variablenzentrierten Ansätzen ist es somit, Variablen für die Erklärung von Sachverhalten zu identifizieren und diese dann aggregiert für die Stichprobe zu analysieren. Die Aggregation findet also, anders als beim personenzentrierten Ansatz, nicht auf Ebene des Individuums, sondern auf Variablenebene der gesamten Stichprobe statt.

Personenzentriete Ansätze zeichnen sich dadurch aus, dass sie Subjekte (insbesondere Personen, aber bspw. auch Organisationen) für die Erklärung der Varianz eines Kriteriums heranziehen. Es wird davon ausgegangen, dass Subgruppen von Individuen gleiche oder ähnliche Merkmale aufweisen, dass diese Subgruppen also in sich homogen, im Vergleich zu anderen Subgruppen aber heterogen sind. Es gibt typische Charakteristika/Eigenschaften von Gruppen (z. B. Kunden oder Risikogruppen). Beispielsweise sind Risikogruppen durch typische Charakteristika wie ein erhöhtes Alter und Vorerkrankungen gekennzeichnet, die sie von anderen Gruppen unterscheiden. Diese Ansätze werden z. T. in der Medizin oder in der Marktforschung herangezogen, um u. a. Zielgruppen für Marketingkampagnen oder Risikogruppen für Krankheiten zu identifizieren. Das Ziel von personenzentrierten Ansätzen ist es folglich, Typologien von Menschen oder auch verschiedene Klassen oder Profile innerhalb von Populationen für die Erklärung von Sachverhalten zu identifizieren (vgl. van Rossenberg 2016, S. 201–202).

Je nach Art der Fragestellung bzw. Zielsetzung einer Arbeit geht das Heranziehen eines personen- oder variablenzentrierten Ansatzes demnach mit verschiedenen Vor- bzw. Nachteilen einher. Die vorliegende Arbeit verfolgt einen personenzentrierten Ansatz, dies begründet sich wie folgt:

(1) Wie in Abschnitt 3.2.4 erläutert wurde, greift die Copingliteratur für Pflegekräfte überwiegend auf Copingkategorien höherer Ordnung zurück. Diese bergen die Gefahr, nicht zusammenhängende oder sogar gegensätzliche Copingstrategien zusammenzuführen, und sind nur bedingt in der Lage, Coping realistisch abzubilden. Personenzentrierte Ansätze eignen sich besonders für die **Erstellung von Clustern wie Taxonomien oder Typologien**, um Kombinationen von Copingstrategien zu identifizieren, die von Individuen gleichzeitig angewandt werden.

(2) Die Copingliteratur liefert bereits verschiedene personenzentrierte Ansätze (vgl. z. B. Aldridge/Roesch 2008; Okafor/Lucier-Greer/Mancini 2016; Freire u. a. 2018; Zaidman-Zait u. a. 2018), die Copingprofile entwickelten. Allerdings herrscht **ein Mangel an personenzentrierten Ansätzen im Pflegekontext**. Bisher gibt es überwiegend Profilanalysen die u. a. Kinder und Jugendliche in den Fokus nehmen. Dieser spezielle Kontext, der bspw. Copingstrategien beinhaltet, die mit der Interaktion mit den Eltern einhergehen, ist allerdings nicht auf den Pflegekontext übertragbar. Da personenzentrierte Ansätze zur Stressbewältigung in anderen Kontexten der Forschung einen Mehrwert liefern, ist auch davon auszugehen, dass sie die Literatur zur Stressbewältigung von Pflegekräften bereichern können.

(3) Gemäß den Ausführungen in Abschnitt 2.4 wird in der vorliegenden Arbeit von einer Interaktion von Coping und Resilienz ausgegangen. Diesen Ausführungen nach lassen sich diese zwar konzeptionell voneinander abgrenzen, sie beeinflussen sich aber wechselseitig. **Typologien, die Coping und Resilienz gemeinsam abbilden**, finden sich in der bisherigen wissenschaftlichen Literatur nicht. Entsprechende Typologien bieten aber den Vorteil, typische, d. h. in der

Realität anzutreffende Zusammenhänge abzubilden (bspw. verschiedene dysfunktionale Copingstrategien in Kombination mit geringer Resilienz), um Erklärungen daraus abzuleiten.

(4) Personenzentrierte Verfahren bieten die Möglichkeit, die **Komplexität von Sachverhalten zu reduzieren**, die aufgrund zu vieler zu berücksichtigender Variablen schwer zu handhaben wäre. Dazu wird ein Teil der erklärenden Variablen ausgeblendet und durch eine geringe handhabbare Zahl an Variablen zur Beschreibung der Cluster ersetzt (vgl. Oberski 2016, S. 275–276). Dies macht die Beschreibung von Sachverhalten leichter zu interpretieren, da zunächst weniger relevante Einflussfaktoren und Auswirkungen ausgeklammert und in anschließenden Diskussionen mit aufgegriffen werden können sowie zukünftiger Forschungsbedarf auf diese ausgerichtet werden kann.

3.3.3 Aufbau des empirischen Forschungsprozesses

Auf Basis des identifizierten Forschungsbedarfs (vgl. 3.2.4) sowie der empirischen Vorüberlegungen (vgl. 3.2.1, 3.2.2) ergibt sich also **ein explorativer, personenorientierter Forschungsansatz**. Dieser wird in zwei Studien unterteilt:

(1) Zunächst soll sich dem Forschungsgegenstand in einem qualitativen Verfahren (vgl. Kapitel 4) genähert werden. Qualitative Verfahren zeichnen sich insbesondere durch ihre methodische Offenheit aus. Sie bieten daher eine adäquate Möglichkeit, sich einem Phänomen explorativ zu nähern und neues Wissen zu generieren (vgl. Breuer 2010, S. 37–38). Die qualitative Studie wird durch Forschungsfragen strukturiert, die sich aus dem identifizierten Forschungsbedarf aus Abschnitt 3.2.4 ergeben. Ziel der Studie ist es, u. a. Erkenntnisse zu Stressoren, zugehörigen Copingstrategien und der Resilienz von Pflegekräften zu generieren. Auf dieser Grundlage werden Stressbewältigungstypen identifiziert – dies begründet sich in dem personenzentrierten Ansatz, der für diese Arbeit gewählt wurde (vgl. 3.2.2). Weiterhin sollen Erkenntnisse zu Einflussfaktoren und Auswirkungen hinsichtlich dieser Stressbewältigungstypen gewonnen werden. Im Anschluss werden die Erkenntnisse im nachfolgenden Kapitel 5 hinsichtlich ihrer Implikationen für die quantitative Studie diskutiert.

(2) In der zweiten Studie wird mittels eines quantitativen Verfahrens (vgl. Kapitel 6) die Stressbewältigung von Pflegekräften in einer größeren Stichprobe analysiert. Quantitative Verfahren sind im Vergleich zu qualitativen Verfahren in der Regel standardisiert und bieten eine größere Vergleichbarkeit von Ergebnissen (vgl. z. B. Stein 2014, S. 146). Die quantitative Studie orientiert sich an Forschungsfragen, die sich aus dem identifizierten Forschungsbedarf (vgl. 3.2.4)

sowie den Erkenntnissen, die sich aus der qualitativen Studie ergeben und in Kapitel 5 diskutiert wurden, ableiten. Zu diesem Zweck werden mittels des personenzentrierten Verfahrens der LPA Profile gebildet, die den Bewältigungsstil (Coping und Resilienz) von Pflegekräften widerspiegeln sollen. Weiterhin sollen Einflussfaktoren und Auswirkungen von Resilienz und Coping analysiert werden. Die Erkenntnisse beider Studien werden in einer anschließenden Diskussion (Kapitel 7) reflektiert.

Qualitative Studie zur Stressbewältigung von Pflegekräften

4

4.1 Forschungsdesign und Forschungsfragen

Aus Kapitel 3 ergibt sich der Forschungsbedarf hinsichtlich der Stressbewältigung von Pflegekräften. Um diesen zu adressieren, wird in diesem Kapitel ein qualitatives Verfahren herangezogen. Die vorliegende Studie orientiert sich an fünf Forschungsfragen, die zunächst hergeleitet und später untersucht werden. Dabei werden Daten anhand eines leitfadengestützten Interviews generiert. Das daraus resultierende Datenmaterial wird mittels der Gioia-Methodik analysiert und zu Typen aggregiert. Abschließend werden die Ergebnisse diskutiert.

Qualitative Verfahren der empirischen Sozialforschung haben in der Regel das Ziel, Auszüge aus der alltäglichen Lebenswelt von Akteuren aus bestimmten Kontexten aufzuzeigen. Im Gegensatz zu quantitativen Verfahren zeichnen sie sich in vielen Fällen durch theoretische Unvoreingenommenheit aus und weisen in der Regel einen heuristischen Charakter auf, d. h., dass neue Erkenntnisse gewonnen werden sollen (vgl. Breuer 2010, S. 37–38). Mittels eines qualitativen, explorativen Vorgehens gilt es mehr über die Rahmenbedingungen und den Alltag von stationärem Pflegepersonal zu erfahren. Auf diese Weise können innere Abläufe wie Emotionen und Gedanken, die Wirkung von Schutzfaktoren der Resilienz (vgl. 2.3.2) und die gewählte Copingstrategie (vgl. 2.2) näher aufgezeigt werden. Dadurch ist es möglich, mehr Informationen als bspw. über die etablierten Coping-Skalen zu gewinnen, die in der Literatur wegen ihrer Geschlossenheit teilweise kritisch betrachtet werden (vgl. z. B. Dewe/O'Driscoll/Cooper 2010, S. 34; Dewe/Cooper 2017, S. 169). Weiterhin

---

Teile dieses Kapitels sind in ähnlicher, aber deutlich kürzerer Form in einem gemeinsam mit Stefan Süß verfassten Artikel erschienen (vgl. Klingenberg/Süß 2019).

kann detaillierter auf die Multidimensionalität der Stressbewältigung eingegangen werden (vgl. 2.4), da gezielt Rückfragen hinsichtlich der gegenseitigen Beeinflussung von verschiedenen Copingstrategien untereinander sowie von Coping und Resilienz gestellt werden können.

Qualitative Studien über Copingstrategien von Pflegekräften wurden zwar bereits in anderen Ländern und speziellen Pflegeumfeldern (bspw. Stationen) durchgeführt (vgl. z. B. Cope/Jones/Hendricks 2016b; Lamb/Cogan 2016; Bayuo/Agbenorku 2018), finden sich jedoch im deutschsprachigen Raum vergleichsweise selten. Da das Berufsbild von Pflegeberufen in anderen Ländern z. B. aufgrund kultureller Unterschiede anders definiert sowie erlebt wird und sich die Gestaltung des Pflegesystems in anderen Ländern z. B. hinsichtlich der Trägerschaften von Einrichtungen von jener in Deutschland unterscheidet, sind diese Ergebnisse nur eingeschränkt übertragbar (vgl. 3.2.3). Ferner werden in diesen Studien Coping und Resilienz nicht zusammen untersucht (vgl. 3.2.4). Während ein Großteil dieser Studien variablenzentriert (vgl. 3.3.2) ist, d. h. auf die Identifikation von Copingstrategien abzielt, fehlt es bisher noch an personenzentrierten qualitativen Analysen mit dem Ziel, neues relevantes Wissen zu explorieren.

Zu diesem Zweck wurde die Befragungsform eines **leitfadengestützten Interviews** gewählt. Das Interview ist eine der häufigsten Arten der Datengewinnung bei qualitativen Methoden (vgl. Baur/Blasius 2014, S. 53). Im Gegensatz zu anderen qualitativen Methoden wie z. B. teilnehmenden Beobachtungen oder Tagebuchstudien bieten Interviews den Vorteil, dass durch Interaktion gezielt Wissen exploriert werden kann. Somit können Fragen zu bestimmten Themenbereichen gestellt und gewünschte Informationen gewonnen werden. Weiterhin bieten (bilaterale) Interviews z. B. im Vergleich zu Fokusgruppen für den Interviewer den Vorteil, eine vertrauensvolle Atmosphäre aufzubauen, in der Interviewteilnehmer eher bereit sind, Informationen preiszugeben (vgl. Mey/Mruck 2010, S. 432). Ein Leitfaden bietet dabei im Vergleich zu offenen oder narrativen Interviews die Möglichkeit, dem Interview eine vorgegebene Struktur zu geben und damit gewünschte Themenbereiche zu fokussieren. Er kann dabei helfen, Inhalte systematisch durchzugehen, und zur Orientierung während des Gesprächsverlaufs dienen. Im Gegensatz zu Fragebögen enthalten Leitfäden meist wählbare Elemente und offene Fragen. Außerdem bietet ein Interviewleitfaden spontane Anpassungsmöglichkeiten, d. h. Abweichungen in der (sprachlichen) Formulierung und der Reihenfolge der Fragen sind möglich und können flexibel an den Gesprächsverlauf angepasst werden (vgl. Helfferich 2014, S. 560–566).

Anhand der Erkenntnisse aus Kapitel 3 wurden verschiedene Forschungsbedarfe abgeleitet. Sie bilden die Grundlage für die folgenden fünf **Forschungsfragen**, die strukturgebend für die vorliegende Analyse sind.

Die Forschung liefert bereits diverse Erkenntnisse zu Stressoren von Pflege-kräften (vgl. 3.2). Eine Exploration möglicher (neuer) Stressoren kann allerdings aus zweierlei Gründen von wissenschaftlichem Interesse sein: (1) Wie eingangs in diesem Kapitel erwähnt, mangelt es u. a. an qualitativer Forschung zur Stressbe-wältigung von Pflegekräften in Deutschland. Die Übertragbarkeit der Ergebnisse von Studien aus anderen Ländern ist aufgrund der kulturellen Unterschiede sowie der Gestaltung der Aufgabenbereiche des Berufs (vgl. 3.2) nur bedingt möglich. Weiterhin stellen gesellschaftliche Bedingungen wie die (finanzielle) Wertschät-zung eines Berufes und damit einhergehende Rollenerwartungen bedeutende Einflussgrößen dar (vgl. 2.1.4.2). Folglich hängt die Art der erlebten Stressoren im Beruf von dem jeweiligen Kulturkreis und den dort existierenden gesellschaft-lichen Normen ab. (2) Berufsfelder sind dahingehend dynamische Systeme, dass sie auf externe Entwicklungen reagieren und sich entsprechend anpassen, bspw. können technische Entwicklungen Einfluss auf berufsspezifische Anforderungen nehmen, die neue Stressoren hervorrufen können (vgl. 2.1.5.3). Daher können sich aus externen Einflüssen stets neue Stressoren ergeben. Eine regelmäßige explorative Analyse des Berufsfelds mit dem Ziel, neue Stressoren zu identifizie-ren, ist daher nötig, um die Auswirkungen aktueller Entwicklungen empirisch zu erfassen. Die erste Forschungsfrage lautet daher wie folgt:

Forschungsfrage 1: Welche Stressoren lassen sich für Pflegekräfte identifizie-ren?

Stress wird subjektiv sehr unterschiedlich wahrgenommen. Stressoren im Berufs-feld haben nicht für jedes Individuum die gleichen Auswirkungen. Zum einen entscheidet die Bewertung des Stressors darüber, ob er eine Gefahr darstellt und im Weiteren, ob diese Gefahr eher als Bedrohung (Distress) oder als Herausfor-derung (Eustress) wahrgenommen wird (vgl. 2.1.6). Zum anderen unterscheiden sich Stressreaktionen in ihrer Intensität und zeitlichen Dauer (vgl. 2.1.2). Für ein umfassendes Verständnis der Stressbewältigung bei pflegenden Berufen gilt es erklären zu können, wie die Interviewteilnehmer auf die Stressoren in ihrem Arbeitsumfeld reagieren und welche (langfristigen) Auswirkungen diese bei ihnen hervorrufen. Ohne die Berücksichtigung dieser Komponenten sind Fehl-schlüsse in der Analyse denkbar. So können bspw. positive Konsequenzen aus der Stressreaktion auf erfolgreiches Coping zurückgeführt werden, obwohl diese das Resultat einer fehlenden Stressreaktivität auf den Stressor sind. Die zweite Forschungsfrage lautet daher:

Forschungsfrage 2: Welche Stressreaktionen lassen sich bei den Interview-teilnehmern identifizieren und welche Auswirkungen haben diese auf die Interviewteilnehmer?

Resilienz kann situativ und kontextabhängig sehr unterschiedlich ausgeprägt sein (vgl. 2.3.1). Die bekannten Schutzfaktoren der Resilienz (vgl. 2.3.2) wurden z. T. auch im Pflegekontext identifiziert bzw. deren Wirksamkeit wurde empirisch bestätigt (vgl. 3.2.4). Neben den bekannten allgemeinen Schutzfaktoren konnte bisher nur bedingt nachgewiesen werden, wie sich Resilienz im Pflegekontext (bspw. in der Nurse-Resilience, vgl. Cooper u. a. 2020) äußert. Organisationale und betriebliche Faktoren, bspw. die Arbeitszufriedenheit, das Organisationsklima und die Führungsinteraktion durch den Vorgesetzten, können ebenso zur Resilienzentwicklung beitragen (vgl. 2.3.3) – im Pflegekontext gibt es hierzu bisher kaum Erkenntnisse (vgl. 3.2.3). Um ein besseres Verständnis der Resilienz im Pflegekontext zu erlangen, lautet die dritte Forschungsfrage wie folgt:

Forschungsfrage 3: Wie entsteht die Resilienz der Interviewteilnehmer und wie äußert sich diese?

Der Copingstil eines Individuums ist mit Blick auf die zeitliche Dimension relativ stabil, d. h. Individuen tendieren dazu, ähnliche Copingstrategien anforderungsgerecht anzuwenden (vgl. 2.2.1). Allerdings können situative Einflüsse dafür sorgen, dass bestimmte Copingstrategien nicht angewandt werden können (vgl. 2.2.3). In pflegenden Berufen treten immer wieder Situationen auf, die nicht kontrollierbar sind bzw. in denen durch problemorientiertes Coping der Status quo nicht wiederhergestellt werden kann. So kann bspw. der Tod eines Patienten durch emotions- oder sinnorientierte Copingstrategien (vgl. 2.2.2.1) bewältigt werden, da der Stressor mittels problemorientierten Copings nicht beendet werden kann. Weiterhin besagt die Goodness-of-Fit-Hypothese, dass manche Copingstrategien in bestimmten Situationen und für bestimmte Personen funktionaler sind als in anderen Situationen (vgl. 2.2.4). Um ein besseres Verständnis darüber zu erlangen, was erfolgreiche Bewältigung in pflegenden Berufen auszeichnet, gilt es zu analysieren, welche Copingstrategien in dem Umfeld angewandt werden (können) und für wen diese erfolgreich sind. In diesem Zusammenhang lässt sich auch der Frage nachgehen, nach welchen Merkmalen sich Coping von Pflegekräften klassifizieren lässt (vgl. 3.2.4). Daher lautet die vierte Forschungsfrage:

Forschungsfrage 4: Welche Copingstrategien nutzen die Interviewteilnehmer und welche Copingstrategien werden als funktional wahrgenommen?

Um gemäß der Goodness-of-Fit-Hypothese Erkenntnisse dazu abzuleiten, wer in welcher Situation funktionalen Stress bewältigt, reicht das Wissen über den Erfolg einzelner Variablen wie (einzelner Schutzfaktoren der) Resilienz oder einzelner Copingstrategien nicht aus. Dies begründet sich dadurch, dass diese sich gegenseitig beeinflussen und nur einen Teil der Effektivität erklären können (vgl. 2.4). Personenzentrierte Ansätze rücken die Person anstelle von Variablen in den Fokus einer wissenschaftlichen Untersuchung (vgl. 3.3.2). Das Ableiten einer Typologie, das einen qualitativen, personenzentrierten Ansatz darstellt, hat den Vorteil, dass das Zusammenwirken einzelner Variablen im Hinblick auf die Effekte der Stressbewältigung betrachtet werden kann. Wenngleich personenzentrierte Analysen zur Stressbewältigung existieren, legen diese nicht den Fokus auf Pflegekräfte (vgl. 3.3.2). Somit bedarf es im Pflegekontext einer systematischen Untersuchung der unterschiedlichen Typen von Stressbewältigung. Hieraus ergibt sich die fünfte Forschungsfrage:

Forschungsfrage 5: Welche Stressbewältigungstypen lassen sich identifizieren?
Um die aufgestellten Forschungsfragen zu beantworten, gestaltet sich der **Aufbau dieser Analyse** wie folgt: Zunächst wird ein Interviewleitfaden als Grundlage für die Interviews entwickelt und vorgestellt (vgl. 4.2.1). Die in den Interviews erhobenen Daten werden anschließend im Rahmen eines zweistufigen Verfahrens analysiert, das zunächst skizziert wird (vgl. 4.3). Im ersten Schritt werden die Daten in Anlehnung an die Gioia-Methodik kodiert und Kategorien sowie aggregierte Dimensionen werden gebildet (vgl. 4.4). Diese werden im zweiten Schritt zurück auf die Interviewpartner projiziert und verschiedene Stressbewältigungstypen werden daraus abgeleitet (vgl. 4.5). Das jeweilige Vorgehen in diesen Analyseschritten wird in 4.3 erläutert. Die Ergebnisse der qualitativen Analyse werden zunächst systematisch vorgestellt (vgl. 4.4, 4.5) und abschließend diskutiert (vgl. 4.6).

4.2 Datenerhebung

4.2.1 Aufbau des Interviewleitfadens

Zur Erhebung der Daten wurde die Methode eines leitfadengestützten Interviews gewählt. Der Leitfaden besteht aus sechs Themenblöcken: (1) Berufsalltag, (2) Zeitdruck, (3) Konflikte mit Patienten, (4) sonstige Stressoren und (5) Schlussteil. Zum Abschluss werden noch (6) soziodemografische Daten erfasst.

(1) Zunächst werden die Teilnehmer gebeten, ihren beruflichen Alltag zu schildern. Dies hat primär den Hintergrund, dass sie sich an die Gesprächssituation gewöhnen sollen (vgl. z. B. Häder 2015, S. 242), zusätzlich können Informationen über ihren Arbeitsbereich gewonnen werden. Dies dient zum einen der Generierung von Kontextwissen, das für die Erklärung der Typenentstehung herangezogen werden kann. Zum anderen wird Wissen über den Arbeitsalltag der

Interviewteilnehmer gewonnen, das im Hinblick auf das Verständnis und die Einordnung verschiedener Inhalte nützlich sein kann.

(2) Im zweiten Teil sollen die Teilnehmer eine Einschätzung des von ihnen empfundenen Zeitdrucks geben und, wenn möglich, eine Situation beschreiben, in der sie konkret Zeitdruck ausgesetzt waren. Anschließend werden Fragen zu Gedanken, Emotionen und Handlungen in dieser Situation gestellt.

(3) Im dritten Teil werden die Teilnehmer um eine Einschätzung gebeten, wie intensiv sie im Kontakt mit Patienten stehen, und, wenn möglich, eine Situation zu skizzieren, in der ein Konflikt mit einem Patienten entstanden ist. Auch hier werden anschließend Fragen zu Gedanken, Emotionen und Handlungen gestellt. Weiterhin sollen im zweiten (2) und dritten Themenblock (3) die Teilnehmer eine Einschätzung darüber geben, wie sie entsprechende Situationen kurz nach Berufseinstieg erlebt haben und inwiefern sich ihre heutigen Gedanken, Emotionen und Handlungen von den damaligen unterscheiden. Hintergrund dieser Angaben ist es, bekannte Stressoren aus der Pflege (vgl. 3.1) möglichst konstant zu halten, um durch Vertiefung der Gesprächsinhalte Informationen über Copingstrategien und Resilienz sowie deren Entwicklung über das Berufsleben hinweg zu erhalten.

(4) Im vierten Teil haben die Teilnehmer die Möglichkeit, weitere, noch nicht thematisierte, Stressoren zu nennen. Es folgen Fragen zu damit verbundenen Gedanken, Emotionen und Handlungen. Dieser Teil dient insbesondere zur Identifikation weiterer Stressoren und der von den Teilnehmern dabei situativ angewandten Copingstrategien. Ein Interviewleitfaden sollte den Befragten die Möglichkeit geben „sich so frei wie möglich zu äußern" (Helfferich, S. 566). Da Teil 2 und 3 den Kontext vorgeben, wird zu Gunsten der Offenheit in diesem Teil des Leitfadens, daher die Möglichkeit zur Nennung weiterer Aspekte geschaffen.

(5) Im Schlussteil werden die Teilnehmer gefragt, was sich ändern müsste, damit sie weniger Stress bzw. in stressarmen Umgebungen mehr Stress empfinden würden. Somit wird ein weiterer Impuls zur Beschreibung der Gegebenheiten gesetzt. Dieser Abschnitt dient schließlich der Identifikation weiterer Stressoren bzw. Ressourcen im Arbeitskontext und soll den Teilnehmern die Möglichkeit geben, (aus ihrer Sicht) relevante Inhalte zu ergänzen, die bisher im Rahmen des Interviews nicht thematisiert worden sind.

(6) Zum Ende des Interviews werden die Teilnehmer gebeten, Angaben zu ihrem Geschlecht, Alter, Bildungshintergrund sowie zu verschiedenen arbeits- und arbeitgeberspezifischen Faktoren wie Alter, Berufserfahrung und Art der Einrichtung zu machen. Diese dienen zur Beschreibung der Stichprobe und sind möglicherweise für die Interpretation einiger Aussagen relevant.

Um die Qualität des Interviewleitfadens sicherzustellen, wurde ein **Pretest** (n = 5) unter Einsatz des Interviewleitfadens in zwei Schritten durchgeführt. Im ersten Schritt wurde der Fragebogen auf seine Verständlichkeit hin geprüft. Hierbei wurden die Fragen drei Personen gestellt, die nicht in pflegenden Berufen arbeiten. Die Teilnehmer wurden gebeten anzugeben, ob sie die Fragen inhaltlich verstehen bzw. nachvollziehen konnten. Wenn dies nicht der Fall war, wurden die entsprechenden Formulierungen angepasst. Auf diese Weise konnten insbesondere sprachliche Ungenauigkeiten identifiziert und anschließend überarbeitet werden. Im zweiten Schritt wurde die Befragung mit zwei Pflegekräften durchgeführt. Diese wurden zum einen gebeten, die Fragen im Hinblick auf die berufliche Realität zu bewerten (z. B. treten die beschriebenen Situationen in dem Berufsfeld tatsächlich so auf?); zum anderen sollte die sprachliche Qualität überprüft werden (z. B. sind die gewählten Formulierungen für die Zielgruppe verständlich, werden Begriffe synonym für andere Dinge im Berufsalltag benutzt?). Im Anschluss wurden sprachliche Korrekturen vorgenommen und gemäß den Kommentaren der Teilnehmer des Pretests einzelne Unterfragen ausgetauscht.

4.2.2 Stichprobe und Durchführung der Interviews

Die Interviews, in denen Alten-, Gesundheits- und Krankenpfleger aus verschiedenen Einrichtungen und Stationen befragt wurden, fanden von April bis Juli 2018 statt. Um eine möglichst große Streuung innerhalb der Stichprobe zu erreichen, wurde bei der Auswahl der Interviewteilnehmer darauf geachtet, dass diese in unterschiedlichen Einrichtungen arbeiten und sich anhand soziodemografischer Merkmale wie Alter, Geschlecht und Beschäftigungsumfang unterschieden.

Die **Stichprobe** setzt sich aus elf weiblichen und vier männlichen Interviewteilnehmern zusammen. Während das durchschnittliche Alter der Interviewteilnehmer bei 36,36 (MD = 28) lag, wiesen sie im Mittel eine Berufserfahrung von 13,56 (MD = 8,5) Jahren auf. Während sieben der Interviewteilnehmer angaben, über Abitur oder einen Hochschulabschluss zu verfügen, wiesen vier Teilnehmer einen Realschul-, Fachschul- oder einen sonstigen schulischen Abschluss vor. Vier Teilnehmer machten zwar keine Angaben zu ihrem schulischen Abschluss, verfügen aber über eine Berufsausbildung. Fünf der Teilnehmer arbeiten in der Altenpflege, zehn in der Krankenpflege, sieben Teilnehmer sind in Teilzeit, acht in Vollzeit beschäftigt. Während zwölf Teilnehmer examinierte Fachkräfte sind, gaben drei an, als Hilfskräfte tätig zu sein. Lediglich zwei Teilnehmer haben eine Leitungsfunktion inne. Die Einrichtungen der Teilnehmer weisen unterschiedliche Trägerschaften auf: Fünf sind öffentliche und private Mischformen, vier werden öffentlich-rechtlich, drei privat und zwei kirchlich getragen. Ein Teilnehmer hat keine feste

	Ges.	Alt.	Abschluss	exam.	BE	VZ	LF	Trägerschaft
KP1	m	28	Ausbildung	ja	10	ja	nein	öffentlich/privat
KP2	w	27	Ausbildung	ja	10	ja	nein	öffentlich/privat
KP3	w	27	Abitur	ja	8,5	ja	nein	öffentlich
KP4	m	32	Abitur	ja	3	ja	nein	öffentlich/privat
KP5	w	24	Hochschule	ja	5	nein	nein	kirchlich
KP6	w	26	Abitur	ja	10	nein	Stellv.	öffentlich
KP7	w	57	Abitur	ja	33	ja	nein	öffentlich/privat
KP8	w	27	Ausbildung	ja	8	ja	ja	kirchlich
KP9	m	31	Hochschule	ja	9	ja	ja	Familienunternehmen
KP10	w	63	K.A.	nein	16	nein	nein	öffentlich/privat
AP1	w	26	Abitur	ja	3,5	nein	nein	wechselnd
AP2	m	26	Realschule	nein	7	ja	nein	privat
AP3	w	56	sonstige	nein	32	nein	nein	öffentlich
AP4	w	29	Realschule	ja	3,5	nein	nein	öffentlich
AP5	w	65	Fachschule	ja	45	nein	nein	privat
KP = Krankenpfleger, AP = Altenpfleger, Ges. = Geschlecht, m = männlich, w = weiblich, Alt. = Alter, exam. = examinierte Fachkraft, BE = Berufserfahrung VZ = Vollzeit, LF = Leitungsfunktion, Stellv. = Stellvertretung								

Abb. 4.1   Übersicht Zusammensetzung Stichprobe

Einrichtung, in der er arbeitet. Drei der Interviews wurden persönlich durchgeführt, zwölf Interviews telefonisch. Die durchschnittliche Interviewdauer liegt bei 38,33 Minuten. Abbildung 4.1 beinhaltet eine Übersicht hinsichtlich der Zusammensetzung der Stichprobe.

4.3   Datenauswertung

4.3.1   Interviewauswertung mittels Gioia-Methodik

Die Auswertung des Datenmaterials erfolgt anhand der **Gioia-Methodik** (vgl.
Gioia/Corley/Hamilton 2013). Diese beschreibt eine methodische Vorgehensweise, die auf der Grounded Theory basiert und somit darauf abzielt, neues (theoretisches) Wissen zu generieren. Dabei soll eine Synthese aus den Informationen,
die die Interviewteilnehmer als ‚Informanten' liefern, und den Kategorisierun-
gen durch die Interviewer als ‚Reporter' stattfinden (vgl. Gioia/Corley/Hamilton
2013, S. 19).

Gioia/Corley/Hamilton (2013) zeigen dazu ein Vorgehen auf, das verschiedene
Schritte der Informationsgewinnung enthält, die auch in der vorliegenden Analyse
Berücksichtigung finden. Sie sehen ihr vorgeschlagenes Vorgehen dabei nicht als
Schablone an, sondern ermutigen die Auswerter dazu, von ihrer Vorgehensweise
abzuweichen, um die Methodik weiterzuentwickeln (vgl. Gioia/Corley/Hamilton
2013, S. 26). Dieser Aufforderung folgend wird sich in der folgenden Studie zwar
an den grundsätzlichen Richtlinien der Methodik orientiert, sie wird aber nicht als
starre Vorgabe ausgelegt. Daher findet der letzte Schritt der Auswertung anhand
eines weiteren Verfahrens das nicht im Vorgehen nach Gioia/Corley/Hamilton
(2013) beschrieben wird, der Typenbildung statt (vgl. 4.3.2). Die vorliegende
Studie gliedert sich in vier Schritte, die im Folgenden erläutert werden sollen:

(1) Die Kodierung wird gemäß Gioia-Methodik an den Aussagen der Interviewteilnehmer angelegt und soll insbesondere die darin enthaltenen Informationen wiedergeben bzw. in Überbegriffen zusammenfassen. Hierbei ist von
Konzepten erster Ordnung (engl. first order concepts) die Rede. Die im ersten Schritt verteilten Codes haben somit einen deskriptiven Charakter und sollen
möglichst neutral, also losgelöst von theoretischen bzw. konzeptionellen Vorüberlegungen angelegt sein. Im Anschluss an die Kodierung werden die Codes
bereinigt, indem solche, die sinngemäß nicht voneinander abweichen (z. B. ‚Wut'
und ‚Ärger'), vereinheitlicht werden.

(2) Im zweiten Schritt werden die Konzepte erster Ordnung, die laut Gioia
Corley/Hamilton (2013) umfangreich ausfallen können und sollen, einer weitaus
geringeren Menge **Kategorien zweiter Ordnung** (engl. second order themes)
zugeordnet. Diese werden von den auswertenden Personen vergeben und sollen
die einzelnen Elemente in eine erklärende Struktur führen. Dabei soll der Fokus
insbesondere auf Konzepten liegen, die nicht in bestehende Klassifikationen passen. Idealerweise sollen Auswerter dabei ihr theoretisches und konzeptionelles
Wissen ausblenden und neue Strukturen entdecken. Die vorliegende Analyse

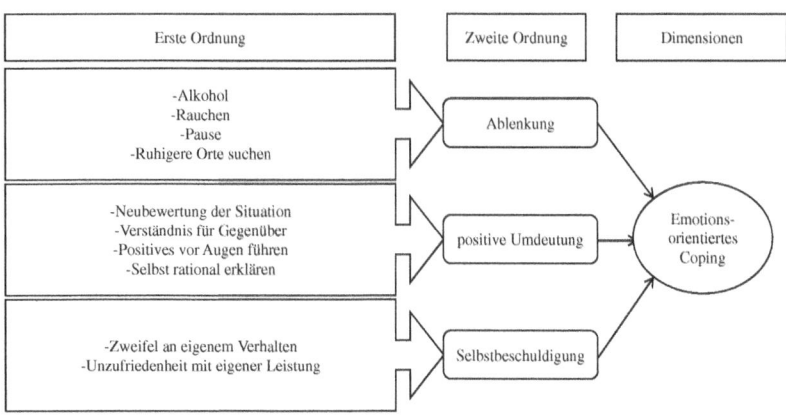

Abb. 4.2 Ausschnitt der Datenanalyse (eigene Darstellung in Anlehnung an Gioia/Corley/Hamilton 2013, S. 21)

orientiert sich allerdings an den in Kapitel 2 beschriebenen Klassifizierungen von Stressoren, Copingstrategien und (Schutzfaktoren der) Resilienz als Referenz. Gemäß der Gioia-Methodik gilt es eine adäquate Datenstruktur zu finden. Hierzu bedarf es sorgfältiger Überlegungen dazu, welche Konzepte erster Ordnung eine sinnvolle Kategorie zweiter Ordnung ergeben. Dabei können Konzepte erster Ordnung in keine, eine oder mehrere Kategorien zweiter Ordnung passen. Insbesondere die Codes, die in keine oder in mehrere Kategorien passen, bilden die Grundlage für neue Kategorien, da sie nicht in bisherige Systeme einzuordnen sind.

(3) Im dritten Schritt werden die Kategorien, falls es die Datenlage erlaubt, zu **Dimensionen**, also zu zusammengehörenden übergeordneten Kategorien aggregiert. Diese dienen der Systematisierung der Daten und ergeben eine übergeordnete erklärende Struktur. Anhand von Abbildung 4.2 werden die ersten drei Schritte der Auswertung aufgezeigt (vgl. Gioia/Corley/Hamilton 2013, S. 19–22). Die im ersten und zweiten Schritt vergebenen Codes bilden die Konzepte erster Ordnung, die links in der Abbildung abgebildet werden. Beispielsweise finden sich dort Copingstrategien wie Pausen oder rauchen. Da diese Strategien einen ablenkenden Charakter als gemeinsames Kriterium aufweisen, werden sie der Kategorie zweiter Ordnung ‚Ablenkung‘ zugeordnet. Die Kategorien zweiter Ordnung ‚Ablenkung‘, ‚positive Umdeutung‘ und ‚Selbstbeschuldigung‘ lassen sich zu der Dimension ‚emotionsorientiertes Coping‘ (vgl. 2.2.2.1) aggregieren, da

diese einen emotionsverändernden Charakter aufweisen. Aus Gründen der Übersichtlichkeit wird an dieser Stelle auf eine vollständige Darstellung aller Konzepte erster Ordnung verzichtet.

(4) Der letzte Schritt dient der **Interpretation der Zusammenhänge** und der theoretischen Erklärung von Phänomenen auf Grundlage der Grounded Theory. Das heißt, dass die aufgestellte Datenstruktur bzgl. ihrer Zusammenhänge zu interpretieren ist. Dieser Schritt wird in der vorliegenden Analyse mittels Typenbildung (vgl. 4.3.2) vollzogen. Die aufgestellten Typen bilden die Grundlage für die Interpretation der gewonnenen Daten und werden in Abschnitt 4.5 hinsichtlich möglicher Entstehungen und Auswirkungen interpretiert.

4.3.2 Typenbildung

In der Psychologie und den Sozialwissenschaften hat die Methode der **Typenbildung** eine lange Tradition und soll komplexere Phänomene vereinfacht bzw. durch typische Ausprägungen darstellen (vgl. Kuckartz 2010, S. 553). Dabei sind die Begriffe ‚Realtyp' und ‚Idealtyp' zu unterscheiden. Während Realtypen sich aus einer empirischen Untersuchung ergeben, handelt es sich bei einem Idealtypen um „eine Konstruktion des Forschenden" (Kuckartz 2010, S. 556) und begründen sich auf (theoretischen) Annahmen, die im Vorfeld festgelegt werden. Im Folgenden bezieht sich der Begriff ‚Typ' ausschließlich auf Realtypen, die als Ergebnis der vorliegenden Studie empirisch erarbeitet werden.

Das **Vorgehen** kann folgendermaßen beschrieben werden: „Aufgrund von Ähnlichkeiten in ausgewählten Merkmalsausprägungen werden Objekte zu Typen zusammengefasst. Dabei sollen die Objekte desselben Typs einander möglichst ähnlich, die verschiedenen Typen hingegen möglichst unähnlich sein" (Kuckartz 2010, S. 555–556). Typen zeichnen sich demnach durch interne Homogenität und externe Heterogenität aus. In Kapitel 3 wurde die Problematik der fehlenden Berücksichtigung der Multidimensionalität von Stressbewältigung diskutiert (vgl. 3.2.4). Eine Möglichkeit, diese Problematik zu reduzieren, stellt folglich die Typenbildung dar. Daher werden mittels Typenbildung die Copingstrategien und die Merkmale der Resilienz der einzelnen Interviewteilnehmer zusammengefasst, um ein möglichst realistisches Bild ihres Bewältigungsstils zu erzeugen. Der Vorteil von Typen liegt darin, dass sie verschiedene Charakteristika der Interviewteilnehmer mitberücksichtigen und somit ein realistischeres Bild der tatsächlichen Bewältigungsstile abgeben. Aufgrund der Vereinfachung, die sich aus der Reduktion auf wenige Variablen ergibt, bleiben die Typen darüber hinaus interpretierbar und können später hinsichtlich weiterer Einflussfaktoren diskutiert werden.

Bei der Typenbildung wird in dieser Arbeit eine natürliche Typenbildung vollzogen, d. h. die Typen werden induktiv aus dem bestehenden empirischen Datenmaterial gebildet (vgl. Kuckartz 2010, S. 560). Zur Bildung von Typen werden laut Kuckartz (2010) vier Schritte benötigt:

(1) Im ersten Schritt ist es nötig, die Anzahl und Schwerpunkte der **Merkmalsräume** festzulegen. Als Merkmalsräume werden die Dimensionen verstanden, anhand derer die Typen differenziert werden. Da in der vorliegenden Analyse ein exploratives Vorgehen verfolgt wird und die grundlegende Kategorisierung im ersten Schritt in Anlehnung an Gioia erfolgt (vgl. 4.3.1), werden die Merkmalsräume erst im späteren Verlauf festgelegt (vgl. 4.5.1). Dies hat den Vorteil, dass Fragen offen sowie unvoreingenommen gestellt werden können und bestimmte Angaben nicht erzwungen werden müssen. Anzahl und Schwerpunkte der Merkmalsräume sollen sich demnach an den Dimensionen und Kategorien zweiter Ordnung zu den Themenbereichen Resilienz und Coping orientieren.

(2) Im zweiten Schritt findet die **Konstruktion der Typen** statt. Dazu werden die verschiedenen Ausprägungen der Merkmalsräume in Typen aggregiert. Die Anzahl der Typen orientiert sich dabei an den unterschiedlichen Ausprägungen der Merkmalsräume und ergibt sich primär aus den gebildeten Dimensionen. Diese können verschiedene Skalierungen einnehmen und in einem Verhältnis zueinander stehen, d. h. bspw. eine ordinale Ordnung einnehmen (z. B. gering, mittel, hoch). Es können sich aber auch wertneutrale Ordnungen ergeben, die in keinem Verhältnis zueinander stehen und z. B. eine nominale Skalierung aufweisen (z. B. blond, braun, rot). Weiterhin sollten die Typen ähnliche Ausprägungen in den verschiedenen Merkmalsräumen aufweisen, da variablenzentrierte Ansätze möglicherweise aussagekräftigere Erklärungen liefern können, wenn nur einzelne Merkmalsräume übereinstimmen. Dieser Schritt folgt in Abschnitt 4.5.1 nach Festlegung der Merkmalsräume. Die gebildeten Typen weisen idealerweise eine interne Homogenität und eine externe Heterogenität auf.

(3) Im dritten Schritt ist eine **Typenbeschreibung** vorgesehen. Dazu werden die verschiedenen Ausprägungen der Merkmalsräume erläutert und ihr Verhältnis untereinander wird interpretiert. In Abschnitt 4.5.2 folgt eine ausführliche Vorstellung und Interpretation der gebildeten Typen. Weiterhin werden in diesen Abschnitten bereits erste theoretische und konzeptionelle Überlegungen zu Ursachen und Wirkung der Typenzugehörigkeit vorgenommen.

(4) Im letzten Schritt findet die **Zuordnung der Interviewteilnehmer** zu den einzelnen Typen statt. Die Quantität der Typenzugehörigkeit hat dabei aufgrund der Stichprobengröße keine Aussagekraft, die auf die Grundgesamtheit schließen lässt. Allerdings kann die Verteilung erste Hinweise darüber geben, ob es sich

um eher seltene oder häufige Ausprägungen handeln könnte (vgl. Kuckartz 2010, S. 557–561). Die Ergebnisse der Typenbildung finden sich in Abschnitt 4.5.

4.4 Darstellung der Ergebnisse der Analyse anhand der Gioia-Methodik

4.4.1 Codes und Kategorien

Das **Codesystem** der vorliegenden Analyse gestaltet sich wie folgt: Die Anzahl der Codes, die die Konzepte erster Ordnung darstellen, beträgt 175. Gemäß der Gioia-Methode ist eine Vielzahl an Konzepten erster Ordnung nicht unüblich (vgl. Gioia/Corley/Hamilton 2013, S. 20). Die Codes lassen sich vier Themenbereichen zuordnen: Stressoren, Stressreaktionen und Auswirkungen, Resilienz und Coping.

Der Themenbereich **Stressoren** gliedert sich in fünf Dimensionen, die sich an den Kategorien von Arbeitsstress nach Cartwright/Cooper (1997) orientieren (vgl. 2.1.5.3):

(1) Die Dimension „Stressoren, die aus der Arbeitsaufgabe resultieren", beinhaltet 17 Konzepte erster Ordnung, die sich in die vier Kategorien zweiter Ordnung „Anforderungen", „Arbeitszeit", „Emotionsarbeit" und „materielle Umgebung" aufteilen lassen.

(2) „Rollen innerhalb der Organisation" besteht aus sechs Konzepten erster Ordnung, die sich in drei Kategorien zweiter Ordnung – „illegitime Aufgaben", „Verantwortung" und „innere Konflikte" – unterteilen lassen.

(3) „Soziale Beziehung" setzt sich aus 31 Konzepten erster Ordnung zusammen, die sich in vier Kategorien zweiter Ordnung – „Angehörige", „Kollegen", „Vorgesetzte" und „Patienten" – einteilen lassen.

(4) Die Dimension „Organisationale Faktoren" besteht aus vier Konzepten erster Ordnung, die sich in drei Kategorien zweiter Ordnung, nämlich „Organisationskultur", „organisatorische Probleme" und „Security" aufteilen lassen.

Unter (5) „Sonstiges" sind Kategorien zusammengefasst, die keiner der vorhandenen Kategorien zugeteilt werden konnten. Darunter fallen neun Konzepte erster Ordnung, die sich in vier Kategorien zweiter Ordnung unterteilen lassen: „Belastungen aus der Person resultierend", „Allgemeine Wahrnehmung", „Internetbewertungen" und „Metastressoren".

Der Themenbereich **Stressreaktionen und Auswirkungen** gliedert sich in drei Dimensionen. Um nachvollziehen zu können, wie die Bewertung der Individuen vorgenommen wird und inwiefern Copingstrategien einen bestimmten

Stressor adressieren, wurden die (kurzzeitigen) Stressreaktionen nach ihrer Quelle systematisiert.

(1) „Stressreaktionen in Verbindungen mit Stressoren aus der Arbeitsaufgabe" besteht aus sechs Konzepten erster Ordnung, die sich wiederum in drei Kategorien zweiter Ordnung – „Arbeitszeit", „materielle Umgebung" und „Notfall" – einordnen lassen.

(2) „Stressreaktionen in Verbindung mit Stressoren aus sozialen Beziehungen" setzt sich aus neun Konzepten erster Ordnung zusammen, die in die zwei Kategorien zweiter Ordnung „Patienten" und „Kollegen" eingeteilt werden können.

Teilweise nannten Interviewteilnehmer (3) „kurz- und mittelfristige Auswirkungen von Stress" (vgl. 2.1.3.4). Diese Dimension besteht aus acht Konzepten erster Ordnung, die sich in die drei Kategorien zweiter Ordnung „Zuhause mit Arbeit beschäftigen", „Anspannung/Druck" und „Commitment" einteilen lassen.

Der Themenbereich **Resilienz** gliedert sich in drei Dimensionen.

Die erste Dimension (1) „Resilienzausprägung" beinhaltet dabei Abstufungen von Resilienz, die den Interviewteilnehmern aufgrund ihrer Aussagen zugeschrieben wurden. Diese Dimension besteht aus elf Konzepten erster Ordnung, die sich in drei Kategorien zweiter Ordnung „emotionale Anpassung" „emotionale Distanzierung" und „Bewertung der Arbeit" einordnen lassen. Die zwei anderen Dimensionen fokussieren nicht die Art, in der sich Resilienz äußert, sondern systematisieren Quellen, aus denen Resilienz rührt.

(2) „Intrinsische Quellen" beinhaltet neun Konzepte erster Ordnung, die sich auf die vier Kategorien zweiter Ordnung „Erfahrung", „Bewusstsein", „Herausforderung" und „Motivation" aufteilen.

(3) „Extrinsische Quellen" beinhaltet 23 Konzepte erster Ordnung, die den fünf Kategorien zweiter Ordnung „Kollegen", „Patienten", „Angehörige", „Arbeitgeber" und „Privatleben" zugeteilt werden können.

Der Themenbereich **Coping** gliedert sich in vier Dimensionen, die sich an bestehenden Klassifikationen von Coping (vgl. 2.2.2) orientieren und aus Kategorien zweiter Ordnung bestehen. Diese richten sich zwar wiederum an Kategorien aus dem Brief-Cope-Fragebogen aus (vgl. 6.2.2), enthalten aber auch nicht in diese Struktur passende Copingstrategien.

(1) „Emotionsorientiertes Coping" setzt sich aus 26 Konzepten erster Ordnung zusammen, die sich in sieben Kategorien zweiter Ordnung – „Ablenkung", „Akzeptanz", „Emotionsregulierung", „positive Umdeutung", „Planung", „Selbstbeschuldigung" und „emotionale Aggression" – gliedern lassen.

(2) „Problemorientiertes Coping" besteht aus 22 Konzepten erster Ordnung, die sich in drei Kategorien zweiter Ordnung – „aktives Coping", „Vermeidung" und „Sonstiges" – einordnen lassen.

(3) „Soziales Coping" besteht aus vier Konzepten erster Ordnung, die sich in die beiden Kategorien zweiter Ordnung „instrumentelle Unterstützung" und „emotionale Unterstützung" einteilen lassen.

(4) „Coping in der Freizeit" besteht aus vier Konzepten erster Ordnung, die sich in die drei Konzepte zweiter Ordnung „ablenken", „ausruhen" und „soziale Unterstützung" einordnen lassen.

4.4.2 Stressoren

Die von den Teilnehmern genannten **Stressoren** lassen sich anhand verschiedener Merkmale differenzieren. Dabei sind insbesondere die Intensität, die Unmittelbarkeit der Stressreaktionen, die Quelle und die Art des Stressors zu unterscheiden. Der überwiegende Teil der genannten Stressoren wird von den Interviewteilnehmern erwartet und tritt regelmäßig auf, sodass dieser Teil der Kategorie Mikrostressoren zuzuordnen ist (vgl. 2.1.3.2). Die von den Interviewteilnehmern genannten Mikrostressoren lassen sich wiederum in verschiedene Kategorien unterteilen. Alle Teilnehmer gaben an, Stressoren, die aus der Arbeitsaufgabe resultieren (vgl. 2.1.5.3), zu erleben. Diese Stressoren können auch in Kombination mit anderen Stressoren auftreten und führen teilweise zu Stressreaktionen (vgl. 4.4.3).

Insbesondere die qualitativen und quantitativen **Anforderungen,** die der Beruf des Pflegers mit sich bringt, werden vom überwiegenden Teil der Interviewteilnehmer als Stressoren beschrieben. Hierzu zählen u. a. Dokumentationsaufgaben, die von Interviewteilnehmern als Belastung wahrgenommen werden (vgl. AP5, KP4, KP6, KP7, KP8, KP9), und körperliche Anstrengungen, die z. B. aus Hebetätigkeiten oder langen Arbeitswegen resultieren (vgl. KP 4). Viele der Interviewteilnehmer gaben außerdem an, die häufigen Unterbrechungen durch Telefon und/oder Patientenklingel als belastend zu empfinden (vgl. AP5, KP2, KP4, KP5, KP6, KP7, KP8). Der überwiegende Teil der Interviewteilnehmer gab an, zu viele Aufgaben auf einmal erledigen (vgl. AP1, AP3, AP5, KP4, KP5, KP8) oder zu viele Patienten auf einmal versorgen zu müssen (vgl. KP4, KP6, KP8, KP9, KP10). Dies resultiert für viele Interviewteilnehmer in einem großen Koordinationsaufwand, um die eigenen Aufgaben am Tag erledigen zu können (vgl. AP2, KP3, KP4, KP5, KP7, KP9). Vereinzelt finden Interviewteilnehmer

adäquate Lösungen, um mit empfundenen Stress umzugehen, z. B. durch Teil-
zeitarbeit, wodurch sich die Belastungszeit reduziert oder dadurch Belastungen
als Herausforderung anzusehen (vgl. AP5).

> *„Ja, ich komme ganz gut mit klar, aber ich arbeite nicht jeden Tag, das muss ich ja auch*
> *dazu sagen. Ich arbeite 45 Stunden im Monat, manchmal vielleicht auch ein bisschen*
> *mehr, damit komme ich gut zurecht. [...] Und ich könnte mir auch nicht vorstellen, dass*
> *ich das jetzt so im betreuten Wohnen oder im Altersheim, dass ich da jeden Tag arbeiten*
> *könnte. Das wäre mir einfach... ja, da hätte ich ja gar keine Herausforderung."* (AP5,
> *S. 62).*

Verschiedene Interviewteilnehmer empfinden die genannten Arbeitsbedingungen
allerdings als belastend (vgl. AP3, KP3, KP4, KP5, KP7 KP9) und teilweise als
monoton oder vergleichen sie mit „Fließbandarbeit".

> *„Die Monotonie ist im Krankenhaus ist das Belastende... Die Menge an Aufgaben,*
> *die adäquat erledigt werden müssen" (KP4, S. 112)*

Viele der Interviewteilnehmer benennen **Notfälle** als Stressor (vgl. AP3, AP5,
KP1, KP3, KP4, KP5, KP9, KP10). Notfälle können je nach Einrichtung/Station
unterschiedlich (oft) vorkommen und werden teilweise als Routine (vgl. KP4),
teilweise als (unregelmäßige) Ausnahmesituation wahrgenommen (vgl. AP1,
KP1, KP3, KP5). Dabei kann ein Notfall mit verschiedenen anderen Stressoren einhergehen, z. B. kann aus dem Zeitverlust, der aus dem Notfall resultiert,
weiterer Zeitdruck entstehen, da andere Aufgaben (die unter Umständen hoher
Sorgfalt bedürfen) unterbrochen werden müssen oder der Tod eines (liebgewon-
nen) Patienten oder Bewohners droht. Notfallsituationen können durch soziale
Konflikte mit den Kollegen oder durch Koordinierungsprobleme noch verstärkt
werden.

> *„Was stressig sein kann, wenn jetzt zum Beispiel Notalarm ausgelöst wird, [...] ich*
> *höre diesen Alarm, das heißt, ich muss eigentlich sofort nach unten rennen, außer*
> *es sollte gerade bei mir eine Notfallsituation sein, das heißt, ich bin hier gerade in*
> *einer Aufnahme und ich muss dann halt schnell die Aufnahme abbrechen und den*
> *Patienten irgendwo sicher sage ich mal hinsetzen, die sind ja intoxikiert, die laufen*
> *da ja nicht einfach so rum, sondern manchmal auch nicht ganz so mobil auf den*
> *Beinen. Und da muss man halt schnell nach unten rennen, um die Situation unten eben*
> *schnellstmöglich aufzufangen. Das kann halt eine stressige Situation sein, weil halt*
> *auch viele Mitarbeiter dann auf einen Haufen kommen und auch sage ich mal viele*
> *Emotionen oder viele Persönlichkeiten dann dort auch vorhanden sind, viele Leute*
> *reden und manchmal das nicht ganz so koordiniert abläuft, weil die Mitarbeiter nicht*
> *so koordiniert miteinander arbeiten können und von den unterschiedlichen Stationen*
> *oder unterschiedliche Sichtweisen haben [...]." (KP5, S. 132)*

Die **Arbeitszeit** ist ebenfalls eine zentrale Quelle für Stressoren (vgl. 2.1.5.3). Dabei geben die Interviewteilnehmer überwiegend Stressoren an, die bereits aus der vorhandenen Forschung bekannt sind (vgl. 3.1). Darunter fallen Anforderungen aus der Schichtarbeit (vgl. AP2, AP3) und ein genereller Zeitmangel, der aus zu knappen Kalkulationen für Arbeitsaufgaben oder aus großen Aufgabenmengen resultiert (vgl. AP1, AP3, AP4, AP5, KP1, KP2, KP3, KP4, KP5, KP6, KP7, KP8, KP9, KP10). Dieser äußert sich z. T. darin, dass den Interviewteilnehmern die Zeit für Pausen sowie Essen und Trinken fehlt (vgl. AP5, KP6, KP9, KP10), aber auch bzw. insbesondere in der fehlenden Zeit, die für Patienten- und Bewohnerbedürfnisse aufgebracht werden kann (vgl. AP5, KP5, KP9, KP10).

„Ja, eigentlich bin ich auch so, mir tut es auch leid, wenn man jetzt hier vielleicht nur drei Minuten für einen Bewohner hat, um Insulin zu spritzen und viele haben ja doch das Bedürfnis, einem was zu erzählen. Ja, und das muss ich eigentlich sagen, das mache ich eigentlich auch und lieber mache ich dann keine Pause und unterhalte oder klicke meine Pause an und unterhalte mich dann mit dem Bewohner [...]." (KP5, S. 63)

Die **physische Umgebung** fungiert ebenfalls als Stressor (vgl. 2.1.5.3). Die Interviewteilnehmer äußern teilweise, dass die Qualität der Ausstattung der Einrichtungen/Stationen Probleme verursacht (vgl. KP2, KP5, KP6) und dass die langen Wege (vgl. KP7) oder die „Geräuschkulisse" als belastend empfunden werden (vgl. KP1, KP8, KP10).

„Diese Geräuschkulisse manchmal auf Station: Es ist so extremst laut. Im Stationszimmer oder auch auf Station. Dann wird der Müll abgeholt und solche Sachen. Dann kommen ständig irgendwelche Leute, irgendwelche Angehörigen wollen mit dir sprechen und was weiß ich nicht alles. Also dieser Lärmpegel, der ist wirklich, wirklich richtig anstrengend. Also für mich. Ich weiß nicht, wie es bei den anderen ist, aber ich kann das zeitweise schwer ertragen." (KP10, S. 189)

Auch Anforderungen, die aus der **Emotionsarbeit** resultieren, können als Stressoren fungieren (vgl. 2.1.5.3). Hierbei nennen die Interviewteilnehmer überwiegend die eigene Emotionslage, die trotz des Todes eines Patienten oder Bewohners reguliert werden muss (vgl. AP1, KP3, KP4, KP8, KP10). Dabei wird der Tod eines Patienten oder Bewohners subjektiv und in Abhängigkeit der sozialen Bindung unterschiedlich stark empfunden. Auch die Wahrscheinlichkeit des Auftretens von Todesfällen unterscheidet sich je nach Station. Insbesondere auf Stationen mit selteneren Not- und Todesfällen werden diese Situationen als wenig absehbar, also als Makrostressoren empfunden. Ein inniges Verhältnis zu betroffenen Patienten und Bewohnern kann dabei für die Interviewteilnehmer besonders belastend sein.

> *„Also gerade bei solchen Geschichten, wo man dann denkt, okay, eigentlich geht es den Bewohnern gut und dann auf einmal ganz plötzlich versterben, das ist natürlich erstmal ein Schock für alle Beteiligten."* *(AP1, S. 10)*

Neben den Arbeitsbedingungen resultieren Stressoren insbesondere aus den **Rollen im Rahmen der Arbeit** (vgl. 2.1.5.3). Die Interviewteilnehmer benannten auch Stressoren dieser Kategorie in ihrem Arbeitsalltag. Dabei empfinden viele Interviewteilnehmer die (hohe) **Verantwortung,** die sie tragen, als belastend (vgl. KP1, KP4, KP5, KP6, KP8). Insbesondere der schnelle Zuwachs von Verantwortung in der Übergangszeit zwischen Ausbildung und Berufsbeginn als Fachkraft kann sehr belastend sein (vgl. KP4, KP5, KP6, KP8).

> *„Natürlich hat sich das ein bisschen gesteigert vom ersten Ausbildungsjahr zum dritten. Da hat man halt schon gemerkt, dass man halt natürlich immer mehr an die Fachkraft kam und immer mehr Aufgaben bekommen hat. Und dann auch unter Druck stand. Aber, ja, ich habe so das Gefühl, ich war halt nie alleine und war halt auch dem Druck nie so ausgesetzt, wie ich es jetzt bin, wo ich fertig [ausgelernt] bin."* *(KP6, S. 149)*

Weiterhin gaben einige Interviewteilnehmer an, dass (insbesondere durch Patienten) **illegitime Aufgaben** an sie herangetragen werden (vgl. AP2, KP7). Darunter fallen insbesondere Patientenwünsche, die nicht in den Aufgabenbereich des Pflegepersonals fallen und teilweise von den Patienten (auch unter Berücksichtigung ihres gesundheitlichen Zustands) selbst erledigt werden könnten. Hier nannten sie bspw. das Öffnen des Fensters, das Einschenken von Wasser oder das Umschalten des Fernsehsenders, obwohl die Patienten gesundheitlich zu diesen Dingen in der Lage wären.

> *„Ja. Also wir hatten mal eine Patientin, die war immer sehr, ich sage mal, anstrengend. Dadurch, dass sie die Notfallklingel eher als so eine Dienerklingel benutzt hat."* *(AP 2, S. 22)*

Ein typischer **Rollenkonflikt,** der von den Interviewteilnehmern beschrieben wurde, besteht in den Erwartungen, die sie an sich selbst haben und die durch die Organisation an sie herangetragen werden (vgl. AP1, AP4, KP5, KP6, KP8, KP9). Dieser begründet sich insbesondere darin, dass sich die Interviewteilnehmer für ihre Aufgabenerfüllung an Vorgaben (z. B. zeitlicher Art) halten müssen. Ihre berufliche Rolle seitens der Organisation ist demnach auf Effizienz ausgelegt. Die Interviewteilnehmer interpretieren ihre eigene Rolle aber auch als über die

Grundversorgung der Patienten/Bewohner hinausgehend und wollen diesen die Möglichkeit geben, bspw. Gespräche zu führen, oder ihre Bedürfnisse erfüllen, die ohne Hilfe nicht befriedigt werden könnten, z. B. das Kämmen der Haare. Dieser Rollenkonflikt wird teilweise als große Belastung wahrgenommen.

> *„Und auch da das Thema, Haare kämmen, Zähneputzen. So das Wichtigste, was gemacht wurde, was erst gemacht wurde, das sind Infektionsgefahr beseitigen, Fäkalien beseitigen und das, was die Ärzte angeordnet haben auszuführen. Das ist für mich alles eher so zusammengefasst in dem Rahmen, das ist das Mindeste, was erledigt werden muss. Es ist aber keine Pflege. Das ist für mich Ausführung. Und das ist nicht der Beruf, den ich ergreifen wollte. (lacht)."* *(KP9, S. 202)*

Ein Teilnehmer beschreibt diesen Rollenkonflikt auch im Zusammenhang mit Angehörigen (vgl. KP9). Vereinzelt kommt es dabei zu Situationen, bei denen das persönliche Bedürfnis besteht, Angehörigen mehr über den Gesundheitszustand des Patienten zu sagen. Dies kann aber aufgrund von begrenzten Informationen oder organisatorischen Vorgaben nur durch einen Arzt vorgenommen werden, der allerdings nicht immer verfügbar ist.

Eine weitere Quelle für Stressoren stellen **soziale Beziehungen** dar. Dabei nennen die Interviewteilnehmer vereinzelt (vgl. AP1, KP3) Stressoren, die aus Konflikten mit Kollegen und Vorgesetzten oder aus der Zusammenarbeit mit Ärzten resultieren.

> *„[...] [W]ir haben halt eine Stationsschwester sozusagen, wie das so schön heißt, also unsere Leitung im OP. Und ich finde, die ist nicht ganz für die Chefposition geeignet. Deswegen gibt es da öfter mal, na ja, Aneinanderreibungspunkte."* *(KP3, S. 97)*

Je nach Art der Einrichtung/Station unterscheiden sich die Möglichkeiten, mit **Patienten** in Kontakt zu treten, da die Interviewteilnehmer die Patienten teilweise nur kurzzeitig oder im nicht ansprechbaren Zustand antreffen (vgl. AP2, KP3). Trotzdem gibt ein Teil der Interviewteilnehmer an, regelmäßig Stressoren in Bezug auf Patienten ausgesetzt zu sein. Hierzu zählen bspw. unfreundliche Patienten, Herabwürdigung, herausforderndes oder entgegenwirkendes Verhalten, sexuelle Belästigung, Aggressivität und das Herantragen von illegitimen Aufgaben (vgl. AP1, AP2, KP1, KP2, KP4, KP6, KP7).

> *„Oder halt auch schon wie erwähnt die, ja, sexuellen Berührungen. Da muss man einfach ganz klar sagen: Entweder entfernt man sich dann aus dem Raum und atmet erst einmal durch und spricht dann mit anderen drüber, was man dagegen machen kann, oder man sagt bei orientierten Personen: ‚Das möchte ich nicht. Und das ist eine Grenze, die nicht überschritten wird.'"* *(AP4, S. 50)*

Während Interviewteilnehmer vereinzelt angeben, Aggressionen vermehrt als alltäglich, also als Mikrostressoren, zu empfinden, berichten manche auch von sexueller Belästigung, Beleidigungen oder Gewalt auf der Arbeit, wobei diese Situationen als Makrostressoren verstanden werden (vgl. AP1, KP2, KP5). Diese treffen die Betroffenen meist unerwartet, beschäftigen sie noch längerfristig und ziehen teilweise juristische Auseinandersetzungen nach sich.

> *„Und ja, der Patient, der ist dann halt ganz aggressiv geworden und hat es auch geschafft, sich aus der Fixierung zu lösen [...] und dann hat der Patient mir halt ins Gesicht gerotzt und ja, das war schon richtig schlimm."* (KP2, S. 86)

Neben Patienten kann auch der Kontakt zu **Angehörigen** mit Stressoren einhergehen (vgl. KP5, KP8), da diese z. B. Druck auf die Interviewteilnehmer ausüben, wenn bspw. kein Arzt zu sprechen ist. Teilweise äußerten die Interviewteilnehmer auch, dass Angehörige sie für Krankheitsverläufe oder den Tod der Patienten verantwortlich machen.

> *„[...] Der war orientiert und der wusste, was er tut. Er wusste, dass er es nicht darf, er hat es aber trotzdem gemacht. Der ist dann auch drei Tage später gestorben, weil ihm das Aneurysma geplatzt ist. Und die haben mir einen Vorwurf gemacht, wie es passieren konnte, ja? [...] Sowas – wenn man das dann hört – nimmt man halt auch mit nach Hause als wenn es meine Schuld ist, weißt du? Und das belastet einen dann schon."* (KP8, S. 191)

Teilweise werden **organisationale Faktoren** in Verbindung mit Stressoren genannt (vgl. AP5, KP1, KP4, KP8 KP9). Ein Teilnehmer berichtet in diesem Zusammenhang von der Etablierung einer Kultur, die an Menschlichkeit verliert (vgl. KP9). Demnach seien nicht nur die Arbeitsbedingungen dafür verantwortlich, dass keine Zeit für die Erfüllung von Patientenbedürfnissen bleibt, sondern auch die unangemessene Art, die von Mitarbeitern vorgelebt und von Mitarbeiter(generation) zu Mitarbeiter(generation) weitergegeben wird. Ein Interviewteilnehmer nannte in dieser Kategorie auch die fehlende Unterstützung des Sicherheitsdiensts (vgl. AP5). Dabei wird die fehlende Unterstützung während eines Vorfalls mit einem aggressiven Patienten als belastend empfunden. Mehrfach wurden in dieser Kategorie weiterhin Störungen im organisatorischen Ablauf genannt. Darunter fällt z. B. die schlechte Planbarkeit von bestimmten Behandlungen, woraus Wartezeiten und das Fehlen von medizinischer Ausstattung entstehen können.

> *„Man hat, für alles hat man Hilfsmittel. Man hat Rollstühle, man hat Gehstöcke, man hat Handschuhe in allen verschiedenen Größen, verschiedenste Desinfektionsmittel,*

alle möglichen Formen von Papierhandtüchern, Wundversorgungsmittel und, und, und. Jetzt wird man aber täglich vor die Situation gestellt, entweder steht es gerade nicht zur Verfügung oder war nicht lieferbar [...]." (KP4, S. 119)

Unter der Kategorie **sonstige Stressoren** werden in dieser Arbeit solche zusammengefasst, die zwar von Interviewteilnehmern genannt wurden, aber nicht eindeutig einer der bisher genannten Kategorien zuzuordnen sind. Stressoren ergeben sich vereinzelt aus dem Individuum selbst und sind teilweise darauf zurückzuführen, dass mit zunehmendem Alter die körperliche Anstrengung bei bestimmten Aufgaben zunimmt. Weiterhin geben Interviewteilnehmer z. T. an, dass sie zu hohe Ansprüche an sich selbst stellen und dadurch großen Druck verspüren (vgl. AP1, KP7). Dies wird z. T. noch durch die Internetbewertung gefördert, die über Webseiten für Einrichtungen getätigt werden kann. So beschrieb ein Teilnehmer, das Wissen darüber, dass er bzw. seine Einrichtung entsprechend (negativ) bewertet werden kann, bei der Arbeit als belastend zu empfinden (vgl. KP4). Außerdem wird die Einstellung der Allgemeinheit zum Beruf teilweise als belastend beschrieben (vgl. AP4, AP5, KP4, KP8). Darunter fällt insbesondere die Wertschätzung sowie der Ruf, die/den der Beruf in der öffentlichen Wahrnehmung erhält. Dies wird von einigen Interviewteilnehmern als negativ bzw. nicht angemessen bewertet (vgl. AP4, AP5, KP8).

„Wenn ich mir das dann in anderen Heimen angucke, wenn ich mir das auch so durchlese auch auf Facebook, wie manche Leute arbeiten müssen, dann finde ich das schon ziemlich traurig, weil der Beruf dann auch einfach in den Dreck gezogen werden muss, weil die Leute das dann halt auch irgendwann nicht mehr tragen können." (AP4, S. 45)

Eine letzte Kategorie der sonstigen Stressoren wird in dieser Arbeit als **Metastressoren** bezeichnet. Hierzu zählen Stressoren, die nicht unmittelbar, sondern indirekt auf die Beteiligten wirken, d. h. durch das Herbeiführen anderer Stressoren. Hierunter fallen z. B. Personalmangel, eine unzureichende Bezahlung und die Verschlechterung der Arbeitsbedingungen (vgl. AP1, AP3, AP4, AP5, KP1, KP2, KP3, KP4, KP5, KP6, KP7, KP8, KP9, KP10). Viele der Interviewteilnehmer bringen in diesem Zusammenhang Personalmangel mit der Verschlechterung der Arbeitsbedingung in Verbindung. Einige äußern dabei, dass sie den Personalmangel als sehr präsent wahrnehmen und dadurch Mehrarbeit und eine Aufgabenzunahme erleben. Ein Teil der Interviewteilnehmer führt den Personalmangel auf die geringe Bezahlung und/oder die zunehmende Privatisierung der Branche zurück. Weiterhin geben einige Interviewteilnehmer an, zu glauben, dass neben der geringen Bezahlung die Arbeitsbedingungen dazu führen, dass weniger

Menschen den Beruf erlernen wollen. Insgesamt werden der Personalmangel und die daraus folgenden Stressoren als sehr belastend wahrgenommen.

> *„Das hat sich sehr verändert. Das Problem ist halt, dass immer weniger Personal auf den Stationen arbeitet. Man muss Spätdienste machen zu zweit. Das war früher, als ich angefangen hatte, waren mindestens vier Leute da. Also man hat auch einfach die Zeit für die Patienten gehabt und diesen Druck einfach nicht gehabt, die Arbeit zu schaffen [...]" (KP10, S. 223)*

Die Ausführungen zeigen diverse Stressoren, die Pflegekräfte im Arbeitsalltag erleben. Aufgrund der spezifischen Fragestellungen innerhalb des Interviews ist nicht davon auszugehen, dass die Gesamtheit aller Stressoren, die Pflegekräfte wahrnehmen, erfasst werden kann. Allerdings zeigt sich ein umfangreicher Auszug verschiedener Stressoren.

4.4.3 Stressreaktionen und Auswirkungen

Die Erfassung innerer Abläufe wie der Bewertung von Stressoren ist nur bedingt möglich, da diese Prozesse meist unbewusst ablaufen (vgl. 2.1.3.2). Das Nennen von Stressoren lässt darauf schließen, dass Interviewteilnehmer die Stressoren zumindest wahrnehmen und nicht als irrelevant bewerten. Teilweise kann aus den Aussagen der Interviewteilnehmer geschlossen werden, dass sie bestimmte Stressoren als belastend empfinden, auch wenn keine konkreten Reaktionen genannt werden. Insbesondere weisen die Beschreibungen intensiver Stressreaktionen darauf hin, dass Stressoren als gefährlich bewertet werden und/oder sogar mit langfristigen Auswirkungen auf Gesundheit und Verhalten einhergehen.

Die Stressreaktionen, welche die Interviewteilnehmer erleben, unterscheiden sich hinsichtlich ihres Ursprungs, in Form der Stressoren, denen sie zugrunde liegen, und in ihrer Intensität. Interviewteilnehmer nannten u. a. verschiedene Stressoren aus der Arbeitsaufgabe (vgl. 4.4.2). Dabei liefert z. B. die **materielle Umgebung** eine Quelle für Stressoren. Teilweise finden Interviewteilnehmer den Lärm, der durch eine hohe Anzahl an Personen oder durch Geräusche des Telefons und der Patientenklingel entsteht, als anstrengend (vgl. KP2, KP7, KP10). Die Interviewteilnehmer berichten, dass sie dadurch häufig eine Anspannung empfinden.

> *„Nach dem Dienst bin ich auch froh, wenn ich meine Ruhe habe und wenn es nur die 20 Minuten im Auto sind. Also, ich brauche dann halt erst mal also ein paar Minuten*

schon meine Ruhe, dass man erst mal runterkommt und dieses ganze Gepiepe nicht mehr hat." (KP2, S. 90)

Für viele Interviewteilnehmer hängen Stressreaktionen mit der **Arbeitszeit** zusammen. Ein Interviewteilnehmer nannte die Schichtarbeit, insbesondere in Form häufiger Schichtwechsel, als Ursache für fehlende Regeneration (vgl. AP2). Aufgrund der Vielzahl an Aufgaben in Verbindung mit zu geringer Zeit gibt ein Teil der Interviewteilnehmer an, sich angespannt zu fühlen (vgl. AP2, AP3, KP2, KP3) oder körperliche Reaktionen wie Schweißausbrüche in Verbindung mit Wut zu erleben.

„Ja, also man hat halt Druck und es stresst einen ein bisschen. Und das macht einen ja im nächsten Moment auch schon so wieder unzufrieden. Und auch wütend manchmal, weil man ja eigentlich genau weiß, dass das auch alles nicht so zu schaffen ist." (KP2, S. 83)

Ein Teil der Interviewteilnehmer gibt zudem an, in **Notfallsituationen** Stress in Form von Angst zu erfahren (vgl. AP3, KP1, KP10).

„Besonders stressig, weil man voller Adrenalin ist, Angst hat, den Fehler zu machen, Angst hat, dass der Patient es nicht schafft. Ja, das sind eigentlich die beiden Hauptfaktoren, warum das so stressig ist." (KP1, S. 78)

Neben den Arbeitsbedingungen ergeben sich auch aus der **sozialen Umgebung** Stressoren, die zu unterschiedlichen Stressreaktionen bei den Interviewteilnehmern führen können. Einzelne Interviewteilnehmer geben an, teilweise Wut auf Kollegen (vgl. KP1) oder „innere Widerstände" gegen das Team (vgl. KP9) zu empfinden. Viele Interviewteilnehmer erleben im Hinblick auf Patienten teilweise Trauer (vgl. AP1), Wut (vgl. AP2, AP5, KP1, KP2, KP6, KP7, KP8) oder Angst (vgl. AP1, AP5, KP2).

„Also ich habe noch nie so eine Angst um mein Leben gehabt." (AP5, S. 67; nach der Beschreibung eines Angriffs durch einen Patienten)

Interviewteilnehmer, die häufig Stressreaktionen erfahren und diese nicht adäquat bewältigen können, geben teilweise an, dass sie kurz- und mittelfristige **Auswirkungen** von Stressreaktionen (vgl. 2.1.3.4) wahrnehmen. So gibt ein Teil der Interviewteilnehmer an, dass sie sich in der **Freizeit** noch gedanklich mit der Arbeit beschäftigen. Diese Interviewteilnehmer erklärten, dass sie sich z. T. nach der Arbeit noch fragen, ob alle Aufgaben erledigt wurden, und teilweise sogar noch einmal bei der Einrichtung anrufen oder dort hinfahren, um nachzufragen bzw. diese Aufgaben noch zu erledigen bzw. erledigen zu lassen (vgl. AP4, AP5,

KP5, KP6, KP9). Ein Interviewteilnehmer gab an, dass er „nicht abschalten" könne und auch in seiner Freizeit über die Arbeit nachdenke.

> *„Das ist das erste, was ich dann mache und dann halt mich eben versuche, auch dann eben nicht an die Arbeit zu denken, aber manchmal kommt das ganz zwangsläufig, dass das dann kommt. Obwohl ich das eigentlich gar nicht möchte, weil ich sage zuhause ist zuhause, aber ist manchmal nicht so."* (AP3, S.40)

Teilweise gaben Interviewteilnehmer an, bedingt durch die Arbeitsbedingungen **psychische Auswirkungen** an sich festzustellen, die sich in unterschiedlicher Weise äußern. Teilweise empfinden Interviewteilnehmer gelegentlich eine Anspannung bzw. einen Leidensdruck auf der Arbeit (vgl. AP4, KP5, KP6). Dies äußert sich z. B. in Druckempfinden, wiederkehrenden Gedanken zu Situationen oder darin, dass sie auf der Arbeit schon einmal aufgrund der Arbeitsbedingungen geweint haben. Einer der Interviewteilnehmer gab an, aufgrund des ständigen Rollenkonfliktes teilweise Selbsthass zu empfinden.

> *„Ja, also ich hasse mich dafür halt selber schon. Also ich bin mega unzufrieden, wenn ich von der Arbeit komme, weil ich halt weiß, dass ich nicht den Menschen das so geben konnte, wie, ja, wie er es halt verdient hat. Dafür, dass er auch so viel bezahlt für den Aufenthaltsplatz quasi bei uns. Das ist halt schon sehr teuer alles. Und ich habe das Gefühl, dass man nur noch so durch den Alltag läuft."* (KP6, S. 146)

Vereinzelt geht aus den Gesprächen hervor, dass die Arbeitsbedingungen das **Commitment** der Interviewteilnehmer beeinflussen. Dies äußert sich z. B. darin, dass ein Interviewteilnehmer teilweise über einen Einrichtungs- oder Berufswechsel nachgedacht und die Einrichtung aufgrund der Arbeitsbedingungen bereits gewechselt hat (vgl. AP4). Teilweise haben Interviewteilnehmer im Laufe des Interviews geäußert, bereits erste Schritte hinsichtlich des „Pflexits", also des Jobwechsels, zu vollziehen oder vollzogen zu haben. Darunter fallen insbesondere Umschulungen oder die Aufnahme eines Studiums (vgl. KP1, KP4, KP5, KP6).

> *„Deswegen habe ich ja auch angefangen zu studieren. Weil ich einfach aus dieser Situation raus wollte. Also ich hätte nicht bis zur Rente das so machen können unter den Bedingungen, die halt vorherrschen, weil mich das persönlich so runterzieht, wie es halt läuft (lacht)."* (KP6, S. 148)

Der **Kontext**, in dem ein Stressor auftritt, spielt eine entscheidende Rolle. Teilweise wiesen die Interviewteilnehmer darauf hin, dass die Bewertung der Stressoren bzw. Stressreaktionen in Abhängigkeit von den Faktoren wie der Tagesform, der Anzahl der gleichzeitig auftretenden Stressoren oder der Anzahl der und dem Verhältnis zu involvierten Personen variiert (vgl. AP4, KP8, KP9). So werden einige Patienten und Angehörige als sympathisch oder unsympathisch beschrieben. Oft bauen die Interviewteilnehmer zu einigen Patienten und Bewohnern intensivere Beziehungen auf als zu anderen. Beides kann Einfluss darauf nehmen, wie intensiv die Reaktion auf einen (sozialen) Stressor ausfällt. Auch beschreiben Interviewteilnehmer, dass sie teilweise eine gesellschaftliche Veränderung wahrnehmen und Patienten tendenziell unhöflicher geworden sind (vgl. KP7, KP10).

„Also das Patientengut hat sich schon sehr verändert. Die Patienten sind sehr anspruchsvoll geworden. Finde ich. Die sind immer unzufrieden und am Schimpfen. Also es gibt auch andere Patienten, aber wenn ich das so pauschal sagen kann, sind die Patienten ungeduldiger, die fordern sehr, sehr viel und sofort. […]Die Leute kommen wann sie wollen, manche sind auch wirklich sehr frech, finde ich. Viele Patienten sind unfreundlich, egoistisch, keine Ahnung." (KP10, S. 228)

Die Ausführungen machen deutlich, dass nicht jeder Stressor bei jedem Individuum eine Stressreaktion auslöst. Ebenfalls zeigt sich, dass sich die individuellen Stressreaktionen in Intensität und Symptomatik voneinander unterscheiden.

4.4.4 Resilienz

Bei Interviewteilnehmern, die keine Angaben zu Stressreaktionen machten, lässt sich nur bedingt darauf schließen, dass es sich um resiliente Personen handelt, da sie bestimmte Informationen nicht für relevant halten und somit nicht im Interview äußerten oder z. B. aufgrund etwaiger lang zurückliegender Situationen vergessen haben könnten, diese zu nennen. Daher kann aus den fehlenden Stressreaktionen nur bedingt eine vorhandene Resilienz abgeleitet werden. Deshalb sind Informationen zu möglichen Ausprägungen von Resilienz nützlich, um Wissen hinsichtlich der Entstehung von Resilienz bei Pflegekräften zu generieren. Spezifische Fragen zielten daher auf die Resilienz der Interviewteilnehmer ab (vgl. 4.2.1).

Die Interviews zeigen, dass die Interviewteilnehmer unterschiedliche Ausprägungen hinsichtlich ihrer **Resilienz** entwickeln. Einem Teil gelingt es mit der Zeit, eine zunehmende **emotionale Anpassung** an die Gegebenheiten zu entwickeln. Darunter fällt die Fähigkeit der Emotionsregulierung, die als Teilaspekt der EI (vgl. 2.3.2) verstanden werden kann. Interviewteilnehmer äußern dies z. B. durch die Fähigkeiten, Professionalität auszustrahlen (vgl. KP2, KP4, KP6) und/oder Empathie zu entwickeln (vgl. AP4, KP6, KP10).

„Der Frust, der entsteht, darf und soll auch absolut niemals am Patienten ausgelassen werden, überhaupt an niemanden, da muss man sich ein Ventil überlegen, wie es für einen gut ist, sei es Atemübungen, sei es einmal den Flur rauf- und runtergehen oder mit dem Finger schnipsen, wie auch immer." (KP4, S. 115)

Neben der Fähigkeit, Emotionen zu deuten und zu regulieren, berichten auch einige Interviewteilnehmer von Möglichkeiten, den **„Stress an sich abprallen zu lassen"**. Dabei greifen sie auf Eigenschaften zurück, die an Kohärenzgefühl, Selbstwirksamkeitserwartung und Selbstwertgefühl angelehnt sind (vgl. 2.3.2). Darunter fallen u. a. ein gewisses Maß an Problemlösungskompetenz (vgl. AP2, KP1, KP2, KP4), Gelassenheit (vgl. AP1, AP2, AP4, KP1, KP2, KP3, KP6, KP7) oder die Entwicklung einer „dicken Haut" (vgl. AP2, KP3, KP6, KP7).

„Ich glaube, dass ich früher, als ich jünger war, dass ich mich auch mehr hätte einschüchtern lassen [...] von so jemanden, der da so drohend vor mir steht und der mich beschimpft. Und heute gehe ich da, glaube ich, ein bisschen cooler... ich rege mich natürlich genauso immer noch auf, dass es Leute gibt, die so unverschämt und dreist sind, aber ich denke heute, ich lasse mir nicht mehr so viel gefallen." (KP7, S. 164)

Andere Interviewteilnehmer beschreiben eine zunehmende **emotionale Distanzierung** von der Arbeit. Einige geben demnach an, mit der Zeit eine „emotionale Abstumpfung" (KP4) zu erleben oder eine „Scheißegal-Mentalität" (KP1) zu entwickeln. Dies äußert sich bspw. darin, dass die Arbeit nicht mehr vollständig oder nur mit schlechterer Qualität erledigt wird, der Interviewteilnehmer kann dies aber für sich rechtfertigen.

„Und manchmal hat man, also so ging es mir dann irgendwann auch, ich sage mal so eine Scheißegal-Mentalität, weil man kann nicht alles schaffen. Und am Anfang macht man sich da relativ viel Stress mit, aber im Laufe der Jahre stumpft man da eigentlich so ein bisschen ab." (KP1, S. 74).

Bei der **Bewertung der Arbeit** zeigt sich, dass einige Interviewteilnehmer angaben, die Arbeit eher positiv bzw. als Herausforderung zu bewerten. Interviewteilnehmer äußerten teilweise auch, dass sie einen „schönen Beruf" haben und ihren Beruf lieben (vgl. KP6, KP8, KP10). Andere sagten, dass sie insbesondere die Vielseitigkeit schätzen (vgl. AP3) oder das herausfordernde Berufsbild positiv beurteilen (vgl. KP3, KP5, KP9). Ein Interviewteilnehmer spricht in diesem Zusammenhang sogar von Eustress (vgl. 2.1.2.1).

„[...] Und wenn halt Kollegen fehlen, und man viel rumlaufen muss, ist das natürlich stressig. Aber es gibt ja auch immer noch die Abgrenzung von Distress und Eustress. Also ich empfinde es dann als Eustress, ich finde das dann schön, dass ich

mich dann auch immer wieder anders organisieren muss. Weil wenn jeder Tag für mich gleich wäre, glaube ich, wäre das dann auch nicht so das Optimale für mich." (AP4, S. 52)

Hinsichtlich der Entstehung von Resilienz lassen sich aus den Interviews Faktoren entnehmen, die sich auf intrinsische und/oder extrinsische Quellen beziehen. Viele Interviewteilnehmer nannten dabei verschiedene **intrinsische Quellen**, z. B. dass sie sich insbesondere durch die gesammelte **Erfahrung** sicherer fühlen (vgl. AP1, AP2, AP3, AP4, AP5, KP2, KP3, KP4, KP5, KP6, KP7, KP8, KP10). Auf Grundlage ihrer Erfahrungen in bestimmten Situationen wachsen die Interviewteilnehmer demnach an ihren Aufgaben, entwickeln Routinen, können Analogien zu ähnlichen Situationen bilden und entwickeln schneller Lösungen, da sie bereits Erfahrungen zu bestimmten Sachverhalten gesammelt haben.

„Und zum anderen, ja, wenn das eben schon öfters passiert ist, auch gerade eben mit dem Versterben von Bewohnern, also man stumpft jetzt nicht ab unbedingt, aber man hat halt diese Situation dann schon mal durchlebt und kann dann vielleicht besser damit umgehen, wenn das eben nochmal passiert, denke ich mal." (AP1, S. 14)

Eine weitere intrinsische Quelle zum Aufbau von Resilienz stellt das **Problembewusstsein** dar. Interviewteilnehmer geben an, dass sie z. B. Situationen und sich selbst stark reflektieren und daraus neue Handlungsweisen ableiten, um Problemen zu begegnen oder Personalentwicklungsbedarf für sich zu identifizieren (vgl. AP1, AP4, KP3, KP4, KP5, KP8, KP9). Eine Fachweiterbildung wird dabei überwiegend positiv wahrgenommen, da neue Kenntnisse dabei helfen, mit verschiedenen Situationen besser umgehen zu können.

„Ja, auf jeden Fall, weil man dann auf sein Erfahrungswissen so zurückrufen kann und dadurch dann natürlich auch die Handlungskompetenzen sich dadurch erweitern. Also beim zweiten Mal wusste ich natürlich auch die Absprache und Sicherheit von meiner Stationsleitung, wie ich dann organisatorisch oder schnell das Gespräch abbrechen kann oder welche Sicherheitsmaßnahmen ich treffen kann, dass ich mich dann in meinem eigenen Handeln dann auch sicher gefühlt habe, weil ich einfach mein Wissen auch erweitert habe, wie kann ich mit so einer Situation umgehen." (KP5, S. 130)

Aus den Interviews geht hervor, dass viele Interviewteilnehmer an den (zunehmenden) **Herausforderungen** im Laufe des Berufslebens wachsen (vgl. AP2, AP5, KP7, KP8, KP9, KP10). Insbesondere der Übergang vom Pflegeschüler zur examinierten Fachkraft kann dabei eine sehr prägende Phase sein. Während einige Interviewteilnehmer beschreiben, dass ihnen der Übergang von einem „geschützten Setting" in die volle Verantwortung zu schnell ging (vgl. KP1, KP6,

KP8, KP9), berichten andere, dass die Zunahme von Verantwortung und neuen Herausforderungen in ihrer Entwicklung sehr fördernd war.

> *„Das hat mir doch sehr geholfen, weil ich einfach selber die Entscheidung treffen musste und dann natürlich gemerkt habe, was richtig und was falsch war und immer so weiter handeln konnte."* *(AP2, S. 25)*

Ein weiterer intrinsischer Aspekt in der Entstehung von Resilienz kann die **Motivation** sein. Vereinzelt geht aus den Interviews hervor, dass die Interviewteilnehmer ihren Beruf für sehr sinnstiftend halten und diesen teilweise aus Überzeugung oder altruistischen Gründen (z. B. dass sie Menschen helfen können) ausüben (vgl. z. B. KP4, KP6, KP9). Daraus können die Interviewteilnehmer teilweise Kraft schöpfen.

> *„Die Menschen, die dort arbeiten und diesen Beruf machen, die sind in der Regel weder darauf aus, Millionäre zu werden, geiles Geld zu verdienen, ein geiles Leben zu haben oder sonst irgendwas. Also, sind wirklich Menschen mit einer hohen intrinsischen... eher auf Moral und ethischer Ebene geprägte Menschen, die irgendwie was beitragen wollen."* *(KP9, S. 216)*

Auf Basis der Angaben der Interviewteilnehmer wird deutlich, dass neben intrinsischen Quellen auch **extrinsische Quellen** dazu beitragen, dass sich Resilienz entwickelt. Dies geschieht z. B., indem die Interviewteilnehmer auf Ressourcen zurückgreifen, die sie als Kompensation von Stress empfinden. Diese Ressourcen lassen sich nach Art der Quelle differenzieren. Vereinzelt nehmen die Interviewteilnehmer angebotene Maßnahmen durch den Arbeitgeber, z. B. in Form von Standardgesprächen (vgl. KP5), oder die Hilfe von Angehörigen als Ressource wahr (vgl. KP9).

> *„Auf somatischen Stationen sind kräftige gesunde Angehörige gern gesehen. [...] Weil sie durchaus ja eine Unterstützung und Entlastung darstellen. Kommt natürlich immer auf die Patienten drauf an, wie stark das denn empfunden wird, ne? Immobile Patienten, wo die Tochter oder der Sohn zur Mittagszeit kommt und bei der Nahrungsverabreichung unterstützt, sind mehr als gern gesehene Gäste selbstverständlich."* *(KP9, S. 207)*

Vereinzelt geben die Interviewteilnehmer an, eine aktive Freizeitgestaltung als positiv zu empfinden (vgl. AP3, KP4, KP7). Für die meisten stellen Kollegen und Patienten eine wichtige Ressource dar. So vermitteln bspw. der Zusammenhalt zwischen den Kollegen, das Bewusstsein, dass Kollegen einem im Zweifel helfen können, sowie die gute Stimmung im Team, die bei den meisten Interviewteilnehmern zu Motivation führt, ein Sicherheitsgefühl (vgl. AP1, AP2, AP3,

AP4, KP2, KP3, KP4, KP5, KP6, KP7, KP8, KP10). Ein Großteil der Interview-teilnehmer empfindet die Anerkennung und den Zuspruch, den sie durch manche Patienten erfahren, sowie das Gefühl, Menschen zu helfen, als Ressource (vgl. AP1, AP2, AP4, AP5, KP1, KP2, KP4, KP6, KP7, KP8, KP9, KP10).

> *„Aber es gibt auch wirklich viele Patienten, die sehr nett zu einem sind und die das total wertschätzen, was du machst. Also die bauen einen dann wirklich wieder auf. Die sagen: ‚Ja, Sie machen das so super‘ und was weiß ich nicht alles. Und bedanken sich für alles."* *(KP8, S. 181-182).*

Die Interviews liefern verschiedene Erkenntnisse dazu wie sich Resilienz bei Pflegekräften äußert und welche Faktoren zur Entstehung beitragen. Erneut bieten die Interviews nur einen begrenzten Rahmen und können nicht alle Faktoren abbilden. Es ergibt sich jedoch ein umfassendes Bild aus dem Lebensalltag von Pflegekräften.

4.4.5 Copingstrategien

Viele der von den Teilnehmern angegebenen **Copingstrategien** weisen eine oder mehrere Charakteristika der in Kapitel 2 vorgestellten Kategorien von Coping auf und entsprechen bspw. den Ausprägungen des Brief-Cope-Fragebogens (vgl. Kapitel 6). Dabei wird die Einteilung durch die vier Klassifikationsarten problemorientiertes, emotionsorientiertes, soziales Coping und Coping in der Freizeit vorgenommen. Selbige werden dann nochmals nach dem Grad der Adaptivität und/oder der Reaktivität unterschieden. Der überwiegende Teil der Interviewteilnehmer zeigt verschiedene Copingstrategien in allen vier Dimensionen. Ergänzend ist zu erwähnen, dass die gewählten Dimensionen nicht absolut trennscharf sind. Insbesondere auf sozialer Ebene und in der Freizeit kann sowohl emotionsorientiertes als auch problemorientiertes Coping angewandt werden. Vielmehr ist zu unterscheiden, dass sich die Dimensionen emotionsorientiert und problemorientiert auf die individuelle Ebene während der Arbeit beziehen. Auch soziales Coping kann in der Freizeit vorgenommen werden, daher bezieht sich die Dimension soziales Coping lediglich auf soziales Coping während der Arbeit.

Viele der Interviewteilnehmer wenden Copingstrategien an, die in die Kategorie **emotionsorientiertes Coping** fallen. Dabei wurden verschiedene Copingstrategien in der Kategorie **Ablenkung** zusammengefasst. Hierunter fallen Copingstrategien, die von dem Stressor bzw. der Stressreaktion ablenken sollen. Ein Interviewteilnehmer gab dabei an, dass Alkohol einigen seiner Kollegen hilft, sich von den Gegebenheiten auf der Arbeit abzulenken (vgl. KP4). Weiterhin beschrieben einige Interviewteilnehmer, dass Pausen (wenn es die Zeit zulässt) oder das Aufsuchen von ruhigeren Orten der Emotionsregulierung zuträglich sind (vgl. KP2, KP3, KP8). Für die befragten Raucher stellt das Rauchen eine funktionale Form der Emotionsregulierung dar (vgl. AP3, KP1, KP7, KP9).

> *„Also, ich bin Raucher und ich nehme mir zwischendurch auch mal das Recht, einfach mal eben runterzugehen und eine zu rauchen. Das kann ich schon. Da haben auch die Nichtraucher Verständnis für, weil, die können sich dann auch mal hinsetzen."* *(KP7, S. 167)*

Vereinzelt gaben die Interviewteilnehmer an, dass sie bestimmte Dinge akzeptieren (vgl. KP2, KP4). **Akzeptanz** kann dabei als Copingstrategie beschrieben werden, bei der die Umgebung als unveränderbar hingenommen wird und somit keine Versuche unternommen werden, diese zu verändern.

> *„Es gibt auch ganz banale Sachen, wo man dann irgendwie in seiner Person kritisiert wird, obwohl man dafür gar nichts kann. Aber, da muss man halt durch so."* *(KP2, S. 88)*

Während einige Interviewteilnehmer versuchen, sich von dem Erlebten abzulenken, oder die Gegebenheiten akzeptieren, zeigt sich ein Teil der Interviewteilnehmer dazu in der Lage, **positive Umdeutung** als Strategie anzuwenden. Dabei gelingt es einigen Interviewteilnehmern, Verständnis für Patienten aufzubringen und damit Kritik seitens der Patienten als legitim zu bewerten (vgl. AP5). Andere können sich Gegebenheiten rational erklären und sie dadurch besser verarbeiten (vgl. AP1, AP4, KP5, KP7, KP8). Einem Interviewteilnehmer gelingt es, die Anforderungen positiv für sich zu bewerten.

> *„Ich denke aber andererseits auch immer, dass mich der Job trotzdem auch fit hält. Wenn ich manchmal überlege, ich hätte jetzt die ganzen Jahre so eine sitzende Tätigkeit, so einen Bürojob, ich glaube, dann wäre ich nicht so fit."* *(KP7, S. 170)*

Viele Interviewteilnehmer geben an, durch **Planung** proaktives Coping zu betreiben, indem sie mögliche Probleme antizipieren und sich auf diese einstellen. Dabei kann die Planung des Tages (vgl. AP2) oder die Priorisierung von Aufgaben (vgl. AP1, AP4, AP5, KP1, KP4, KP5, KP10) dabei helfen, die Auswirkungen aufkommender Probleme zu reduzieren. Einige Interviewteilnehmer berichten davon, dass sie Vorsichtsmaßnahmen treffen (vgl. AP1), immer ein

Telefon mit sich führen, um sich sicherer zu fühlen (vgl. KP10), oder ausschließlich in der Nachtschicht arbeiten, um den Problemen auszuweichen, die in den
früheren Schichten auftreten (vgl. KP8).

> *„Also mittlerweile da haben wir alle ein Telefon in der Tasche, denn wenn man alleine*
> *ist in dem Zimmer und da liegen noch zwei andere Patienten die sich nicht äußern*
> *können, dass man Hilfe holt. Es gibt ja auch Patienten, die wirklich so aggressiv*
> *werden, und dann müssen wir die Security-Leute anrufen, die helfen uns dann, um*
> *den Patienten überhaupt zu beruhigen, weil die Mitpatienten müssen dann aus diesem*
> *Zimmer raus und das ist ja auch Stress.“ (KP10, S. 227)*

Teilweise gaben Interviewteilnehmer an, Coping in Form von **Selbstbeschuldigung** zu zeigen. Darunter fallen insbesondere (gelegentliche) Gedanken der
Unzufriedenheit mit der eigenen Leistung (vgl. KP1, KP6) oder Unzufriedenheit
im Umgang mit Patienten (vgl. KP2, KP5, KP6, KP8).

> *„Also ich mache mir halt auch selber Vorwürfe, ja, warum nimmst du dir nicht mal*
> *fünf Minuten und der hat es ja auch verdient. Aber, ja, dann geht das Telefon oder*
> *irgendwas und dann ist es wieder vorbei (lacht). Man nimmt sich das immer vor als*
> *Ziel, ja, nächstes Mal wird es besser […] ich komme morgen wieder, dann können wir*
> *uns auf jeden Fall unterhalten. Ja, und sobald man die Station betritt, ist halt schon*
> *Stress und Hektik und dann geht es halt wieder unter mit dem Gespräch.“ (KP6, S. 146)*

Einige der Interviewteilnehmer nannten verschiedene Ausprägungen der **Emotionsregulierung**, die sie als Copingstrategie heranziehen. Diese beziehen sich auf
Kategorien von Coping, die sich nicht gemäß dem Brief-Cope-Fragebogen einteilen lassen. Einige Interviewteilnehmer haben dabei Möglichkeiten entwickelt,
Stressoren kurzzeitig zu ignorieren und daraus resultierende Aggressionen erst
später herauszulassen. Sie beschreiben dabei die Fähigkeit, sich „zusammenrei-
ßen" zu können (vgl. KP3) oder Stress zu verlagern (vgl. AP1, AP4, KP2, KP4).
Verschiedene Interviewteilnehmer gaben an, teilweise Emotionen und Gedanken
auszuschalten und nur zu funktionieren (vgl. AP3, KP1, KP4, KP5, KP7, KP9,
KP10).

> *„[…] Also, ich meine damit zum Beispiel, wenn jemand unter sich gelassen hat. Ich*
> *gehe da halt rein und mache das weg. Vielleicht nehme ich noch wahr, dass das Trinken*
> *leer ist, um auch wieder bei der anderen Situation zu sein, aber eigentlich bin ich sehr*
> *stark darauf fokussiert, das Missgeschick zu beseitigen, also darauf fokussiert, etwas*
> *Gutes zu tun.“ (KP9, S. 201)*

Die **Fähigkeit, nach der Arbeit abzuschalten**, ist bei den Interviewteilnehmern
unterschiedlich ausgeprägt. So gibt ein Teil von ihnen an, gelegentlich oder regelmäßig nach der Arbeit noch über Themen mit Arbeitsbezug nachzudenken (vgl.

4.4.3). Andere Interviewteilnehmer geben an, für sich eine Grenze zwischen Arbeit und Freizeit ziehen zu können und in der Freizeit nicht oder nur wenig über die Arbeit nachzudenken (vgl. KP3, KP4, KP8, KP10).

> *„Also, ich versuche das immer sehr auf der Arbeit zu lassen. Also, wenn ich mich dann... Wir müssen uns ein- und ausstempeln, mit unserer Arbeitszeit. Wo ich mich ausgestempelt habe, bin ich echt so ‚Schranke runter, jetzt ist Arbeit vorbei'. Und dann versuche ich auch, da jetzt nicht drüber nachzudenken."* (KP3, S. 101)

Eine weitere Kategorie, die nicht auf den Brief-Cope-Fragebogen zurückzuführen ist, wird im Folgenden **emotionale Aggression** genannt. Hierunter werden Copingstrategien beschrieben, die auf Schadenfreude basieren (vgl. AP4) oder mit der inneren Beschimpfung von Kollegen bzw. Vorgesetzten einhergehen (vgl. AP3, KP3)

> *„Eine Mischung aus ‚Ja, ich kann da nichts für' und ‚Ach, leck mich doch am Arsch!' (lacht) Entschuldigung für die Wortwahl (lacht)."* (KP3, S. 97)

Einige Interviewteilnehmer beschrieben auch verschiedene **problemorientierte** Copingstrategien, auf die sie zurückgreifen. Dabei gab ein Teil der Interviewteilnehmer an, sich aktiv mit Stressoren auseinanderzusetzen. **Aktives Coping** hat dabei verschiedene Ausprägungen. Zum Beispiel fanden einige Interviewteilnehmer die Möglichkeit, sich gründlich mit Stressoren zu beschäftigen und sich bspw. Zeit zu nehmen, Probleme in Ruhe zu lösen oder kontrollieren zu können, ob alles erledigt ist, um mit einem guten Gewissen die Arbeit zu übergeben (vgl. AP1, AP4, AP5, KP8, KP10). Andere gaben an, Arbeiten, die ihnen für den Moment zu schwer waren oder die sie aufgrund eines Stressors emotional erst einmal nicht erledigen konnten, an andere Kollegen abzugeben oder zunächst leichtere Aufgaben zu verrichten, bis sie emotional wieder in der Lage waren, die Arbeit fortzusetzen (vgl. KP4, KP6, KP7). Manche Interviewteilnehmer äußerten, dass sie vermehrt gegenüber Patienten lauter werden, sie diese immer wieder belehren müssen oder es sogar zu Anzeigen gegenüber Patienten kam (vgl. KP4, KP7). Wiederum andere Interviewteilnehmer gaben an, insbesondere nach sozialen Konflikten zu versuchen, die Situation zu entschärfen. Dies geschieht u. a. durch Entschuldigung bei Fehlverhalten, Ansprechen von Problemen oder Werben um Verständnis (vgl. AP1, AP2, AP4, AP5, KP1, KP3, KP5, KP6, KP7).

> *„[...] Fand ich das jetzt nicht so schön, die Situation einfach, weil die sich das so gewünscht hatte und ja, die sah schon ehrlich ein bisschen usselig aus und irgendwie tat mir das einfach leid. Und deswegen, ja und dadurch, dass ich dann ja doch die Aufgabe*

nachträglich erfüllt habe, also dass ich das schnellstmöglich bei meiner nächsten Schicht direkt in der Frühschicht damit angefangen habe und das so für mich als Priorität gesetzt hatte an dem Tag, dass ich dann... Ja, dass das dann auch wieder verflog. Und dadurch, dass ich halt mit der Patientin gesprochen habe und sie sagte: ‚Nein, ist gar nicht schlimm, alles gut‘, hatte sie dann halt eine Mütze auf.“ (KP5, S. 139)

Eine andere Kategorie des problemorientierten Copings ist die **Vermeidung.** Hierbei gaben Interviewteilnehmer teilweise an, dass sie Patienten „abwimmeln“, räumliche Trennungen von Patienten oder Kollegen suchen oder versuchen, Problemen aus dem Weg zu gehen (vgl. AP5, KP3, KP6, KP8).

„Ja, auf jeden Fall. Also in der Ausbildung, in meiner Anfangszeit, wo ich nach dem Examen angefangen habe, da habe ich mich halt vieles nicht getraut, den Patienten das zu sagen, dann bin ich einfach aus der Situation rausgegangen anstatt die zu klären und habe dann jemand anders um Hilfe gebeten und so.“ (KP8, S. 182)

Teilweise gaben Interviewteilnehmer an, dass sie ihr Verhalten in bestimmten Situationen an diese anpassen. Diese **Verhaltensanpassung** kann verschiedene Ausprägungen annehmen und ist nicht Teil des Brief-Cope-Fragebogens. Ein Interviewteilnehme gab an, dass er immer mehr Verantwortung und Aufgaben auf sich gezogen hat, um sicherzustellen, dass diese adäquat erledigt werden (vgl. KP6). Andere berichteten, vermehrt improvisieren zu müssen, um Stressoren zu umgehen, oder von Arbeitsvorgaben abweichen zu müssen (vgl. KP4, KP9). Teilweise sagten Interviewteilnehmer, dass sie ihre Aufgaben nicht mehr in bester Qualität erledigen, damit sie den Arbeitsalltag überstehen können (vgl. AP1, AP3, KP1, KP2, KP4, KP5, KP8, KP9).

„Zum Beispiel die Körperpflege, da wurde dann statt eine komplette Ganzkörperwaschung einfach nur, jetzt mal im Volksmund, eine Katzenwäsche gemacht.“ (KP1, S. 79)

Eine weitere Copingdimension beschreibt das **soziale Coping.** Dabei gaben verschiedene Interviewteilnehmer an, dass sie **instrumentelle Unterstützung** bei ihren Kollegen suchen und aktiv um Hilfe bitten, wenn sie eine Aufgabe nicht oder nicht alleine erledigen können (vgl. AP1, AP3, AP5, KP2, KP5, KP7, KP10). Ein Interviewteilnehmer berichtete, dass er sich für seine Kollegen oder unterstellten Mitarbeiter und Auszubildenden verantwortlich fühlt und diesen helfen möchte (vgl. KP8).

„Aber ich finde das wichtig. Ich sage das meinen Schülern auch, dass die sich das nicht gefallen lassen sollen und wenn sie das nicht allein klären können, dann sollen sie zu mir kommen. Dann klären wir das." (KP8, S. 183)

Viele Interviewteilnehmer suchen neben instrumenteller Unterstützung auch **emotionale Unterstützung** bei ihren Kollegen. Darunter fallen insbesondere Gespräche mit den Kollegen, in denen man sich gegenseitig Mut zuspricht, jemanden tröstet oder sich das Gefühl gibt, füreinander da zu sein (vgl. AP1, KP1, KP2, KP4, KP7). Teilweise bieten Kollegen auch Unterstützung bei der eigenen Emotionsregulierung an und können z. B. durch Lästern die eigene Meinung stärken (vgl. AP4, KP3, KP7).

„Und das Beste ist dann, wenn man mit seiner besten Kollegin ablästern kann (lacht). Also, man muss das dann einfach irgendwo anders rauslassen, aber jetzt nicht im negativen Sinne, also jetzt nicht schlecht an jemanden rangehen, sondern einfach nur darüber reden und sagen ‚Ja, guck mal, das war wie immer, die Situation, wir kennen das ja zu gut', so." (KP3, S. 98)

Neben der Bewältigung von Stressoren am Arbeitsplatz findet **Coping in der Freizeit** statt. Dabei wird die Freizeit z. T. für die **Ablenkung** von den erlebten Stressoren genutzt (vgl. AP1, KP3, KP5, KP6). Dieses Coping äußert sich z. B. darin, dass Sport betrieben wird oder andere Möglichkeiten zur Ablenkungen genutzt werden, damit sich nicht intensiv mit dem Erlebten beschäftigt werden muss.

„Entweder [ist] Sport eine Ablenkung oder Netflix. Also ich versuche halt dann irgend-wie den Kopf umzulenken, also gar nicht mehr darüber nachzudenken, weil es halt einen wirklich, ja, schon belastet, wenn einem die Patienten wirklich wichtig sind und man denen das nicht geben kann, dann zieht einen das halt schon wirklich runter." (KP6, S. 147)

Andere Interviewteilnehmer beschrieben, dass sie die Freizeit zur **Regeneration** nutzen und brauchen (vgl. AP1, AP3, KP5, KP7). Darunter fallen zum einen Möglichkeiten, Kraftreserven aufzufüllen und Energie zu sammeln. Zum anderen erklärten sie, dass sie in dieser Zeit auch aktiv Erlebtes aufarbeiten und „Psychohygiene" betreiben.

„Also, wenn ich frei habe, dass ich dann versuche, dann auch sage ich mal Psychohy-giene zu betreiben und dann halt mich selber dann noch mal vom Stress runterzubringen vom Tag." (KP5, S. 136)

Ein Teil der Interviewteilnehmer nutzt die Freizeit auch für **soziale emotionale Unterstützung** durch Freunde oder Verwandte (vgl. AP1, AP4, KP4, KP5, KP6,

KP8). Hierbei schätzen die meisten Interviewteilnehmer insbesondere die Unterstützung bei der Emotionsregelung, das Aufzeigen von Lösungsstrategien und das Verständnis, das ihnen entgegengebracht wird.

> *„Also ich habe ja das große Glück, dass ich auch noch viele Freunde aus meinem Kurs habe, mit denen ich dann, wenn es wirklich schlimm wäre, darüber reden kann. Mein Lebensgefährte, mit dem bespreche ich das. Er versteht zwar kein Wort von dem, was ich sage, aber er nickt sehr schön. Und einfach das einmal rauszulassen, dann zu sagen: ‚Das war nicht gut. Und da ärgere ich mich drüber.' Ansonsten meine Familie, meine Mutter und alles, mit denen rede ich da auch drüber."* (AP4, S. 54)

Die Interviews liefern eine umfangreiche Darstellung von typischen Copingstrategien von Pflegekräften. Es wird deutlich, dass Pflegekräfte in der Regel auf verschiedene Strategien zurückgreifen und der Copingstil in vielen Fällen variabel ist. Dies unterstreicht nochmal, dass die Aggregation in Typen (vgl. 4.5) ein realistischeres Bild ergibt, als die Untersuchung von einzelnen Copingstrategien.

4.4.6 Zusammenfassung der Ergebnisse

Die vorliegende Studie wurde anhand von fünf Forschungsfragen strukturiert. Im Folgenden sollen daher zunächst die Erkenntnisse im Hinblick auf die ersten vier Forschungsfragen zusammengefasst und erklärt werden. Die Typenbildung und die Beantwortung der Forschungsfrage 5 werden im nachfolgenden Abschnitt 4.5 vorgenommen.

Mit Blick auf die **Forschungsfrage 1** dieser Arbeit „Welche Stressoren lassen sich für Pflegekräfte identifizieren?" kann festgestellt werden, dass viele der Stressoren(arten) aus der bestehenden Forschung (vgl. 3.2.2) auch aktuell im Kontext der Pflegearbeit in Deutschland auftreten. Die Stressoren, die in dem Beruf entstehen, sind dabei vielfältig und resultieren insbesondere aus der Arbeitsaufgabe, der sozialen Umgebung, der Arbeitsrolle und organisationalen Faktoren.

Insbesondere die Vielzahl an Aufgaben, welche die Interviewteilnehmer in einem geringen Zeitfenster erledigen müssen, wird von den meisten als belastend empfunden. Als Erklärung für die (subjektive) Zunahme von Zeitdruck nennen einige Interviewteilnehmer den (bundesweiten) Fachkräftemangel. Sie empfinden diesen überwiegend als größtes aktuelles Problem in der Pflege und wünschen sich Entlastung durch eine größere Belegschaft. Zunehmende Effizienzbestrebungen seitens der Einrichtungen werden von den Interviewteilnehmern ebenfalls als mögliche Erklärung genannt. Demnach führt z. B. die Privatisierung der Einrichtungen dazu, dass die Aufgaben in noch kürzerer Zeit erledigt werden müssen, damit die Einrichtung weitere Patienten aufnehmen kann.

Die mangelnde Zeit für Patienten kann dabei auch mit Rollenkonflikten einhergehen. Pflegekräfte begreifen ihre Arbeitsrolle über die Grundversorgung hinaus und möchten Patienten ihre Bedürfnisse erfüllen, die in ihren zeitlichen Vorgaben nicht vorgesehen sind. Darunter fallen bspw. das Kämmen ihrer Haare oder insbesondere der soziale Austausch (in Form von Gesprächen). Die konkurrierenden Rollenerwartungen der Pflegekräfte und der Organisation können dabei für Betroffene belastend sein.

Viele Interviewteilnehmer nennen auch die mangelnde Wertschätzung des Berufs als zentrales Problem. Auf gesellschaftlicher Ebene beschreiben viele Interviewteilnehmer einen subjektiv wahrgenommenen Rollenwandel des Berufsbildes. Dieser äußert sich z. B. im zunehmenden Herantragen von illegitimen Aufgaben an das Pflegepersonal, in zunehmenden Aggressionen gegenüber Pflegekräften oder in Respektlosigkeiten ihnen gegenüber.

Die hohe Verantwortung, die sich daraus ergibt, dass Pflegekräfte Einfluss auf die Gesundheit der Patienten und Bewohner haben, wird von einigen Interviewteilnehmern als Stressor wahrgenommen. Insbesondere wenn sie sehr schnell, z. B. unmittelbar nach der Ausbildung, sehr viel Verantwortung übernehmen müssen. Ein weiterer identifizierter Stressor hinsichtlich der Arbeitsrolle ist die Emotionsarbeit, die vorsieht, dass Pflegekräfte ihre Emotionen teilweise regulieren müssen, um Professionalität auszustrahlen.

Zwei Stressoren, die in der Literatur bisher wenig Beachtung gefunden haben, sind die Anforderungen, die aus Notfällen resultieren, ebenso wie Belastungen, die aus Internetbewertungen resultieren können. Notfälle werden von den meisten Interviewteilnehmern als Stressoren angesehen. Meist gehen diese damit einher, dass Pflegekräfte unmittelbar in ein Patientenzimmer oder einen OP-Saal eilen und ihre aktuellen Aufgaben unvollendet zurücklassen müssen. Die Belastung resultiert demnach nicht nur daraus, dass Menschenleben in Gefahr sind, sondern auch daraus, dass Notfälle die enge Taktung des Arbeitstages noch verschärfen und so für die eigentlich vorgesehenen Arbeitsaufgaben noch weniger Zeit zur Verfügung steht.

Die Möglichkeit, Häuser und Einrichtungen im Internet zu bewerten, kann den Druck auf das Personal ebenfalls erhöhen. Insbesondere Pflegekräfte, die sich stark mit ihrer Arbeit und/oder ihrer Einrichtung verbunden fühlen, könnten unter negativen Bewertungen leiden.

Die **Forschungsfrage 2** „Welche Stressreaktionen lassen sich bei den Interviewteilnehmern identifizieren und welche Auswirkungen haben diese auf die

Interviewteilnehmer?" greift neben den Stressoren auch mögliche Bewertungen und Empfindungen der Interviewteilnehmer auf.

Die Bewertung durch Individuen läuft überwiegend unbewusst ab (vgl. 2.1.6) und lässt sich daher nur bedingt aus den genannten Ausführungen der Interviewteilnehmer ableiten. Allerdings lässt sich die Stressreaktivität, also das Ausmaß, in dem ein Stressor zu einer Stressreaktion führt, teilweise aus den Schilderungen der Interviewteilnehmer ableiten. Dabei zeigen sich Unterschiede in den Reaktionen. Ein Teil der Interviewteilnehmer reagiert auf die genannten Stressoren mit Stressreaktionen in Form von Druckempfinden oder negativen Emotionen; andere geben an, das Arbeitsumfeld als herausfordernd (also eher positiv) zu empfinden.

Insbesondere das dauerhafte Druckempfinden kann psychische Auswirkungen nach sich ziehen. Teilweise beschreiben die Interviewteilnehmer Ausprägungen von Irritationen (vgl. 2.1.3.4), die als Vorstufe von psychischen Erkrankungen gelten, in Form von Gedanken an die Arbeit außerhalb der Arbeitszeit. Der beschriebene Selbsthass eines Interviewteilnehmers kann bereits ein Indikator für eine zunehmende Depersonalisierung als Teilausprägung von Burnout sein (vgl. 2.1.5.2).

Neben psychischen Auswirkungen kann Stress Auswirkungen auf das Verhalten und die Einstellungen gegenüber der Arbeit haben. Die Analyse zeigt, dass die Arbeitsbedingungen das Commitment gegenüber der Organisation und/oder der Profession negativ beeinflussen können. Einige Interviewteilnehmer gaben an, aufgrund der Arbeitsbedingungen bereits die Organisation gewechselt zu haben, andere bereiten einen Berufswechsel vor und nehmen bspw. ein Studium auf oder ergreifen zeitnah eine andere berufliche Tätigkeit.

Die **Forschungsfrage 3** „Wie entsteht die Resilienz der Interviewteilnehmer und wie äußert sich diese?" lässt sich insbesondere anhand der aufgezeigten Ausführungen aus Abschnitt 4.4.4 beantworten und liefert Erkenntnisse zur Ausprägung von Resilienz sowie dazu, welche (betrieblichen) Faktoren diese fördern.

Es zeigen sich drei Arten von Resilienz: (1) Ein Teil der Interviewteilnehmer gibt an, dass der Stress an ihnen abprallt. Dies entspricht weitestgehend der Definition der Resilienz als Stressresistenz (vgl. 2.3.1). (2) Ein Teil der Interviewteilnehmer gibt an, sich emotional anpassen zu können und die eigenen Emotionsregulierungsfähigkeiten weiterzuentwickeln. Es fällt ihnen mit der Zeit leichter, die Gegebenheiten zu akzeptieren, und sie entwickeln Fähigkeiten wie Empathie, mithilfe derer sie bspw. Patienten besser verstehen können. Teilweise sehen sie die Arbeit als Herausforderung an und nehmen diese positiv wahr. Dies ist vergleichbar mit Resilienz als Regeneration (vgl. 2.3.1). (3) Ein anderer Teil der Interviewteilnehmer schildert, sich dahingehend neu zu konfigurieren, dass eine Art Lethargie oder Gleichgültigkeit entwickelt wird. Diese Distanzierung führt dazu, dass die Betroffenen eine emotionale Distanz zur Arbeit und den Patienten aufbauen und bspw. die Qualität ihrer Arbeit reduzieren. Diese Art der Resilienz ist für die Organisation daher wenig erstrebenswert. Sie entspricht einer Ausprägung von Resilienz als Rekonfiguration (vgl. 2.3.1).

Als mögliche Quellen für Resilienz konnten in der Analyse interne und externe Quellen identifiziert werden. Interne Quellen sind vor allem die Arbeitserfahrung, die Motivation, ein Bewusstsein für die Arbeit und das Erleben der Arbeit als Herausforderung. Als externe Quellen fungieren in erster Linie der Arbeitgeber, Patienten und deren Angehörige, Kollegen, Freunde und Verwandte. Insbesondere die sozialen Kontakte können Interviewteilnehmer in ihrer Entwicklung von Resilienz unterstützen. Dabei können sie auch die Richtung prägen, in der sich Interviewteilnehmer rekonfigurieren. Zum Beispiel kann die emotionale Unterstützung dazu führen, dass sie in ihrer emotionalen Distanzierung und im Mindern der Arbeitsqualität bestärkt werden.

Die **Forschungsfrage 4** „Welche Copingstrategien nutzen Interviewteilnehmer und welche Copingstrategien werden als funktional wahrgenommen?" ist differenziert zu beantworten. Die gewählten Dimensionen in Abschnitt 4.4.5 bieten zwar eine Möglichkeit, die Copingstrategien der Interviewteilnehmer zu systematisieren. Dabei beinhalten die Dimensionen jedoch relativ heterogene Kategorien und Arten des Copings. Der überwiegende Teil der Interviewteilnehmer nutzt Copingstrategien aller vier Dimensionen. Daher sollte die nachgelagerte Typenbildung nicht anhand dieser Dimensionszugehörigkeit, sondern anhand der kategorischen Ausprägung der einzelnen Dimensionen erfolgen.

Auf emotionsorientierter Ebene finden sich Copingstrategien, die sich in die Kategorien des Brief-Cope-Fragebogens eingruppieren lassen. Dabei gibt es Strategien, die eine intensivere Auseinandersetzung mit der entstandenen Emotionslage beinhalten und einen adaptiven Charakter haben (vgl. 2.2.2.1), d. h., dass sich Betroffene eher an die Gegebenheiten anpassen. Darunter fallen bspw. die Emotionsregulierung, die positive Neubewertung oder die Akzeptanz. Auf der anderen Seite finden sich maladaptive Copingstrategien. Dazu zählen jene Strategien, die nicht darauf abzielen, sich anzupassen, sondern den Umständen auszuweichen oder diesen dauerhaft negativ gegenüberzustehen. Darunter fallen die Ablenkung, die Selbstbeschuldigung und die emotionale Aggression. Während diese genannten Kategorien von Coping eher einen reaktiven Charakter aufweisen, finden sich auch Copingstrategien proaktiver Natur wie die Planung wieder.

Auf problemorientierter Ebene existieren ebenfalls Kategorien, die sich anhand ihrer Reaktivität und Proaktivität unterscheiden und auf beiden Ebenen adaptiv oder maladaptiv ausfallen können. Auf reaktiver, adaptiver Ebene sind insbesondere Strategien des aktiven Copings anzufinden, mit denen versucht wird, den Stressor aktiv zu beenden, während maladaptive Strategien eher der Vermeidung, also dem Ausweichen von Stressoren dienen. Die in Abschnitt 4.4.5 beschriebene Verhaltensanpassung erfolgt meist maladaptiv. Die Interviewteilnehmer lernen mit den Gegebenheiten zu leben, weichen der Konfrontation eher aus und passen bspw. ihre Leistung an, statt den Stressor verändern zu wollen.

Soziales Coping besteht im vorliegenden Sample aus den Kategorien der instrumentellen und der emotionalen Unterstützung. Instrumentelle Unterstützung lässt sich dabei als überwiegend adaptiv beschreiben, da den Interviewteilnehmern Arbeit abgenommen wird und der Stressor (zumindest temporär) reduziert wird. Die emotionale Unterstützung der Interviewteilnehmer erfolgt teilweise adaptiv, indem sie bei einer möglichen Neubewertung der Situation unterstützt werden und so die Situation verarbeiten können. Teilweise findet die soziale Unterstützung auf maladaptive Weise statt, indem die Interviewteilnehmer eher von ihren Problemen abgelenkt werden oder darin bestärkt werden, dass ihre emotionale Distanzierung gerechtfertigt sei.

Coping in der Freizeit kann ebenfalls in adaptive und maladaptive sowie reaktive und proaktive Strategien aufgeteilt werden. Insbesondere die Regeneration und das Vorbereiten auf zukünftige belastende Situationen sowie die Verarbeitung von belastendenden Situationen, die während der Arbeitszeit aufgetreten sind, können hier aufgeführt werden. Maladaptive Strategien in der Freizeit sind eher diejenigen, die einen ablenkenden Charakter haben. Soziales Coping in der Freizeit kann, wie soziales Coping während der Arbeit, adaptiv oder maladaptiv erfolgen. Beispielsweise helfen Ratschläge von Angehörigen, die (hilfreiche) Lösungsstrategien aufzeigen und somit einen adaptiven Charakter haben. Strategien, die lediglich der Ablenkung und der Verdrängung der Probleme dienen, können hingegen als maladaptiv angesehen werden.

Es zeigt sich, dass adaptive und maladaptive Kategorien in diesem Sample z. T. funktional sind und mit unterschiedlichen Arten von Resilienz zusammenhängen. Während adaptives Coping eher mit einer emotionsanpassenden Resilienz einhergeht, kann maladaptives Coping eher zu einer distanzierenden Resilienz führen. Proaktives Coping tritt insbesondere in Verbindung mit Stressresistenz auf.

4.5   Darstellung der Merkmalsräume und Stressbewältigungstypen

4.5.1   Merkmalsräume

Für die Typenbildung werden fünf Merkmalsräume (vgl. 4.3.2) herangezogen. Diese ergeben sich aus den Informationen, die aus den Interviews gewonnen wurden, und sollen die unterschiedlichen Ebenen innerhalb der Stressbewältigung darstellen:

(1) **Resilienz:** Die deskriptiven Erkenntnisse lassen die Annahme zu, dass die Resilienz unterschiedlich stark ausgeprägt sein kann. Als Grundlage gelten dabei zum einen die Erkenntnisse aus dem Bereich der Stressreaktionen, die in Zusammenhang mit den wahrgenommenen Stressoren betrachtet werden. Interviewteilnehmer, die angeben, zwar viele Stressoren wahrzunehmen, aber kaum Stressreaktionen zu erleben, gelten demnach als resilient. Interviewteilnehmer, die wiederum in einem geringeren Ausmaß von Stressoren berichten, aber stärkere Stressreaktionen wahrnehmen, werden als weniger resilient bezeichnet. Zum anderen werden die Erkenntnisse aus dem Themenbereich Resilienz herangezogen. Interviewteilnehmer, die ihre Emotionen angepasst haben oder sich von ihrer Arbeit emotional distanziert haben, gelten demnach ebenfalls als resilient. Aufgrund der unterschiedlich starken Ausprägungen von Resilienz wird für diesen Merkmalsraum eine ordinale Skalierung verwendet. Es wird zwischen den Skalenabstufungen „gering", „mittel" und „hoch" unterschieden.

(2) **Emotionsorientiertes Coping:** Da beim Coping meist mehrere Strategien auf unterschiedlichen Ebenen gleichzeitig angewendet werden, werden die Merkmalsräume nach den in der Analyse identifizierten einzelnen Dimensionen des Copings gestaltet. Der erste, Coping betreffende, Merkmalsraum bezieht sich auf das emotionsorientierte Coping. Hierbei können zwei grundsätzliche Merkmale unterschieden werden: Erstens kann die Intensität, in der diese Art von Copingstrategien angewandt wird, jeweils unterschiedlich ausfallen. Die Interviews bieten die Möglichkeit, Informationen darüber abzuleiten, wie stark diese Art von Copingstrategien genutzt wird. Auch in diesem Fall wird eine ordinale Skalierung „gering", „mittel" und „hoch" angewandt. Zweitens kann nach der Art, wie Strategien des emotionsorientierten Copings verwendet werden, unterschieden werden. Dabei lassen sich die Strategien in die dichotomen Ausprägungen „adaptiv" und „maladaptiv" gruppieren. Während Strategien, welche die positive Emotionsregulierung, positive Umdeutung oder Akzeptanz betreffen, in diesem Zusammenhang als adaptiv verstanden werden, gelten vermeidende Strategien wie Ablenkung und Selbstbeschuldigung als maladaptiv.

(3) **Problemorientiertes Coping:** Analog zum Merkmalsraum des emotionsorientierten Copings wird hier zwischen der Intensität in den ordinalen
Kategorien „gering", „mittel" und „hoch" und den Arten „adaptiv" und „maladaptiv" unterschieden (vgl. 4.4.5). Adaptiv bedeutet in diesem Zusammenhang, dass
die Interviewteilnehmer Probleme ansprechen und versuchen, diese zu regeln.
Demgegenüber werden unter der Ausprägung maladaptiv solche Copingstrategien verstanden, die das Ausweichen von Problemen beschreiben, indem bspw.
Patienten, mit denen ein Konflikt vorliegt, aus dem Weg gegangen wird.

(4) **Soziales Coping:** Es wird erneut nach der Intensität unter Hinzunahme der
Ausprägungen „gering", „mittel" und „hoch" differenziert. Auch wird eine Einteilung in die Ausprägungen „adaptiv" und „maladaptiv" vorgenommen. Adaptive
Copingstrategien beschreiben hierbei diejenigen, die der Bewältigung negativer
Emotionen durch das Aufbauen positiver Emotionen (bspw. durch Aufbauen
durch andere) oder dem Reduzieren des Stressors durch das Abgeben von Aufgaben dienen. Maladaptiv bedeutet in diesem Zusammenhang das Ablenken von
dem eigentlichen Stressor, z. B. durch Gespräche. Emotionale Unterstützung
kann dabei die Interviewteilnehmer in ihrer emotionalen Anpassung bestärken,
bspw. können Kollegen die Distanzierung zur Arbeit befürworten und somit eine
unterstützende Funktion erfüllen.

(5) **Coping in der Freizeit:** Bei diesem Merkmalsraum wird ebenfalls nach
der Intensität „gering", „mittel" und „hoch" unterschieden. Weiterhin wird zwischen „adaptiv" und „maladaptiv" differenziert. Adaptive Copingstrategien stellen
hier die beschriebene (aktive) Erholung und den Austausch mit Freunden und
Verwandten dar, welcher der Emotionsregulierung dient. Als maladaptiv gelten
ablenkende Strategien, die nicht nachhaltig zur Emotionsregulierung beitragen.

4.5.2 Vorstellung der Stressbewältigungstypen und Zuteilung der Interviewteilnehmer

Nach Festlegung der Merkmalsräume werden in einem zweiten Schritt der Typenbildung die Typen konstruiert. Dabei werden die verschiedenen Ausprägungen
der Merkmalsräume zu Typen aggregiert. Die Anzahl der Typen gilt es hierbei an den unterschiedlichen Ausprägungen der Merkmalsräume auszurichten.
Bei der Zusammensetzung der einzelnen Elemente ergaben sich vier Typen, die
trennscharf voneinander sind und verschiedene Arten der Stressbewältigung aufzeigen. Dabei gibt es zwei extreme Ausprägungen: Interviewteilnehmer mit einer
hohen Resilienz und geringen Copingbestrebungen werden in den Typ „der Resiliente" eingeteilt und Interviewteilnehmer mit einer geringen Resilienz sowie

vermehrtem maladaptivem Coping auf allen Dimensionen werden dem Typ „der Vulnerable" zugeordnet. Die Typen „der Bewältigende" und „der Distanzierte" verfügen beide über eine mittlere Ausprägung des Merkmalsraums Resilienz. Sie unterscheiden sich allerdings dahingehend, wie die Merkmalsräume des Copings ausgeprägt sind: Während der Bewältigende eher adaptive Copingstrategien heranzieht und versucht, den Stressor zu beenden, tendiert der Distanzierte dazu, einen (emotionalen) Abstand zur Arbeit aufzubauen.

Der dritte Schritt der Typenbildung, die Beschreibung der Typen, wird im Folgenden umgesetzt. Er dient zugleich der Beantwortung der **Forschungsfrage 5**: „Welche Stressbewältigungstypen lassen sich identifizieren?".

(1) **Der Resiliente:** Individuen dieser Gruppe zeichnen sich insbesondere durch eine hohe Stressresistenz aus. Zwar geben die Interviewteilnehmer dieser Gruppe an, den gleichen Stressoren (z. B. Zeitdruck, Problemen mit Patienten und Angehörigen) wie die anderen Gruppen ausgesetzt zu sein, allerdings empfinden sie dabei selten oder sogar nie Stressreaktionen.

> *„Also da muss ich halt sagen: Zeitdruck ist auf jeden Fall da, sage ich schon, aber ich kann damit ganz gut umgehen. Also ich fühle mich jetzt nicht erschlagen davon." (KP4, S. 46)*

Von Stressreaktionen erholen sich die Resilienten verhältnismäßig gut. Dabei findet das Coping, wenn nötig, auf emotionsorientierter Ebene statt, z. B. durch eine positive Neubewertung. Vereinzelt geben Teilnehmer dieser Gruppe an, proaktives Coping heranzuziehen und bspw. angehende Probleme zu antizipieren sowie sich geistig darauf vorzubereiten oder bereits Handlungen durchzuführen, die das Problem gar nicht erst auftreten lassen.

Weiterhin zeichnen sich die Interviewteilnehmer, die dieser Gruppe zugeordnet werden können, dadurch aus, dass sie sich meist emotional an die Gegebenheiten anpassen können und über Fähigkeiten wie eine dicke Haut oder Gelassenheit verfügen (vgl. 4.4.4).

(2) **Der Bewältigende:** Die diesem Typ zugeordneten Individuen nehmen Stress intensiver wahr und erfahren häufiger Stressreaktionen als die Resilienten. Die Gruppe der Bewältigenden verfügt über eine größere Stresstoleranz und hat gelernt, Stress in gewissem Maße zu ertragen. Im Hinblick auf verschiedene Stressoren kann diese Gruppe funktionale Lösungen entwickeln und geeignete Copingstrategien finden. Die Bewältigenden passen ihre Copingstrategie an den Stressor an und können Stressreaktionen, wenn sie nicht problemorientiert beendet werden können, später emotionsorientiert bewältigen. Einige Interviewteilnehmer gaben an, Stress in der Dienstzeit zu bewältigen und Probleme nach Feierabend hinter sich zu lassen.

„Also ich versuche das immer sehr auf der Arbeit zu lassen. [...] Wo ich mich aus-
gestempelt habe, bin ich echt so ‚Schranke runter, jetzt ist Arbeit vorbei‘. Und dann
versuche ich auch, da jetzt nicht drüber nachzudenken.“ (KP3, S. 101)

Weiterhin beschäftigen sich die Interviewteilnehmer geistig mit Stress und reflektieren ihr eigenes Verhalten. Dadurch entwickeln sie ihre Bewältigungsfähigkeiten
regelmäßig weiter. Individuen dieses Typs besitzen die Fähigkeit, sich an ihr
Umfeld anzupassen und Stress schnell erfolgreich zu bewältigen. Dieser Typ
tendiert eher zu adaptivem Coping. Dabei wird auf Copingstrategien wie die
direkte Konfrontation bei sozialen Konflikten oder die positive Neubewertung
bei Situationen, die nicht verändert werden können (vgl. 4.4.5), zurückgegriffen.

(3) **Der Distanzierte:** Im Gegensatz zu den anderen beiden Typen, dem Bewältigenden und Resilienten, gelingt es Interviewteilnehmern dieses Typen, nicht,
Stress an sich abprallen zu lassen oder sich von diesem schnell zu erholen.
Daher wird versucht, Stressoren entgegenzuwirken und sie zu reduzieren. Die
präferierte Copingstrategie ist problemorientiert-reaktiv und äußert sich bspw. in
(häufigeren) Auseinandersetzungen mit Patienten oder im Reduzieren der eigenen
Arbeitsqualität, um die wahrgenommenen Stressoren zu minimieren.

„[...] Zum Beispiel die Körperpflege, da wurde dann statt eine komplette Ganzkörper-
waschung einfach nur, jetzt mal im Volksmund, eine Katzenwäsche gemacht.“ (KP1,
S. 79)

Dieser Typ baut eine gewisse emotionale Distanz zu Arbeit und Patienten auf
und lernt dabei, für sich zu rechtfertigen, dass seine Reaktionen dem Selbstschutz
dienen. Interviewteilnehmer dieses Typs suchen Unterstützung bei Kollegen, die
sie ermutigen und das Handeln befürworten, um so die Situation für sich zu
rechtfertigen.

(4) **Der Vulnerable:** Teilnehmer dieser Gruppe erleiden nennenswerte Stressreaktionen. Im Vergleich zu den anderen Typen gelingt es ihnen in der Regel
nicht, Stress vollständig zu verarbeiten. Dies kann sich negativ auf die Motivation, das Commitment und die Psyche auswirken. So schaffen es die Vulnerablen
teilweise nicht, ihre Arbeit vollständig zu erledigen. Interviewteilnehmer, die dieser Gruppe zuzuordnen sind, können den Patienten oftmals nicht in dem Maße
gerecht werden, wie sie es gerne würden. Vulnerable schaffen es jedoch nicht,
die unerledigte Arbeit sowie die fehlende Zeit zur Pflege der Patienten für sich zu
rechtfertigen, und beschäftigen sich noch intensiv nach Arbeitsende damit. Die
Bewältigung gelingt aber auch in der Freizeit nur bedingt.

„Ja, also ich hasse mich dafür halt selber schon. Also ich bin mega unzufrieden, wenn
ich von der Arbeit komme, weil ich halt weiß, dass ich nicht den Menschen das so

geben konnte, wie, ja, wie er es halt verdient hat. Dafür, dass er auch so viel bezahlt für den Aufenthaltsplatz quasi bei uns. [...] Und ich habe das Gefühl, dass man nur noch so durch den Alltag läuft." (KP6, S. 146)

Der vulnerable Typ sieht Freunde und Familie als wichtige Ressourcen an. Allerdings können auch diese ihm nur bedingt bei der Stressbewältigung helfen, da Interviewteilnehmer dieses Typs das Gefühl haben, dass die Bezugspersonen sie nicht oder nur teilweise verstehen können. Für den Vulnerablen stellt der Stations- oder Jobwechsel einen Ausweg dar, der häufig eingeschlagen wird.

	Der Resiliente	Der Bewältigende	Der Distanzierte	Der Vulnerable
Resilienz	hoch	mittel	mittel	gering
Problem-orientiertes Coping	gering (proaktiv)	mittel (adaptiv)	hoch (maladaptiv)	mittel (adaptiv)
Emotions-orientiertes Coping	gering (adaptiv)	hoch (adaptiv)	gering (adaptiv)	mittel (maladaptiv)
Soziales Coping	gering (neutral)	mittel (neutral)	hoch (adaptiv)	hoch (maladaptiv)
Coping in der Freizeit	gering (proaktiv)	mittel (adaptiv)	hoch (neutral)	hoch (maladaptiv)

Abb. 4.3 Übersicht Typen

Abbildung 4.3 fasst die einzelnen Typen zusammen. Die Spalten gliedern sich nach den beschriebenen Typen. In den Zeilen werden die Ausprägungen der Merkmalsräume (vgl. 4.5.1) aufgezeigt. Diese beinhaltet zum einen die Intensität der einzelnen Dimensionen. Zum anderen, finden sich für die Merkmalsräume des Copings auch die Ausprägungen der Adaptivität bzw. der Aktivität gemäß der Ausführungen in 4.5.1 in den Klammern. Im letzten Schritt der Typenbildung werden die Interviewteilnehmer den einzelnen Typen zugeordnet. Dabei lassen sich die Interviewteilnehmer AP4, AP5, KP9 dem Typ des Resilienten zuordnen. KP3, KP7, KP8 und KP10 wurden dem Bewältigenden zugeordnet. Die Gruppe der Distanzierten besteht aus den Interviewteilnehmern KP1 und KP2. In die Gruppe der Vulnerablen fallen die Interviewteilnehmer KP4, KP5 und KP6. Die

Teilnehmer AP1, AP2 und AP3 lassen sich keinem der Typen eindeutig zuordnen und weisen Ausprägungen auf, die sowohl den Merkmalen des Bewältigenden als auch jenen des Distanzierten ähneln. Allerdings lässt sich keine Systematik ableiten, die diese Befragten als homogene Einheit erfasst. Es ist anhand der Datenlage nicht zu beurteilen, ob es sich um weitere Typen handeln könnte oder eher von untypischem Verhalten auszugehen ist. In der folgenden quantitativen Analyse (vgl. Kapitel 6) könnten sich mehr als vier Profile ergeben, in diesem Fall könnten die genannten Befragten unter Umständen diesen zugeordnet werden. Andernfalls wird im Weiteren von untypischen Befragten ausgegangen.

4.6   Diskussion der Ergebnisse

Die vorliegende qualitative Analyse liefert verschiedene Beiträge in Bezug auf den bisherigen Forschungsstand. Im anschließenden Kapitel 5 sollen die Ergebnisse im Hinblick auf die anschließende quantitative Analyse der vorliegenden Arbeit diskutiert werden.

Die Analyse liefert verschiedene Beiträge hinsichtlich (1) Stressoren, (2) Resilienz und (3) Coping von Pflegekräften. Weiterhin lassen sich Annahmen hinsichtlich des (4) Zusammenwirkens von Coping und Resilienz sowie der (5) Auswirkungen von Stress ableiten.

(1) **Beiträge zu Stressoren von Pflegekräften:** In der vorliegenden Analyse konnten diverse Stressoren identifiziert werden, die aus verschiedenen anderen Studien (vgl. 3.2.2) bereits bekannt sind. Darunter fallen bspw. verschiedene Stressoren, die mit Zeitdruck, Handlungsspielraum und einer Vielzahl an Aufgaben einhergehen (vgl. z. B. Schmitz/Neumann/Oppermann 2000; Rogers u. a. 2004; Winwood/Lushington 2006; Embriaco u. a. 2007). In diesem Zusammenhang haben Interviewteilnehmer immer wieder den vorherrschenden Personalmangel und/oder die geringe Bezahlung des Berufes genannt. Bis auf wenige Ausnahmen gaben fast alle Interviewteilnehmer an, diesen Stressoren regelmäßig zu begegnen. Viele Aussagen der Interviewteilnehmer lassen sich so interpretieren, dass sie eine Zunahme der genannten Stressoren wahrnehmen und diese u. a. mit dem vorherrschenden Personalmangel oder Fachkräftemangel begründen. Auch die regelmäßige Wahrnehmung von sozialen Stressoren wurde von den meisten Interviewteilnehmern geäußert. Ein Teil der Interviewteilnehmer berichtete von einer zunehmenden Herabwürdigung und/oder zunehmenden körperlichen Gewalt seitens der Patienten, Bewohner und/oder Angehörigen. Somit finden sich auch in der vorliegenden Studie Belege dafür, dass Gewalt zunehmend

ein Problem in der Pflege wird, wie es bereits in früheren Studien aufgezeigt wurde (vgl. Franz u. a. 2010; Schablon u. a. 2012; Schablon u. a. 2018).

Ein weiterer Beitrag der vorliegenden Analyse liegt in der **Identifikation von Stressoren**, die in der Literatur bisher wenig Beachtung fanden. Zu nennen sind in diesem Zusammenhang das Notfallerleben von Pflegekräften, das in der Forschung zwar teilweise thematisiert wird, aber meist nur im Zusammenhang mit Notfallstationen (vgl. z. B. Dominguez-Gomez/Rutledge 2009; Adriaenssens u. a. 2011). Die vorliegende Studie liefert Grund zu der Annahme, dass insbesondere Notfälle auf Stationen/Einrichtungen, in denen diese selten vorkommen, mit größeren Auswirkungen auf Pflegekräfte einhergehen als bspw. auf Notfallstationen (vgl. 4.4.2). Weiterhin zeigt sich, dass auch neue Stressoren aufgrund der zunehmenden Digitalisierung entstehen, was sich ebenfalls mit den Erkenntnissen aus anderen Ländern deckt (vgl. 3.1.2, Nguyen/Bellucci/Nguyen 2014). Die vorliegende Studie zeigt in diesem Zusammenhang bereits bekannte Probleme wie Überforderung mit Dokumentationshardware auf (vgl. z. B. Nguyen/Bellucci/Nguyen 2014; Califf/Sarker/Sarker 2020). Sie greift aber auch in der Forschung bisher nicht thematisierte Stressoren wie Stressoren im Zusammenhang mit Online-Bewertungen auf (vgl. 4.4.2).

Zusammenfassend lassen sich aus der vorliegenden Studie drei Annahmen hinsichtlich der Stressoren von Pflegekräften ableiten: Erstens führt der Fachkräftemangel dazu, dass sich Stressoren, insbesondere Zeitdruck und Aufgabenvielfalt, für Pflegekräfte verschärften. Zweitens nimmt die (subjektiv empfundene) Anerkennung des Berufs ab. Dies äußert sich in zu geringer Bezahlung, zunehmender Konfrontation mit Herabwürdigungen, illegitimen Aufgaben und/oder Gewalt. Drittens führen digitale Prozesse zu neuen Stressoren, wie am Beispiel der Online-Bewertung aufgezeigt wurde.

(2) **Beiträge zum Coping von Pflegekräften:** In der vorliegenden Analyse finden sich verschiedene Arten von Copingstrategien, die bereits aus der Forschung bekannt sind (bspw. soziale Unterstützung, positive Umdeutung). In Kombination mit den Stressreaktionen und der Resilienz betrachtet zeigt sich dabei, dass eine Differenzierung nach generalistischen Kategorien (vgl. 2.2.2.1) zur Betrachtung von Effekten nur bedingt hilfreich ist. Die Analyse liefert Erkenntnisse, die darauf schließen lassen, dass es auf den gewählten Ebenen (problemorientiert, emotionsorientiert, Coping in der Freizeit und soziales Coping) sowohl funktionale als auch dysfunktionale Strategien geben kann und dass diese sich zusätzlich im Aktivitätsgrad (proaktiv, reaktiv) sowie in der Adaptivität (adaptiv, maladaptiv) unterscheiden können (vgl. 4.4.6). Sie bestätigt somit die Kritik, die in der Literatur teilweise geäußert wird (vgl. z. B. Skinner u. a. 2003; Dewe/Cooper 2017,

S. 169). Der Argumentation aus Abschnitt 2.4 folgend sollen in der vorliegenden Diskussion keine Annahmen über die Effektivität einzelner Copingstrategien getroffen werden, vielmehr sollte dazu der Bewältigungsstil in seiner Gänze (also der Kombination von Coping und Resilienz) herangezogen werden.

(3) **Beiträge zur Resilienz von Pflegekräften:** In der vorliegenden Analyse wurde z. T. zu ähnlichen Erkenntnissen gelangt, die sich auch in anderen Resilienzstudien finden lassen (vgl. z. B. Smith/Leslie/Wynaden 2017; Yu u. a. 2019; Yaseen/Abdulah/Piro 2020). So lässt sich bspw. ableiten, dass Ausprägungen von EI, Kohärenzgefühl oder sozialer Unterstützung mit einer besseren Resilienz einhergehen (vgl. 4.4.4). Ebenfalls finden sich in den Erkenntnissen der vorliegenden Analyse Hinweise darauf, wie es zum Resilienzaufbau kommen kann. Den Ausführungen der Interviewteilnehmer zufolge lässt sich dies bspw. auf Selbstreflexion, Motivation und die Bewertung von Situationen, aber auch auf soziale Kontakte (bspw. Kollegen, Patienten Angehörige) zurückführen (vgl. 4.4.4). Verschiedene Studien kommen zu dem Schluss, dass mit zunehmender Berufserfahrung eine höhere Resilienz einhergeht (vgl. Kim/Windsor 2015, S. 25; Öksüz u. a. 2019). Dieser Schluss ließe sich zwar auch aus der vorliegenden Analyse ziehen, allerdings muss in diesem Zusammenhang kritisch hinterfragt werden, ob dies nicht auf andere Gründe zurückgeführt werden kann. Aufgrund der vorliegenden Erkenntnisse lässt sich annehmen, dass Pflegekräfte, denen der Resilienzaufbau nicht gelingt, die Profession frühzeitig verlassen. Demnach findet eine Vorselektion bei größeren Stichproben statt, die den größeren Zusammenhang zwischen Berufserfahrung und Resilienz erklären könnte. Mit anderen Worten: Die ausgeprägtere Resilienz bei erfahreneren Mitarbeitern kann sich daraus ergeben, dass Mitarbeiter mit geringerer Resilienz früher die Profession verlassen.

(4) **Beiträge zum Zusammenwirken von Coping und Resilienz:** Die Identifikation der genannten Stressbewältigungstypen (vgl. 4.5.2) liefert einen Mehrwert für die Forschung: Die Kombination aus Coping und Resilienz kann dabei helfen, Stressbewältigung besser zu verstehen. Die überwiegende bisherige Literatur lässt diese bisher außer Acht (vgl. 3.2.4). Die vorliegende Analyse zeigt in diesem Zusammenhang, dass Resilienz zwar mit einer besseren Stressbewältigung einhergeht, aber auf sehr unterschiedliche Art erfolgt und somit verschiedene Auswirkungen für Individuen und Organisationen mit sich bringen kann. Eine Form der Stressbewältigung äußert sich darin, Stress an sich abprallen zu lassen (der Resiliente): Trotz gleicher Stressoren zeichnen sich einige Interviewteilnehmer gegenüber anderen Betroffenen durch proaktives und aktives Coping aus, was aber nur selten angewandt wird. Eine andere Form stellt eine passive Art der

Stressbewältigung dar (der Bewältigende): Betroffene finden adaptive Copingstrategien, um Stressoren entgegenzuwirken. Eine andere relativ effektive Art ist die Anpassung durch Koexistenz mit den Stressoren (der Distanzierte), bei der Individuen zwar eine ausgeprägte Resilienz aufweisen, die aber mit Coping in Form von Ausweichen bzw. Ignorieren von Problemen einhergeht. Dies kann mit negativen Konsequenzen für Patienten und die Organisation verbunden sein, da bspw. Patienten nur eine Grundversorgung erhalten, das Organisationsziel nicht oder nur bedingt erreicht wird und bspw. das Image des Arbeitgebers unter der schlechten Qualität leiden könnte.

(5) **Auswirkungen von Stress:** Die vorliegende Analyse gibt Grund zu der Annahme, dass Stress nicht nur mit gesundheitlichen Folgen verbunden, sondern auch mit der Reduktion des organisationalen Commitments einhergehen kann. Diese Erkenntnis ist nicht neu und deckt sich mit der bisherigen Forschung (vgl. z. B. Ho u. a. 2009; Pishgooie u. a. 2019). Dabei kann das Commitment gegenüber verschiedenen Bindungszielen beeinflusst werden. So geht aus den Interviews hervor, dass das Commitment von Pflegekräften bspw. gegenüber der Organisation, aber auch gegenüber dem Beruf abnehmen kann. Teilweise lässt sich aus den Ergebnissen auch eine Abnahme des Commitments gegenüber den Kollegen ableiten.

Die vorliegenden Erkenntnisse haben aufgrund ihrer qualitativen Natur keinen repräsentativen Charakter (vgl. 4.1). Sie liefern aber erste Anhaltspunkte, die auch für die anschließende quantitative Studie (vgl. Kapitel 6) herangezogen werden können. Diese sollen im folgenden Kapitel diskutiert werden.

Implikationen für die quantitative Studie 5

Der empirische Forschungsprozess der vorliegenden Arbeit setzt sich aus einer qualitativen und einer quantitativen personenzentrierten Analyse zusammen (vgl. 3.2.3). Dieses Kapitel dient zur ersten **Evaluation der empirischen Vorüberlegungen,** die in den Abschnitten 3.2.1 bis 3.2.3 zusammengetragen wurden, vor dem Hintergrund der Erkenntnisse aus der vorangehenden Analyse in Kapitel 4. Dabei soll der Frage nachgegangen werden, ob und inwiefern Anpassungen des weiteren Forschungsprozesses nötig sind.

Die Interviews geben Grund zu der Annahme, dass neben neu identifizierten Stressoren (vgl. 4.6), die vereinzelt genannt werden, insbesondere die aus der Literatur **bekannten Stressoren** wie Aufgabenvielfalt und Zeitdruck (vgl. 3.1.2) zum Alltag von Pflegekräften gehören. Demnach eignen sich für die anknüpfende quantitative Studie (vgl. Kapitel 6) etablierte Skalen zu Stressoren von Pflegekräften wie die Skala zur Arbeitsbelastung in der Krankenpflege (vgl. Bartholomeyczik 2014). Diese können neu auftretende Stressoren zwar nicht mit abdecken, dies stellt allerdings auch nicht das Ziel der vorliegenden Arbeit dar. Vielmehr reichen etablierte Skalen aus, um einen Teil der Realität von Stressoren für Pflegekräfte abzubilden.

Die beschriebene **Problematik der Kategorisierung von Coping** (vgl. 3.2.4) wurde auch im Zuge der qualitativen Studie deutlich. In dieser Hinsicht zeigt sich, dass Individuen verschiedene Strategien (gleichzeitig) anwenden und eine reine Unterscheidung zwischen generalistischen Klassifikationen (vgl. 2.2.2.1) für die Zielsetzung dieser Arbeit nur bedingt nützlich ist. Es wird in diesem Zusammenhang u. a deutlich, dass Individuen emotionsorientierte und problemorientierte Copingstrategien gleichzeitig anwenden und diese sich zusätzlich im Aktivitätsgrad (proaktiv, reaktiv) sowie in der Adaptivität (adaptiv, maladaptiv) unterscheiden können. Daher eignen sich insbesondere Messinstrumente für die quantitative Studie, die es erlauben, einzelne Copingstrategien zu (nicht vorgegebenen) Faktoren zu kombinieren. Die Skala „Brief COPE" ermöglicht in diesem Zusammenhang bspw. die Faktorenbildung auf verschiedenen Ebenen und nicht (ausschließlich) generalistische Klassifikationen (vgl. Knoll/Rieckmann/Schwarzer 2005).

Die qualitative Studie legt weiterhin die Annahme nahe, dass die **Kombination aus Coping und Resilienz** mit unterschiedlichen Auswirkungen verbunden sein kann. In diesem Zuge zeigt sich bspw., dass Typen existieren, die trotz vermeidenden Copings eine relativ ausgeprägte Resilienz aufweisen. Daher lässt sich darauf schließen, dass Bewältigungsstile existieren, die das Individuum zu Lasten von Organisation und Patienten schützen. Die Grundannahmen der vorliegenden Arbeit (vgl. 2.4) werden in der qualitativen Studie nicht widerlegt, daher werden diese auch für die folgende quantitative Studie herangezogen.

Skalen können die in Kapitel 4 beschriebenen Sachverhalte nur bedingt erfassen, da diese nur eingeschränkte Antwortmöglichkeiten liefern. Anhand der Kombination aus qualitativen und quantitativen Erkenntnissen, die sich aus den Ergebnissen der Kapitel 4 und 6 ergeben, lassen sich aber Annahmen ableiten, die die Erkenntnisse zwar für eine größere Grundgesamtheit annehmen können, aber in zukünftigen empirischen Studien getestet werden müssen. Die Diskussion darüber, inwiefern sich die Erkenntnisse aus Kapitel 4 und 6 kombiniert interpretieren lassen, findet in Kapitel 7 der vorliegenden Arbeit statt.

Quantitative Studie zur Stressbewältigung von Pflegekräften 6

6.1 Forschungsdesign und Forschungsmodell

Das vorliegende Kapitel knüpft an das beschriebene empirische Vorhaben aus Abschnitt 3.3 an und greift die Implikationen aus Kapitel 5 auf. Das Vorgehen wird zunächst vor dem Hintergrund der Vor- und Nachteile quantitativer Verfahren der empirischen Sozialforschung diskutiert. Das gewählte explorative Vorgehen der vorliegenden Studie orientiert sich dabei an vier Forschungsfragen, die in diesem Kapitel hergeleitet und aufgezeigt werden. Die Daten werden dabei anhand einer Online-Befragung generiert, deren Ergebnisse mittels einer latenten Profilanalyse ausgewertet und anschließend diskutiert werden.

Für die folgende Analyse wird also ein quantitatives Verfahren herangezogen. **Quantitative Verfahren** der empirischen Sozialforschung haben in vielen Fällen das Ziel, (theoriegestützte) Hypothesen zu testen, um diese zu bestätigen oder zu widerlegen. Wie in der vorliegenden Analyse können sie aber auch explorativer Natur (vgl. 3.2.1) sowie frei von Hypothesen sein und das Ziel haben, neue Strukturen zu entdecken (vgl. z. B. Bortz/Döring 2006, S. 138). Im Gegensatz zu qualitativen Verfahren werden größere Datenmengen generiert, die numerisch vergleichbar sind und daher Aussagen erlauben, die sich auf Basis einer repräsentativen Stichprobe auf eine relevante Grundgesamtheit (in der vorliegenden Studie: stationäre Pflegekräfte in Deutschland) übertragen lassen (vgl. z. B. Stein 2014, S. 146).

Das Spektrum quantitativer Verfahren beinhaltet dabei sowohl variablenzentrierte als auch personenzentriere Ansätze (vgl. 3.2.2). Vor dem Hintergrund der empirischen Vorüberlegungen zur vorliegenden Arbeit (vgl. 3.3.1) wird in der folgenden Analyse ein personenzentrierter Ansatz verfolgt. **Latente Profilanalysen**

© Der/die Autor(en) 2022
I. Klingenberg, *Stressbewältigung durch Pflegekräfte*,
https://doi.org/10.1007/978-3-658-37438-9_6

(**LPA**) stellen ein personenzentriertes Verfahren dar. Sie haben das Ziel, natürliche Gruppen (engl. cluster) bzw. Subpopulationen zu identifizieren, die eine ähnliche Struktur von ausgewählten Merkmalen aufweisen (vgl. z. B. Morin u. a. 2016, S. 232). Eine LPA eignet sich vor dem Hintergrund der Annahmen dieser Arbeit, da sie die unterschiedlichen Resilienz- und Copingdimensionen abbildet und somit einen differenzierten Bewältigungsstil abbilden kann (vgl. 3.2.4).

Die **bisherige Forschung** bietet nur vereinzelt Studien, die Coping anhand von LPA-Copingprofilen berechnen (vgl. z. B. Aldridge/Roesch 2008; Okafor/Lucier-Greer/Mancini 2016; Freire u. a. 2018; Zaidman-Zait u. a. 2018). Diese fanden bisher aber überwiegend ohne Berücksichtigung der Resilienz statt, was hinsichtlich der Annahmen der vorliegenden Arbeit als problematisch anzusehen ist, da die Resilienz als essenzieller Bestandteil der Stressbewältigung definiert wird (vgl. 2.4). Weiterhin mangelt es bisher an Profilanalysen von Pflegekräften, was vor dem Hintergrund der zunehmenden Bedeutung des Kontexts (vgl. 3.2.1) als problematisch anzusehen ist, da sich bestehende Profile nicht auf den Forschungsschwerpunkt der vorliegenden Arbeit, also auf Pflegekräfte übertragen lassen. Daher generiert die folgende Analyse einen Mehrwert für die Stressforschung im Generellen und für die Forschung zur Stressbewältigung von Pflegekräften im Speziellen.

Um das Ziel der vorliegenden Analyse zu erreichen, wurde die Befragungsform eines **Online-Fragebogens** gewählt. Online-Fragebögen stellen eines der häufigsten Instrumente im Rahmen der quantitativen Verfahren dar (vgl. Wagner-Schelewsky/Hering 2014, S. 661). Sie gehen im Vergleich zu telefonischen, mündlichen oder schriftlichen (z. B. per Brief) Befragungen mit verschiedenen Vorteilen einher: (1) Die Daten werden direkt digital angegeben und gespeichert (vgl. z. B. Diekmann 2018, S. 522); dadurch verringert sich die Gefahr, dass die Angaben bei der Übertragung (z. B. über Telefon) oder Einspeicherung (z. B. beim Abtippen) durch Fehler verfälscht werden. (2) Interviewer-Effekte entfallen: Befrager nehmen Einfluss auf Befragte (z. B. durch Sympathie) und beeinflussen das Antwortverhalten (z. B. in Form von sozialer Erwünschtheit). Aufgrund der empfundenen Anonymität, die durch das Beantworten der Fragen an mobilen Endgeräten oder am Computer entsteht, werden Befragte weniger durch Interviewer-Effekte beeinflusst (vgl. z. B. Wagner-Schelewsky/Hering 2014, S. 662). (3) Aufgrund der technischen Möglichkeiten können Fehler wie Nichtbeachtung von einzelnen Fragen (Item-Non-Response) durch das Setzen von Pflichtfragen (vgl. 6.2.1) oder fehlerhafte Antworten aufgrund zu schneller Beantwortung durch Erfassen der Zeit reduziert werden (vgl. 6.3). (4) Die Teilnahme an der Befragung ist zeitlich flexibel; der Fragebogen kann, anders als bei telefonischen oder persönlichen Terminen, ohne zeitliche Restriktionen oder Vereinbarungen jederzeit ausgefüllt werden (vgl. z. B. Wagner-Schelewsky/Hering 2014, S. 662).

Zur Gestaltung des Fragebogens müssen adäquate Instrumente (z. B. Skalen) ausgewählt werden. In theoriegeleiteten Analysen lassen sich die Konstrukte und die damit verbundenen Skalen aus den Hypothesen ableiten. Da für die vorliegende Studie keine Hypothesen formuliert werden, sollen Forschungsfragen die Analyse strukturieren und die Auswahl der Instrumente leiten. Ausgehend von den Ausführungen aus Kapitel 5 lassen sich vier **Forschungsfragen** ableiten, an denen sich in der vorliegenden Analyse orientiert wird.

Die identifizierten Typen aus der qualitativen Studie (vgl. 4.5.2) zeigen, dass sich Stressbewältigung mehrdimensional und personenzentriert abbilden lässt. Allerdings sind diese Erkenntnisse heuristischer Natur und beruhen auf einer Stichprobe von 15 Teilnehmern. Während qualitative Studien in der Regel das Ziel verfolgen Einzelfälle im Detail zu erklären, streben quantitative Studien Regelmäßigkeiten an (vgl. Wichmann 2019, S. 43). Es kann daher nicht ohne ein quantitatives Verfahren darauf geschlossen werden, dass die in Kapitel 4 gebildeteren Typen auf eine größere Grundgesamtheit übertragbar sind und es sich bei diesen nicht lediglich um Einzelfälle statt um Regelmäßigkeiten handelt. Daher stellt sich die Frage, inwiefern sich auf quantitativer Basis mehrdimensionale Stressbewältigungsprofile bilden lassen und wie sich diese gestalten. Die erste Forschungsfrage lautet daher:

Forschungsfrage 1: Welche Stressbewältigungsprofile lassen sich identifizieren? Die Erkenntnisse aus Kapitel 4 bieten nur begrenzte Erklärungen dafür, warum Befragte einen entsprechenden Stressbewältigungsstil entwickeln. Die empirische Forschung liefert dabei schon verschiedene Erkenntnisse darüber, welche Faktoren das Coping und die Resilienz beeinflussen können (vgl. 2.2.3; 2.3.3). Dabei sind überwiegend Faktoren zu finden, die auf die Genetik, die Entwicklung im Kindes- und Jugendalter und/oder auf die soziale Umgebung (sowohl auf Mikro- als auch Meso- und Makroebene) zurückzuführen sind. Aus betriebswirtschaftlicher Sicht stellt sich aber auch die Frage, inwiefern Faktoren, die sich aus der Arbeitsgestaltung ergeben können, Einfluss auf die Stressbewältigung nehmen. Daher lautet die zweite Forschungsfrage:

Forschungsfrage 2: Welche Einflussfaktoren erklären die Profilzugehörigkeit? Die Forschungsfrage 2 soll und kann aufgrund des quantitativen Designs nicht komplett offen gestaltet werden. Vielmehr gibt es verschiedene Aspekte, die gesondert betrachtet werden sollen; daraus ergeben sich untergeordnete Forschungsfragen, die im Folgenden erläutert werden.

In der Forschung besteht weitgehend Konsens hinsichtlich einer Goodness-of-Fit-Hypothese für Copingstrategien (vgl. 2.2.4), weiterhin wird teilweise die Annahme einer kontextabhängigen Resilienz vertreten (vgl. 2.3.1; Rutter 1999, S. 135; Ungar 2004, S. 342). Daraus kann die Annahme getroffen werden, dass die Bewältigungsprofile durch die erlebten Stressoren beeinflusst werden. Dieser Aspekt findet in der derzeitigen Forschung bisher zwar kaum Berücksichtigung (vgl. 3.2.1), ist aber für das grundlegende Verständnis von Stressbewältigung essenziell. Daher lautet die erste Unterfrage für die zweite Forschungsfrage:

Forschungsfrage 2a: Inwiefern nehmen die erlebten Stressoren Einfluss auf die Profilzugehörigkeit?

Die Stressforschung liefert bereits diverse Erkenntnisse dazu, inwiefern Führungskräfte das Stressempfinden ihrer Mitarbeiter beeinflussen (vgl. 2.1.5; Gregersen u. a. 2011; Weiß/Süß 2016). Aufgrund der besonderen Rolle, die Führungskräfte in Organisationen einnehmen, ist davon auszugehen, dass deren Stressbewältigung sich von jener von Personen ohne Führungsverantwortung unterscheidet. Führungskräfte nehmen hierarchiebedingt eine gesonderte soziale Stellung in Unternehmen ein (vgl. Oc/Bashshur 2013, S. 921). Daher ist davon auszugehen, dass insbesondere die soziale Dimension von Coping bei Führungskräften anders ausgeprägt ist als bei Mitarbeitern ohne Führungsfunktion. Daher lautet die zweite Unterfrage der zweiten Forschungsfrage:

Forschungsfrage 2b: Inwiefern nimmt individuelle Führungsverantwortung Einfluss auf die Profilzugehörigkeit?

Die Forschung liefert bereits Erkenntnisse dazu, dass soziodemografische Merkmale Einfluss auf das Coping (vgl. 2.2.3) und die Resilienz (vgl. 2.3.3) nehmen können. So gibt es empirische Erkenntnisse dazu, dass Frauen eher zu Disengagement und zu emotionsorientiertem Coping neigen (vgl. Matud 2004) oder dass ältere Menschen gelassener mit Stress umgehen können als jüngere (vgl. Aldwin 2007, S. 292). Im Zuge der nachfolgenden Analyse soll überprüft werden, ob diese Ergebnisse auch im Rahmen des gewählten Ansatzes Bestand haben. Daher lautet die dritte Unterfrage der zweiten Forschungsfrage:

Forschungsfrage 2c: Inwiefern nehmen soziodemografische Merkmale Einfluss auf die Profilzugehörigkeit?

Neben den Einflussfaktoren auf die Stressbewältigung liegen auch deren Auswirkungen im Interesse der (personalwissenschaftlichen) Forschung. Dabei liefert diese bereits diverse Erkenntnisse zu den Effekten von Coping (vgl. 2.2.4) und

Resilienz (vgl. 2.3.4). Es stellt sich allerdings die Frage, inwiefern diese Erkenntnisse vor dem gewählten multidimensionalen Ansatz Bestand haben (vgl. 3.2.1). Daher lautet die dritte Forschungsfrage:

Forschungsfrage 3: Wie unterscheiden sich die identifizierten Profile hinsichtlich der Auswirkungen von Stress?

Auch Forschungsfrage 3 kann aufgrund des quantitativen Designs nicht komplett offen gestaltet werden. Wie bei den Einflussfaktoren soll auch hier der Fokus auf einzelne Aspekte gelegt werden, die im Folgenden erläutert werden.

Ein zentrales Problem, das sich aus dysfunktionaler Stressbewältigung ergeben kann, stellen physische (vgl. 2.1.2.2) und psychische Erkrankungen (vgl. 2.1.3.4) dar. Diese gehen auch mit Kosten und Produktionsverlusten für Unternehmen einher (vgl. 2.1.5.2). Daher stellt sich aus individueller und organisationaler (personalwissenschaftlicher) Forschungsperspektive die Frage, welche Art der Stressbewältigung mit einer besseren Gesundheit einhergeht. Die Erkenntnisse könnten bspw. in der Konzeption verhaltenspräventiver Maßnahmen Berücksichtigung finden. Aufgrund des zunehmenden Fachkräftemangels in der Pflege ist die Frage, welche Form der Stressbewältigung die Pflegekräfte gesund hält, auch aus gesellschaftlicher Sicht relevant (vgl. 3.2.1). Daher lautet die erste Unterfrage der dritten Forschungsfrage:

Forschungsfrage 3a: Inwiefern wirkt sich die Profilzugehörigkeit auf die Gesundheit der Pflegekräfte aus?

Der zunehmende Fachkräftemangel im Pflegebereich resultiert u. a. aus dem fehlenden Nachwuchs und der zunehmenden (dauerhaften) Arbeitsunfähigkeit von Pflegekräften, aber auch aus dem zunehmenden ‚Pflexit' (vgl. 3.2.1). Die qualitative Analyse in Kapitel 4 liefert Erkenntnisse dazu, inwiefern Stressbewältigung das Commitment beeinflussen kann. Dabei kann das Commitment gegenüber verschiedenen Bindungszielen im Hinblick darauf relevant sein, ob eine Pflegekraft eine Einrichtung oder sogar die Profession verlässt (vgl. 4.6). Um die Erkenntnisse aus Kapitel 4 auszubauen, lautet die zweite Unterfrage der dritten Forschungsfrage wie folgt:

Forschungsfrage 3b: Inwiefern wirkt sich die Profilzugehörigkeit auf das Commitment von Pflegekräften aus?

Die Kombination aus Ursache, Bewältigungsstil und Wirkung lässt eine umfangreiche Interpretation der Ergebnisse zu. Dabei stellt sich auch die Frage, inwiefern die identifizierten Profile mit den bisherigen Erkenntnissen dieser Arbeit übereinstimmen und wie sich die Erkenntnisse inhaltlich verknüpfen lassen. Daher lautet die vierte Forschungsfrage:

Forschungsfrage 4: Wie lassen sich die Profile vor dem Hintergrund ihrer Ursachen und Wirkungen interpretieren?

Die gewählten Forschungsfragen sollen strukturgebend für die vorliegende Analyse sein. Daher wurden beim Aufbau des Fragebogens sowie bei der Wahl der verwendeten Skalen (vgl. 6.2) die genannten Forschungsfragen als maßgeblich betrachtet.

6.2   Datenerhebung

6.2.1   Aufbau des Fragebogens

Die Daten wurden mittels eines Online-Fragebogens generiert. Dieser wurde mit der Software Unipark erstellt und war über eine URL zu erreichen. Der **Aufbau des Fragebogens** nimmt Einfluss auf das Befragungsverhalten der Teilnehmer – er soll daher im Folgenden aufgezeigt und die verschiedenen Funktionen erläutert werden.

Der Fragebogen beginnt mit einer **Einführungsseite**, auf der darauf hingewiesen wird, dass sich die Befragung ausschließlich an Pflegekräfte in stationären Einrichtungen richtet. Dies geht auf die empirischen Vorüberlegungen der vorliegenden Arbeit zurück und ist der Annahme geschuldet, dass sich die Stressoren und die Bewältigungsmöglichkeiten in der ambulanten Pflege deutlich von denen in der stationären Pflege unterscheiden (vgl. 3.3.1). Weiterhin werden die Teilnehmer über die ungefähre Dauer der Befragung (ca. 10 bis 15 Minuten) informiert. Dies soll Transparenz schaffen und verhindern, dass Teilnehmer aufgrund der Erwartung eines großen zeitlichen Aufwands nicht an der Befragung teilnehmen oder die Befragung während der Teilnahme abbrechen, weil sie eine geringere Zeit erwarteten. Weiterhin werden die Teilnehmer darüber informiert, dass die Befragung anonym ist und lediglich wissenschaftlichen Zwecken dient. Zudem werden sie über ihre Rechte gemäß der Datenschutz-Grundverordnung (DSVGO) aufgeklärt. Die Teilnehmer werden darüber informiert, dass sie die Möglichkeit haben, an einem Gewinnspiel teilzunehmen (vgl. 6.2.3). Weiterhin werden die Kontaktdaten des Befragungserstellers angegeben.

Jeder Befragte bekommt zu Beginn der Befragung eine **Filterfrage** gestellt. In dieser soll nochmals bestätigt werden, dass der potenzielle Teilnehmer als Pflegekraft in einer stationären Einrichtung arbeitet, wodurch sichergestellt werden soll, dass Teilnehmer, die den Einleitungstext nicht aufmerksam gelesen haben, nochmals darauf hingewiesen werden, dass sich die Befragung ausschließlich an die genannte Zielgruppe richtet. Damit sinkt auch das Risiko von Overcoverage, also dass Teilnehmer, die nicht der Grundgesamtheit angehören, in die Stichprobe gelangen (vgl. Groves u. a. 2011, S. 54).

Die **Reihenfolge** der Fragen kann Einfluss auf das Ankreuzverhalten der Teilnehmer nehmen (vgl. Diekmann 2018, S. 464–465). Um diesen sogenannten Reihenfolgeeffekt zu reduzieren wurden die folgenden Frageblöcke und deren einzelne Fragen für die Befragten randomisiert, d. h. die Befragten erhalten die Fragen in unterschiedlicher Reihenfolge. Die Befragung enthält dabei folgende Frageblöcke, die in Abschnitt 6.2.2 operationalisiert werden: Stressoren, Resilienz, Coping, Irritation, Commitment, soziodemografische Angaben und soziale Erwünschtheit.

Zudem wurden **Pflichtfragen** definiert. Die Festlegung von Pflichtfragen geht mit Vor- und Nachteilen einher. Das Programm Unipark bietet drei verschiedene Optionen dafür, ob eine Frage verpflichtend ist: (1) Freiwillige Fragen: Der Befragte muss eine Frage nicht beantworten und wird auch nicht darauf hingewiesen, wenn sie nicht ausgefüllt wurde. Dies birgt die Gefahr von Item-Non-Response, also des Auslassens einzelner Fragen (vgl. Groves u. a. 2011, S. 183), weil eine Frage unabsichtlich, z. B. durch fehlende Aufmerksamkeit, übersprungen werden kann. (2) Pflichtfragen: Teilnehmer müssen eine Frage beantworten und können die Befragung nicht fortsetzen, ohne die verpflichtende Frage ausgefüllt zu haben. Dies verhindert zwar das Problem von Item-Non-Response, kann aber zu Unit-Non-Response, also zum Abbruch des Fragebogens führen (vgl. Groves u. a. 2011, S. 183), da Befragte eine Frage nicht beantworten möchten und folglich die Befragung abbrechen. (3) Eingeschränkte Pflichtfrage: Teilnehmer werden auf eine nicht ausgefüllte Frage aufmerksam gemacht, haben aber die Option auszuwählen, dass die Frage nicht beantwortet werden soll. Da das Risiko für Item- und Unit-Non-Response bei eingeschränkten Pflichtfragen gering ausfällt, werden sämtliche Fragen des Fragebogens in dieser Form angeboten. Ausgenommen davon ist lediglich die anfängliche Filterfrage, die als Pflichtfrage abgefragt wird.

Vorab zur Befragung wurde ein **Pretest** (n = 10) durchgeführt. Dieser diente dazu, die Funktionalität des Fragebogens zu testen und zu überprüfen, ob die Probanden die einzelnen Fragen verstehen. Auf Grundlage des Pretests wurden sprachliche Korrekturen und Anpassungen innerhalb der Fragebogenprogrammierung vorgenommen.

6.2.2   Operationalisierung der Variablen

Zur Messung von **Stressoren** wird die Skala zur Arbeitsbelastung in der Krankenpflege herangezogen (vgl. Bartholomeyczik 2014; $\alpha = .83$). Diese wurde zur Erfassung von typischen Arbeitsbelastungen in der Krankenpflege entwickelt, besteht aus zwölf Items und wird anhand einer Fünf-Punkte-Likert-Skala (1 „sehr selten" bis 5 „sehr oft") gemessen. Die Items lassen sich in zwei Subdimensionen aufteilen, nämlich (1) Koordinations- und Informationsprobleme (bspw. „Wie oft kommt es vor, dass Sie aus Zeitgründen nicht auf die Wünsche oder Probleme der Patienten eingehen können?") und (2) psychophysische Überforderung (bspw. „Wie oft kommt es vor, dass Sie das Gefühl haben, die Arbeit sei so viel, dass Sie nie damit fertig werden können?").

Die **individuelle Resilienz** wird anhand der deutschen Version der Brief-Resilience-Scale gemessen (vgl. Chmitorz u. a. 2018; $\alpha = .85$). Die Skala beruht auf der englischen Originalskala nach Smith u. a. (2008), die anhand einer deutschen Stichprobe validiert wurde. Sie besteht aus sechs Items, die auf einer Fünf-Punkte-Likert-Skala (1 „stimme überhaupt nicht zu" bis 5 „stimme vollkommen zu") gemessen werden. Die Befragten sollen Aussagen hinsichtlich ihrer individuellen Regenrationsfähigkeiten zustimmen (bspw. „Ich neige dazu, mich nach schwierigen Zeiten schnell zu erholen.").

Zur Messung der einzelnen **Coping-Dimensionen** wird die deutsche Übersetzung des Brief COPE verwendet (vgl. Knoll/Rieckmann/Schwarzer 2005; $\alpha = .70$–$.81$). Dieser besteht im Original aus 28 Items und bildet eine Vier-Punkte-Likert-Skala (1 „stimme überhaupt nicht zu" bis 4 „stimme voll und ganz zu"). Gemäß dem Vorgehen nach Knoll/Rieckmann/Schwarzer (2005) werden aus Gründen der internen Konsistenz die originalen 14 Subdimensionen auf elf Subdimensionen reduziert, die sich zu vier Faktoren zusammenfassen lassen (vgl. Knoll/Rieckmann/Schwarzer 2005, S. 233). Die vier Faktoren sind: (1) Positiv fokussiertes Coping ($\alpha = .76$) mit den Dimensionen Akzeptanz, positive Umdeutung und Humor (bspw. „Ich habe mich mit Arbeit oder anderen Sachen beschäftigt, um auf andere Gedanken zu kommen."); (2) unterstützendes Coping ($\alpha = .76$) mit den Dimensionen instrumentelle Unterstützung, emotionale Unterstützung und Religion (bspw. „Ich habe aufmunternde Unterstützung von anderen erhalten."); (3) aktives Coping ($\alpha = .81$) mit den Dimensionen aktive Bewältigung und Planung (bspw. „Ich habe aktiv gehandelt, um die Situation zu verbessern.") und (4) evasives Coping ($\alpha = .70$) mit den Dimensionen Selbstbeschuldigung, Verleugnung und Ausleben von Emotionen (bspw. „Ich wollte einfach nicht glauben, dass mir das passiert.") (vgl. Knoll/Rieckmann/Schwarzer

2005, S. 233–234). Auf seiner Homepage weist der Autor der Originalskala darauf hin, dass die Skalen zwar sowohl als einzelne (11 bis 14) Subdimensionen als auch als übergeordnete Skalen Verwendung finden, die Anzahl und Zusammensetzung dabei aber je nach Verwendungszweck variieren kann (vgl. Carver 2020). Dies ermöglicht ein offenes Vorgehen im Rahmen einer explorativen Faktorenanalyse (vgl. 6.3.).

Die Beanspruchungsfolgen werden mittels der Irritationsskala gemessen (vgl. Mohr/Rigotti 2003; α = .81). Das Konstrukt **Irritation** beschreibt einen Zustand der psychischen Beanspruchung, der häufig psychischen Erkrankungen vorgelagert ist (vgl. 2.1.3.4; Mohr/Rigotti/Müller 2005, S. 44). Die Skala besteht aus acht Items und wird anhand einer Sieben-Punkte-Likert-Skala (1 „stimme überhaupt nicht zu" bis 7 „stimme voll und ganz zu") gemessen. Die Skala lässt sich in zwei Subdimensionen einteilen, nämlich emotionale Irritation (bspw. „Wenn andere mich ansprechen, kommt es vor, dass ich mürrisch reagiere.") und kognitive Irritation (bspw. „Es fällt mir schwer, nach der Arbeit abzuschalten.").

Das **Commitment** wird anhand der deutschen Übersetzung der KUT Commitment Measure, erhoben (vgl. Vitera 2016; α = 0.89–0.92). Diese besteht in ihrer Urfassung aus jeweils vier Items (bspw. „Wie verbunden fühlen Sie sich [Ihrem/dem/diesem Bindungsziel?]"), die zur Messung des Commitments mit unterschiedlichen Bindungszielen verwendet werden können. Zum Zweck der vorliegenden Analyse wurden die drei Bindungsziele Beruf, Arbeitgeber und Kollegen herangezogen. Die Auswahl resultiert dabei aus den Erkenntnissen aus Kapitel 4, da Befragte diese drei Bindungsziele häufig in den Interviews erwähnten. Demnach besteht die Skala aus zwölf Items, die anhand einer Fünf-Punkte-Likert-Skala (von 1 „überhaupt nicht" bis 5 „sehr") abgestuft werden.

Zur Beschreibung des Samples sowie für etwaige Erklärungen der Profil-Zusammensetzung und zu Kontrollzwecken werden **soziodemografische Daten** der Teilnehmer abgefragt. Darunter fallen das Geschlecht, das Geburtsjahr, der Berufsabschluss, der Beruf (z. B. Altenpfleger, Heilerziehungspfleger), die Frage, ob Befragte eine Leitungsfunktion bekleiden, die Trägerschaft der Einrichtung, die Dauer, die die Person in dem Beruf arbeitet, die derzeitige Station/Einrichtung, die (vereinbarte und tatsächliche) Wochenarbeitszeit sowie die Art der Station. Darüber hinaus beinhaltet dieser Bereich Fragen zu verschiedenen Stressoren (z. B. Handlungsspielraum, Häufigkeit der Unterbrechungen), die die Teilnehmer anhand einer Fünf-Punkte-Likert-Skala (1 „sehr wenig" bis 5 „sehr hoch") einschätzen sollen.

Das Thema **soziale Erwünschtheit** ist ein gängiges Problem bei (quantitativen) Datenerhebungen. Darunter wird ein Antwortverhalten verstanden, bei dem Befragte die Antworten so treffen, dass diese den (vermeintlichen) sozialen/kulturellen Werten und Normen entsprechen (vgl. z. B. Diekmann 2018, S. 447). Demnach ist zu befürchten, dass Befragte die Fragen so beantworten, dass sie nicht der Wahrheit entsprechen und daher die Ergebnisse verfälschen. Im Hinblick auf die vorliegende Befragung ist bspw. das Thema psychische Gesundheit teilweise mit einer (empfundenen) Stigmatisierung verbunden, was dazu führt, dass sich Betroffene dafür schämen könnten (vgl. Gulliver/Griffiths/Christensen 2010). Dies lässt befürchten, dass Befragte sich (psychisch) gesünder bewerten, als sie sich tatsächlich fühlen. Online-Befragungen bieten hierbei den Vorteil, dass die Befragten, anders als bspw. bei persönlichen oder Telefon-Befragungen, keinen direkten Kontakt mit den Interviewern haben. Diese Anonymität bei der Bearbeitung des Fragebogens kann dabei die Gefahr von sozialer Erwünschtheit reduzieren (vgl. z. B. Taddicken 2009).

Darüber hinaus kann eine **Skala zur Kontrolle der sozialen Erwünschtheit** herangezogen werden. Daher beinhaltet der Fragebogen die Kurzskala Soziale Erwünschtheit-Gamma, um das Antwortverhalten auf die soziale Erwünschtheit hin zu überprüfen (vgl. Kemper u. a. 2012; $\alpha = 0.71$–0.78). Dieses beinhaltet sechs Aussagen zu gesellschaftlichen Konventionen (bspw. „Im Streit bleibe ich stets sachlich und objektiv."), die Teilnehmer anhand einer Fünf-Punkte-Likert-Skala (von 1 „trifft gar nicht zu" bis 5 „trifft voll und ganz zu") bewerten sollen. Es ist davon auszugehen, dass Teilnehmer, die die Antworten sehr sozial konform ausgefüllt haben, eine Tendenz zur sozialen Erwünschtheit haben und aus dem Datensatz entfernt werden sollten (vgl. 6.3).

6.2.3 Vorgehen im Rahmen der Datenerhebung

Der Online-Fragebogen war für den **Zeitraum** von Juli bis Dezember 2019 über die URL https://pflegende-berufe.hhu-managementforschung.de erreichbar. Um auf die Studie aufmerksam zu machen wurde ein **Onepager** erstellt, der die wichtigsten Informationen zur Studie, den Link zur Studie sowie einen QR-Code zum Einscannen enthielt. Um möglichst viele potenzielle Probanden zu adressieren, wurden der Onepager und der Link der Studie auf verschiedenen Wegen verteilt: Erstens wurde bei Kliniken, Pflegeeinrichtungen/Pflegeheimen und anderen Einrichtungen direkt angefragt, ob der Onepager verteilt bzw. aufgehängt werden darf. Zweitens wurden Betriebsräte von größeren Organisationen angeschrieben mit der Bitte innerhalb der eigenen Einrichtung auf die Studie aufmerksam zu machen. Drittens wurde der Link in verschiedenen sozialen Medien (z. B. Face-book, Xing, LinkedIn, Twitter) in relevanten Gruppen bzw. über Twitter unter entsprechenden Hashtags geteilt. Viertens wurde der Link über die Social-Media-Kanäle des Deutschen Berufsverbandes für Pflegeberufe (DBfK) geteilt. Fünftens wurden Teile der Befragung durch die Marktforschungsagentur drei.fakt mittels Computer Assisted Telephone Interview (CATI) durchgeführt.

Die Frage, ob ein potenzieller Teilnehmer an der Befragung teilnimmt, nachdem er den Onepager oder den Link zur Befragung erhalten hat, ist von verschiedenen Faktoren abhängig. Beispielsweise kann ein hoher zeitlicher Aufwand die Teilnahmebereitschaft reduzieren, während **Anreize** die Teilnahmebereitschaft erhöhen können (vgl. z. B. Groves u. a. 2011, S. 200–202). Daher wurde Teilnehmern die Möglichkeit eingeräumt unter Angabe ihrer E-Mail-Adresse an einem Gewinnspiel teilzunehmen. Die Teilnahme war dabei freiwillig, die E-Mail-Adressen zur Gewinnspielteilnahme wurden außerdem getrennt von den restlichen Daten gespeichert, sodass weiterhin die Anonymität der Teilnehmer gewahrt blieb. Im Anschluss an die Befragung wurden vier Gutscheine für den Onlinehändler Amazon im Wert von 25 € verlost und den Gewinnern zugestellt. Die dafür erhobenen E-Mail-Adressen wurden im Anschluss an das Gewinnspiel gelöscht.

6.3 Datenauswertung

Die **Datenauswertung** wurde mittels der Statistikprogramme SPSS 26 und Mplus 7.4 durchgeführt. Das Vorgehen gliederte sich dabei in fünf Analyseschritte, die im Folgenden erläutert werden sollen:

(1) Deskriptive Auswertung der Daten: Im ersten Schritt werden die Daten deskriptiv ausgewertet. Dazu werden die Merkmale der Stichprobe aufgezeigt und im Hinblick auf die Merkmale der angestrebten Grundgesamtheit diskutiert.

(2) Explorative Faktorenanalyse (EFA)/Konfirmatorische Faktorenanalyse (KFA): Die Autoren des Brief COPE geben an, dass die Faktorenstruktur der Skala variieren kann (vgl. 6.2.2). Daher soll im zweiten Schritt eine EFA durchgeführt werden, um die beste Faktorenstruktur für den Brief COPE zu identifizieren. Eine LPA setzt eine solide Faktorenstruktur voraus. Daher wird die Faktorenstruktur der neugebildeten Faktoren und der angenommenen Faktoren (vgl. 6.2.2) mittels KFA überprüft. Dazu werden die Merkmale des Chi-Quadrat(χ^2)-Tests, der Comparative Fit Index (CFI), der Tucker-Lewis-Index (TLI), der Standardized Root Mean Square Residual (SRMR) und der Root Mean Square Error of Approximation (RMSEA) herangezogen. CFI- und TLI-Werte über 0.90 sowie

RMSEA-Werte unter 0.6 und SRMR-Werte unter 0.9 stellen eine akzeptablen Model-Fit für Stichproben n > 250 dar (vgl. Hu/Bentler 1999, S. 28).

(3) Latente Profilanalyse (LPA): Im dritten Schritt wird anhand des Maximal-Likelihood (MLR)-Schätzers eine Serie von LPA (1 bis 9 Profile durchgeführt). Aufgrund der Argumentation in Abschnitt 3.2 werden zur Bildung der Profile sowohl die Resilienz als auch die gebildeten Faktoren hinsichtlich des Copings (vgl. 6.4) herangezogen. Um die plausibelste Anzahl an Profilen zu bestimmen, werden dabei verschiedene Kriterien herangezogen. Die Werte des Akaike Information Criterion (AIC) und des Bayesian Information Criterion (BIC) sollten möglichst gering ausfallen (vgl. Oberski 2016, S. 283). Ein Entropy-Wert sollte über 0.60 liegen, um eine gute Klassenaufteilung widerzuspiegeln (vgl. Asparouhov/Muthén 2014). Weiterhin werden der (Vuong-) Lo-Mendell-Rubin Likelihood Ratio Test (LMRT) und der Parametric Bootstrapped Likelihood Ratio Test (BLRT) herangezogen, um zu bestimmen, ob die Wahrscheinlichkeit eines weiteren Profils signifikant gegeben ist. Außerdem wird das Kriterium der (theoretischen) Plausibilität herangezogen. Inhaltliche Argumente überwiegen bei einer LPA den objektiven Kriterien und können daher das maßgebliche Kriterium zur Bestimmung der Anzahl der Klassen sein (vgl. Oberski 2016, S. 283).

(4) Nominal logistische Regression (R3STEP-Befehl): Im vierten Schritt soll getestet werden, welche Variablen die jeweiligen Profile erklären bzw. die Wahrscheinlichkeit der Zugehörigkeit erhöhen können. Anhand einer signifikant hohen Odds-Ratio soll dann entschieden werden, ob bestimmte Faktoren die Wahrscheinlichkeit einer Profilzugehörigkeit erhöhen. Als mögliche erklärende Variablen werden die unterschiedlichen Arten von Stressoren (Koordinations- und Informationsprobleme), die Frage, ob Mitarbeiter eine Leitungsfunktion ausführen, sowie die ausgewählten soziodemografischen Angaben Alter und Geschlecht herangezogen (vgl. 6.2.2).

(5) χ^2-Mittelwertvergleich (BCH-Befehl): Im letzten Schritt sollen mittels BCH-Befehl in Mplus die Mittelwerte im Hinblick auf die Auswirkungen der Profile verglichen werden. Dazu werden die Mittelwerte der beiden Arten von Irritation (emotionale und kognitive Irritation) sowie die Mittelwerte des Commitments zu den drei abgefragten Bindungszielen (Arbeitgeber, Beruf und Kollegen) verglichen (vgl. 6.2.2). Anhand signifikanter Unterschiede der jeweiligen Mittelwerte soll dann entschieden werden, ob eine Profilzugehörigkeit Einfluss auf die jeweiligen Variablen nimmt.

6.4 Darstellung der deskriptiven Ergebnisse

An der Befragung nahmen 247 Probanden teil. Die Stichprobe wurde zunächst einer **Bereinigung** unterzogen. Um die Gefahr von Overcoverage – also, dass Teilnehmer die nicht der Grundgesamtheit angehören in die Stichprobe gelangen (vgl. Groves u. a. 2011, S. 54) – zu vermeiden, wurde eine Filterfrage in den Fragebogen eingebaut (vgl. 6.2.1). Verschiedene Teilnehmer (n = 19) haben bei der Filterfrage angegeben, dass sie nicht in der stationären Pflege arbeiten und wurden aus der Stichprobe ausgeschlossen. Weiterhin wurde ein Plausibilitätscheck durchgeführt, sodass Probanden, die Anomalien hinsichtlich der Beantwortungszeit des Fragebogens, Antworttendenzen oder Plausibilitäten (bspw. Alter/Beschäftigungsdauer-Relation) aufwiesen, statische Ausreißer und Probanden mit ausgeprägter sozialer Erwünschtheit (vgl. 6.2.1) aus der Stichprobe ausgeschlossen wurden (n = 17).

Die verbleibende **Stichprobe (n = 211)** setzt sich wie folgt zusammen: 156 (73,9 %) der Teilnehmer sind weiblich, die übrigen 55 Teilnehmer (26,1 %) sind männlich, dementsprechend gibt es keine Teilnehmer mit diversem Geschlecht (0 %). Die Teilnehmer sind zwischen 21 und 69 Jahre alt, dabei liegt der Mittelwert des Alters bei 43,47 (Median = 43). 147 (60,2 %) der Teilnehmer geben an, eine Leitungsfunktion zu bekleiden.

Der Großteil der Befragten gibt an, als examinierter Altenpfleger (n = 81; 38,4 %) oder Gesundheits- und Krankenpfleger (n = 77; 36,5 %) zu arbeiten. Der Rest des Samples setzt sich aus zwölf Altenpflegehelfern (5,7 %), 16 Fachkräften für Pflegeassistenz (7,6 %), zwei Heilerziehungspflegern (0,9 %), 18 Einrichtungsleitern sowie fünf sonstigen Berufen (2,4 %) zusammen. Die Verteilung wird in Abbildung 6.1 tabellarisch zusammengefasst.

Die Einrichtungen, für die die Befragten tätig sind, lassen sich nach verschiedenen Trägerschaften aufteilen. Die meisten Befragten (n = 91) arbeiten dabei für eine private Einrichtung (43,1 %). Weiterhin ist ein Großteil der Befragten bei kirchlichen (n = 91; 24,6 %) oder öffentlichen Trägern (n = 45; 21,3 %) beschäftigt. 18 Teilnehmer gaben an, bei einer Einrichtung zu arbeiten, die von einem Wohlfahrtsverband getragen wird (8,5 %). Die übrigen Befragten (n = 5; 2,4 %) gaben an, für sonstige Träger zu arbeiten. Darunter können bspw. Zeitarbeitsfirmen oder gemischte Trägerschaften fallen. Abbildung 6.2 fasst die Trägerschaften zusammen.

Auf die Frage hinsichtlich des höchsten Bildungsabschlusses gaben die meisten Befragten (n = 74) an, über eine abgeschlossene Berufsausbildung zu verfügen (35,1 %). Viele Befragte haben das Abitur bzw. die Fachhochschulreife (n = 50; 23,7 %) oder einen Realschulabschluss (n = 48; 22,7 %) erworben.

Berufsbezeichnung	n	%
Altenpfleger/in	81	38,4
Altenpflegehelfer/in	12	5,7
Fachkraft für Pflegeassistenz	16	7,6
Gesundheits- und Krankenpfleger/in	77	36,5
Heilerziehungspfleger/in	2	0,9
(Einrichtungs-)Leitung	18	8,5
sonstiges	5	2,4
Gesamt	211	100,0

Abb. 6.1 Übersicht Berufsbezeichnungen der Teilnehmer

Trägerschaft Einrichtung	n	%
öffentlich	45	21,3
privat	91	43,1
kirchlich	52	24,6
Wohlfahrtsverband	18	8,5
sonstige	5	2,4
Gesamt	211	100,0

Abb. 6.2 Übersicht Trägerschaft der Einrichtungen der Teilnehmer

28 Teilnehmer haben einen Hochschulabschluss (13,3 %). Sieben Teilnehmer verfügen über einen Hauptschulabschluss (3,3 %). Die restlichen vier Teilnehmer gaben an, sonstige Abschlüsse zu haben (1,9 %), darunter fallen z. B. nicht vergleichbare, ausländische oder veraltete Abschlüsse im Hinblick auf die Auswahlkategorien. Abbildung 6.3 fasst die höchsten Bildungsabschlüsse der Teilnehmer zusammen.

Die Stichprobe weist ähnliche Merkmale wie die Grundgesamtheit der Pflegekräfte in Deutschland auf (vgl. 3.1.1). Im Verhältnis finden sich in der Stichprobe weniger Beschäftigte aus der Altenpflege (ca. 44 %) als aus der Krankenpflege. In der Grundgesamtheit finden sich ebenfalls verhältnismäßig weniger Beschäftigte aus der Altenpflege (ca. 35,7 %). Es nahmen mehr Fachkräfte als Hilfskräfte (ca. 13,3 %) teil. Der überwiegende Teil der Befragten (73,9 %) ist weiblich, auch die

Höchster Bildungsabschluss	n	%
Hauptschulabschluss	7	3,3
Realschulabschluss	48	22,7
Abitur / Fachhochschulreife	50	23,7
abgeschlossene Berufsausbildung	74	35,1
Hochschulabschluss	28	13,3
sonstige:	4	1,9
Gesamt	211	100,0

Abb. 6.3 Übersicht Bildungsabschlüsse der Teilnehmer

Grundgesamtheit ist überdurchschnittlich (ca. 80 %) weiblich. Die verschiedenen Trägerschaften sind in der Stichprobe repräsentiert. Wie in der Grundgesamtheit arbeitet der Großteil der Befragten in privaten Einrichtungen. Auch das Verhältnis von öffentlichen und freigemeinnützigen (bspw. kirchliche Träger und Träger der freien Wohlfahrtsverbände) Trägern wird angemessen widergespiegelt.

Die EFA, die zur Bildung der **Faktoren** der Variable Coping durchgeführt wurde (vgl. 6.2.2), ergibt drei Faktoren, die sich aus den Items bilden lassen. Die Anzahl der Faktoren wurde dabei auf Grundlage des Kaiser-Kriteriums (Eigenwerte > 1) bestimmt (vgl. Kopp/Lois 2012, S. 94). Das Vorgehen nach Knoll/Rieckmann/Schwarzer (2005) (vgl. 6.2.2) schließt nicht alle Items der Brief COPE mit ein, so wurden bspw. die Items zu Alkohol/Drogen-Konsum für die Faktorenbildung nicht berücksichtigt. Eine LPA setzt eine solide Faktorenstruktur voraus, Faktorenladungen > 0.5 gelten dabei gemäß Faustregel als hoch (vgl. Kopp/Lois 2012, S. 90). Demnach wurden Items < 0.5 aus der EFA entfernt; bspw. zeigten Items der Dimension Religiosität geringere Faktorladungen auf alle gebildeten Faktoren. Anhand des Kaiser-Kriteriums lässt sich annehmen, dass sich drei Faktoren bilden lassen:

(1) Der erste Faktor setzt sich aus drei Items zusammen. Darunter fallen zwei Items, die in die Kategorie „positive Umdeutung" fallen, sowie ein Item der Kategorie „aktive Bewältigung". Diese Kombination lässt sich inhaltlich mit Engagement-Coping (vgl. 2.2.2.1) vergleichen und umfasst Copingstrategien, die einen aktiven Charakter haben und das Ziel verfolgen, die Situation emotionsorientiert und problemorientiert zu verändern. Daher wird die Bezeichnung „**aktives Coping**" für diesen Faktor gewählt. Anders als in der Faktorenstruktur nach

Knoll/Rieckmann/Schwarzer (2005) lassen sich die Faktoren dieser Studie also nicht nach emotionaler und problemorientierter Ebene trennen (vgl. 6.2.2).

(2) Der zweite Faktor setzt sich aus drei Items zusammen. Darunter fallen zwei Items der Kategorie „instrumentelle Unterstützung" und ein Item der Kategorie „emotionale Unterstützung". Dies ist vergleichbar mit dem Faktor „unterstützendes Coping" nach Knoll/Rieckmann/Schwarzer (2005) (vgl. 6.2.2). Allerdings laden dabei weniger Items auf diesen Faktor. Inhaltlich lässt sich der Faktor als logisch bezeichnen. Wie beim sozialen Coping (vgl. 2.2.2.2) kombinieren Individuen Strategien, die auf der Hilfe von anderen beruhen. Dieser Faktor wird im Folgenden „**soziales Coping**" genannt.

(3) Der dritte Faktor, der auf Grundlage der EFA gebildet wird, setzt sich ebenfalls aus drei Items zusammen. Darunter fallen zwei Items der Kategorie „Selbstbeschuldigung" und ein Item der Kategorie „Verleugnung". Dieser Faktor ist daher vergleichbar mit der Kategorie „evasives Coping" nach Knoll/Rieckmann/Schwarzer (2005) (vgl. 6.2.2). Auch dieser Faktor enthält dabei weniger Items, die auf denselben laden. Dabei laden die Items der Kategorie „Ausleben von Emotionen" kaum auf diesen Faktor und wurden ausgeschlossen. Dies lässt sich womöglich mit der kulturellen Ebene erklären, die Einfluss auf die Copingstrategien haben kann (vgl. 2.2.3). Weiterhin kann die Arbeit der Befragten als Emotionsarbeit (vgl. 2.1.5.3) bezeichnet werden, d. h., dass sie auf der Arbeit ihre Emotionen kontrollieren (müssen) und daher das Ausleben von Emotionen nicht stattfindet. Die ladenden Items passen inhaltlich zusammen und lassen sich durch ihren evasiven Charakter zusammenfassen. Daher wird der Faktor im Folgenden als „**evasives Coping**" bezeichnet.

Die zur Überprüfung der Faktorenstruktur der neugebildeten sowie der bestehenden Faktoren durchgeführte **KFA**, hat eine gute Faktorenstruktur, die die Grundlage für eine robuste LPA darstellt, bestätigt (χ^2 (924) = 1.243; p > 0.000; CFI = 0.916; TLI = 0.906; RMSEA = 0,04 (90 % CI: 0.034–0.046); SMR = 0.056). Zunächst wurden die Items, analog zum Vorgehen der EFA, mit einer Faktorladung < 0.5 entfernt. Die Faktoren entsprechen inhaltlich denen, die in Abschnitt 6.2.2 dargestellt wurden. Abbildung 6.4 zeigt die Korrelationsmatrix der angewandten Variablen. Diese weist keine Unauffälligkeit auf. Aufgrund der inhaltlichen Nähe weisen die Subdimensionen einzelner Konstrukte (z. B. Stress, Irritationen) ausgeprägte positive Korrelationen auf. Weiterhin zeigen sich auch positive Zusammenhänge zwischen annehmbaren zusammenhängenden Variablen (z. B. Stress und Irritationen) oder annehmbaren gegensätzlichen Variablen (z. B. Resilienz und Irritationen).

	STRESS1	STRESS2	Res	COPE1	COPE2	COPE3	IRR1	IRR2	COM-1	COM-2	COMA1	Alter	Ges.	Leitung	Befrist	Unt.	Pat.	Zeit	Wert-s.	Arbeits.	Anstrg.	HS
STRESS1	1																					
STRESS2	,636**	1																				
Resilienz	-,484**	-,355**	1																			
COPE1	-0,012	-,160*	0,029	1																		
COPE2	-0,075	-,140*	,292**	,222**	1																	
COPE3	,266**	,207**	-,278**	0,106	0,131	1																
IRR1	,556**	,575**	-,489**	-0,076	-,211**	,300**	1															
IRR2	,435**	,399**	-,351**	0,007	-0,094	,323**	,530**	1														
COM-BER	-,195**	-,262**	,235**	,142*	,194**	-0,010	-,233**	0,033	1													
COMAG	-,367**	-,452**	,261**	,233**	,154*	-0,082	-,316**	-0,129	,521**	1												
COMKO	-,205**	-,353**	,194*	,309**	0,085	-0,009	-,257**	-0,016	,544**	,470**	1											
Alter	-0,096	-,168*	0,080	0,011	0,028	0,093	-0,081	0,034	,172*	,176*	,276**	1										
Ges.	0,089	0,011	-0,081	0,044	0,040	0,095	0,105	0,090	0,081	0,058	,161*	0,030	1									
Leitungsfunktion	,259**	,297**	-,258**	0,007	-0,086	0,118	,172*	-0,001	-,308**	-,432**	-,240**	-,196**	0,042	1								
Befristung	0,089	,143*	-0,063	0,050	0,004	0,121	,145*	-0,031	-0,087	-0,113	-0,116	-0,130	0,043	0,169	1							
Unterbrechungen	,408**	,399**	-,127	-0,084	-0,100	0,078	,255**	,252**	-0,083	-,254**	-0,016	-0,078	0,009	-0,082	0,049	1						
Patientenkontakt	0,058	0,030	0,010	-0,068	0,033	-0,007	-0,008	-0,074	0,075	-0,020	0,003	-0,129	0,126	,172*	0,110	0,095	1					
Zeit für Aufgaben	-,479**	-,412**	,159*	,151*	,182**	-,172*	-,234**	-,230**	,315**	,322**	,349**	0,049	0,011	-,265**	-0,087	-,407**	-0,021	1				
Wertschätzung	-,362**	-,435**	,298**	,190**	,179**	-,136*	-,319**	-,207**	,315**	,385**	,349**	0,084	0,038	-,176*	-0,116	-,294**	0,102	,501**	1			
Arbeitsbelastung	,434**	,381**	-0,094	0,027	-0,062	,182**	,295**	,224**	0,009	-0,103	-0,063	-0,003	0,039	,208**	0,122	,276**	0,061	-,329**	-0,129	1		
Anstrengung	,491**	,317**	-,210**	0,029	-0,017	,169*	,288**	0,119	-,151*	-,266**	-,066	-0,034	0,073	,229**	,149*	,345**	0,124	-,430**	-0,134	,343**	1	
HS	,395**	,484**	-,151*	0,041	-0,028	0,086	,318**	,152*	-,192**	-,266**	-,178**	-0,132	-0,022	0,125	,153*	,407**	0,006	-,336**	-,294**	,351**	,394**	1

** = Signifikanzniveau von 0,01; * = Signifikanzniveau von 0,05; STRESS1 = Koordinations- und Informationsprobleme; STRESS2 = Psychophysische Überforderung; COPE1 = aktives Coping; COPE2 = soziales Coping; COPE3 = evasives Coping; IRR1 = Emotionale Irritation; IRR2 = Kognitive Irritation; COMBER = Commitment mit Beruf; COMAG = Commitment mit Arbeitgeber; Commitment mit Kollegen, Ges. = Geschlecht; Arbeitsg. = Arbeitsleistung; HS = Handlungsspielraum

Abb. 6.4 Korrelationsmatrix

6.5   Darstellung der Stressbewältigungsprofile

Anhand der konzeptionellen Überlegungen der vorliegenden Arbeit (vgl. 2.4) sollen sich die Profile aus den identifizierten Copingfaktoren (vgl. 6.4) und der Resilienz zusammensetzen. Mittels des MLR-Schätzers wurde eine Serie von LPA berechnet (1–9) und anhand verschiedener Kriterien hinsichtlich der Plausibilität geprüft (vgl. 6.3). Dabei geben sowohl BIC- als auch LMRT-Werte Hinweise darauf, dass die Vier-Profillösung am plausibelsten ist (vgl. Abb. 6.5). Der BIC-Wert nimmt bei jeder weiteren Profillösung zu und der LMRT ist mit zunehmenden Profilen nicht mehr signifikant. Neben den Fit-Werten ist aber auch die inhaltliche Plausibilität ein zentrales Kriterium dafür, ob die Profile interpretierbare Inhalte liefern. Hierbei liefert die Vier-Profil-Lösung ebenfalls plausible Resultate, die im Folgenden gezeigt und erläutert werden sollen.

#	LL	Par.	AIC	BIC	Entropy	BLRT	LMRT
1	1009,942	8	2035,884	2062,66	n/a	n/a	n/a
2	-988,598	13	2003,196	2046,708	0,787	42.688***	41.148***
3	-971,968	18	1979,937	2040,185	0,725	33.259***	32.060
4	**-954,294**	**23**	**1954,588**	**2031,571**	**0,724**	**35.349*****	**34.075****
5	-945,327	28	1946,653	2040,372	0,737	17.934**	17.288
6	-931,665	33	1929,331	2039,786	0,861	27.322***	26.337
7	-922,109	38	1920,218	2047,408	0,866	19.113**	18.424
8	-911,679	43	1909,358	2053,358	0,869	20.866***	20.108
10	-901,605	48	1899,211	2059,872	0,886	20.148**	19.421
# = Anzahl Profile; LL = Log Likelihood; #Par. = Anzahl Parameter; AIC = Akaike Information Criterion; BIC = Bayesian Information Criterion; LMRT = Vuong-Lo-Mendell-Rubin Likelihood Ratio Test; BLRT = Parametric Bootstrapped Likelihood Ratio Test; ** = p < .05 ; * = p < 0.01							

Abb. 6.5   Übersicht Fit-Werte LPA

Forschungsfrage 1 lautet wie folgt: Welche Stressbewältigungsprofile lassen sich identifizieren?

Die identifizierten Profile lassen sich wie folgt beschreiben:

(1) Das erste Profil (n = 50) wird im Folgenden als „**resistent**" bezeichnet. Dieses Profil zeichnet sich durch eine leicht überdurchschnittliche Resilienz aus. Weiterhin haben Angehörige dieses Profils die durchschnittlich geringsten

Werte aller drei Copingdimensionen. Die Bezeichnung leitet sich aus den geringen Ausprägungen von Coping kombiniert mit überdurchschnittlicher Resilienz ab.

(2) Das zweite Profil (n = 74) erhält die Bezeichnung „**sozial-aktiv**". Dieses Profil weist zwei dominante Merkmale auf, auf die auch seine Bezeichnung zurückgeht. Zum einen zeichnet es sich durch eine überdurchschnittliche Resilienz aus. Zum anderen stellt sich das soziale Coping in diesem Profil ebenfalls als überdurchschnittlich dar. Weiterhin weist dieses Profil leicht überdurchschnittliche Werte auf Ebene des aktiven Copings auf. Evasives Coping fällt in diesem Profil unterdurchschnittlich aus.

(3) Das dritte Profil (n = 27) erhält die Bezeichnung „**passiv**". Das Profil weist zwei dominante Merkmale auf. Dabei ist das evasive Coping überdurchschnittlich hoch ausgeprägt. Weiterhin weist das soziale Coping eine ebenfalls überdurchschnittliche Ausprägung auf. Das aktive Coping ist leicht überdurchschnittlich, die Resilienz ist leicht unterdurchschnittlich ausgeprägt. Die Bezeichnung „passiv" wird gewählt, weil die dominanten Merkmale darauf schließen lassen, dass Angehörige dieser Gruppe eine aktive Bewältigung vermeiden und eher passive Copingstrategien bevorzugen.

(4) Das vierte Profil (n = 59) enthält die Bezeichnung „**solitär**". Es zeichnet sich durch drei dominante Merkmale aus. Erstens weist das Profil eine überdurchschnittlich hohe Ausprägung des evasiven Copings auf. Zweitens zeigt es eine unterdurchschnittliche Ausprägung von Resilienz. Drittens ist die Dimension des sozialen Copings unterdurchschnittlich ausgeprägt. Die Dimension des aktiven Copings ist zudem leicht überdurchschnittlich ausgeprägt. Die Bezeichnung „solitär" ergibt sich daraus, dass die Bewältigung primär in Eigenverantwortung, also ohne Unterstützung stattfindet.

Abbildungen 6.6 und 6.7 stellen die beschriebenen Profile dar. Abbildung 6.6 liefert dazu eine Übersicht über die Mittelwerte und Standardabweichungen des Samples sowie die Mittelwerte und Verteilungen der jeweiligen Profile. Die Spalte ‚Mittelwert Sample' zeigt die jeweiligen Mittelwerte der einzelnen Variablen über das gesamte Sample auf. Der Spalte ‚SD Sample' können die Standardabweichungen der einzelnen Variablen für das gesamte Sample entnommen werden, diese geben Hinweise zur Streuung der jeweiligen Variablen. Die Spalten ‚resistent', ‚sozial-aktiv', ‚passiv' und ‚solitär' zeigen die Mittelwerte der einzelnen Variablen auf die jeweiligen Profile verteilt und beinhalten die Anzahl der Teilnehmer (n), die dem Profil zugeordnet wurden sowie die prozentuale Verteilung der Teilnehmer.

	Mittelwert Sample	SD Sample	resistent	sozial-aktiv	passiv	solitär	
Resilienz	3,688	0,540	3,781	4,152	3,481	2,941	
aktives Coping	3,047	0,879	2,595	3,220	3,126	3,168	
soziales Coping	2,914	0,775	2,164	3,499	3,463	2,515	
evasives Coping	1,908	0,762	1,267	1,510	3,025	2,356	
n =			50	74	27	59	210
%			23,8	35,2	12,9	28,1	100

Abb. 6.6 Übersicht Mittelwerte der Profile

Abbildung 6.7 stellt die Profile in Balkendiagrammen dar. Die Werte ergeben sich dabei aus der Differenz der Mittelwerte des Samples und der Mittel-werte der Profile zu den jeweiligen Variablen. D. h. die Balken geben Aufschluss darüber, inwiefern die berechneten Ausprägungen der Variablen innerhalb der Profile zum Gesamtsample abweichen.

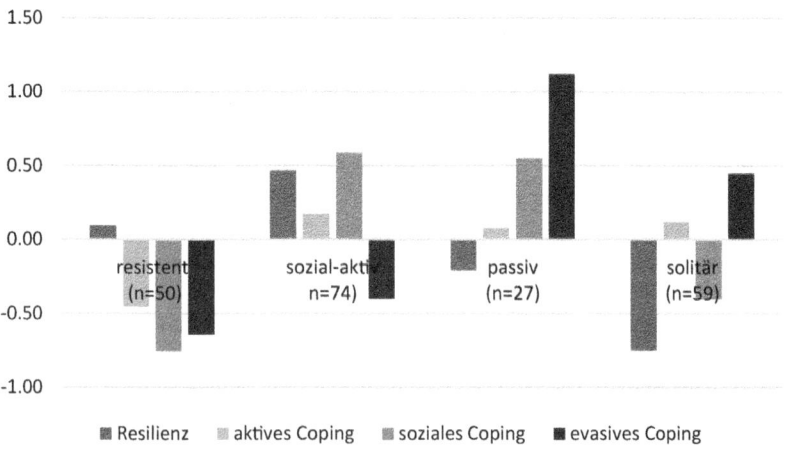

Abb. 6.7 Stressbewältigungsprofile

Die Profile zeigen unterschiedliche Kombinationen hinsichtlich der Ausprägung der jeweiligen Merkmale auf und lassen sich grundsätzlich voneinander differenzieren. Eine übergreifende Interpretation und Diskussion der Profile erfolgt in Abschnitt 6.7.

6.6 Analyse der Ursachen und Wirkungen der Stressbewältigungsprofile

Neben der Identifikation von Profilen sollen mögliche **Ursachen** und **Wirkungen** der Profile untersucht werden. Die gewählten Faktoren ergeben sich dabei aus den Vorüberlegungen zur Studie (vgl. 6.1). Hinsichtlich der Ursachen werden die beiden gewählten Arten von Stressoren, Koordinations- und Informationsprobleme und psychophysische Überforderungen (vgl. 6.2.2) untersucht. Weiterhin wird untersucht, inwieweit das Alter, das Geschlecht und der Umstand, ob die Befragten eine Leitungsfunktion bekleiden, die Profilzugehörigkeit beeinflussen. Darüber hinaus soll untersucht werden, welche Auswirkungen die Profile auf die Irritationen und das Commitment haben. Zu diesem Zweck werden die gewählten Größen kognitive Irritation, emotionale Irritation und Commitment gegenüber den Bindungszielen Beruf, Arbeitgeber und Kollegen (vgl. 6.2.2.) untersucht.

Zur Analyse der **Einflussfaktoren** wird eine multinomiale logistische Regression durchgeführt (vgl. 6.3). Zu diesem Zweck wird das Chancenverhältnis (Odds Ratio), nach dem eine erklärende Variable zu einer bestimmten Profilzugehörigkeit führt, berechnet und es wird überprüft, ob ein signifikanter Unterschied zwischen den Profilen besteht.

Abbildung 6.8 beinhaltet die berechneten Koeffizienten, den Standardfehler, die Odds Ratios sowie deren Signifikanzniveaus und vergleicht diese zwischen den Profilen. Dabei zeigt sich, dass im Profilvergleich ausgeprägtere Koordinations- und Informationsprobleme, ein höheres Alter und keine Leitungsfunktion die Wahrscheinlichkeit zur Profilzugehörigkeit „solitär" erhöhen. Für Frauen ist außerdem die Wahrscheinlichkeit, dem Profil „solitär" anzugehören, signifikant höher als die Wahrscheinlichkeit dem Profil „resistent" anzugehören. Alle anderen Vergleiche ergeben keine signifikanten Unterschiede. Die Forschungsfragen hinsichtlich der Einflussfaktoren der Profile lassen sich daher wie folgt beantworten:

Forschungsfrage 2a lautet: Inwiefern nehmen die erlebten Stressoren Einfluss auf die Profilzugehörigkeit? Hierbei lässt sich feststellen, dass das Erleben von Koordinations- und Informationsproblemen, also Stressoren, die aus der

Abb. 6.8 Übersicht Odds Ratio erklärende Variablen

	Profil 1 Vs. 2		Profil 4 Vs. 2		Profil 3 Vs. 2		Profil 4 Vs. 1		Profil 3 Vs. 1		Profil 3 Vs. 4	
	Coef. (SE)	OR	Coef. (SE)	OR	Coef. (SE)	OR	Coef. (SE)	OR	Coef. (SE)	OR	Coef. (SE)	OR
Stress1	-0.455 (0.338)	0,634	1.438 (0,806)*	4,212	0.064 (0.377)	1,066	1.893 (0.753)**	6,639	0.519 (0.364)	1,680	-1,374 (0.827)*	0,253
Stress2	0.354 (0.432)	1,425	0.537 (0.491)	1,711	0.204 (0.445)	1,226	0.184 (0.470)	1,202	-0,149 (0,470)	0,862	-0,333 (0.539)	0,717
Geschlecht	-0.721 (0.507)	0,486	1.114 (1.096)	3,047	-0.747 (0.619)	0,474	1.835 (1.084)*	6,265	-0.026 (0.576)	0,974	-1,861 (1.208)	0,156
Alter	0.008 (0,023)	1,008	0.126 (0.058)**	1,134	0.010 (0.028)	1,010	0.119 (0.055)**	1,126	0.002 (0.027)	1,002	-0,117 (0.066)*	0,890
Leitungsfunktion	0.483 (0,529)	1,621	3.333 (1.471)**	28,022	-0,903 (0.973)	0,405	2.850 (1,377)**	17,288	-1,386 (0,997)	0,250	-4,235 (1.877)**	0,014

Coef. = Koeffizient; SE = Standardfehler; OR = Odds Ratio; ** = p < .05 ; * = p < .01; Profil 1 = „resistent"; Profil 2 = sozial-aktiv; Profil 3 = „passiv"; Profil 4 = „solitär"

Zusammenarbeit mit Kollegen und Ärzten sowie aus fehlenden Informationen, Verantwortung oder Vorschriften resultieren können, im Vergleich mit allen Profilen die Chance signifikant erhöht, dem Profil „solitär" anzugehören. Stressoren, die mit hoher qualitativer oder quantitativer Arbeitslast (psychophysische Überforderung) einhergehen, wirken sich nicht signifikant auf die Profilzugehörigkeit aus.

Forschungsfrage 2b lautet: Inwiefern nimmt individuelle Führungsverantwortung Einfluss auf die Profilzugehörigkeit? Dazu lässt sich feststellen, dass fehlende Führungsverantwortung gegenüber allen anderen Profilen die Wahrscheinlichkeit erhöht, dem Profil „solitär" anzugehören.

Forschungsfrage 2c lautet: Inwiefern nehmen soziodemografische Merkmale Einfluss auf die Profilzugehörigkeit? Dabei lässt sich feststellen, dass mit zunehmendem Alter die Wahrscheinlichkeit dem Profil „solitär" anzugehören gegenüber allen Profilen signifikant höher wird. Weiterhin ist die Wahrscheinlichkeit für Frauen signifikant höher, dem Profil „solitär" als dem Profil „resistent" anzugehören.

Forschungsfrage 2 lautet: Welche Einflussfaktoren erklären die Profilzugehörigkeit? Die übergeordnete Forschungsfrage 2 lässt sich folglich so beantworten, dass insbesondere Pflegekräfte mit Koordinations- und Informationsproblemen ohne Führungsverantwortung und mit zunehmendem Alter eine höhere Wahrscheinlichkeit eines „solitären" Bewältigungsprofils haben. Die Analyse liefert lediglich Erklärungen für die Zugehörigkeit zum Profil „solitär", die in der anschließenden Diskussion (vgl. 6.7) interpretiert werden. Die Zugehörigkeit zu den anderen Profilen kann anhand des vorliegenden Datenmaterials nicht erklärt werden, da keine signifikanten Zusammenhänge festgestellt wurden. In der anknüpfenden Diskussion (vgl. 6.7) werden auch diese Ergebnisse bewertet und mögliche Ursachen, die aus den konzeptionellen Annahmen dieser Arbeit sowie bisherigen empirischen Erkenntnissen resultieren, diskutiert.

Die **Wirkungen** der Profile werden anhand eines Mittelwertvergleichs (BCH) analysiert. Die Mittelwerte hinsichtlich der abhängigen Variablen sowie die signifikanten Vergleiche zwischen den Profilen werden in Abbildung 6.9 dargestellt. Dabei zeigt sich, dass die Profile „resistent" und „sozial-aktiv" mit den geringsten Irritationen einhergehen, während das Profil „solitär" die höchsten Werte aufweist. Das Profil „passiv" hat geringere Ausprägungen bei beiden Arten von Irritationen als das Profil „solitär", aber höhere Werte als die Profile „resistent" und „sozial-aktiv". Das Commitment gegenüber dem Beruf ist bei dem Profil „solitär" signifikant geringer als bei allen anderen Profilen. Hinsichtlich des

Commitments gegenüber dem Arbeitgeber weist das Profil „solitär" signifikant geringere Werte als die Profile „passiv" und „sozial-aktiv" auf. Zudem ist dieses Commitment des Profils „sozial-aktiv" signifikant höher als bei dem Profil „re-sistent". Das Commitment gegenüber Kollegen ist bei allen Gruppen etwa gleich ausgeprägt. Es besteht lediglich ein signifikanter Unterschied zwischen dem Pro-fil mit dem höchsten Wert („sozial-aktiv") und dem Profil mit den geringstem Wert („solitär"). Die Forschungsfragen hinsichtlich der Auswirkungen der Profile lassen sich wie folgt beantworten.

	Profil 1	Profil 2	Profil 3	Profil 4	
	Resistent	Sozial-aktiv	Passiv	Solitär	Signifikanter Unterschied
Kognitive Irritation	2,357	2,051	2,739	3,300	1=2; 1=3; 3>2; 1,3,<4
Emotionale Irritation	2,860	3,109	3,829	4,542	1=2, 1<4, 3; 3=4, 1, 2<4
Commitment Beruf	4,469	4,706	4,684	4,250	4<1,2,3
Commitment Arbeitgeber	3,939	4,219	4,114	3,595	4<2,3; 1<2
Commitment Kollegen	4,093	4,329	4,235	4,042	4<2

Abb. 6.9 Übersicht Mittelwerte ausgewählter Variablen der Profile

Forschungsfrage 3a lautet: Inwiefern wirkt sich die Profilzugehörigkeit auf die Gesundheit der Pflegekräfte aus? Hinsichtlich dieser Frage lässt sich feststellen, dass die Profilzugehörigkeit die (empfundenen) Irritationen beeinflussen kann. Insbesondere die Profile „resistent" und „sozial-aktiv" zeichnen sich durch die geringsten Irritationen aus. Das Profil „solitär" geht im Vergleich zu den anderen Profilen mit den höchsten Irritationen einher.

Forschungsfrage 3b lautet: Inwiefern wirkt sich die Profilzugehörigkeit auf das Commitment von Pflegekräften aus? Die Profilzugehörigkeit geht auch mit einem unterschiedlich empfundenen Commitment hinsichtlich der verschiedenen Bin-dungsziele (vgl. 6.2.2) einher. Die Angehörigen des Profils „solitär" weisen im Vergleich zu allen anderen Profilen überwiegend das geringste Commitment gegenüber allen Bindungszielen auf. Insbesondere das Profil „sozial-aktiv" geht mit einem (überwiegend statistisch signifikant) stärkeren Commitment für alle drei Bindungsziele einher.

Forschungsfrage 3 lautet: Wie unterscheiden sich die identifizierten Profile hinsichtlich der Auswirkungen von Stress? Die Frage lässt sich wie folgt beantworten: Hinsichtlich der identifizierten Profile lassen sich Unterschiede in Bezug auf die Auswirkungen feststellen. Insbesondere das Profil „sozial-aktiv" geht mit guter Gesundheit und hohem Commitment einher. Das Profil „resistent" zeichnet sich durch eine gute Gesundheit und ein überwiegend hohem Commitment aus. Das Profil „passiv" geht mit einer vergleichsweise guten Gesundheit und hohem Commitment einher. Das Profil „solitär" weist vergleichsweise schlechtere Werte bei Gesundheit und Commitment auf. In der anknüpfenden Diskussion (vgl. 6.7) sollen die Profile in Bezug auf die konzeptionellen Annahmen dieser Arbeit sowie auf bisherige Forschungserkenntnisse interpretiert und diskutiert werden.

6.7 Diskussion der Ergebnisse

Die Ergebnisse der vorliegenden Studie sollen sich zunächst an der **Forschungsfrage 4** orientieren, da diese die isolierten Erkenntnisse der vorliegenden Arbeit vereint. Sie lautet: Wie lassen sich die Profile vor dem Hintergrund ihrer Ursachen und Wirkungen interpretieren? Diese Frage soll für die vier Profile einzeln beantwortet werden.

(1) Das **Profil „resistent"** zeichnet sich durch ein hohes Maß an Stressresistenz aus. Teilnehmer, die diesem Profil angehören, ziehen zwar wenige der untersuchten Copingstrategien heran, verfügen aber über eine überdurchschnittliche Resilienz und weisen lediglich ein geringes Maß an Irritationen auf. Angehörige dieses Profils verfügen über ein hohes Commitment gegenüber ihren Arbeitgebern, Kollegen und ihrem Beruf. Worin sich die Zugehörigkeit zu dieser Gruppe begründet, kann aus den vorliegenden Erkenntnissen nicht abgeleitet werden. Dies Profil ist vergleichbar mit der Definition von Resilienz als Stressresistenz (vgl. 2.3.1). Die Ergebnisse lassen sich demnach so interpretieren, dass Betroffene den gleichen Stressoren wie alle anderen Profile ausgesetzt sind, aber weniger Bewältigungsstrategien einsetzen (müssen). Demnach ist davon auszugehen, dass Angehörige dieses Profils Stressoren seltener als gefährlich bewerten. Die relativ geringe Ausprägung der Variable „Resilienz" im Vergleich zum Profil „sozial-aktiv" lässt sich anhand der gewählten Brief-Resilience-Skala erklären, deren Items der Resilienzdefinition im Sinne der Regeneration (vgl. 2.3.1) entsprechen.

(2) Das **Profil „sozial-aktiv"** zeichnet sich durch aktive und soziale Copingstrategien aus. Diese sind als relativ funktional zu interpretieren. Dies

zeigt sich darin, dass Angehörige dieser Gruppe trotz gleicher Stressoren über ein überdurchschnittliches Maß an Resilienz, die geringsten kognitiven Irritationen und die höchsten Commitment-Werte verfügen. Das Profil lässt sich als Resilienz in Form von Regeneration interpretieren (vgl. 2.3.1). Demnach bewerten Angehörige dieses Profils Stressoren zunächst zwar als gefährlich, ihnen gelingt es aber relativ schnell eine Stressreaktion durch den Einsatz aktiver und sozialer Copingstrategien zu bewältigen.

(3) Das **Profil „passiv"** zeichnet sich durch einen vermeidenden Charakter aus. Betroffene greifen dabei auf ein überdurchschnittliches Maß an evasivem und sozialem Coping zurück und zeigen unterdurchschnittlich aktive Bewältigung. Das Profil zeichnet sich weiterhin durch ein leicht unterdurchschnittliches Maß an Resilienz aus und weist überwiegend höhere Irritationen als die Profile „resistent" und „sozial-aktiv", aber geringere als das Profil „solitär" auf. Das organisationale Commitment ist im Vergleich zum Profil „solitär" höher ausgeprägt. Worin sich die Zugehörigkeit zu dieser Gruppe begründet, kann ebenfalls anhand der vorliegenden Erkenntnisse nicht abgeleitet werden. Die Angehörigkeit zu diesem Profil lässt sich mit rekonfigurativer Resilienz vergleichen. Demnach lernen Pflegekräfte, mit den Gegebenheiten zu leben und sich diesen anzupassen (vgl. 2.3.1). Die Rekonfiguration erfolgt im Gegensatz zum Profil „sozial-aktiv" anhand der Vermeidung von Stressoren.

(4) Das **Profil „solitär"** zeichnet sich durch unterdurchschnittliche Resilienz aus. Angehörige vermeiden eher soziales Coping und versuchen Angelegenheiten alleine zu lösen. Dabei ziehen sie evasive Strategien dem aktiven Coping vor. Die Irritationen sind überdurchschnittlich ausgeprägt und auch das Commitment ist bei dieser Gruppe nicht sehr stark. Angehörige dieses Profils sind daher als relativ vulnerabel anzusehen. Die Chance für Pflegekräfte, die weiblich, älter und ohne Führungsfunktion sind, in dieses Profil zu gelangen, ist höher als bei anderen Pflegekräften.

6.8   Beiträge der quantitativen Studie

Die Analyse liefert verschiedene Beiträge hinsichtlich (1) der Definition von Resilienz, (2) des Zusammenhangs von Coping und Resilienz sowie hinsichtlich (3) der Ursachen und Wirkungen der Stressbewältigung von Pflegekräften.

(1) Wie in Abschnitt 2.3.1 aufgezeigt wurde, existieren in der Literatur unterschiedliche Definitionen von Resilienz. Die vorliegende Analyse liefert **Beiträge zur Diskussion um die Definition von Resilienz**. Die Ergebnisse lassen sich

so interpretieren, dass diese verschiedenen Arten von Resilienz parallel existieren könnten und bestehende Definitionen sich nicht gegenseitig ausschließen, sondern andere Arten von Anpassung widerspiegeln (vgl. die Ausführungen zu Forschungsfrage 4). Für die wissenschaftliche Literatur lässt sich daraus die Implikation ableiten, sich stärker mit dem Resilienzbegriff auseinandersetzen zu müssen. Zukünftige Diskussionen um den Resilienzbegriff sollten die Thematik der Vergleichbarkeit stärker berücksichtigen. Es stellt sich insbesondere die Frage, ob eine Subsumierung der unterschiedlichen Arten von Anpassungen hilfreich ist oder ob in zukünftigen Studien zwischen verschiedenen Arten von Resilienz unterschieden werden sollte. Dieser Aspekt wird in der anknüpfenden Diskussion in Kapitel 7 weiter thematisiert.

(2) Wie eingangs erwähnt (vgl. 1.2) wird die fehlende Berücksichtigung des Zusammenhangs zwischen Coping und Resilienz zunehmend in der Literatur kritisiert (vgl. z. B. Fletcher/Sarkar 2013, S. 17; Rice/Liu 2016, S. 330–331; van der Hallen/Jongerling/Godor 2020). Die vorliegende Analyse liefert **Beiträge zum Zusammenhang von Coping und Resilienz**. Die Erkenntnisse lassen den Schluss zu, dass die Kombination aus Coping und Resilienz mit unterschiedlichen Auswirkungen einhergehen kann. Demnach kann Resilienz (bzw. unterschiedliche Arten von Resilienz) sowohl mit emotionsorientiertem als auch mit sinnorientiertem und problemorientiertem Coping einhergehen und sowohl adaptive als auch maladaptive Strategien können zur erfolgreichen Bewältigung führen. Zukünftige Studien sollten den Aspekt des Zusammenhangs von Coping und Resilienz aufgreifen, um die Interpretation der Ergebnisse zu reproduzieren und auch auf andere Kontexte anzuwenden.

(3) Anhand der vorliegenden Analyse ergeben sich **Beiträge zu Ursachen und Wirkungen der Stressbewältigung von Pflegekräften**. Hinsichtlich der Ursachen der Entstehung von Stressbewältigungsprofilen lässt sich lediglich sagen, dass die Chance für Pflegekräfte, die weiblich, älter und ohne Führungsfunktion sind, in das Profil „solitär" zu gelangen höher ist. Dies steht im Kontrast zu anderen Studien und Publikationen, die für das Alter und teilweise auch für Frauen eher positive Bewältigungsarten konstatieren (vgl. z. B. Aldwin 2007, S. 292; Swickert/Hittner 2009). Die Erklärung für die anderen Profile kann aus den vorliegenden Ergebnissen nicht abgeleitet werden und ist daher in den aus der Literatur bekannten Faktoren zu vermuten (vgl. 2.3.2); entsprechende Richtungen für die zukünftige Forschung werden im folgenden Kapitel ausgegeben (vgl. 7.4). Hinsichtlich der Arten von Bewältigung stehen die Ergebnisse der Studie z. T. im Einklang mit der Literatur und kommen zu dem Ergebnis, dass aktive, adaptive und soziale Copingstrategien eher mit einer besseren Gesundheit einhergehen und Vermeidung tendenziell zu einer schlechteren Bewältigung führt

(vgl. 3.2.4; Chang u. a. 2007; Schreuder u. a. 2012). Allerdings zeigt die Studie auch, dass die Kombination aus Coping und Resilienz vermeintlich negative Copingstrategien ausgleichen kann. Weiterhin liefert die vorliegende Studie erste Erkenntnisse zum Zusammenhang von Stressbewältigung und Commitment in der Pflege. In diesem Zusammenhang zeigt sich, dass ein solitäres Stressbewältigungsprofil mit geringerem Commitment einhergeht als die anderen aufgezeigten Profile. Die Ergebnisse der quantitativen Studie werden im nächsten Kapitel in Kombination mit den Erkenntnissen aus der qualitativen Analyse diskutiert.

Schlussfolgerungen 7

7.1 Studienübergreifende Diskussion der Ergebnisse

Die Ergebnisse der konzeptionellen und empirischen Analysen der vorliegenden Arbeit werden im Folgenden zunächst zusammengefasst und reflektiert. Weiterhin findet die Diskussion über die Beiträge statt, die die vorliegende Arbeit für die Wissenschaft liefert (vgl. 7.2). Anschließend werden praktische Implikationen hergeleitet, die sich für Individuum, Organisationen und Gesellschaft ergeben (vgl. 7.3). Die Limitationen dieser Arbeit und das Aufzeigen von weiterem Forschungsbedarf bilden den Abschluss der Arbeit (vgl. 7.4).

Aus den Ergebnissen der qualitativen und quantitativen Analyse ergeben sich verschiedene Arten der Stressbewältigung von Pflegekräften. Dabei ist festzustellen, dass sich eine gleiche Anzahl an Stressbewältigungsprofilen und -typen aus den Studien ableiten lässt. Diese weisen ähnliche Merkmale auf und lassen sich daher als ergänzend interpretieren. In Kombinationen mit dem aufgestellten Modell zur Stressbewältigung (vgl. 2.4) geben Stressbewältigungstypen und -profile (vgl. 4.5.2, 6.5) Hinweise darauf, dass Resilienz in Form von (1) Stressresistenz, (2) Regeneration und (3) Rekonfiguration oder in Form von (4) Vulnerabilität auftreten kann.

(1) Das Profil „resistent" und der Typ des „Resilienten" lassen sich als Resilienz in Form von **Stressresistenz** interpretieren. Beide Studien der vorliegenden Arbeit führen zu dem Schluss, dass es Pflegekräfte gibt, die zwar wenig Copingstrategien heranziehen, aber über eine ausreichende Resilienz verfügen, um Stress an sich abprallen lassen zu können. Beide Studien zeigen, dass Angehörige dieser Gruppe über ein hohes Commitment gegenüber ihren Arbeitgebern, Kollegen und ihrem Beruf verfügen. Weiterhin weisen Zugehörige ein geringes Maß an Irritation auf bzw. geben an, mit Stress gut umgehen zu können. Worin

© Der/die Autor(en) 2022
I. Klingenberg, *Stressbewältigung durch Pflegekräfte*,
https://doi.org/10.1007/978-3-658-37438-9_7

sich die Zugehörigkeit zu dieser Gruppe begründet, kann aus den vorliegenden Erkenntnissen nicht abgeleitet werden und ist daher in den in Abschnitt 2.3.3 systematisierten Faktoren zu vermuten. Beispielsweise ließe sich annehmen, dass eine erhöhte Achtsamkeit mit höherer Stressresistenz einhergehen könnte, da das intensive Bewusstsein und die erhöhte Aufmerksamkeit des achtsamen Zustands (vgl. Brown/Ryan 2003, S. 822) mit der neutraleren Bewertung einer Situation einhergehen könnten, da u. a. Antizipationen der Zukunft ausgeblendet werden. Diese Annahme könnte Gegenstand zukünftiger Forschung sein.

(2) Das Profil „sozial-aktiv" und der Typ des „Bewältigenden" lassen sich als Resilienz in Form von **Regeneration** interpretieren. Demnach haben Angehörige dieser Gruppe die Fähigkeit, sich nach einer Stressreaktion subjektiv wahrgenommen schnell zu erholen. Im Gegensatz zu den Annahmen aus der qualitativen Studie verfügen diese Personen über ein höheres Maß an Resilienz als jene des Profils „resistent". Dies lässt sich zum einen durch die Schwierigkeit der Quantifizierung von Coping und Resilienz innerhalb der qualitativen Studie begründen (vgl. 7.4). Zum anderen entspricht die gewählte Resilienzskala der quantitativen Studie eher der Definition von Regeneration (vgl. 6.6.2). In der quantitativen Studie verfügen Angehörige dieses Profils zusammen mit dem Profil „resistent" über die geringste kognitive Irritation und die höchsten Commitment-Werte. Auch in der qualitativen Analyse zeichnet sich der Typ des Bewältigenden durch erfolgreiche Stressbewältigung und Zufriedenheit mit Beruf, Kollegen und dem Arbeitgeber aus. Auch für diese Gruppe lassen sich anhand der vorliegenden Studien nur bedingt Aussagen über Einflussfaktoren treffen. Es ist anzunehmen, dass diese Gruppe über ein ausgeprägtes Maß an Hoffnung verfügen könnte. Lazarus bezeichnet Hoffnung als „Ressource für Coping" (Lazarus 1999, S. 674) und sieht diese als Notwendigkeit für Copingstrategien an, die Situationen verändern sollen (vgl. 2.3.2). Daher könnte das Maß an Hoffnung in dieser Gruppe ein starker Einflussfaktor sein und die hohen Coping-Bemühungen erklären. Diese Annahme könnte im Fokus zukünftiger Forschung aufgegriffen werden.

(3) Das Profil „passiv" und der Typ des „Distanzierten" lassen sich als Resilienz in Form von (ausweichender) **Rekonfiguration** interpretieren. Das passive Profil greift dabei auf ein überdurchschnittliches Maß an evasivem, also ausweichendem bzw. vermeidendem Coping zurück. Der Typ des „Distanzierten" nutzt Copingstrategien, die ebenfalls einen vermeidenden Charakter haben. Demnach werden pflegerische Tätigkeiten bspw. nicht oder nur halbherzig ausgeführt. Angehörige dieses Typs rechtfertigen dies damit, dass sie nicht die Zeit haben, alle ihre Aufgaben erledigen zu können. Die Befragten geben an, dass dies teilweise durch Kollegen und Angehörige als legitim bewertet wurde. Auch in dem passiven Profil wird Unterstützung in überdurchschnittlichem Maße als

Copingstrategie genutzt. Das Maß der zugesprochenen Resilienz des Profils und des Typs deckt sich ebenfalls, da der „Bewältigende" über ein mittleres Maß an Resilienz verfügt und sich das passive Profil durch ein leicht unterdurchschnittliches Maß an Resilienz auszeichnet. Die Angehörigkeit zu dieser Gruppe lässt sich mit rekonfigurativer Resilienz begründen. Demnach lernen Pflegekräfte, mit den Gegebenheiten zu leben und sich diesen anzupassen. Aus organisationaler Sicht ist diese Anpassung allerdings wenig erstrebenswert, da durch die Verdrängung des Problems dieses lediglich auf andere Mitarbeiter verlagert wird und die Qualität der Pflege (insbesondere für die Patienten) leidet. Das grundlegende Verhalten dieser Form von Resilienz weist Gemeinsamkeiten mit dem aus der Forschung bekannten Phänomen des Avoidance-Job-Craftings auf (vgl. z. B. Bipp/Demerouti 2015; Zhang/Parker 2019). Dieses zeichnet sich dadurch aus, dass Arbeitnehmer versuchen, Hindernisstressoren (vgl. 2.1.3.2) durch die (eigenständige) Gestaltung ihrer Arbeitsinhalte zu reduzieren (vgl. Bruning/Campion 2018, S. 502). Eine Abgrenzung der Konzepte sowie die Frage, inwiefern Avoidance-Job-Crafting bzw. dessen Einflussfaktoren wie z. B. Zynismus (vgl. Bipp/Demerouti 2015, S. 633) zu dieser Art von Resilienz führen können, versprechen einen lohnenden Ansatz für zukünftige Forschung.

(4) Das Profil „solitär" und der Typ des „Vulnerablen" zeichnen sich durch geringe bzw. unterdurchschnittliche Resilienz, also durch **Vulnerabilität** aus. Beide leiden unter Irritation und fortgeschrittenen psychischen Problemen. Auch das Commitment ist bei dieser Gruppe nicht sehr ausgeprägt, und die Angehörigkeit geht mit einem Wechselwunsch oder bereits getroffenen Maßnahmen zu einem Berufswechsel (z. B. durch Aufnahme eines Studiums) einher. Den Angehörigen dieses Profils gelingt kein Resilienzaufbau, sodass sie unter den Stressoren des Pflegeberufs leiden. Im Rahmen der quantitativen Studie konnte diese Art der Resilienz eher bei älteren Frauen ohne Führungsverantwortung festgestellt werden. Warum diese Gruppe besonders gefährdet ist, lässt sich anhand der vorliegenden Arbeit nicht ableiten. Eine theoretische Erklärung findet sich in der Hilflosigkeitstheorie (vgl. Forgeard/Seligman 2012, S. 109–110). Es ist anzunehmen, dass Betroffene keinen adäquaten Umgang mit der Situation finden und daher eine Hilflosigkeit entwickeln. Zukünftige Forschung könnte sich mit der Frage beschäftigten, warum die genannten Faktoren die Hilflosigkeit fördern.

Vor dem Hintergrund der aufgezeigten Forschungslücken dieser Arbeit (vgl. 3.2.4) liefern die empirischen Erkenntnisse verschiedene Mehrwerte:

(1) Es wurde das Problem der verwendeten **Klassifikationen von Coping** aufgegriffen (vgl. 3.2.4; Skinner u. a. 2003; Dewe/Cooper 2017, S. 169). Die Annahme war, dass die verwendeten Klassifikationen höherer Ordnung, die in der Literatur zur Stressbewältigung von Pflegekräften zum Teil genutzt werden,

zu heterogen sind und daher zu inkonsistenten Ergebnissen führen (vgl. 3.2.4).
Sowohl die qualitative Analyse, die Copingstrategien nach mehreren Merkmalen
kategorisiert, als auch die Faktorenanalyse der quantitativen Analyse der vorliegenden Arbeit, die Faktoren nach unterschiedlichen Merkmalen einteilt, stützen
diese Annahme. Die vorliegende Arbeit kann dabei keine Form von vergleichba-
ren übergeordneten Kategorien liefern. Vielmehr finden sich Faktoren, die sich
aus unterschiedlichen Merkmalen (z. B. problemorientiert und adaptiv oder problemorientiert und maladaptiv) ergeben. Die daraus folgende Implikation für die
Copingliteratur liegt in der weiteren Konzeption von Kategoriensystemen und
Methoden, die eine realistischere Darstellung von Coping ermöglichen.

(2) Ein Problem, das in Abschnitt 3.2.4 aufgeführt wurde, ergab sich aus
der **Vielzahl an Definitionen** von Resilienz, die in der Literatur existieren, und
der daraus resultierenden fehlenden Vergleichbarkeit. Die Ergebnisse der Arbeit
lassen durchaus die Schlussfolgerung zu, dass sich unterschiedliche Arten von
Resilienz finden lassen und daher verschiedene Definitionen nachvollziehbar und
je nach Verwendungszweck nützlich sind. Eine Übersicht der Definitionen und
resultierender Forschungsbedarf wurden am Anfang dieses Abschnitts aufgezeigt.

Die Ergebnisse der Arbeit lassen die Schlussfolgerungen zu, dass unterschiedliche Arten von Resilienz existieren. Den Ausführungen der Arbeit folgend lässt
sich annehmen, dass sich Resilienz relativ unterschiedlich gestaltet. Sie kann
bspw. in Form einer inneren Haltung erfolgen, durch die Situationen tendenziell als Herausforderung denn als Bedrohung gesehen werden (Stressresistenz;
der Stress prallt an Betroffenen ab). Sie kann sich aber auch in Form von
besonderer Anpassungsfähigkeit durch Coping zeigen; Individuen finden dann
schnell einen Weg, sich der Situation anzupassen und sich vom Stress zu erholen
(Regeneration; das sogenannte Bouncing back). Weiterhin können Individuen ihr
Wertesystem so anpassen, dass ihnen vormals wichtige Dinge nicht mehr so wichtig erscheinen und sie mit schwierigen Situationen einfacher umgehen können
(Rekonfiguration). Weitere Arten von Resilienz können nicht ausgeschlossen werden. Im Einklang mit der Goodness-of-Fit-Hypothese aus der Copingforschung
kann angenommen werden, dass bestimmte Arten der Anpassung für bestimmte
Kontexte besser funktionieren als andere.

(3) Ein weiteres Problem war das in Abschnitt 3.2.4 erläuterte Defizit an Studien, die **Coping und Resilienz zusammenhängend** in der Stressbewältigung
(von Pflegekräften) betrachten. Die Ergebnisse der beiden im Rahmen dieser
Arbeit durchgeführten Studien stehen im Einklang mit dem aufgestellten Modell
dieser Arbeit (vgl. 2.4). Die angenommene Wechselwirkung zwischen Coping
und Resilienz lässt sich in die Interpretation der Typen und Profile integrieren.

Aus den konzeptionellen und empirischen Analysen dieser Arbeit lassen sich daher folgende Annahme ableiten:

Coping und Resilienz stehen in einer ständigen Austauschbeziehung. Es lässt sich annehmen, dass die vorhandene (Art der) Resilienz die Wahl der Copingstrategie beeinflusst und sich der Erfolg des Copings wiederum auf die Resilienz auswirkt. Stressbewältigung lässt sich folglich als zirkulärer Prozess zwischen Coping und Resilienz begreifen. Die Suche nach einem Anfangspunkt ist dabei nicht zielführend, vielmehr ist von einem Henne-Ei-Problem auszugehen, in dem sich Copingstil und Resilienz ständig weiterentwickeln.

(4) Eine weitere Problematik, die in Abschnitt 3.2.4 dargelegt wurde, ist die **fehlende personenzentrierte Herangehensweise** in der empirischen Forschung zur Stressbewältigung von Pflegekräften. Die Ergebnisse der Arbeit lassen den Schluss zu, dass eine Typologie zur Vereinfachung der Komplexität von Stressbewältigung durchaus hilfreich sein kann. In diesem Zuge zeigen sich verschiedene Typen der Stressbewältigung. Inwiefern diese für weitere Forschungsvorhaben genutzt werden können, wird in Abschnitt 7.2.2 erläutert.

(5) Eine letzte Problematik, die in Abschnitt 3.2.4 aufgeführt wurde, sind die **fehlenden Erkenntnisse zu arbeitsspezifischen** (also nicht ausschließlich die Gesundheit betreffenden) Faktoren im Hinblick auf die Stressbewältigung von Pflegekräften. Die Ergebnisse der Studien können dazu verschiedene Beiträge liefern. Es zeigt sich, dass effektive Stressbewältigung (in Form des resistenten und des sozial-aktiven Profils) zu einem besseren Commitment von Mitarbeitern beitragen kann. Für die Annahme, dass bestimmte Stressoren-Konstellationen (als Resultat der Arbeitsgestaltung) oder Führungsverantwortung Einfluss auf die Stressbewältigung nehmen, konnte in den vorliegenden Analysen keine Bestätigung gefunden werden. Weitere Forschung ist nötig, um Klarheit darüber zu schaffen, ob die Stressoren-Konstellationen und Führungsverantwortung nicht dennoch Einfluss auf den Bewältigungsstil nehmen können. Es lässt sich nicht ausschließen, dass die gewählten Klassifikationen von Stressoren gemäß der Skala zur Arbeitsbelastung in der Krankenpflege (vgl. Bartholomeyczik 2014) nicht zu ähnlich sind und dass sich nicht andere Ergebnisse durch Klassifikationen finden würden, die sich stärker voneinander abgrenzen ließen (bspw. nach Rollenstressoren und Stressoren aus der Arbeitsaufgabe). Weiterhin ist die Pflege ein spezieller Kontext (vgl. 3.2.1), daher lässt sich nicht darauf schließen, dass Führung in anderen Kontexten nicht mit spezifischeren Bewältigungsstilen einhergeht.

7.2   Beiträge der Arbeit

7.2.1 Begriffliche und konzeptionelle Beiträge zur Diskussion von Stressbewältigung

Ein Beitrag der vorliegenden Arbeit liegt weiterhin in der Strukturierung der derzeitigen Erkenntnisse zu Stress im Generellen sowie im Übertragen dieser Erkenntnisse auf den betriebswirtschaftlichen Kontext. Sie liefert dazu (1) eine Systematisierung bisheriger empirischer Erkenntnisse zu Arbeitsstress, (2) eine Herausarbeitung von trennscharfen Begrifflichkeiten ‚Coping' und ‚Resilienz' sowie (3) ein konzeptionelles Modell zur Erklärung der Zusammenhänge.

(1) Ein Beitrag der vorliegenden Arbeit liegt in diesem Zusammenhang in der **Systematisierung bisheriger empirischer Erkenntnisse** zu Arbeitsstressoren, die anhand einer etablierten Klassifikation von Arbeitsstressoren stattfindet (vgl. 2.1.5.3; Cartwright/Cooper 1997). Diese Systematisierung zeigt dabei, dass die Bandbreite an Stressoren, die aus Arbeit resultieren oder mit dieser im Zusammenhang stehen, vielfältig ist und dass technische sowie gesellschaftliche Entwicklungen immer wieder neue Stressoren nach sich ziehen können (bspw. Technostress). Aufgrund der individuellen Bewertung von Stressoren (vgl. 2.1.3.2, 2.1.6) und der individuellen Stressbewältigung in Form von Coping und Resilienz (vgl. 2.2; 2.3) kann nicht davon ausgegangen werden, dass ein Stressor per se schädlicher ist als ein anderer. Vielmehr treten Stressoren in bestimmten Kontexten (z. B. Berufen) häufiger oder seltener auf und die individuellen Möglichkeiten zur Bewältigung unterscheiden sich. Aufgrund der Goodness-of-Fit-Hypothese muss davon ausgegangen werden, dass bestimmte Individuen in bestimmten Situationen funktionaleres Coping einsetzen können als andere Individuen (oder in anderen Situationen). Trotzdem kann zur Ableitung von Arbeitsgestaltung oder Arbeitsschutzmaßnahmen auf bestehende Klassifikationen von Stressoren zurückgegriffen werden. Hat ein Stressor potenziell großen Einfluss auf viele Personen, sollte ein Umgang gefunden werden, der diesen Stressor beseitigt oder zumindest eingrenzt. Dies kann bspw. im Rahmen der Verhältnisprävention geschehen, die das Ziel hat, die Arbeitsgestaltung so vorzunehmen, dass Stressoren vermieden werden. Für Stressoren, die nur einzelne Personen betreffen, sind Maßnahmen zur Verhaltensprävention bspw. durch Coping- und/oder Resilienztrainings ein adäquates Mittel (vgl. 1.1, Bamberg/Busch 2006, S. 216).

(2) Einen weiteren Beitrag leistet die vorliegende Arbeit in Form einer **Ausarbeitung von trennscharfen Begrifflichkeiten** hinsichtlich der Stressbewältigung.

In der Literatur wird die begriffliche Unschärfe der Begriffe ‚Coping' und ‚Resilienz' teilweise kritisiert (vgl. Rice/Liu 2016, S. 329). In der Problemstellung der vorliegenden Arbeit wurde die Problematik der unscharfen Begrifflichkeiten erläutert (vgl. 1.2). Die Begriffsdiskussion in Kapitel 2 dieser Arbeit reduziert diese Unschärfe insofern, als Definitionen der Begriffe herausgearbeitet wurden, die diese inhaltlich voneinander abgrenzen.

Der Begriff ‚Coping' beschreibt demnach Handlungen und kognitive Prozesse zur Stressbewältigung. Diesem geht eine Bewertung als Verlust oder Gefahr voraus (vgl. 2.1.4). Coping beinhaltet emotionsorientierte, sinnorientierte und problemorientierte Strategien, die gleichzeitig angewandt werden und je nach Kontext positiv, negativ oder dysfunktional verlaufen. Coping kann dabei unterschiedlich klassifiziert werden (vgl. 2.2.2); bisher mangelt es aber noch an einer Klassifikation, die sowohl kontextunabhängig als auch in sich homogen ist.

Der Begriff ‚Resilienz' bildet hingegen ein Dachkonstrukt, das sich aus verschiedenen Schutzfaktoren (vgl. 2.3.2) zusammensetzt. Resilienz zeichnet sich durch mindestens eine der drei Eigenschaften Stressresistenz, (schnelle) Regeneration oder (effektive) Rekonfiguration aus (vgl. 2.3.1). Die empirischen Studien der vorliegenden Arbeit erlauben die Annahme, dass alle drei Arten von Resilienz existieren und sich bei Individuen unterschiedlich darstellen können. Die Ein- und Abgrenzung stellt ein zentrales Element wissenschaftlichen Arbeitens dar. Daher überrascht es, dass dieser Aspekt der Resilienzliteratur bisher weitgehend unkritisch gehandhabt wurde. Eine Implikation, die sich daraus für zukünftige Literatur zum Thema Resilienz ergibt, ist die Weiterentwicklung und Weiterverfolgung der genannten Definitionen. Die vorliegende Arbeit bietet die konzeptionellen und empirischen Grundlagen dafür, die genannten Ausführungen in weiteren empirischen Untersuchungen kritisch zu prüfen und weitere Konkretisierungen des Begriffs zu erarbeiten. Daran knüpft auch die Frage nach dem zukünftigen Umgang mit dem Resilienzbegriff an (ob bspw. die einzelnen Ausprägungen zukünftig getrennt voneinander als Stressresistenz, Regeneration oder Rekonfiguration bezeichnet bzw. untersucht werden sollten). Die Ergebnisse der vorliegenden Arbeit geben Hinweise darauf, dass eine entsprechende Unterscheidung je nach Art des Forschungsgegenstandes nützlich ist.

(3) Neben der Ein- und Abgrenzung der Begriffe ‚Coping' und ‚Resilienz' bietet die Arbeit eine konzeptionelle Erklärung des Zusammenhangs der Begriffe und leitet daraus ein **konzeptionelles Modell** ab (vgl. 2.6). Dies beruht auf der Annahme, dass Coping und Resilienz nicht voneinander unabhängig sind und sich gegenseitig beeinflussen können. Resilienz führt demnach dazu, dass Stressoren weniger kritisch bewertet werden, und kann somit Stress reduzieren und/oder Coping beeinflussen. Coping kann wiederum Einfluss auf die Resilienz nehmen,

die bspw. durch erfolgreiches Coping gestärkt wird. Entsprechende Modelle existieren in der Literatur zwar bisher kaum, die Klärung des Zusammenhangs von Coping und Resilienz wird aber von verschiedenen Wissenschaftlern als Forschungsbedarf ausgegeben (vgl. z. B. Fletcher/Sarkar 2013, S. 17; Rice/Liu 2016, S. 330–331; van der Hallen/Jongerling/Godor 2020). Die vorliegende Arbeit kommt diesen Forderungen nach und schlägt ein Modell vor, das es in zukünftiger Forschung weiterzuentwickeln und kritisch zu hinterfragen gilt. Es bietet einen Ansatz, um die Zusammenhänge von Coping und Resilienz abzubilden und zu erklären. Die empirischen Erkenntnisse der vorliegenden Arbeit stehen zwar im Einklang mit dem aufgestellten Modell, allerdings bedarf es weiterer empirischer Studien, die die Zusammenhänge von Coping und Resilienz (insbesondere im Längsschnitt) untersuchen. Auf Basis dieser zukünftigen Studien kann das vorgeschlagene Modell validiert und/oder weiterentwickelt werden.

7.2.2 Beiträge zur Diskussion von Stressbewältigung von Pflegekräften

Der Abschnitt 3.2 der vorliegenden Arbeit beinhaltet eine Systematisierung der bisherigen Erkenntnisse zum Forschungsgegenstand der vorliegenden Arbeit. Neben den systematisierenden Beiträgen liefert die vorliegende Arbeit auch empirische Beiträge, welche die in Abschnitt 3.2 aufgezeigten Forschungslücken z. T. reduzieren und somit zum Forschungsdiskurs zur Stressbewältigung von Pflegekräften beitragen (vgl. Kapitel 4 und 6). Die vorliegende Arbeit liefert somit Beiträge zur (1) Stressentstehung, (2) Stressfolgen und (3) Stressbewältigung von Pflegekräften.

(1) Durch die Systematisierung der Literatur zur **Stressentstehung von Pflegekräften** wird deutlich, dass diese mit vielfältigen Stressoren konfrontiert werden. Dabei stellen insbesondere Stressoren aus der Arbeitsaufgabe (u. a. durch die Arbeitszeit, qualitative/quantitative Anforderungen), Stressoren aus der sozialen Umgebung (u. a. Konflikte mit Kollegen, Vorgesetzten und Patienten) und Rollenstressoren (u. a. Rollenkonflikte, Emotionsarbeit) die gängigsten Stressoren von Pflegekräften dar. Weiterhin finden sich erste Hinweise dafür, dass die Stressoren sich wandeln und der Zeitdruck sich weiter intensiviert, Technostressoren an Relevanz gewinnen und die Gewaltbereitschaft von Patienten zunimmt.

Ein Beitrag der qualitativen Analyse liegt in der **Identifikation von Stressoren**, die in der Literatur bisher unzureichend thematisiert wurden. Dabei lässt sich aus den Aussagen der Befragten ableiten, dass Pflegekräfte einen zunehmenden Wandel ihres Berufsbildes wahrnehmen. Demnach empfinden sie verstärkt eine geringere Wertschätzung ihres Berufs. Dies äußert sich u. a. in der Wertschätzung auf der gesellschaftlichen Ebene, die von Interviewteilnehmern teilweise als gering empfunden wird und sich bspw. in einer unzureichenden Bezahlung oder der medialen Darstellung des Berufs äußert. Außerdem gaben einige Interviewteilnehmer an, dass sie vermehrt erleben, dass Patienten illegitime Aufgaben an sie herantragen. Ebenso nehmen die Gewaltbereitschaft und Aggressionen seitens der Patienten subjektiv betrachtet zu. Diese Schlussfolgerungen decken sich mit denen der bisherigen Forschung (vgl. Franz u. a. 2010; Schablon u. a. 2012; Schablon u. a. 2018). Eine Studie, die parallel zu den vorliegenden Studien entstand, zeigt ebenfalls eine Zunahme von Gewaltbereitschaft und die Belastung durch geringe Bezahlung von Pflegekräften auf (vgl. Raspe u. a. 2020). Insbesondere die genannte wahrgenommene Verschlechterung der Wertschätzung des Berufs kann die Rollenerwartung negativ beeinflussen. Daraus resultierende Rollenkonflikte können wiederum das Stressempfinden erhöhen, wie die Forschung auch für den Bereich der Pflege zeigt (vgl. Ho u. a. 2009; O'Brien-Pallas u. a. 2010).

Ein weiterer Stressor, der in der Forschung zwar bisher wenig Beachtung gefunden hat, aber von Interviewteilnehmern häufig erwähnt wurde, sind Notfälle. Diese finden zwar als Stressor in der Forschung zur Notfallpflege Berücksichtigung (vgl. z. B. Dominguez-Gomez/Rutledge 2009; Adriaenssens u. a. 2011; Hou u. a. 2020), werden aber im Hinblick auf Pflegekräfte anderer Stationen selten beobachtet. Ein Unterschied zwischen Notfall- und anderen Stationen lässt sich darin verorten, dass Notfälle bei routinierten Pflegekräften in der Notfallpflege eher als Mikrostressor gesehen werden und mit Zeitdruck verbunden sind, auf anderen Stationen aber als Makrostressor auftreten und traumatische Erfahrungen nach sich ziehen können. Ein weiterer Stressor, der sich aus den Interviews ableiten lässt, ergibt sich aus Online-Bewertungsportalen, auf denen Krankenhäuser und andere Pflegeeinrichtungen bewertet werden können. Die sogenannte elektronische Word-of-Mouth (dt. etwa elektronische Mund-zu-Mund-Propaganda) wird in der betriebswirtschaftlichen Literatur bisher überwiegend in Bezug auf Rekrutierung und Marketing betrachtet (vgl. z. B. Evertz/Kollitz/Süß 2019, S. 4–5). Forschung dazu, inwiefern durch Online-Bewertungen des Arbeitsplatzes das Stressempfinden von Pflegekräften (sowie von Beschäftigten in anderen Bereichen) beeinflusst wird, existiert bisher kaum und stellt demnach eine Forschungslücke dar, die es in künftigen Arbeiten zu schließen gilt.

(2) Die Systematisierung der Literatur zu **Stressfolgen von Pflegekräften** zeigt, dass Stress in der Pflege häufig mit physischen und psychischen Erkrankungen einhergeht, das Commitment reduzieren sowie die Wechselabsicht erhöhen

und vermehrt zu Unfällen und Behandlungsfehlern führen kann. Aus betriebswirtschaftlicher Sicht bleiben verschiedene Forschungslücken bisher unbearbeitet.
Diese wurden in Kapitel 3 herausgearbeitet und erläutert. So sollte sich die Forschung künftig mit der Frage beschäftigen, inwiefern Stress die Produktivität
von Pflegekräften beeinflusst und inwieweit sich die intensiven Stressoren auf
die Arbeitgeberattraktivität und die Attraktivität des Berufsbilds auswirken können. Weiterhin mangelt es auch im Bereich der Stressfolgen an Forschung im
deutschen Pflegekontext.

Ein weiterer Beitrag, der sich aus der Empirie der vorliegenden Arbeit ergibt,
liegt in der Erweiterung der Literatur zu Auswirkungen von Stress auf das **organisationale Commitment**. Aus beiden vorliegenden Studien lässt sich ableiten,
dass das Commitment von Pflegekräften bei ineffektiver Stressbewältigung abnehmen kann. Die Ergebnisse überraschen nicht und schließen sich an jene aus der
bestehenden Literatur an, die feststellen konnten, dass Stress und Commitment
negativ miteinander korrelieren (vgl. Ho u. a. 2009; Pishgooie u. a. 2019). Insbesondere die Erkenntnisse der qualitativen Studie lassen darauf schließen, dass ein
geringes Commitment nicht nur mit einem Organisationswechsel, sondern auch
mit dem Verlassen der Profession ('Pflexit') einhergehen kann. Bisher mangelt
es zwar an verlässlichen Zahlen, die das Ausmaß des vorzeitigen Berufswechsels
von Pflegekräften abbilden, allerdings berichten vereinzelte Quellen von einer zu
beobachtbaren Zunahme (vgl. Rothgang/Müller/Preuß 2020, S. 208–209). Da der
eingangs erwähnte Fachkräftemangel sich aufgrund zusätzlicher Abgänge ver-
schärft und sich damit einhergehend die Arbeitsbedingungen von Pflegekräften
verschlechtern (vgl. 1.1), sind Erkenntnisse zum Commitment von Pflegekräfte
besonders relevant.

(3) Die Systematisierung der Literatur zur **Stressbewältigung von Pflegekräften** zeigt, dass sich selbige überwiegend isoliert mit einzelnen Schutzfaktoren,
Resilienz oder Copingstrategien beschäftigt (vgl. 3.2.4). Die in Kapitel 2 dis-
kutierten Schutzfaktoren und Resilienz nehmen dabei überwiegend positiven
Einfluss auf die Beziehung zwischen Stressoren und Gesundheit. Dabei ist kritisch anzumerken, dass die Literatur auch im Kontext von Pflegekräften auf
unterschiedliche Definitionen von Resilienz zurückgreift und dadurch die Vergleichbarkeit der Ergebnisse nur bedingt möglich ist. Die Copingforschung
kommt einerseits zu der Erkenntnis, dass problemorientiertes und proaktives
Coping eher einen positiven (vgl. Chang u. a. 2007; Garrosa u. a. 2010;
Chang/Chan 2015; Cruz u. a. 2018), emotionsorientiertes Coping eher einen
negativen Einfluss auf die Gesundheit hat (vgl. Healy/McKay 2000; Chang
u. a. 2007; Gibbons 2010; Schreuder u. a. 2012). Andererseits werden diese
Befunde teilweise widerlegt (vgl. z. B. Lee u. a. 2016; Jang/Gu/Jeong 2019;

Yaseen/Abdulah/Piro 2020) und sind vor dem Hintergrund der begrifflichen Diskussion dieser Arbeit (vgl. 2.4) als kritisch zu betrachten, da sie Stressbewältigung zu sehr auf einzelne Variablen und heterogene Kategorien reduzieren. Weiterhin finden sich bisher kaum Studien, die Coping und Resilienz von Pflegekräften gemeinschaftlich betrachten, was vor dem Hintergrund der aufgeführten konzeptionellen Überlegungen als nicht ausreichend zu bezeichnen ist. Bisher finden Fragestellungen zu Coping und Resilienz von Pflegekräften im betriebswirtschaftlichen Kontext kaum Beachtung. Insbesondere der Bereich des Organisational Behavior (z. B. in Form von Commitment, Wechselabsicht und Zufriedenheit mit dem Beruf) wird bisher nicht ausreichend adressiert. Dies ist vor dem Hintergrund des zunehmenden Fachkräftemangels in der Pflege bedenklich, da es Wissenschaft und Praxis an entsprechenden Erkenntnissen mangelt.

Die vorliegende Arbeit leistet **Beiträge zur Forschung hinsichtlich des Copings von Pflegekräften**. Die bisherige Forschung lieferte verschiedene Diskrepanzen (vgl. 3.2.4) und konnte nur bedingt effektivere Copingstrategien feststellen. Die vorliegenden Analysen zeigen, dass die Betrachtung der Gesamtheit an Copingstrategien nötig ist, um stichhaltige Schlussfolgerungen zu ziehen. Zwar kann auch die vorliegende Arbeit nicht die Gesamtheit der Copingstrategien abbilden, jedoch lässt sich der Schluss ziehen, dass Copingstrategien und deren Effekte sich gegenseitig beeinflussen können. So zeigt sich bspw., dass Vermeidung, die in der bestehenden Literatur als eher negative Copingstrategie betrachtet wird (vgl. Healy/McKay 2000; Gibbons 2010; Schreuder u. a. 2012), in Kombination mit sozialer Unterstützung mit einer besseren (psychischen) Gesundheit verbunden sein kann. In der qualitativen Studie der vorliegenden Arbeit finden sich Hinweise darauf, dass Kollegen und private Kontakte die Vermeidungsstrategie (bspw. Arbeit liegen lassen) gutheißen können und somit die handelnde Person darin bestärken. Auch vor dem Hintergrund, dass soziales Coping meist ausschließlich mit positiven Auswirkungen assoziiert wird, gelangt die vorliegende Arbeit zu dem Schluss, dass bestehende Klassifikationen von Coping stärker differenziert werden sollten. Es ist anzunehmen, dass einzelne Copingstrategien innerhalb bestehender Klassifikationen gegensätzlich verlaufen und somit die Erklärungskraft gegenseitig reduzieren können. Diese Annahme wird von Teilen der Copingliteratur unterstützt (vgl. z. B. Skinner u. a. 2003; Dewe/Cooper 2017, S. 169). Daraus folgt der Appell für die zukünftige Forschung, diese Punkte stärker zu berücksichtigen.

Die vorliegende Arbeit liefert weiterhin **Beiträge zur Resilienz von Pflegekräften**. Dabei stimmt sie mit der bestehenden Literatur darin überein, dass

Resilienz mit positiven Auswirkungen auf die (psychische) Gesundheit einhergeht (vgl. z. B. Delgado u. a. 2017; Lanz/Bruk-Lee 2017). In Kombination mit angewandten Copingstrategien betrachtet, die in der Literatur teils als Teil von Resilienz und teils als maßgeblich für die Entstehung von Resilienz betrachtet werden (vgl. 2.3.1), zeigt sich dabei, dass Resilienz in verschiedenen Formen auftreten kann (vgl. 7.1). Hierbei kann grundsätzlich jede der beschriebenen Arten von Resilienz mit geringeren Irritationen einhergehen, auch wenn die Stressresistenz und die Regeneration tendenziell mit besseren Ergebnissen verbunden sind als die rekonfigurative Resilienz. Für die zukünftige Resilienzforschung ergibt sich daher die Implikation, die Kombination aus Coping und Resilienz weiterzuverfolgen und die Ergebnisse der vorliegenden Arbeit kritisch zu evaluieren. Bei gleichen oder ähnlichen Ergebnissen bedarf es zukünftiger Studien, die die Entstehung und die Auswirkungen von Resilienz (insbesondere auf andere Faktoren wie die Produktivität oder das Stressempfinden von Kollegen) angehen.

Die vorliegende Arbeit liefert darüber hinaus empirische Beiträge zur **Stressbewältigung von Pflegekräften**. Sie bietet eine Alternative zu den angesprochenen isolierten Betrachtungen von Coping und Resilienz (vgl. 3.2.4). Die Stressbewältigungstypen und -profile lassen sich als zusammenhängend bzw. ergänzend interpretieren. Demnach können die aufgestellten Typen aus Kapitel 4 auch auf eine größere Grundgesamtheit übertragen werden. Dies gilt es in zukünftigen Studien zu validieren. Weiterhin gibt es erste Anhaltspunkte, dass bestimmte Typen eine bessere (psychische) Gesundheit aufweisen und mit einem höheren Commitment zusammenhängen können – dies gilt es in weiteren Studien zu untersuchen. Auch hinsichtlich der erklärenden Faktoren gibt es erste eingeschränkte Erkenntnisse (vgl. Kapitel 6). Es bedarf allerdings weiterer Forschung, um diese zu validieren. Beispielsweise zeigt die bisherige Forschung, dass Stressbewältigung auch kollektiv durch das Arbeitsklima beeinflusst werden kann oder auf Kollegen übertragbar ist (vgl. z. B. Korczynski 2003; Dewe/O'Driscoll/Cooper 2010, S. 136–137). Die Kombination aus sozialer Unterstützung und Vermeidung lässt die Annahme zu, dass es bspw. vermeidende Klimata geben könnte oder sich die Vermeidung von Kollegen auch auf andere Individuen überträgt. Dies gilt es in zukünftigen Forschungsarbeiten zu untersuchen. Alles in allem bietet die aufgestellte Typologie einen Mehrwert, indem typische Arten der Bewältigung dargestellt werden und für Darstellungen und Interpretationen genutzt werden können.

7.3 Praktische Implikationen

Der Transfer von wissenschaftlichen Erkenntnissen in die Praxis ist nur bedingt möglich, da sich die Wissenschaft zum Teil auf abstrakte bzw. theoretische Konstrukte stützt, die in der Realität nur bedingt zu finden bzw. anzuwenden sind. Nichtsdestotrotz lassen sich gestützt durch die Erkenntnisse dieser Arbeit Aussagen für die Praxis tätigen. Wie eingangs erwähnt wurde (vgl. 1.1), sind Stress und dessen Auswirkungen ein Problem, das sowohl Individuen als auch Organisationen und die Gesellschaft betrifft. Daher treffen die resultierenden Implikationen ebenfalls auf diese genannten Ebenen zu.

Zunächst machen sich die Auswirkungen von Stress auf **individueller Ebene** bemerkbar. Daher liegt Stressbewältigung vor allem im Interesse des Individuums. Die vorliegende Arbeit liefert keine Hinweise auf eine grundsätzlich überlegene Art der Stressbewältigung, vielmehr wird deutlich, dass in bestimmten Situationen einige Bewältigungsstrategien Stressreaktionen eher reduzieren als andere. Für Individuen resultiert daraus eine gewisse Eigenverantwortung, die ihre Stressbewältigung und Gesundheit betrifft. Organisationen können zwar Hilfsangebote (bspw. im betrieblichen Gesundheitsmanagement, insbesondere in der betrieblichen Gesundheitsförderung) verorten, diese helfen dem Individuum aber nicht, wenn sie nicht wahrgenommen bzw. mitgetragen werden. Daher besteht eine zentrale Implikation für Pflegekräfte darin, Hilfsangebote wahrzunehmen und diese (bspw. über Mitarbeitervertretungsorgane) mitzugestalten oder aktiv einzufordern. Häufig sind psychische Irritationen und Erkrankungen mit einem Stigma behaftet. Dies führt dazu, dass Menschen versuchen, psychische Störungen zu verstecken bzw. geheim zu halten (vgl. Barthelmes u. a. 2019, S. 39). Ein offener Umgang und der klare Hinweis, dass Betroffene sich Hilfe suchen können und unterstützt werden, kann durch Pflegekräfte vorgelebt werden und somit zu einer positiven Arbeitskultur beitragen. Die vorliegenden Studien machen deutlich, dass auch die Inanspruchnahme von (instrumenteller oder emotionaler) Hilfe durch Kollegen dazu beitragen kann, Stress effektiver zu bewältigen. Daher kann auch die Hilfestellung für und durch andere zur Stressbewältigung beitragen und durch Individuen aktiv gefördert werden, indem z. B. aktiv (instrumentelle) Unterstützung überlasteten Kollegen angeboten bzw. von überlasteten Kollegen angefragt wird. Dieses Verhalten kann wiederum eine positive Signalwirkung auf andere Kollegen haben und somit weitere Bereitschaft zur (Bitte um) Unterstützung nach sich ziehen.

Neben den genannten Maßnahmen, die sich auf soziales Coping beziehen, sollten Individuen auch kontinuierlich an ihrem Bewältigungsstil arbeiten. Da es keine universell effektive Form der Stressbewältigung gibt, ist eine grundsätzliche

Reflexion der eigenen Situation sowie der eigenen Bewältigungsstrategien nötig und kann dabei helfen, die eigene Stressbewältigung situativ effektiv anzupassen.

Stressbewältigung ist allerdings nicht allein auf individueller Ebene anzusiedeln. Für die **organisationale Ebene** lässt sich aus den Erkenntnissen dieser Arbeit die Implikation ableiten, dass Stressprävention eine betriebliche Aufgabe ist bzw. als solche verstanden werden sollte. In diesem Zusammenhang zeigt sich, dass Individuen, die keinen adäquaten Umgang mit Stress finden, Organisationen krankheitsbedingt oder aufgrund fehlenden Commitments verlassen oder kontraproduktive Arbeitsweisen (in Form von Distanzierung) entwickeln können. Beides ist – insbesondere vor dem Hintergrund des zunehmenden Fachkräftemangels (vgl. 1.2) – aus organisationaler Sicht nicht erstrebenswert. Die Nachbesetzung von Stellen wird zunehmend schwieriger, auch die Signalwirkung für zukünftige Bewerber kann bei schlechten Arbeitsbedingungen zunehmend schlechter ausfallen (vgl. Schmucker 2019, S. 58). Beispielsweise kann durch Bewertungen in sozialen Medien und Onlinebewertungsportalen die Reputation des Arbeitgebers beeinflusst werden (vgl. z. B. Evertz/Kollitz/Süß 2017, S. 26). Auch die beschriebene Distanzierung könnte ein schlechtes Bild der Organisation nach außen abgeben und potenzielle Bewerber abschrecken. Weiterhin kann die Distanzierung mit zunehmenden Stressoren für andere Mitarbeiter verknüpft sein, da diese nicht erfüllte Aufgaben erfüllen (müssen). Um diese Gefahren zu minimieren, sollten Organisationen bestrebt sein, Stressprävention in das (Personal-)Management und die Führungsaufgaben zu integrieren. Außerdem können Maßnahmen zur Verhaltens- und Verhältnisprävention (vgl. 1.1) dabei helfen, Stressempfinden zu reduzieren.

Maßnahmen, die im **Personalmanagement** und/oder der **Personalführung** verankert werden können, sind vielseitig und ihre Durchführbarkeit bzw. ihr Erfolg ist immer kontext- und ressourcenabhängig. Daher sollen an dieser Stelle nur einzelne Beispiele aufgeführt werden, die hilfreich sein können, aber fallweise nicht zielführend oder darstellbar sind.

Da ein Großteil der identifizierten Stressoren in Verbindung mit dem Personalmangel steht (vgl. 4.6), sollten organisationale Maßnahmen an dieses Problem anknüpfen. Das Einstellen von weiterem Pflegepersonal könnte das Personal an vielen Stellen entlasten. Aufgrund des vorherrschenden Fachkräftemangels stellt die Rekrutierung von Personal aber eine Schwierigkeit dar (vgl. 1.2). Mögliche Maßnahmen zur Steigerung der Arbeitgeberattraktivität können Unternehmen einen Wettbewerbsvorteil bei der Rekrutierung verschaffen (vgl. z. B. Rode/Süß 2015, S. 352). Dabei haben auch Organisationen im Bereich Gesundheits- und

Altenpflege verschiedene Ansatzpunkte, um die Arbeitgeberattraktivität zu steigern: (1) die Arbeitsbedingungen, (2) die Freude bei der Arbeit und (3) Aufstiegs- und Weiterbildungschancen.

(1) Arbeitgeberattraktivität kann mittels materieller und immaterieller Anreize gesteigert werden (vgl. z. B. Scherm/Süß 2016, S. 142–143). Die Zahlung von höheren Entgelten kann also mit einem Wettbewerbsvorteil einhergehen. Vereinzelt gaben Pflegekräfte in der qualitativen Studie der vorliegenden Arbeit an, sich eine bessere Bezahlung zu wünschen. Diese Diskussion ist allerdings primär auf der gesellschaftlichen Ebene anzusiedeln, da zum einen das Gehalt primär über Tarifverträge bestimmt wird (im Bereich Pflege insbesondere bei öffentlichen, kirchlichen und größeren privaten Trägern) und zum anderen die Behandlungs- und Pflegekosten durch die Kranken- und Pflegeversicherungen getragen werden. Somit haben Organisationen nur bedingt Einfluss auf das Entgelt von Pflegekräften. Allerdings haben insbesondere private Einrichtungen die Möglichkeit, ihre Gehälter selbst festzulegen bzw. übertarifliche Gehälter und Boni zu ermöglichen. Organisationen sollten daher prüfen, inwiefern eine Verbesserung der Bezahlung möglich ist. Weiterhin stehen flexible Arbeitszeiten als immaterielle Anreize mit Arbeitgeber-attraktivität in Verbindung (vgl. z. B. Schmoll/Süß 2019). Die Möglichkeiten dafür sind im Pflegebereich eingeschränkt, denn da Pflege über 24 Stunden nötig ist, ist meistens Schichtarbeit notwendig (vgl. 3.2.2). Allerdings könnten Organisationen Möglichkeiten schaffen, dass Pflegekräfte vermehrt ihre Wunschschichten belegen und häufige Schichtwechsel vermeiden.

(2) Die Freude bei der Arbeit (engl. happiness at work) kann zur Arbeitgeberattraktivität beitragen (vgl. z. B. Waal 2018). Zufriedene Mitarbeiter geben demnach ein positives Bild der Organisationen nach Außen ab und können somit zu einem positiven Arbeitgeberimage beitragen. Daher sollten Einrichtungen bemüht sein die Mitarbeiter zufrieden zu stellen und z. B. ein angenehmes soziales Miteinander und ein positives Arbeitsklima zu schaffen. Die vorliegende Arbeit zeigt in diesem Zusammenhang auf, dass z. B. Zeit mit Kollegen und/oder Patienten bzw. Bewohner als positive Ressource wahrgenommen wird. Auf der anderen Seite können ein negatives Arbeitsklima oder zu wenig Zeit für Aufgaben und Patienten bzw. Bewohner diese Freude negativ beeinflussen. Daher sollten Organisationen bemüht sein, adäquate Arbeitsbedingungen zu schaffen. Der Fachkräftemangel erschwert hierbei die Reduktion von Stressoren, allerdings können z. T. auch organisationale Faktoren Einfluss auf die Entstehung von Stressoren nehmen (vgl. 3.2.2) die auf Seiten der Organisation beeinflusst werden können. Hierbei spielen insbesondere auch Führungskräfte eine entscheidende Rolle, da sie bspw. durch Mitarbeitergespräche, Umgang oder Vorbildverhalten das Arbeitsklima prägen können. Organisationen sollten daher

Strategien entwickeln, die dazu beitragen, ihre Mitarbeiter und Führungskräfte zu motivieren und die nötige Freude bei der Arbeit zu generieren. Dazu können z. B. Mitarbeiterbefragungen hinsichtlich Verbesserungsmöglichkeiten oder Führungskräfteschulungen mit dem Schwerpunkt Motivation bzw. Sensibilisierung für Mitarbeiterbedürfnisse herangezogen werden. Weiterhin sollten (technische) Hilfsmittel dort eingesetzt werden, wo sie zu einer Entlastung von Mitarbeitern beitragen können. Dazu sollten allerdings die Bedürfnisse und Fähigkeiten von Mitarbeitern berücksichtigt werden, damit es nicht zu einer Überforderung z. B. in Form von Technostress (vgl. 2.1.5.3; 3.2.2) kommt. Die Berücksichtigung von Mitarbeiterbedürfnissen kann ein positives Bild nach außen bewirken und zur Attraktivität des Arbeitgebers beitragen.

(3) Aufstiegs- und Entwicklungsmöglichkeiten können ebenfalls die Arbeitgeberattraktivität erhöhen (vgl. z. B. Lohaus/Rietz 2018). Deshalb sollten Einrichtungen ihren Pflegekräften Möglichkeiten zur Weiterentwicklung und zum Aufstieg einräumen. Entwicklung kann zum einen durch Fachweiterbildungen geschehen, die Mitarbeiter mit neuen fachlichen Fähigkeiten ausstatten. Zum anderen kann auch die (sukzessive) Übertragung von Verantwortung mit Entwicklung von neuen Fähigkeiten und Motivation einhergehen. Daran kann und sollte die Möglichkeit von Aufstiegschancen (die meist mit Zugewinn von materiellen und immateriellen Anreizen einhergehen) gekoppelt werden. Da sowohl Überforderung als auch unerfüllte Aufstiegswünsche als Stressoren gelten (vgl. 2.1.5.3), sollten Organisationen zum einen darauf achten, dass neue Verantwortungen die Mitarbeiter nicht überfordern. Zum anderen sollte darauf geachtet werden, dass keine falschen Erwartungen seitens der Mitarbeiter geweckt werden und trotz Weiterbildung und/oder der Übernahme von Verantwortungen ein Aufstieg innerhalb der Organisation ausbleibt. Adäquate Aufstiegs- und Entwicklungsmöglichkeiten können die Arbeitgeberattraktivität steigern. Auch für Pflegekräfte könnte dies zur Steigerung der Arbeitgeberattraktivität beitragen. Vereinzelt wurde in den Interviews der Studie in Kapitel 4 der Wunsch nach Aufstiegs- und Entwicklungsmöglichkeiten geäußert.

Verschiedene **Maßnahmen der Verhältnisprävention** können dazu beitragen, Stressoren zu reduzieren. Im ArbSchG ist die Gefährdungsbeurteilung zur Reduzierung von Risiken und Gefahrenquellen verankert. Darunter fallen seit 2013 auch psychische Belastungen (vgl. ArbSchG 2020, §5). Trotz gesetzlicher Verankerung kommen Unternehmen ihrer Pflicht zur Erfassung und Vermeidung von psychischen Belastungen häufig nicht nach (vgl. z. B. Lenhardt/Beck 2016; Wulf/Süß/Diebig 2017). Die vorliegende Arbeit zeigt diverse (Quellen für) psychische Belastungen auf. Die Studien verdeutlichen, dass diese in vielen Einrichtungen anzutreffen sind. Daher lautet die Implikation für Organisationen in der vorliegenden Arbeit, die Gefährdungsbeurteilung psychischer Belastungen ernst zu nehmen und Stressoren für Mitarbeiter zu analysieren sowie Gegenmaßnahmen zu entwickeln.

Auch **Maßnahmen zur Verhaltensprävention** können helfen, die Auswirkungen von Stress zu reduzieren. Hierbei können Resilienz-, Stressmanagement und Stressimpfungstrainings helfen, Pflegekräfte mit den nötigen Ressourcen auszustatten. Einrichtungen sollten, wenn sie die Möglichkeit haben, diese zunehmend in ihren Betrieben anbieten. Dabei sollten unterschiedliche Arbeitszeiten berücksichtigt und es sollte sichergestellt werden, dass jeder, der Interesse an entsprechenden Maßnahmen hat, diese auch wahrnehmen kann. Die Forschung zeigt in diesem Zusammenhang bereits verschiedene Möglichkeiten zur Resilienzerhöhung von Mitarbeitern auf (vgl. z. B. McDonald u. a. 2012, 2013; Hersch u. a. 2016). Der Vorteil dabei ist, dass Inhalte gesteuert werden können, d. h. die Inhalte dieser Angebote können so ausgewählt werden, dass Mitarbeiter Copingstrategien lernen, die sowohl dem Resilienzaufbau förderlich sind als auch mit den Unternehmenszielen im Einklang stehen.

Auch auf **gesellschaftlicher Ebene** lassen sich aus der vorliegenden Arbeit Implikationen ableiten. Insbesondere in der qualitativen Analyse wurde deutlich, dass Pflegekräfte teilweise mit der sozialen, medialen und monetären Wertschätzung des Berufes nicht zufrieden sind. Weiterhin gaben einige Interviewteilnehmer an, aufgrund der Arbeitsbedingungen ihre Arbeit nicht adäquat verrichten zu können und daher die Profession verlassen zu wollen.

Diese Entwicklungen zeigen sich insbesondere in der qualitativen Studie der vorliegenden Arbeit, in der die (wahrgenommene) Verschlechterung des Pflegeberuf-Status beschrieben wurde (vgl. 4.6). Daraus lässt sich ableiten, dass die Wertschätzung (monetär und durch Anerkennung), die einem Beruf entgegengebracht wird, Einfluss auf die Stressentstehung haben und potenziell zur Verschärfung des Fachkräftemangels beitragen kann. Als gesellschaftliche Implikation ergibt sich daher, dass in zukünftigen öffentlichen Debatten die Frage miteinbezogen werden sollte, wie die Attraktivität der Pflegeberufe gesteigert werden kann. Die genannte Arbeitgeberattraktivitätssteigerung auf organisationaler Ebene wird das Problem des Fachkräftemangels nicht lösen, sondern lediglich auf unattraktive Arbeitgeber verlagern, die Fachkräfte an attraktivere Einrichtungen verlieren könnten. Nicht die Attraktivitätssteigerung der Arbeitgeber, sondern nur eine Steigerung der Attraktivität des Berufs selbst und der Wertschätzung des Berufs könnte dem Fachkräftemangel entgegenwirken. Dies kann zum einen als politische Aufgabe gesehen werden: Regierung, Verbände und Organisationen könnten Maßnahmen zur Steigerung der Attraktivität generieren. Zum anderen

zeigt die vorliegende Arbeit, dass auch die einzelnen Mitglieder der Gesellschaft ihren Beitrag leisten können, indem sie z. B. der zunehmenden Gewalt
und Herabwürdigung entgegentreten und dem Beruf mehr Wertschätzung entge-
genbringen. Eine Aufmerksamkeitssteigerung hinsichtlich der genannten Themen
kann dazu beitragen, Probleme und die Entwicklung von Lösungen in die Agenda
von Entscheidungsträgern zu verankern.

Dass der Bereich der Pflege massiv zum Gemeinwohl beiträgt, zeigte sich
z. B. im Zuge der seit 2020 andauernden COVID-19-Pandemie. Pflegekräfte
wurden in diesem Zusammenhang in der Öffentlichkeit häufig als „systemrelevant" bezeichnet (vgl. z. B. BMFSJ 2020) und der Fachkräftemangel wurde als
einer jener Faktoren genannt, die zu (drohenden) Versorgungsschwierigkeiten von
COVID-19-Patienten (insbesondere drohende Triage in Krankenhäusern) führten
(vgl. z. B. wdr.de 2020). Weiterhin wurde im Jahr 2021 eine Petition gestartet,
die u. a. eine Verbesserung der Situation für Pflegekräfte anstrebt (vgl. Stern.de
2021).

7.4   Limitationen und weiterer Forschungsbedarf

Die Analysen der vorliegenden Arbeit unterliegen verschiedenen Limitationen.
Zunächst ergeben sich Probleme aus der **Selbsteinschätzung** der Interviewteilnehmer und Befragten in den jeweiligen Studien. Dadurch, dass die Befragten
sich selbst retroperspektiv einschätzen sollten, könnte es dazu gekommen sein,
dass Informationen vergessen oder verzerrt wiedergegeben wurden. Dies resultiert u. a. aus der zeitlichen Distanz, die für einige beschriebene Sachverhalte
vorherrscht. Weiterhin könnte die selektive Wahrnehmung der Befragten die
Ergebnisse beeinflusst haben. Individuen haben nur eine begrenzte Wahrnehmung, d. h. Menschen richten ihr Augenmerk auf verschiedene Aspekte in
einer Situation (vgl. Diekmann 2018, S. 51–52). Daraus folgt, dass nur ein
Teil des Geschehens erfasst und wiedergegeben werden kann. Weiterhin können
Bewertungs- und Copingmechanismen (insbesondere auf kognitiver Ebene) nur
bedingt bewusst wahrgenommen (vgl. 2.1.6) und daher nur bedingt beschrieben
und ausgeführt werden.

Verschiedene Limitationen ergeben sich aus dem **qualitativen Design** der
Analyse: Die Gioia-Methodik sieht die Auswerter der Interviews als Reporter der
Sachverhalte an (vgl. 4.3.1). Da Auswerter nicht ohne (theoretisches) Vorwissen
und von ihren normativen Einflüssen frei sind, kann die Interpretation der Interviewer verfälscht sein. Qualitative Forschungsdesigns bieten zwar den Vorteil,

dass sich einem Sachverhalt offener genähert werden kann (vgl. 4.1), die Sichtweise kann aber dennoch durch Hinzunahme eines Leitfadens beschränkt sein. Da der Leitfaden bestimmte Themen vorgibt, werden andere Bereiche möglicherweise nicht adressiert, obwohl sie den Ergebnissen mehr Aussagekraft verliehen hätten. Eine weitere Einschränkung ist die fehlende Repräsentativität der Stichprobe (n = 15). Ein Nachteil qualitativer Forschungsdesigns besteht darin, dass die Ergebnisse nicht auf eine größere Grundgesamtheit übertragen werden können und nicht generalisierbar sind. Dies steht allerdings auch nicht im Fokus qualitativer Forschung; vielmehr ist es das Ziel, neues Wissen zu generieren. Diese Limitation wird allerdings durch die anknüpfende quantitative Studie reduziert, die die Ergebnisse auf Basis einer größeren Stichprobe erhält. Eine weitere Limitation ist die Aufstellung bzw. die Einteilung in Codes und Kategorien, die durch den Interviewer erfolgt. Diese unterliegt heuristischen Annahmen und kann dazu führen, dass Ergebnisse falsch interpretiert werden und bspw. die Unterscheidung von Coping und Resilienz von einem anderen Auswerter so nicht getätigt worden wäre. Allerdings kommt auch hier die quantitative Studie zu ähnlichen Ergebnissen wie die qualitative Studie, sodass sich auch eine breitere Unterstützung der Ergebnisse findet.

Aus der **Interviewsituation** resultieren ebenfalls unterschiedliche Limitationen. Darunter fällt zum einen der Interviewereffekt, der dadurch gekennzeichnet ist, dass der Interviewer bspw. durch Sympathie, Ausstrahlung oder sein Auftreten das Empfinden des Interviewteilnehmers beeinflussen kann. Ein weiterer Punkt, der aus der Interviewsituation resultiert, ist die soziale Erwünschtheit: Menschen haben bestimmte Rollenerwartungen an ihre Mitmenschen und an sich selbst (vgl. 2.1.4.2). Daraus folgt, dass sie sozial unerwünschte Sachverhalte unter Umständen nicht preisgeben. Dadurch bleiben verschiedene sozial unerwünschte Angaben möglicherweise unausgesprochen (vgl. z. B. Diekmann 2018, S. 447). Beispielsweise könnte das Offenbaren von psychischen Problemen oder ungewünschten Arbeitsweisen in Interviews verschwiegen werden. Zwar könnte die Tatsache, dass die Interviews überwiegend telefonisch geführt wurden, das Ausmaß dieser Effekte reduzieren, da eine gewisse Anonymität vorliegt, allerdings können Verzerrungen nicht ausgeschlossen werden. Auch der Zeitpunkt, in dem das Interview stattfindet, kann die Ergebnisse beeinflussen. Beispielsweise können kurzzeitig zurückliegende Erlebnisse in den Gedanken und somit den Antworten der Befragten präsenter sein.

Die **quantitative Studie** der vorliegenden Arbeit ist ebenfalls nicht frei von Limitationen. Zu nennen ist dabei die Stichprobengröße, die sich auf 211 Teilnehmer beschränkt. Dies kann dazu führen, dass einige der in der vorliegenden Arbeit genutzten Testverfahren, bspw. RMSEA oder TLI, ein größeres Risiko

von Fehlertypen erster und zweiter Art aufweisen (vgl. Hu/Bentler 1999, S. 28).
Weiterhin handelt es sich bei dem Verfahren der LPA um ein Schätzverfahren,
daher können bspw. statistische Ausreißer zu Verzerrungen in den Ergebnissen
führen. Die erstellten Profile weisen allerdings eine inhaltliche Plausibilität auf,
die sich mit den konzeptionellen und qualitativen Ergebnissen der vorliegenden
Arbeit deckt. Weiterhin müssen die verwendeten Skalen kritisch betrachtet werden. Die Nutzung von Copingskalen steht vermehrt in der Kritik (vgl. z. B.
Dewe/O'Driscoll/Cooper 2010, S. 34; Dewe/Cooper 2017, S. 169). Dabei ist
u. a. zu bemängeln, dass diese zu wenig Möglichkeiten für situative Gegebenheiten bieten und verschiedene Formen des Copings nicht abbilden können. In
Kombination mit den qualitativen Daten der Arbeit lässt sich die Interpretation
der Ergebnisse allerdings um verschiedene Elemente erweitern, was aufgrund
der eingeschränkten Repräsentativität der qualitativen Studie aber mit Vorsicht
zu betrachten ist. Die verwendete Resilienzskala entspricht der Definition von
Resilienz als Regeneration. Vor der Interpretation wäre eine Skala, die auch
die Stressresistenz und Rekonfiguration abbildet, hilfreich gewesen. Daher ist
die Interpretation der Ergebnisse (vgl. 7.1) nur bedingt möglich und bedarf
zusätzlicher Forschung. Die Ergebnisse der quantitativen Studie hinsichtlich Einflussfaktoren und Auswirkungen finden nur bedingt signifikante Ergebnisse (vgl.
6.7). Weitere Forschung könnte Aufschluss darüber geben, inwiefern andere Faktoren die Profilzusammensetzung besser erklären können. Insbesondere bekannte
Schutzfaktoren der Resilienz (vgl. 2.3.2) könnten hierüber Aufschluss geben (vgl.
dazu auch Abschnitt 7.1).

Eine **studienübergreifende Limitation** der vorliegenden Arbeit stellt die fehlende Differenzierung von Pflegekräften nach Stationen und Berufen (Alten- vs.
Gesundheits- und Krankenpfleger) dar. Die bisherige Forschung fokussiert sich
teilweise auf bestimmte Stationen (vgl. z. B. Gates/Gillespie/Succop 2011; Zheng
u. a. 2017; Bayuo/Agbenorku 2018) und auch in der qualitativen Studie dieser
Arbeit hat sich gezeigt, dass Stressoren für verschiedene Bereiche (Art der Einrichtung, Art der Station) unterschiedlich ausfallen können. Allerdings wurde die
verwendete Skala zur Arbeitsbelastung in der Krankenpflege einrichtungs- bzw.
stationsunabhängig für Pflegekräfte entwickelt. Daher lässt sich annehmen, dass
es Stressoren gibt, die für die Pflege generell zutreffen. Allerdings sollten zukünftige Studien auch weitere Stressoren heranziehen, um vor dem Hintergrund der
Goodness-of-Fit-Hypothese zu prüfen, inwiefern die Stressoren-Konstellation die
Stressbewältigung von Pflegekräften verändert.

Eine weitere Limitation, die studienübergreifend zutrifft, ist das Querschnitts-
design. Dieses schränkt die Aussagekraft hinsichtlich Einflussfaktoren und Auswirkungen ein. Kausalitäten lassen sich für Sachverhalte nicht eindeutig aus

einem Querschnitt ableiten, weiterhin können situative bzw. temporäre Verzerrungen nicht ausgeschlossen werden (vgl. z. B. Wang/Cheng 2020, S. 67). Bestimmte Gegebenheiten können die Wahrnehmung von Teilnehmern beeinflussen. Beispielsweise kann die Einschätzung hinsichtlich (typischer) Stressoren durch besonders anstrengende Phasen (bspw. saisonale Zunahme von Krankheiten, Verletzungen) verzerrt sein. Daher werden zukünftig Studien in einem Längsschnittdesign benötigt, um die angesprochenen Defizite zu reduzieren.

Nicht nur aus den Limitationen, sondern auch aus den gewonnen Erkenntnissen dieser Arbeit ergibt sich **weiterer Forschungsbedarf**.

Die in Abschnitt 7.2.2 aufgezeigten **Stressoren** (Notfälle, Online-Bewertungen), die sich insbesondere aus der qualitativen Studie der vorliegenden Arbeit ergeben, sollten in zukünftigen Studien aufgegriffen und analysiert werden. Zu diesem Zwecke bedarf es bspw. Vergleichsstudien zwischen Notfallstationen und anderen Stationen in Krankenhäusern, um zu überprüfen, inwiefern sich Unterschiede hinsichtlich der Wahrnehmung von Notfallsituationen feststellen lassen und inwiefern mit häufigen Notfällen ein Gewöhnungseffekt einsetzt. Weiterhin sollten weitere Studien mit dem Schwerpunkt auf Online-Bewertungen von Einrichtungen durchgeführt werden, um Wissen dazu zu liefern, inwiefern negative Bewertungen als Stressor bzw. positive Bewertungen als Ressource fungieren, und wie ausgeprägt deren Auswirkungen (z. B. wie viele Pflegekräfte diese wahrnehmen) sind. Dies würde auch die bestehende Word-of-Mouth-Literatur um die Stress Perspektive erweitern.

Außerdem bedarf es weiterer Analysen, die auf Basis größerer Samples und im Längsschnittdesign durchgeführt werden, um das aufgestellte Modell und die vorgelegte Typologie zu validieren. Für die zukünftige Resilienzforschung ergibt sich daher die Implikation, die **Kombination aus Coping und Resilienz** weiterzuverfolgen und die Ergebnisse der vorliegenden Arbeit kritisch zu evaluieren. Zu diesem Zwecke können die aufgestellten Typen aus Kapitel 4 sowie die Profile aus Kapitel 6 auch auf eine größere Grundgesamtheit übertragen werden. Dies gilt es in zukünftigen Studien zu validieren. Weiterhin gibt es erste Anhaltspunkte, dass bestimmte Typen eine bessere (psychische) Gesundheit aufweisen und mit einem höheren Commitment zusammenhängen können – dies gilt es in weiteren Studien zu untersuchen.

Auch hinsichtlich der erklärenden Faktoren in Bezug auf die erstellte Typologie gibt es erste eingeschränkte Erkenntnisse (vgl. Kapitel 6). Da die ausgewählten Faktoren nicht oder nur sehr eingeschränkt erklären können, bedarf es weiterer Analysen, die Einflussfaktoren identifizieren. Es stellt sich insbesondere die Frage, wie die beschriebenen unterschiedlichen Arten von Resilienz entstehen können. In Abschnitt 7.1 wurden dazu verschiedene Einflussfaktoren hinsichtlich der verschiedenen Arten von **Resilienz** diskutiert. Insbesondere der Einfluss der unterschiedlichen Schutzfaktoren (z. B. Achtsamkeit, Optimismus) sollten in zukünftiger Forschung quantitativ überprüft werden. Weiterhin bedarf es weiterer qualitativer Studien, die neue Einflussfaktoren identifizieren. Dazu sollten insbesondere Größen aus dem Arbeitskontext (wie z. B. Führung, Arbeitszeit) untersucht werden, da zu diesen noch größerer Forschungsbedarf existiert (vgl. 3.2.4).

Die empirischen Ergebnisse der vorliegenden Arbeit bestätigen nochmals die vorherrschende Kritik an bestehenden **Klassifikationen von Coping** (vgl. 2.2.2; 3.2.4). Dies zeigt sich z. B. beim sozialen Coping, das in der Literatur meist als funktionales Coping angesehen wird (vgl. 2.2.4; 3.2.4). Die Ergebnisse der Arbeit zeigen zwar ebenfalls, dass soziales Coping mit überwiegend positiven Effekten für das Individuum einhergeht, dass aber bspw. die emotionale Unterstützung (z. B. in Form von Bestärken in kontraproduktiven Verhaltensweisen) eine Distanzierung zur Arbeit verstärken kann (vgl. 4.5.2). Da Distanzierung wiederum mit negativen Folgen für Organisationen, Patienten und Kollegen verbunden sein kann, zieht soziales Coping auch negative Effekte nach sich. Daher bedarf es zum einen einer stärkeren Differenzierung zwischen positiven und negativen Folgen von sozialem Coping. Zum anderen sollten in qualitativen Studien die Wirkungsweisen von sozialem Coping überprüft und wenn nötig differenzierte Klassifikationen (z. B. nach bestärken oder abschwächen der Emotionslage) aufgestellt werden. Die Geschlossenheit der Skalen bzw. die undifferenzierte Klassifikation von Coping zeigt sich auch an anderen Formen des Copings. Daraus folgt der Appell für die zukünftige Forschung, diese Punkte stärker zu berücksichtigen.

Der **Verbleib von Personal in der Pflege** ist vor dem Hintergrund des Fachkräftemangels ein wichtiger Baustein, um eine Verschärfung dieses Mangels zu verhindern (vgl. 1.2; 7.3). Die Arbeit liefert hierzu einen Beitrag, indem Erkenntnisse zum Zusammenhang zwischen Stress und (organisationalem) Commitment generiert wurden. Um dem drohenden ‚Pflexit' entgegen zu wirken braucht es weitere Studien dazu, was Pflegekräfte dazu veranlasst, den Beruf zu verlassen. Dazu bedarf es zum einen weiterer qualitativer Studien, um weitere Gründe für einen Berufswechsel zu identifizieren und tiefergreifendes (kontextuelles) Wissen zu generieren. Zum anderen bedarf es weiterer quantitativer Studien, um verschiedene Zusammenhänge zwischen Einflussfaktoren (z. B. Einkommen, Arbeitsbedingungen), beruflichem Commitment und Berufswechselabsichten zu analysieren.

Literaturverzeichnis

Abel, Millicent H. (2002): Humor, stress, and coping strategies, in: HUMOR International Journal of Humor Research 15 (4/2002), S. 365–381

Aburn, Gemma/Gott, Merryn/Hoare, Karen (2016): What is resilience? An integrative review of the empirical literature, in: Journal of Advanced Nursing 72 (5/2016), S. 980–1000

Admi, Hanna/Eilon-Moshe, Yael (2016): Do hospital shift charge nurses from different cultures experience similar stress? An international cross sectional study, in: International Journal of Nursing Studies 63 (o.H./2016), S. 48–57

Adriaenssens, Jef/Gucht, Veronique de/van der Doef, Margot/Maes, Stan (2011): Exploring the burden of emergency care: predictors of stress-health outcomes in emergency nurses, in: Journal of Advanced Nursing 67 (6/2011), S. 1317–1328

Agervold, Mogens/Mikkelsen, Eva G. (2004): Relationships between bullying, psychosocial work environment and individual stress reactions, in: Work & Stress 18 (4/2004), S. 336–351

Åkerstedt, Torbjo°rn/Knutsson, Anders K./Westerholm, Peter J. M./Theorell, Tòres G.T./Alfredsson, Lars S./Kecklund, Göran (2002): Sleep disturbances, work stress and work hours, in: Journal of Psychosomatic Research 53 (3/2002), S. 741–748

Alarcon, Gene M./Bowling, Nathan A./Khazon, Steven (2013): Great expectations: A meta-analytic examination of optimism and hope, in: Personality and Individual Differences 54 (7/2013), S. 821–827

Aldridge, Arianna A./Roesch, Scott C. (2008): Developing coping typologies of minority adolescents: a latent profile analysis, in: Journal of Adolescence 31 (4/2008), S. 499–517

Aldwin, Carolyn (2007): Stress, Coping, and Development, Second Edition. An Integrative Perspective, 2. Aufl., New York 2007

Amirkhan, James H./Greaves, Helen (2003): Sense of Coherence and Stress: The Mechanics of a Healthy Disposition, in: Psychology & Health 18 (1/2003), S. 31–62

Amstadter, Ananda B./Myers, John M./Kendler, Kenneth S. (2014): Psychiatric resilience: longitudinal twin study, in: The British Journal of Psychiatry 205 (4/2014), S. 275–280

Ano, Gene G./Vasconcelles, Erin B. (2005): Religious coping and psychological adjustment to stress: a meta-analysis, in: Journal of Clinical Psychology 61 (4/2005), S. 461–480

Antonovsky, Aaron (1979): Health, stress, and coping, San Francisco 1979

Antonovsky, Aaron (1987): Health promoting factors at work: the sense of coherence, in: Kalimo, Raija (Hrsg.): Psychosocial factors at work and their relation to health, Geneva 1987, S. 153–167

Antonovsky, Aaron (1993): The structure and properties of the Sense of Coherence Scale, in: Social Science & Medicine 36 (6/1993), S. 725–733

Applebaum, Diane/Fowler, Susan/Fiedler, Nancy/Osinubi, Omowunmi/Robson, Mark (2010): The impact of environmental factors on nursing stress, job satisfaction, and turnover intention, in: The Journal of Nursing Administration 40 (7–8/2010), S. 323–328

ArbSchG (2020): Arbeitsschutzgesetz, 31. Aufl., München 2020

Arnetz, Bengt B./Lucas, Todd/Arnetz, Judith E. (2011): Organizational climate, occupational stress, and employee mental health: mediating effects of organizational efficiency, in: Journal of Occupational and Environmental Medicine 53 (1/2011), S. 34–42

Arnold, Todd/Flaherty, Karen E./Voss, Kevin E./Mowen, John C. (2009): Role stressors and retail performance: The role of perceived competitive climate, in: Journal of Retailing 85 (2/2009), S. 194–205

Arshadi, Nasrin (2011): The relationships of perceived organizational support (POS) with organizational commitment, in-role performance, and turnover intention: Mediating role of felt obligation, in: Procedia—Social and Behavioral Sciences 30 (2011), S. 1103–1108

Asparouhov, Tihomir/Muthén, Bengt (2014): Auxiliary variables in mixture modeling: Three-step approaches using Mplus, in: Structural Equation Modeling: A Multidisciplinary Journal 21 (3/2014), S. 329–341

Avey, James B./Wernsing, Tara S./Mhatre, Ketan H. (2011): A longitudinal analysis of positive psychological constructs and emotions on stress, anxiety, and well-being, in: Journal of Leadership & Organizational Studies 18 (2/2011), S. 216–228

Avtgis, Theodore A./Taber, Kelly R. (2006): "I laughed so hard my side hurts, or is that an ulcer?" the influence of work humor on job stress, job satisfaction, and burnout among print media employees, in: Communication Research Reports 23 (1/2006), S. 13–18

Ayoko, Oluremi B./Callan, Victor J./Härtel, Charmine E. J. (2003): Workplace Conflict, Bullying, and Counterproductive Behaviors, in: The International Journal of Organizational Analysis 11 (4/2003), S. 283–301

Ayyagari, Ramakrishna/Grover, Varun/Purvis, Russel (2011): Technostress: Technological antecedents and omplications, in: Management Information Systems Quarterly 35 (4/2011), S. 831–858

Babatunde, Akaniki (2013): Occupational stress: A review on conceptualisations, causes and cure, in: Economic Insights—Trends and Challenges 65 (3/2013), S. 73–80

Babbie, Earl R. (2007): The practice of social research, 11. Aufl., Belmont 2007

Bakibinga, Pauline/Vinje, Hege Forbech/Mittelmark, Maurice (2014): The role of religion in the work lives and coping strategies of ugandan nurses, in: Journal of Religion and Health 53 (5/2014), S. 1342–1352

Bakker, Arnold B./Demerouti, Evangelia (2017): Job demands-resources theory: Taking stock and looking forward, in: Journal of Occupational Health Psychology 22 (3/2017), S. 273–285

Bakker, Arnold B./Demerouti, Evangelia/Euwema, Martin C. (2005): Job resources buffer the impact of job demands on burnout, in: Journal of Occupational Health Psychology 10 (2/2005), S. 170–180

Bakker, Arnold B./Demerouti, Evangelia/Verbeke, Willem (2004): Using the job demands-resources model to predict burnout and performance, in: Human Resource Management 43 (1/2004), S. 83–104

Bakker, Arnold B./Hakanen, Jari J./Demerouti, Evangelia/Xanthopoulou, Despoina (2007): Job resources boost work engagement, particularly when job demands are high, in: Journal of Educational Psychology 99 (2/2007), S. 274–284

Bakker, Arnold B./Killmer, Christel H./Siegrist, Johannes/Schaufeli, Wilmar B. (2000): Effort-reward imbalance and burnout among nurses, in: Journal of Advanced Nursing 31 (4/2000), S. 884–891

Bakker, Arnold B./Le Blanc, Pascale M./Schaufeli, Wilmar B. (2005): Burnout contagion among intensive care nurses, in: Journal of Advanced Nursing 51 (3/2005), S. 276–287

Bamberg, Eva/Busch, Christine (2006): Stressbezogene Interventionen in der Arbeitswelt, in: Zeitschrift für Arbeits- und Organisationspsychologie A&O 50 (4/2006), S. 215–226

Bandura, Albert (1977): Self-efficacy: Toward a unifying theory of behavioral change, in: Psychological Review 84 (2/1977), S. 191–215

Bandura, Albert (1982): Self-efficacy mechanism in human agency, in: American Psychologist 37 (2/1982), S. 122–147

Bannai, Akira/Yoshioka, Eiji/Saijo, Yasuaki/Sasaki, Sachiko/Kishi, Reiko/Tamakoshi, Akiko (2016): The risk of developing diabetes in association with long working hours differs by shift work schedules, in: Journal of Epidemiology 26 (9/2016), S. 481–487

Bao, Xueming/Xue, Song/Kong, Feng (2015): Dispositional mindfulness and perceived stress: The role of emotional intelligence, in: Personality and Individual Differences 78 (o.H./2015), S. 48–52

Barr, Peter (2018): The five-factor model of personality, work stress and professional quality of life in neonatal intensive care unit nurses, in: Journal of Advanced Nursing 74 (6/2018), S. 1349–1358

Barthelmes, Ina/Bödeker, Wolfgang/Sörensen, Jelena/Kleinlercher, Kai-Michael/Odoy, Jennifer (2019): Wirksamkeit und Nutzen arbeitsweltbezogener Gesundheitsförderung und Prävention, Berlin 2019

Bartholomeyczik, Eike (2014): Arbeitsbelastung in der Krankenpflege. Zusammenstellung sozialwissenschaftlicher Items und Skalen, https://zis.gesis.org/skala/Bartholomeyczik-Arbeitsbelastung-in-der-Krankenpflege, 01.02.2021

BAuA (2020a): Sicherheit und Gesundheit bei der Arbeit – Berichtsjahr 2018, 2. Aufl., Dortmund/Berlin/Dresden 2020

BAuA (2020b): Volkswirtschaftliche Kosten durch Arbeitsunfähigkeit 2018, https://www.baua.de/DE/Themen/Arbeitswelt-und-Arbeitsschutz-im-Wandel/Arbeitsweltberichterstattung/Kosten-der-AU/Kosten-der-Arbeitsunfaehigkeit_node.html, 31.05.2021

Baur, Nina/Blasius, Jörg (2014): Methoden der empirischen Sozialforschung, in: Baur, Nina/Blasius, Jörg (Hrsg.): Handbuch Methoden der empirischen Sozialforschung, Wiesbaden 2014, S. 41–62

Bayuo, Jonathan/Agbenorku, Pius (2018): Coping strategies among nurses in the burn intensive care unit. A qualitative study, in: Burns Open 2 (1/2018), S. 47–52

Beehr, Terry A./Jex, Steve M./Stacy, Beth A./Murray, Marshall A. (2000): Work stressors and coworker support as predictors of individual strain and job performance, in: Journal of Organizational Behavior 21 (4/2000), S. 391–405

Bengel, Jürgen/Lyssenko, Lisa (2012): Resilienz und psychologische Schutzfaktoren im Erwachsenenalter. Stand der Forschung zu psychologischen Schutzfaktoren von Gesundheit im Erwachsenenalter, Aufl. 1,3,11,12, Köln 2012

Benight, Charles C./Bandura, Albert (2004): Social cognitive theory of posttraumatic recovery: the role of perceived self-efficacy, in: Behaviour Research and Therapy 42 (10/2004), S. 1129–1148

Besser, Avi/Luyten, Patrick/Mayes, Linda C. (2012): Adult attachment and distress: The mediating role of humor styles, in: Individual Differences Research 10 (3/2012), S. 153–164

Bipp, Tanja/Demerouti, Evangelia (2015): Which employees craft their jobs and how? Basic dimensions of personality and employees' job crafting behaviour, in: Journal of Occupational and Organizational Psychology 88 (4/2015), S. 631–655

Bishop, Scott R./Lau, Mark/Shapiro, Shauna/Carlson, Linda/Anderson, Nicole D./Carmody, James (…) Devins, Gerald (2004): Mindfulness: A proposed operational definition, in: Clinical Psychology: Science and Practice 11 (3/2004), S. 230–241

Bittlingmayer, Uwe H. (2016): Strukturorientierte Perspektiven auf Gesundheit und Krankheit, in: Richter, Matthias/Hurrelmann, Klaus (Hrsg.): Soziologie von Gesundheit und Krankheit, Wiesbaden 2016, S. 23–40

Björk, Lisa/Bejerot, Eva/Jacobshagen, Nicola/Härenstam, Annika (2013): I shouldn't have to do this: Illegitimate tasks as a stressor in relation to organizational control and resource deficits, in: Work & Stress 27 (3/2013), S. 262–277

Blau, Peter M. (2001): Macrosturctural theory, in: Turner, Jonathan H. (Hrsg.): Handbook of Sociological Theory, New York 2001, S. 343–352

Bliese, Paul D./Castro, Carl Andrew (2000): Role clarity, work overload and organizational support: Multilevel evidence of the importance of support, in: Work & Stress 14 (1/2000), S. 65–73

BMFSJ (2020): Systemrelevant! Fachkräfte in der Pflege, https://www.bmfsfj.de/blob/158 232/b8e59ec5ceacebdf9066f566c0d472c9/booklet-pflege-data.pdf, 31.05.2021

Boardman, Jason D./Blalock, Casey L./Button, Tanya M. M. (2008): Sex differences in the heritability of resilience, in: Twin research and human genetics 11 (1/2008), S. 12–27

Bonanno, George A. (2004): Loss, trauma, and human resilience: have we underestimated the human capacity to thrive after extremely aversive events?, in: American Psychologist 59 (1/2004), S. 20–28

Bonanno, George A./Pat-Horenczyk, Ruth/Noll, Jennie (2011): Coping flexibility and trauma: The Perceived Ability to Cope with Trauma (PACT) Scale, in: Psychological Trauma: Theory, Research, Practice, and Policy 3 (2/2011), S. 117–129

Bortz, Jürgen/Döring, Nicola (2006): Quantitative Methoden der Datenerhebung, 4. Aufl., Heidelberg 2006

Bosma, Hans/Peter, Richard/Siegrist, Johannes/Marmot, Michael G. (1998): Two alternative job stress models and the risk of coronary heart disease, in: American Journal of Public Health 88 (1/1998), S. 68–74

Bouchard, Geneviève/Guillemette, Annie/Landry-Léger, Nicole (2004): Situational and dispositional coping: An examination of their relation to personality, cognitive appraisals, and psychological distress, in: European Journal of Personality 18 (3/2004), S. 221–238

Bowling, Nathan A./Alarcon, Gene M./Bragg, Caleb B./Hartman, Michael J. (2015): A meta-analytic examination of the potential correlates and consequences of workload, in: Work & Stress 29 (2/2015), S. 95–113

Bowling, Nathan A./Beehr, Terry A. (2006): Workplace harassment from the victim's perspective: A theoretical model and meta-analysis, in: Journal of Applied Psychology 91 (5/2006), S. 998–1012

Breuer, Franz (2010): Wissenschaftstheoretische Grundlagen qualitativer Methodik in der Psychologie, in: Mey, Günter/Mruck, Katja (Hrsg.): Handbuch Qualitative Forschung in der Psychologie, Wiesbaden 2010, S. 35–49

Brewer-Smyth, Kathleen/Koenig, Harold G. (2014): Could spirituality and religion promote stress resilience in survivors of childhood trauma?, in: Issues in mental health nursing 35 (4/2014), S. 251–256

Brouwers, André/Tomic, Welko (2000): A longitudinal study of teacher burnout and perceived self-efficacy in classroom management, in: Teaching and Teacher Education 16 (2/2000), S. 239–253

Brown, Kirk Warren/Ryan, Richard M. (2003): The benefits of being present: Mindfulness and its role in psychological well-being, in: Journal of Personality and Social Psychology 84 (4/2003), S. 822–848

Brown, Kirk Warren/Ryan, Richard M./Creswell, J. David (2007): Mindfulness: Theoretical foundations and evidence for its salutary effects, in: Psychological Inquiry 18 (4/2007), S. 211–237

Bruning, Patrick F./Campion, Michael A. (2018): A Role—resource Approach—avoidance Model of Job Crafting: A multimethod integration and extension of job crafting theory, in: Academy of Management Journal 61 (2/2018), S. 499–522

Bundesagentur für Arbeit (2021): Arbeitsmarktsituation im Pflegebereich, https://statistik. arbeitsagentur.de/DE/Statischer-Content/Statistiken/Themen-im-Fokus/Berufe/Generi sche-Publikationen/Altenpflege.pdf?__blob=publicationFile&v=7, 15.05.2021

Bundespsychotherapeutenkammer (2013): BPtK-Studie zur Arbeits- und Erwerbsunfähigkeit. Psychische Erkrankungen und gesundheitsbedingte Frühverrentung, https://www. bptk.de/wp-content/uploads/2019/01/20140128_BPtK-Studie_Arbeits-und_Erwerbsun faehigkeit-2013.pdf, 01.02.2020

Caldwell, Linda L. (2005): Leisure and health: why is leisure therapeutic?, in: British Journal of Guidance & Counselling 33 (1/2005), S. 7–26

Califf, Christopher B./Sarker, Saonee/Sarker, Suprateek (2020): The bright and dark sides of technostress: A mixed-methods study involving healthcare IT, in: Management Information Systems Quarterly 44 (2/2020), S. 809–856

Cameron, Fiona/Brownie, Sonya (2010): Enhancing resilience in registered aged care nurses, in: Australasian Journal on Ageing 29 (2/2010), S. 66–71

Cann, Arnie/Collette, Chantal (2014): Sense of humor, stable affect, and psychological well-Being , in: Europe's Journal of Psychology 10 (3/2014), S. 464–479

Cann, Arnie/Stilwell, Kelly/Taku, Kanako (2010): Humor Styles, Positive Personality and Health, in: Europe's Journal of Psychology 6 (3/2010), S. 213–235

Cannon, Walter B. (1929): Organization for physiological homeostasis, in: Physiological Reviews 9 (3/1929), S. 399–431

Carlson, Dawn S./Rotondo, Denise M. (2001): Differences in promotion stress across career stage and orientation, in: Human Resource Management 40 (2/2001), S. 99–110

Cartwright, Susan/Cooper, Cary L. (1997): Managing workplace stress, Thousand Oaks/London 1997

Carver, Charles S. (2013): Coping, in: Gellman, Marc D./Turner, J. Rick (Hrsg.): Encyclopedia of Behavioral Medicine, New York 2013, S. 496–500

Carver, Charles S. (2020): Brief COPE, https://local.psy.miami.edu/faculty/ccarver/sclBrCOPE.phtml, 31.05.2021

Carver, Charles S./Scheier, Michael F. (1994): Situational coping and coping pispositions in a stressful transaction, in: Journal of Personality and Social Psychology 66 (1/1994), S. 184–195

Carver, Charles S./Scheier, Michael F./Weintraub, Jagdish K. (1989): Assesing coping strategies: A theoretically based approach, in: Journal of Personality and Social Psychology 56 (2/1989), S. 267–283

Cavanaugh, Marcie A./Boswell, Wendy R./Roehling, Mark V./Boudreau, John W. (2000): An empirical examination of self-reported work stress among U.S. managers, in: Journal of Applied Psychology 85 (1/2000), S. 65–74

Ceschi, Andrea/Fraccaroli, Franco/Costantini, Arianna/Sartori, Riccardo (2017): Turning bad into good. How resilience resources protect organizations from demanding work environments, in: Journal of Workplace Behavioral Health 32 (4/2017), S. 267–289

Chang, Edward C. (1998): Does dispositional optimism moderate the relation between perceived stress and psychological well-being?: a preliminary investigation, in: Personality and Individual Differences 25 (2/1998), S. 233–240

Chang, Edward C./Rand, Kevin L./Strunk, Daniel R. (2000): Optimism and risk for job burnout among working college students: Stress as a mediator, in: Personality and Individual Differences 29 (2/2000), S. 255–263

Chang, Esther M. L./Hancock, Karen (2003): Role stress and role ambiguity in new nursing graduates in Australia, in: Nursing and Health Sciences 5 (2/2003), S. 155–163

Chang, Esther M. L./Bidewell, John W./Huntington, Annette D./Daly, John/Johnson, Amanda/Wilson, Helen (…) Lambert, Clinton E. (2007): A survey of role stress, coping and health in Australian and New Zealand hospital nurses, in: International Journal of Nursing Studies 44 (8/2007), S. 1354–1362

Chang, Yuhsuan/Chan, Hsin-Ju (2015): Optimism and proactive coping in relation to burnout among nurses, in: Journal of Nursing Management 23 (3/2015), S. 401–408

Chao, Ruth Chu-Lien (2011): Managing stress and maintaining well-being: social support, problem-focused coping, and avoidant coping, in: Journal of Counseling & Development 89 (3/2011), S. 338–348

Chemers, Martin M./Hu, Li-tze/Garcia, Ben F. (2001): Academic self-efficacy and first year college student performance and adjustment, in: Journal of Educational Psychology 93 (1/2001), S. 55–64

Cheng, Cecilia (2001): Assessing coping flexibility in real-life and laboratory settings: A multimethod approach, in: Journal of personality and social psychology 80 (5/2001), S. 814–833

Cheng, Cecilia/Cheung, Mike W. L. (2005): Cognitive processes underlying coping flexibility: differentiation and integration, in: Journal of Personality 73 (4/2005), S. 859–886

Cheung, Stephen S./Lee, Jason K. W./Oksa, Juha (2016): Thermal stress, human performance, and physical employment standards, in: Applied physiology, nutrition, and metabolism 41 (6/2016), S. 148–64

Chmitorz, Andrea/Wenzel, Mario/Stieglitz, Rolf-Dieter/Kunzler, Angela/Bagusat, Christiana/Helmreich, Isabella (…) Tüscher, Oliver (2018): Population-based validation of a german version of the Brief Resilience Scale, in: PLOS ONE 13 (2/2018), S. 1–14

Chun, Sanghee/Lee, Youngkhill/Kim, Byunggook/Heo, Jinmoo (2012): The contribution of leisure participation and leisure satisfaction to stress-related growth, in: Leisure Sciences 34 (5/2012), S. 436–449

Coffey, Linda C./Skipper, James K./Jung, Fred D. (1988): Nurses and shift work: effects on job performance and job-related stress, in: Journal of Advanced Nursing 13 (2/1988), S. 245–254

Cohen, Sheldon/Wills, Thomas A. (1985): Stress, social support, and the buffering hypothesis, in: Psychological Bulletin 98 (2/1985), S. 310–357

Cohn, Michael A./Fredrickson, Barbara L./Brown, Stephanie L./Mikels, Joseph A./Conway, Anne M. (2009): Happiness unpacked: positive emotions increase life satisfaction by building resilience, in: Emotion 9 (3/2009), S. 361–368

Colligan, Lacey/Potts, Henry W. W./Finn, Chelsea T./Sinkin, Robert A. (2015): Cognitive workload changes for nurses transitioning from a legacy system with paper documentation to a commercial electronic health record, in: International journal of medical informatics 84 (7/2015), S. 469–476

Connor-Smith, Jennifer/Flachsbart, Celeste (2007): Relations between personality and coping: A meta-analysis, in: Journal of Personality and Social Psychology 93 (6/2007), S. 1080–1107

Converso, Daniela/Sottimano, Ilaria/Guidetti, Gloria/Loera, Barbara/Cortini, Michela/Viotti, Sara (2017): Aging and work ability: The moderating role of job and personal resources, in: Frontiers in Psychology 8 (2017), S. 2262

Cooper, Alannah L./Brown, Janie A./Rees, Clare S./Leslie, Gavin D. (2020): Nurse resilience: A concept analysis, in: International journal of Mental Health Nursing 29 (4/2020), S. 553–575

Cooper, Cary L./Cartwright, Susan (1994): Healthy mind; healthy organization: A proactive approach to occupational Stress, in: Human Relations 47 (4/1994), S. 455–471

Cope, Vicki C./Jones, Bronwyn/Hendricks, Joyce (2016a): Residential aged care nurses: portraits of resilience, in: Contemporary Nurse 52 (6/2016), S. 736–752

Cope, Vicki C./Jones, Bronwyn/Hendricks, Joyce (2016b): Why nurses chose to remain in the workforce. Portraits of resilience, in: Collegian 23 (1/2016), S. 87–95

Cramer, Phebe (2000): Defense mechanisms in psychology today: Further processes for adaptation, in: American Psychologist 55 (6/2000), S. 637–646

Crane, Monique F./Searle, Ben J. (2016): Building resilience through exposure to stressors: The effects of challenges versus hindrances, in: Journal of Occupational Health Psychology 21 (4/2016), S. 468–479

Crawford, Eean R./LePine, Jeffery A./Rich, Bruce Louis (2010): Linking job demands and resources to employee engagement and burnout: a theoretical extension and meta-analytic test, in: The Journal of Applied Psychology 95 (5/2010), S. 834–848

Cruz, Jonas Preposi/Cabrera, Darren Neil C./Hufana, Only D./Alquwez, Nahed/Almazan, Joseph (2018): Optimism, proactive coping and quality of life among nurses: A cross-sectional study, in: Journal of Clinical Nursing 27 (9–10/2018), S. 2098–2108

Dahl, Michael S. (2011): Organizational Change and Employee Stress, in: Management Science 57 (2/2011), S. 240–256

Danielsson, Christina Bodin/Bodin, Lennart/Wulff, Cornelia/Theorell, Töres (2015): The relation between office type and workplace conflict: A gender and noise perspective, in: Journal of Environmental Psychology 42 (2015), S. 161–171

de Jonge, Jan/Bosma, Hans/Peter, Richard/Siegrist, Johannes (2000): Job strain, effort-reward imbalance and employee well-being: a large-scale cross-sectional study, in: Social Science & Medicine 50 (9/2000), S. 1317–1327

Delgado, Cynthia/Upton, Dominic/Ranse, Kristen/Furness, Trentham/Foster, Kim (2017): Nurses' resilience and the emotional labour of nursing work: An integrative review of empirical literature, in: International journal of nursing studies 70 (o.H./2017), S. 71–88

Demerouti, Evangelia/Bakker, Arnold B./Jonge, Jan de/Janssen, Peter P. M./Schaufeli, Wilmar B. (2001a): Burnout and engagement at work as a function of demands and control, in: Scandinavian Journal of Work, Environment & Health 27 (4/2001), S. 279–286

Demerouti, Evangelia/Bakker, Arnold B./Nachreiner, Friedhelm/Schaufeli, Wilmar B. (2001b): The job demands-resources model of burnout, in: Journal of Applied Psychology 86 (3/2001), S. 499–512

Demerouti, Evangelia/Le Blanc, Pascale M./Bakker, Arnold B./Schaufeli, Wilmar B./Hox, Joop (2009): Present but sick: A three-wave study on job demands, presenteeism and burnout, in: Career Development International 14 (1/2009), S. 50–68

Dettmers, Jan/Vahle-Hinz, Tim./Friedrich, Niklas/Keller, Monika/Schulz, Anika/Bamberg, Eva (2012): Entgrenzung der täglichen Arbeitszeit – Beeinträchtigungen durch ständige Erreichbarkeit bei Rufbereitschaft, in: Badura, Bernhard/Ducki, Antje/Schröder, Helmut/Klose, Joachim/Meyer, Markus (Hrsg.): Gesundheit in der flexiblen Arbeitswelt: Chancen nutzen – Risiken minimieren, Berlin 2012, S. 53–60

Deutsche Rentenversicherung (2018): Rentenversicherung in Zeitreihen 2018. DRV-Schriften Band 22, Berlin 2018

Deutsche Rentenversicherung (2020): Rentenversicherung in Zahlen 2020. Statistik der Deutschen Rentenversicherung, https://www.deutsche-rentenversicherung.de/DRV/DE/Experten/Zahlen-und-Fakten/Statistiken-und-Berichte/statistiken-und-berichte_node.html, 31.05.2021

Deutscher Berufsverband für Pflegeberufe (2019): Informationen zum Pflegeberufegesetz 2019, https://www.dbfk.de/media/docs/download/Allgemein/Informationen-zum-Pflegeberufegesetz-2019.pdf, 31.05.2021

Dewe, Philip J./Cooper, Cary L. (2017): Work Stress and Coping, London 2017

Dewe, Philip J./O'Driscoll, Michael P./Cooper, Cary L. (2010): Coping with work stress. A review and critique, Chichester u. a. 2010

Diekmann, Andreas (2018): Empirische Sozialforschung. Grundlagen, Methoden, Anwendungen, 12. Aufl., Reinbek bei Hamburg 2018

Dominguez-Gomez, Elvira/Rutledge, Dana N. (2009): Prevalence of secondary traumatic stress among emergency nurses, in: Journal of Emergency Nursing 35 (3/2009), S. 199–204

Doppler, Klaus/Fuhrmann, Hellmuth/Lebbe-Waschke, Birgitt/Voigt, Bert (2011): Unternehmenswandel gegen Widerstände. Change Management mit den Menschen, 2. Aufl., Frankfurt/New York 2011

Dorenkamp, Isabelle/Ruhle, Sascha (2019): Work–life conflict, professional commitment, and job satisfaction among academics, in: The Journal of Higher Education 90 (1/2019), S. 56–84

Dorenkamp, Isabelle/Weiß, Eva-Ellen (2018): What makes them leave? A path model of postdocs' intentions to leave academia, in: Higher Education 75 (5/2018), S. 747–767

Dormann, Christian/Zapf, Dieter (2002): Social stressors at work, irritation, and depressive symptoms: Accounting for unmeasured third variables in a multi-wave study, in: Journal of Occupational and Organizational Psychology 75 (1/2002), S. 33–58

Dragano, Nico (2007): Arbeit, Stress und krankheitsbedingte Frührenten. Zusammenhänge aus theoretischer und empirischer Sicht, Wiesbaden 2007

Dragano, Nico (2016): Arbeit und Gesundheit, in: Richter, Matthias/Hurrelmann, Klaus (Hrsg.): Soziologie von Gesundheit und Krankheit, Wiesbaden 2016, S. 167–182

Dragano, Nico/Siegrist, Johannes/Nyberg, Solja T./Lunau, Thorsten/Fransson, Eleonor I./Alfredsson, Lars (…) Kivimäki, Mika (2017): Effort-reward imbalance at work and incident coronary heart disease: A multicohort study of 90,164 individuals, in: Epidemiology 28 (4/2017), S. 619–626

Drupp, Michael/Meyer, Markus (2019): Belastungen und Arbeitsbedingungen bei Pflegeberufen: Arbeitsunfähigkeitsdaten und ihre Nutzung im Rahmen eines Betrieblichen Gesundheitsmanagements, in: Jacobs, Klaus/Kuhlmey, Adelheid/Greß, Stefan/Klauber, Jürgen/Schwinger, Antje (Hrsg.): Pflege-Report 2019, Berlin/Fulda 2019, S. 23–47

Dwyer, Deborah J./Ganster, Daniel C. (1991): The effects of job demands and control on employee attendance and satisfaction, in: Journal of Organizational Behavior 12 (7/1991), S. 595–608

Eaton, Rebecca J./Bradley, Graham (2008): The role of gender and negative affectivity in stressor appraisal and coping selection, in: International Journal of Stress Management 15 (1/2008), S. 94–115

Edward, Karen-leigh (2005): The phenomenon of resilience in crisis care mental health clinicians, in: International Journal of Mental Health Nursing 14 (2/2005), S. 142–148

Edward, Karen-leigh/Hercelinskyj, Gylo/Giandinoto, Jo-Ann (2017): Emotional labour in mental health nursing: An integrative systematic review, in: International Journal of Mental Health Nursing 26 (3/2017), S. 215–225

Edwards, Deborah/Burnard, Philip (2003): A systematic review of stress and stress management interventions for mental health nurses, in: Journal of Advanced Nursing 42 (2/2003), S. 169–200

Ekedahl, Marieanne A./Wengström, Yvonne (2010): Caritas, spirituality and religiosity in nurses' coping, in: European Journal of Cancer Care 19 (4/2010), S. 530–537

Elfering, Achim/Semmer, Norbert K./Grebner, Simone (2006): Work stress and patient safety: Observer-rated work stressors as predictors of characteristics of safety-related events reported by young nurses, in: Ergonomics 49 (5–6/2006), S. 457–469

Elovainio, Marko/Kivimäki, Mika/Helkama, Klaus (2001): Organizational justice evaluations, job control, and occupational strain, in: Journal of Applied Psychology 86 (3/2001), S. 418–424

Elovainio, Marko/Kivimäki, Mika/Vahtera, Jussi (2002): Organizational justice: Evidence of a new psychosocial predictor of health, in: American Journal of Public Health 92 (1/2002), S. 105–108

Embriaco, Nathalie/Papazian, Laurent/Kentish-Barnes, Nancy/Pochard, Frederic/Azoulay, Elie (2007): Burnout syndrome among critical care healthcare workers, in: Current Opinion in Critical Care 13 (5/2007), S. 482–488

Endler, Norman S./Kocovski, Nancy L./Macrodimitris, Sophia D. (2001): Coping, efficacy, and perceived control in acute vs. chronic illnesses, in: Personality and Individual Differences 30 (4/2001), S. 617–625

Eriksson, Monica/Lindström, Bengt (2007): Antonovsky's Sense of Coherence Scale and its relation with quality of life: A systematic review, in: Journal of Epidemiology and Community Health 61 (11/2007), S. 938–944

Evertz, Lena/Kollitz, Rouven/Süß, Stefan (2017): Arbeitgeberbewertungen im Internet: Relevanz im Rahmen der Ausbildungssuche, in: PERSONALquarterly 69 (4/2017), S. 22–27

Evertz, Lena/Kollitz, Rouven/Süß, Stefan (2019): Electronic word-of-mouth via employer review sites—the effects on organizational attraction, in: The International Journal of Human Resource Management (2019), S. 1–30

FAZ.net (2020): Mehr Stress – und mehr psychische Erkrankungen, https://www.faz.net/aktuell/wirtschaft/belastung-auf-der-arbeit-mehr-stress-und-psychische-erkrankungen-165 20688.html, 31.05.2021

Feder, Adriana/Nestler, Eric J./Westphal, Maren/Charney, Dennis S. (2010): Pyschobiological Mechanisms of Resilience to Stress, in: Reich, John/Zautra, Alex (Hrsg.): Handbook of Adult Resilience, New York 2010, S. 35–54

Feldmann, Klaus (2006): Soziologie kompakt. 4. Aufl., Wiesbaden 2006

Finney, Caitlin/Stergiopoulos, Erene/Hensel, Jennifer/Bonato, Sarah/Dewa, Carolyn S. (2013): Organizational stressors associated with job stress and burnout in correctional officers: A systematic review, in: BMC Public Health 13 (1/2013), S. 82

Fletcher, David/Sarkar, Mustafa (2012): A grounded theory of psychological resilience in Olympic champions, in: Psychology of Sport and Exercise 13 (5/2012), S. 669–678

Fletcher, David/Sarkar, Mustafa (2013): Psychological Resilience, in: European Psychologist 18 (1/2013), S. 12–23

Fletcher, Thomas D./Major, Debra A./Davis, Donald D. (2008): The interactive relationship of competitive climate and trait competitiveness with workplace attitudes, stress, and performance, in: Journal of Organizational Behavior 29 (7/2008), S. 899–922

Florian, Victor/Mikulincer, Mario/Taubman, Orit (1995): Does hardiness contribute to mental health during a stressful real-life situation? The roles of appraisal and coping, in: Journal of Personality and Social Psychology 68 (4/1995), S. 687–695

Folkman, Susan (2010): Stress, coping, and hope, in: Psycho-oncology 19 (9/2010), S. 901–908

Folkman, Susan (2011): Stress, health, and coping: Synthesis, commentary, and future firections, in: Folkman, Susan (Hrsg.): The Oxford Handbook of Stress, Health, and Coping, Oxford 2011, S. 453–462

Folkman, Susan/Lazarus, Richard, S./Gruen, Rand, J./DeLongis, Anita (1986): Appraisal, coping, health status, and psychological symptoms, in: Journal of Personality and Social Psychology 50 (3/1986), S. 571–579

Folkman, Susan/Moskowitz, Judith Tedlie (2000): Stress, positive emotion, and coping, in: Current Directions in Psychological Science 9 (4/2000), S. 115–118

Folkman, Susan/Moskowitz, Judith Tedlie (2004): Coping: Pitfalls and promise, in: Annual review of psychology 55 (2004), S. 745–774

Ford, Michael T./Heinen, Beth A./Langkamer, Krista L. (2007): Work and family satis-faction and conflict: A meta-analysis of cross-domain relations, in: Journal of Applied Psychology 92 (1/2007), S. 57–80

Forgeard, Marie J.C./Seligman, Martin E.P. (2012): Seeing the glass half full: A review of the causes and consequences of optimism, in: Pratiques Psychologiques 18 (2/2012), S. 107–120

Fox, Suzy/Spector, Paul E./Miles, Don (2001): Counterproductive work behavior (CWB) in response to job stressors and organizational justice: Some mediator and moderator tests for autonomy and emotions, in: Journal of Vocational Behavior 59 (3/2001), S. 291–309

Francis, Leslie J./Emslie, Neville J./Payne, V. John (2019): The effect of emotional intelli-gence on work-related psychological health among anglican clergy in Wales, in: Journal of Religion and Health 58 (5/2019), S. 1631–1647

Franz, Simone/Zeh, Annett/Schablon, Anja/Kuhnert, Saskia/Nienhaus, Albert (2010): Aggression and violence against health care workers in Germany: A cross sectional retrospective survey, in: BMC Health Services Research 10 (2010), S. 1–8

Fredrickson, Barbara L. (1998): What good are positive emotions?, in: Review of General Psychology 2 (3/1998), S. 300–319

Fredrickson, Barbara L. (2001): The role of positive emotions in positive psychology: The broaden-and-build theory of positive emotions, in: American Psychologist 56 (3/2001), S. 218–226

Fredrickson, Barbara L./Joiner, Thomas (2002): Positive emotions trigger upward spirals toward emotional well-being, in: Psychological Science 13 (2/2002), S. 172–175

Freire, Carlos/Ferradás, María Del Mar/Núñez, José Carlos/Valle, Antonio (2018): Coping flexibility and eudaimonic well-being in university students, in: Scandinavian Journal of Psychology 59 (4/2018), S. 433–442

Freud, Anna (1966): The Ego and the Mechanisms of Defence 1966

Freud, Sigmund/Freud, Anna (1999): Gesammelte Werke. Werke aus den Jahren 1913–1917, Frankfurt am Main 1999

Freudenberger, Herbert, J. (1974): Staff burn-out, in: Jorunal of Social Issues 30 (1/1974), S. 159–165

Friborg, Oddgeir/Barlaug, Dag/Martinussen, Monica/Rosenvinge, Jan H./Hjemdal, Odin (2005): Resilience in relation to personality and intelligence, in: International Journal of Methods in Psychiatric Research 14 (1/2005), S. 29–42

Galatzer-Levy, Isaac R./Burton, Charles L./Bonanno, George A. (2012): Coping flexibility, potentially traumatic life events, and resilience: A prospective study of college student adjustment, in: Journal of Social and Clinical Psychology 31 (6/2012), S. 542–567

Galluch, Pamela/Grover, Varun/Thatcher, Jason (2015): Interrupting the Workplace: Exami-ning Stressors in an Information Technology Context, in: Journal of the Association for Information Systems 16 (1/2015), S. 1–47

Garrosa, Eva/Moreno-Jiménez, Bernardo/Rodríguez-Muñoz, Alfredo/Rodríguez-Carvajal, Raquel (2011): Role stress and personal resources in nursing: a cross-sectional study of burnout and engagement, in: International Journal of Nursing Studies 48 (4/2011), S. 479–489

Garrosa, Eva/Rainho, Conceição/Moreno-Jiménez, Bernardo/Monteiro, Maria João (2010): The relationship between job stressors, hardy personality, coping resources and burnout in a sample of nurses: a correlational study at two time points, in: International Journal of Nursing Studies 47 (2/2010), S. 205–215

Gärtner, Fania R./Nieuwenhuijsen, Karen/van Dijk, Frank J. H./Sluiter, Judith K. (2010): The impact of common mental disorders on the work functioning of nurses and allied health professionals: A systematic review, in: International Journal of Nursing Studies 47 (8/2010), S. 1047–1061

Gates, Donna M./Gillespie, Gordon L./Succop, Paul (2011): Violence against nurses and its impact on stress and productivity, in: Nursing Economics 29 (2/2011), S. 59–66

Genc, Ana (2017): Coping strategies as mediators in the relationship between test anxiety and academic achievement, in: Psihologija 50 (1/2017), S. 51–66

Gerabek, Werner E./Haage, Bernhard D./Keil, Gundolf/Wegner, Wolfgang (2005): Enzyklopädie Medizingeschichte, Berlin 2005

Gerber, Markus/Hartmann, Tim/Brand, Serge/Holsboer-Trachsler, Edith/Pühse, Uwe (2010): The relationship between shift work, perceived stress, sleep and health in Swiss police officers, in: Journal of Criminal Justice 38 (6/2010), S. 1167–1175

Gibbons, Chris (2010): Stress, coping and burn-out in nursing students, in: International Journal of Nursing Studies 47 (10/2010), S. 1299–1309

Gifkins, Jane/Loudoun, Rebecca/Johnston, Amy (2017): Coping strategies and social support needs of experienced and inexperienced nurses performing shiftwork, in: Journal of Advanced Nursing 73 (12/2017), S. 3079–3089

Gilboa, Simona/Shirom, Arie/Fried, Yitzhak/Cooper, Cary L. (2008): A meta-analysis of work demand stressors and job-performance: examining main and moderating effects, in: Personnel Psychology 61 (2/2008), S. 227–271

Gillham, Jane E./Shatté, Andrew J./Reivich, Karen J./Seligman, Martin E. P. (2002): Optimism, pessimis, and explanatory style, in: Chang, Edward C. (Hrsg.): Optimism & pessimism: Implications for theory, research, and practice, 2. Aufl., Washington, DC 2002

Gilman, Rich/Schumm, Jeremiah A./Chard, Kathleen M. (2012): Hope as a change mechanism in the treatment of posttraumatic stress disorder, in: Psychological Trauma: Theory, Research, Practice, and Policy 4 (3/2012), S. 270–277

Gioia, Dennis A./Corley, Kevin G./Hamilton, Aimee L. (2013): Seeking qualitative rigor in inductive research, in: Organizational Research Methods 16 (1/2013), S. 15–31

Glazer, Sharon/Beehr, Terry A. (2005): Consistency of implications of three role stressors across four countries, in: Journal of Organizational Behavior 26 (5/2005), S. 467–487

Gloria, Christian T./Steinhardt, Mary A. (2016): Relationships among positive emotions, coping, resilience and mental health, in: Stress and Health 32 (2/2016), S. 145–156

Goh, Joel/Pfeffer, Jeffrey/Zenios, Stefanos A./Rajpal, Sachin (2015): Workplace stressors & health outcomes: Health policy for the workplace, in: Behavioral Science & Policy 1 (1/2015), S. 43–52

Goldberg, Simon B./Tucker, Raymond P./Greene, Preston A./Davidson, Richard J./Wampold, Bruce E./Kearney, David J./Simpson, Tracy L. (2018): Mindfulness-based interventions for psychiatric disorders: A systematic review and meta-analysis, in: Clinical Psychology Review 59 (2018), S. 52–60

Gottschling, Juliana/Hahn, Elisabeth/Maas, Heike/Spinath, Frank M. (2016): Explaining the relationship between personality and coping with professional demands: Where and why do optimism, self-regulation, and self-efficacy matter?, in: Personality and Individual Differences 100 (2016), S. 49–55

Gouin, Jean-Philippe/Scarcello, Sabrina/da Estrela, Chelsea/Paquin, Chantal/Barker, Erin T. (2016): Dyadic coping and inflammation in the context of chronic stress, in: Health Psychology 35 (10/2016), S. 1081–1084

Grant, Sharon/Langan-Fox, Janice (2006): Occupational stress, coping and strain: The combined/interactive effect of the big give traits, in: Personality and Individual Differences 41 (4/2006), S. 719–732

Greenglass, Esther R./Burke, Ronald J./Fiksenbaum, Lisa (2001): Workload and burnout in nurses, in: Journal of Community & Applied Social Psychology 11 (3/2001), S. 211–215

Gregersen, Sabine/Kuhnert, Saskia/Zimber, Andreas/Nienhaus, Albert (2011): Leadership behaviour and health—current research state, in: Gesundheitswesen 73 (1/2011), S. 3–12

Greif, Siegfried (1991): Streß in der Arbeit – Einführung und Grundbegriff, in: Greif, Siegfried/Bamberg, Eva/Semmer, Norbert K. (Hrsg.): Psychischer Streß am Arbeitsplatz, Göttingen 1991, S. 1–28

Greubel, Jana/Kecklund, Göran (2011): The impact of organizational changes on work stress, sleep, recovery and health, in: Industrial Health 49 (3/2011), S. 353–364

Groves, Robert M./Fowler, Floyd J./Couper, Mick P./Lepkowski, James M./Singer, Eleanor/Tourangeau, Roger (2011): Survey Methodology, 2. Aufl., Hoboken 2011

Gu, Jenny/Strauss, Clara/Bond, Rod/Cavanagh, Kate (2015): How do mindfulness-based cognitive therapy and mindfulness-based stress reduction improve mental health and wellbeing? A systematic review and meta-analysis of mediation studies, in: Clinical Psychology Review 37 (2015), S. 1–12

Gulliver, Amelia/Griffiths, Kathleen M./Christensen, Helen (2010): Perceived barriers and facilitators to mental health help-seeking in young people: a systematic review, in: BMC Psychiatry 10 (2010), S. 113

Gündel, Harald/Glaser, Jürgen/Angerer, Peter (2014): Arbeiten und gesund bleiben, Berlin/Heidelberg 2014

Gunkel, Ludwig/Böhm, Sandra/Tannheimer, Nicole (2014): Resiliente Beschäftigte: Eine Aufgabe für Unternehmen, Führungskräfte und Beschäftigte, in: Badura, Bernhard (Hrsg.): Erfolgreiche Unternehmen von morgen: Gesunde Zukunft heute gestalten, Berlin 2014, S. 257–268

Guo, Yu-Fang/Luo, Yuan-Hui/Lam, Louisa/Cross, Wendy/Plummer, Virginia/Zhang, Jing-Ping (2018): Burnout and its association with resilience in nurses: A cross-sectional study, in: Journal of Clinical Nursing 27 (1–2/2018), S. 441–449

Gustafsson, Henrik/Skoog, Thérèse (2012): The mediational role of perceived stress in the relation between optimism and burnout in competitive athletes, in: Anxiety, Stress, and Coping 25 (2/2012), S. 183–199

Gustafsson, Henrik/Skoog, Thérèse/Podlog, Leslie/Lundqvist, Carolina/Wagnsson, Stefan (2013): Hope and athlete burnout: Stress and affect as mediators, in: Psychology of Sport and Exercise 14 (5/2013), S. 640–649

Győrffy, Zsuzsa/Dweik, Diana/Girasek, Edmond (2016): Workload, mental health and burnout indicators among female physicians, in: Human Resources for Health 14 (1/2016), S. 1–10

Häder, Michael (2015): Empirische Sozialforschung, 3. Aufl., Wiesbaden 2015

Hahn, Verena C./Binnewies, Carmen/Sonnentag, Sabine/Mojza, Eva J. (2011): Learning how to recover from job stress: Effects of a recovery training program on recovery, recovery-related self-efficacy, and well-being, in: Journal of Occupational Health Psychology 16 (2/2011), S. 202–216

Hammermann, Andrea/Stettes, Oliver (2015): Bewältigung von Stress in einer vernetzten Arbeitswelt: Befunde aus der BiBB/BAuAErwerbstätigenbefragung, in: IW-Trends-Vierteljahresschrift zur empirischen Wirtschaftsforschung 42 (2/2015), S. 113–135

Hang-yue, Ngo/Foley, Sharon/Loi, Raymond (2005): Work role stressors and turnover intentions: a study of professional clergy in Hong Kong, in: The International Journal of Human Resource Management 16 (11/2005), S. 2133–2146

Hansson, Ann-Sophie/Vingård, Eva/Arnetz, Bengt B./Anderzén, Ingrid (2008): Organizational change, health, and sick leave among health care employees: A longitudinal study measuring stress markers, individual, and work site factors, in: Work & Stress 22 (1/2008), S. 69–80

Harms, Peter D./Credé, Marcus/Tynan, Michael/Leon, Matthew/Jeung, Wonho (2017): Leadership and stress. A meta-analytic review, in: The Leadership Quarterly 28 (1/2017), S. 178–194

Harrington, Malcolm J. (2001): Health effects of shift work and extended hours of work, in: Occupational and Environmental Medicine 58 (1/2001), S. 68–72

Hart, Patricia L./Brannan, Jane D./Chesnay, Mary de (2014): Resilience in nurses: An integrative review, in: Journal of Nursing Management 22 (6/2014), S. 720–734

Harvey, Samuel B./Modini, Matthew/Joyce, Sadhbh/Milligan-Saville, Josie S./Tan, Leona/Mykletun, Arnstein u.a. (2017): Can work make you mentally ill? A systematic meta-review of work-related risk factors for common mental health problems, in: Occupational and Environmental Medicine 74 (4/2017), S. 301–310

Haslam, S. Alexander/Jetten, Jolanda/Postmes, Tom/Haslam, Catherine (2009): Social identity, health and well-being: An emerging agenda for applied psychology, in: Applied Psychology 58 (1/2009), S. 1–23

Hauge, Lars Johan/Einarsen, Ståle/Knardahl, Stein/Lau, Bjørn/Notelaers, Guy/Skogstad, Anders (2011): Leadership and role stressors as departmental level predictors of workplace bullying, in: International Journal of Stress Management 18 (4/2011), S. 305–323

Hauge, Lars Johan/Skogstad, Anders/Einarsen, Ståle (2007): Relationships between stressful work environments and bullying: Results of a large representative study, in: Work & Stress 21 (3/2007), S. 220–242

Hauge, Lars Johan/Skogstad, Anders/Einarsen, Ståle (2010): The relative impact of workplace bullying as a social stressor at work, in: Scandinavian Journal of Psychology 51 (5/2010), S. 426–433

Häusser, Jan Alexander/Mojzisch, Andreas/Niesel, Miriam/Schulz-Hardt, Stefan (2010): Ten years on: A review of recent research on the job demand—control (-Support) model and psychological well-being, in: Work & Stress 24 (1/2010), S. 1–35

Havermans, Bo M./Brouwers, Evelien P. M./Hoek, Rianne J. A./Anema, Johannes R./van der Beek, Allard J./Boot, Cécile R. L. (2018): Work stress prevention needs of employees and supervisors, in: BMC Public Health 18 (1/2018), S. 642–653

Healy, Christine M./McKay, Michael. F. (2000): Nursing stress: the effects of coping strategies and job satisfaction in a sample of Australian nurses, in: Journal of Advanced Nursing 31 (3/2000), S. 681–688

Hegney, Desley G./Rees, Clare S./Eley, Robert/Osseiran-Moisson, Rebecca/Francis, Karen (2015): The contribution of individual psychological resilience in determining the professional quality of life of Australian nurses, in: Frontiers in Psychology 6 (2015), S. 1613

Helfferich, Cornelia (2014): Leitfaden- und Experteninterviews, in: Baur, Nina/Blasius, Jörg (Hrsg.): Handbuch Methoden der empirischen Sozialforschung, Wiesbaden 2014, S. 559–574

Helgeson, Vicki S. (2011): Gender, stress, and coping, in: Folkman, Susan (Hrsg.): The Oxford Handbook of Stress, Health, and Coping, Oxford 2011, S. 63–81

Helgeson, Vicki S./Lopez, Lindsey (2010): Social support and growth following adversity, in: Reich, John/Zautra, Alex (Hrsg.): Handbook of Adult Resilience, New York 2010, S. 309–330

Helgeson, Vicki S./Reynolds, Kerry A./Tomich, Patricia L. (2006): A meta-analytic review of benefit finding and growth, in: Journal of Consulting and Clinical Psychology 74 (5/2006), S. 797–816

Hemingway, Monica A./Smith, Carlla S. (1999): Organizational climate and occupational stressors as predictors of withdrawal behaviours and injuries in nurses, in: Journal of Occupational and Organizational Psychology 72 (3/1999), S. 285–299

Henning, Kris/Ey, Sydney/Shaw, Darlene (1998): Perfectionism, the impostor phenomenon and psychological adjustment in medical, dental, nursing and pharmacy students, in: Medical Education 32 (5/1998), S. 456–464

Henninger, Mirka (2016): Resilienz, in: Frey, Dieter (Hrsg.): Psychologie der Werte. Von Achtsamkeit bis Zivilcourage, Berlin/Heidelberg 2016, S. 157–165

Hersch, Rebekah K./Cook, Royer F./Deitz, Diane K./Kaplan, Seth/Hughes, Daniel/Friesen, Mary Ann/Vezina, Maria (2016): Reducing nurses' stress: A randomized controlled trial of a web-based stress management program for nurses, in: Applied Nursing Research 32 (2016), S. 18–25

Hirsch, Jameson K./Sirois, Fuschia M. (2016): Hope and fatigue in chronic illness: The role of perceived stress, in: Journal of Health Psychology 21 (4/2016), S. 451–456

Ho, Wen-Hsien/Chang, Ching Sheng/Shih, Ying-Ling/Liang, Rong-Da (2009): Effects of job rotation and role stress among nurses on job satisfaction and organizational commitment, in: BMC Health Services research 9 (1/2009), S. 1–10

Hobfoll, Steven E. (1989): Conservation of Resources: A New Attempt at Conceptualizing Stress, in: American Psychologist 44 (3/1989), S. 513–524

Hochschild, Arlie Russell (2012): The managed heart: Commercialization of human feeling, 3. Aufl., Berkeley 2012

Höfert, Rolf (2011): Rechtsfragen in der Pflege von A-Z, 3. Aufl., Berlin 2011

Hoffmann, Gregor Paul (2016): Organisationale Resilienz. Grundlagen und Handlungsempfehlungen für Entscheidungsträger und Führungskräfte, Wiesbaden 2016

Hofmann, Stefan G./Sawyer, Alice T./Witt, Ashley A./Oh, Diana (2010): The effect of mindfulness-based therapy on anxiety and depression: A meta-analytic review, in: Journal of Consulting and Clinical Psychology 78 (2/2010), S. 169–183

Holman, David J./Johnson, Sheena/O'Connor, Elinor (2018): Stress management interventions: Improving subjective psychological wellbeing in the workplace, in: Diener, Ed/Oishi, Shigehiro/O'Connor, Elinor (Hrsg.): Handbook of Well-Being, Salt Lake City 2018

Holt-Lunstad, Julianne/Smith, Timothy B./Layton, J. Bradley (2010): Social relationships and mortality risk: a meta-analytic review, in: PLOS Medicine 7 (7/2010), S. e1000316

Holz, Melanie/Zapf, Dieter/Dormann, Christian (2004): Soziale Stressoren in der Arbeitswelt: Kollegen, Vorgesetzte und Kunden, in: Arbeit 13 (3/2004), S. 278–291

Hölzel, Britta K./Lazar, Sara W./Gard, Tim/Schuman-Olivier, Zev/Vago, David R./Ott, Ulrich (2011): How does mindfulness meditation work? Proposing mechanisms of action from a conceptual and neural perspective, in: Perspectives on Psychological 6 (6/2011), S. 537–559

Hou, Yongchao/Zhou, Qian/Li, Dongzhi/Guo, Yanhua/Fan, Jingjing/Wang, Juzi (2020): Preparedness of our emergency department during the coronavirus disease outbreak from the Nurses' Perspectives: A qualitative research study, in: Journal of Emergency Nursing 46 (6/2020), S. 848–861

Hu, Li-tze/Bentler, Peter M. (1999): Cutoff criteria for fit indexes in covariance structure analysis: Conventional criteria versus new alternatives, in: Structural Equation Modeling: A Multidisciplinary Journal 6 (1/1999), S. 1–55

Hughes, Joanna/Bozionelos, Nikos (2007): Work-life balance as source of job dissatisfaction and withdrawal attitudes, in: Personnel Review 36 (1/2007), S. 145–154

Hutchins, Holly M./Penney, Lisa M./Sublett, Lisa W. (2018): What imposters risk at work: Exploring imposter phenomenon, stress coping, and job outcomes, in: Human Resource Development Quarterly 29 (1/2018), S. 31–48

Hystad, Sigurd W./Eid, Jarle/Laberg, Jon C./Johnsen, Bjørn H./Bartone, Paul T. (2009): Academic stress and health: Exploring the moderating role of personality hardiness, in: Scandinavian Journal of Educational Research 53 (5/2009), S. 421–429

Inceoglu, Ilke/Thomas, Geoff/Chu, Chris/Plans, David/Gerbasi, Alexandra (2018): Leadership behavior and employee well-being: An integrated review and a future research agenda, in: The Leadership Quarterly 29 (1/2018), S. 179–202

Institut für angewandte Arbeitswissenschaft (2015): Leistungsfähigkeit im Betrieb, Berlin/Heidelberg 2015

Ito, Jack K./Brotheridge, Céleste M. (2009): Predictors and consequences of promotion stress: A bad situation made worse by employment dependence, in: International Journal of Stress Management 16 (1/2009), S. 65–85

Iwasaki, Yoshi/Mackay, Kelly/Mactavish, Jennifer (2005): Gender-based analyses of coping with stress among professional managers: Leisure coping and non-leisure coping, in: Journal of Leisure Research 37 (1/2005), S. 1–28

Iwasaki, Yoshi/Mannell, Roger C. (2000): Hierarchical dimensions of leisure stress coping, in: Leisure Sciences 22 (3/2000), S. 163–181

Iwasaki, Yoshi/Mannell, Roger C./Smale, Bryan J. A./Butcher, Janice (2002): A short-term longitudinal analysis of leisure coping used by police and emergency response service workers, in: Journal of Leisure Research 34 (3/2002), S. 311–339

Jang, Mi Heui/Gu, So Yeon/Jeong, Yoo Mi (2019): Role of coping styles in the relationship between nurses' work stress and well-being across Career, in: Journal of Nursing scholarship 51 (6/2019), S. 699–707

Janssen, Peter P. M./de Jonge, Jan/Bakker, Arnold B. (1999): Specific determinants of intrinsic work motivation, burnout and turnover intentions: A study among nurses, in: Journal of Advanced Nursing 29 (6/1999), S. 1360–1369

Jaramillo, Fernando/Mulki, Jay Prakash/Boles, James S. (2011): Workplace stressors, job attitude, and job nehaviors: Is interpersonal conflict the missing link?, in: Journal of Personal Selling & Sales Management 31 (3/2011), S. 339–356

Jenkins, Richard/Elliott, Peter (2004): Stressors, burnout and social support: nurses in acute mental health settings, in: Journal of Advanced Nursing 48 (6/2004), S. 622–631

Johns, Gary (2010): Presenteeism in the workplace: A review and research agenda, in: Journal of Organizational Behavior 31 (4/2010), S. 519–542

Jonas, Klaus/Stroebe, Wolfgang/Hewstone, Miles (2014): Sozialpsychologie, Berlin, Heidelberg 2014

Judge, Timothy A./Colquitt, Jason A. (2004): Organizational justice and stress: The mediating role of work-family conflict, in: Journal of Applied Psychology 89 (3/2004), S. 395–404

Kaluza, Gert (2012): Gelassen und sicher im Stress, 4 Aufl., Berlin 2012

Kaluza, Gert (2015): Stressbewältigung, Berlin/Heidelberg 2015

Kang, Chris/Whittingham, Koa (2010): Mindfulness: A dialogue between buddhism and clinical Psychology, in: Mindfulness 1 (3/2010), S. 161–173

Karaca, Aysel/Yildirim, Nilgün/Cangur, Sengul/Acikgöz, Ferhan/Akkus, Dilek (2019): Relationship between mental health of nursing students and coping, self-esteem and social support, in: Nurse Education Today 76 (2019), S. 44–50

Karasek, Robert A. (1979): Job demands, job decision latitude, and mental strain: Implications for job redesign, in: Administrative Science Quarterly 24 (2/1979), S. 285–308

Karasek, Robert A. (1990): Lower health risk with increased job control among white collar workers, in: Journal of Organizational Behavior 11 (3/1990), S. 171–185

Karatza, Christina/Zyga, Sofia/Tziaferi, Styliani/Prezerakos, Panagiotis (2016): Workplace bullying and general health status among the nursing staff of Greek public hospitals, in: Annals of General Psychiatry 15 (2016), S. 1–7

Kato, Tsukasa (2012): Development of the Coping Flexibility Scale: Evidence for the coping flexibility hypothesis, in: Journal of Counseling Psychology 59 (2/2012), S. 262–273

Kawachi, Ichiro/Berkman, Lisa F. (2001): Social ties and mental health, in: Journal of Urban Health 78 (3/2001), S. 458–467

Kawada, Tomoyuki/Ooya, Machiko (2005): Workload and health complaints in overtime workers: A survey, in: Archives of Medical Research 36 (5/2005), S. 594–597

Kecklund, Göran/Axelsson, John (2016): Health consequences of shift work and insufficient sleep, in: BMJ Clinical Research 355 (2016), S. 1–13

Kemper, Christoph J./Beierlein, Constanze/Bensch, Doreen/Kovaleva, Anastas-siya/Rammstedt, Beatrice (2012): Eine Kurzskala zur Erfassung des Gamma-Faktors sozial erwünschten Antwortverhaltens: Die Kurzskala Soziale Erwünschtheit-Gamma (KSE-G), in: GESIS Working Papers 25 (o.H./2012), S. 1–27

Khammar, Alireza/Amjad, RazeNabi/Rohani, Marzieh/Yari, Ahmadreza/Noroozi, Mehdi/Poursadeghian, Arezoo (…) Poursadeghiyan, Mohsen (2017): Survey of shift work disorders and occupational stress among nurses: A cross-sectional study, in: Annals of Tropical Medicine and Public Health 10 (4/2017), S. 978–984

Kieselbach, Thomas/Beelmann, Gert (2006): Psychosoziale Risiken von Arbeitsplatzverlust und Arbeitslosigkeit, in: Psychotherapeut 51 (6/2006), S. 452–459

Kiken, Laura G./Garland, Eric L./Bluth, Karen/Palsson, Olafur S./Gaylord, Susan A. (2015): From a state to a trait: Trajectories of state mindfulness in meditation during intervention predict changes in trait mindfulness, in: Personality and Individual Differences 81 (2015), S. 41–46

Kim, Mi-Sook/Duda, Joan L. (2003): The coping process: Cognitive appraisals of stress, coping strategies, and coping effectiveness, in: The Sport Psychologist 17 (4/2003), S. 406–425

Kim, Miyoung/Windsor, Carol (2015): Resilience and work-life balance in first-line nurse manager, in: Asian Nursing Research 9 (1/2015), S. 21–27

Kinnunen, Ulla/Feldt, Taru/Mäkikangas, Anne (2008): Testing the effort-reward imbalance model among Finnish managers: the role of perceived organizational support, in: Journal of Occupational Health Psychology 13 (2/2008), S. 114–127

Kivimäki, Mika/Ferrie, Jane E./Brunner, Eric/Head, Jenny/Shipley, Martin J./Vahtera, Jussi/Marmot, Michael G. (2005): Justice at work and reduced risk of coronary heart disease among employees: the Whitehall II Study, in: Archives of Internal Medicine 165 (19/2005), S. 2245–2251

Kivimäki, Mika/Jokela, Markus/Nyberg, Solja T./Singh-Manoux, Archana/Fransson, Eleonor I./Alfredsson, Lars (…) Virtanen, Marianna (2015): Long working hours and risk of coronary heart disease and stroke: A systematic review and meta-analysis of published and unpublished data for 603 838 individuals, in: The Lancet 386 (10005/2015), S. 1739–1746

Kivimäki, Mika/Leino-Arjas, Päivi/Luukkonen, Ritva/Riihimäki, Hilkka/Vahtera, Jussi/Kirjonen, Juhani (2002): Work stress and risk of cardiovascular mortality: Prospective cohort study of industrial employees, in: BMJ Clinical Research 325 (7369/2002), S. 857

Kleiveland, Benedicte/Natvig, Gerd Karin/Jepsen, Randi (2015): Stress, sense of coherence and quality of life among Norwegian nurse students after a period of clinical practice, in: PeerJ 3 (3/2015), S. e1286

Klingenberg, Ingo/Süß, Stefan (2019): Stressbewältigung in pflegenden Berufen: Eine empirisch basierte Typologie, in: PERSONALquarterly 70 (4/2019), S. 40–47

Klingenberg, Ingo/Süß, Stefan (2020): Coping und Resilienz – Individuelle Handlungen und persönliche Eigenschaften zur Stressbewältigung, in: Wirtschaftswissenschaftliches Studium 49 (4/2020), S. 18–22

Knieps, Franz/Pfaff, Holger (2018): Arbeit und Gesundheit Generation 50+, Berlin 2018

Knöchelmann, Anja/Richter, Matthias (2021): COVID-19 und soziale Ungleichheit, in: Public Health Forum 29 (1/2021), S. 2–4

Knoll, Nina/Rieckmann, Nina/Schwarzer, Ralf (2005): Coping as a mediator between personality and stress outcomes: A longitudinal study with cataract surgery patients, in: European Journal of Personality 19 (3/2005), S. 229–247

Kobasa, Suzanne C. (1979): Stressful life events, personality, and health: An inquiry into hardiness, in: Journal of Personality and Social Psychology 37 (1/1979), S. 1–11

Kodama, Makiko (2017): Functions of career resilience against reality Shock, focusing on full-time employees during their first year of work, in: Japanese Psychological Research 59 (4/2017), S. 255–265

Kopp, Johannes/Lois, Daniel (2012): Sozialwissenschaftliche Datenanalyse, Wiesbaden 2012

Korczynski, Marek (2003): Communities of coping: Collective emotional labour in service work, in: Organization 10 (1/2003), S. 55–79

Kroll, Eric L./Lampert, Thomas (2012): Arbeitslosigkeit, prekäre Beschäftigung und Gesundheit., in: GBE kompakt 3 (1/2012), S. 1–9

Kroll, Eric L./Müters, Stephan/Lampert, Thomas (2016): Arbeitslosigkeit und ihre Auswirkungen auf die Gesundheit: Ein Überblick zum Forschungsstand und zu aktuellen Daten der Studien GEDA 2010 und GEDA 2012, in: Bundesgesundheitsblatt, Gesundheitsforschung, Gesundheitsschutz 59 (2/2016), S. 228–237

Kuckartz, Udo (2010): Typenbildung, in: Mey, Günter/Mruck, Katja (Hrsg.): Handbuch Qualitative Forschung in der Psychologie, Wiesbaden 2010, S. 553–568

Kuiper, Nicholas A. (2012): Humor and resiliency: Towards a process model of coping and growth, in: Europe's Journal of Psychology 8 (3/2012), S. 475–491

Kuo, Ben C. H. (2013): Collectivism and coping: current theories, evidence, and measurements of collective coping, in: International Journal of Psychology 48 (3/2013), S. 374–388

Kuper, Hannah/Singh-Manoux, Archana/Siegrist, Johannes/Marmot, Michael G. (2002): When reciprocity fails: Effort-reward imbalance in relation to coronary heart disease and health functioning within the Whitehall II study, in: Occupational and Environmental Medicine 59 (11/2002), S. 777–784

La Cañadas-De Fuente, Guillermo A./Ortega, Elena/Ramirez-Baena, Lucia/La Fuente-Solana, Emilia I./Vargas, Cristina/Gómez-Urquiza, Jose Luis (2018): Gender, marital status, and children as risk factors for burnout in nurses: A meta-analytic study, in: International Journal of Environmental Research and Public Health 15 (10/2018)

Labrague, Leodoro J./McEnroe-Petitte, Denise M./Al Amri, Majed S./Fronda, Dennis C./Obeidat, Arwa A. (2018): An integrative review on coping skills in nursing students: implications for policymaking, in: International Nursing Review 65 (2/2018), S. 279–291

Labrague, Leodoro J./McEnroe-Petitte, Denise M./Gloe, Donna/Tsaras, Konstantinos/Arteche, Dolores L./Maldia, Florencia (2017): Organizational politics, nurses' stress, burnout levels, turnover intention and job satisfaction, in: International Nursing Review 64 (1/2017), S. 109–116

Lamb, Danielle/Cogan, Nicola (2016): Coping with work-related stressors and building resilience in mental health workers: A comparative focus group study using interpretative phenomenological analysis, in: Journal of Occupational and Organizational Psychology 89 (3/2016), S. 474–492

Lambert, Eric G./Hogan, Nancy L./Griffin, Marie L. (2007): The impact of distributive and procedural justice on correctional staff job stress, job satisfaction, and organizational commitment, in: Journal of Criminal Justice 35 (6/2007), S. 644–656

Lambert, Vickie A./Lambert, Clinton E./Itano, Joanne/Inouye, Jillian/Kim, Susie/Kuniviktikul, Wipada u.a. (2004): Cross-cultural comparison of workplace stressors, ways of coping and demographic characteristics as predictors of physical and mental health among hospital nurses in Japan, Thailand, South Korea and the USA (Hawaii), in: International Journal of Nursing Studies 41 (6/2004), S. 671–684

Lambert, Vickie A./Lambert, Clinton E./Ito, Misae (2004): Workplace stressors, ways of coping and demographic characteristics as predictors of physical and mental health of Japanese hospital nurses, in: International Journal of Nursing Studies 41 (1/2004), S. 85–97

Lanz, Julie Jean/Bruk-Lee, Valentina (2017): Resilience as a moderator of the indirect effects of conflict and workload on job outcomes among nurses, in: Journal of Advanced Nursing 73 (12/2017), S. 2973–2986

Lazarus, Richard S. (1999): Hope: An emotion and vital coping resource against dispair, in: Social Research 66 (2/1999), S. 653–678

Lazarus, Richard S. (2012): Evolution of a model of stress, coping, and discrete emotions, in: Rice, Virginia Hill (Hrsg.): Handbook of stress, coping, and health. Implications for nursing research, theory, and practice, 2. Aufl., Los Angeles 2012, S. 199–225

Lazarus, Richard S./Folkman, Susan (1984): Stress, appraisal, and coping, New York 1984

Le Fevre, Mark/Matheny, Jonathan/Kolt, Gregory S. (2003): Eustress, distress, and interpretation in occupational stress, in: Journal of Managerial Psychology 18 (7/2003), S. 726–744

Lee, Huan-Fang/Kuo, Chia-Chi/Chien, Tsair-Wei/Wang, Yu-Rung (2016): A meta-analysis of the effects of coping strategies on reducing nurse burnout, in: Applied Nursing Research 31 (o.H./2016), S. 100–110

Lee, Ji Hee/Nam, Suk Kyung/Kim, A-Reum/Kim, Boram/Lee, Min Young/Lee, Sang Min (2013): Resilience: A meta-analytic approach, in: Journal of Counseling & Development 91 (3/2013), S. 269–279

Lee, Sunhee/Kim, Sue/Young Choi, Jae (2014): Coping and resilience of adolescents with congenital heart disease, in: The Journal of Cardiovascular Nursing 29 (4/2014), S. 340–346

Lemery-Chalfant, Kathryn (2010): Genes and environments, in: Reich, John/Zautra, Alex (Hrsg.): Handbook of Adult Resilience, New York 2010, S. 55–78

Lenhardt, Uwe/Beck, David (2016): Prevalence and quality of workplace risk assessments: Findings from a representative company survey in Germany, in: Safety Science 86 (2016), S. 48–56

LePine, Jeffery A./Podsakoff, Nathan P./LePine, Mercie (2005): A meta-analytic test of the challenge stressor-hindrance stressor framework: An explanation for inconsistent relationships among stressors and performance, in: The Academy of Management Journal 48 (5/2005), S. 764–775

Lepore, Stephen J./Evans, Gary W. (1996): Coping with multiple stressors in the environment., in: Zeidner, Endler (Hrsg.): Handbook of coping: Theory, research, applications, Oxford 1996, S. 350–377

Lester, Naomi/Smart, Laura/Baum, Andrew (1994): Measuring coping flexibility, in: Psychology & Health 9 (6/1994), S. 409–424

Li, Yuli/Cao, Fenglin/Cao, Danfeng/Liu, Ji Ye (2015): Nursing students' post-traumatic growth, emotional intelligence and psychological resilience, in: Journal of Psychiatric and Mental Health Nursing 22 (5/2015), S. 326–332

Lim, Joanne/Bogossian, Fiona/Ahern, Kathryn (2010): Stress and coping in Australian nurses: A systematic review, in: International Nursing Review 57 (1/2010), S. 22–31

Linley, P. Alex/Joseph, Stephen (2004): Positive change following trauma and adversity: A review, in: Journal of Traumatic Stress 17 (1/2004), S. 11–21

Liu, Cong/Nauta, Margaret M./Li, Chaoping/Fan, Jinyan (2010): Comparisons of organizational constraints and their relations to strains in China and the United States, in: Journal of Occupational Health Psychology 15 (4/2010), S. 452–467

Lohaus, Daniela/Rietz, Christian (2018): Arbeitgeberattraktivität im Verlauf der Lebensspanne, Darmstadt 2018

Lohmann-Haislah, Andrea/Schütte, Martin (2013): Stressreport Deutschland 2012. Bundesanstalt für Arbeitsschutz und Arbeitsmedizin, Dortmund 2013

Lowe, Rob/Bennet, Paul (2003): Exploring coping reactions to workstress: Application of an appraisal theory, in: Journal of Occupational and Organizational Psychology 76 (3/2003), S. 393–400

Lunau, Thorsten/Bambra, Clare/Eikemo, Terje A./van der Wel, Kjetil A./Dragano, Nico (2014): A balancing act? Work-life balance, health and well-being in European welfare states, in: European Journal of Public Health 24 (3/2014), S. 422–427

Luthans, Fred (2002): The need for and meaning of positive organizational behavior, in: Journal of Organizational Behavior 23 (6/2002), S. 695–706

Luthans, Fred/Vogelgesang, Gretchen R./Lester, Paul B. (2006): Developing the Psychological Capital of Resiliency, in: Human Resource Development Review 5 (1/2006), S. 25–44

Luthar, Suniya S. (1991): Vulnerability and resilience: A study of high-risk adolescents, in: Child Development 62 (3/1991), S. 600–616

Lyon, Brenda L. (2012): Stress, coping, and health: A conceptual overview, in: Rice, Virginia Hill (Hrsg.): Handbook of stress, coping, and health. Implications for nursing research, theory, and practice, 2. Aufl., Los Angeles 2012, S. 2–21

Lyons, David M./Parker, Karen J. (2007): Stress inoculation-induced indications of resilience in monkeys, in: Journal of Traumatic Stress 20 (4/2007), S. 423–433

Lyons, Renee F./Mickelson, Kristin D./Sullivan, Michael J. L./Coyne, James C. (1998): Coping as a Communal Process, in: Journal of Social and Personal Relationships 15 (5/1998), S. 579–605

Mache, Stefanie/Vitzthum, Karin/Wanke, Eileen/Klapp, Burghard F./Danzer, Gerhard (2014): Exploring the impact of resilience, self-efficacy, optimism and organizational resources on work engagement, in: Work 47 (4/2014), S. 491–500

Malinowski, Peter/Lim, Hui Jia (2015): Mindfulness at work: Positive affect, hope, and optimism mediate the relationship between dispositional mindfulness, work engagement, and well-Being, in: Mindfulness 6 (6/2015), S. 1250–1262

Mann, Sandi/Cowburn, J.ames (2005): Emotional labour and stress within mental health nursing, in: Journal of Psychiatric and Mental Health Nursing 12 (2/2005), S. 154–162

Mark, George/Smith, Andrew P. (2012): Occupational stress, job characteristics, coping, and the mental health of nurses, in: British Journal of Health Psychology 17 (3/2012), S. 505–521

Martin, Rod A. (1998): Approaches to the sense of humor: A historical review, in: Ruch, Willibald (Hrsg.): The Sense of Humor, Berlin 1998, S. 15–60

Martin, Rod A./Puhlik-Doris, Patricia/Larsen, Gwen/Gray, Jeanette/Weir, Kelly (2003): Individual differences in uses of humor and their relation to psychological well-being: Development of the Humor Styles Questionnaire, in: Journal of Research in Personality 37 (1/2003), S. 48–75

Martins, Alexandra/Ramalho, Nelson/Morin, Estelle (2010): A comprehensive meta-analysis of the relationship between emotional intelligence and health, in: Personality and Individual Differences 49 (6/2010), S. 554–564

Martins, Maria Conceição/Chaves, Cláudia/Campos, Sofia (2014): Coping srategies of nurses in Terminal III, in: Procedia—Social and Behavioral Sciences 113 (2014), S. 171–180

Maslach, Christina (2003): Job burnout, in: Current Directions in Psychological Science 12 (5/2003), S. 189–192

Maslach, Christina/Goldberg, Julie (1998): Prevention of burnout: New perspectives, in: Applied and Preventive Psychology 7 (1/1998), S. 63–74

Maslach, Christina/Jackson, Susan E./Leiter, Michael P./Schaufeli, Wilmar B./Schwab, Richard L. (1986): Maslach Burnout Inventory, Palo Alto 1986

Maslach, Christina/Leiter, Michael P. (2016): Understanding the burnout experience: Recent research and its implications for psychiatry, in: World psychiatry 15 (2/2016), S. 103–111

Masten, Ann S. (2001): Ordinary magic: Resilience processes in development, in: American Psychologist 56 (3/2001), S. 227–238

Masten, Ann S./Obradovic, Jelena (2008): Disaster preparation and recovery: Lessons from research on resilience in human development, in: Ecology and Society 13 (1/2008), S. 1–16

Matiaske, Wenzel/Müller, Mandy (2019): Rufbereitschaft, in: Gerlmaier, Anja/Latniak, Erich (Hrsg.): Handbuch psycho-soziale Gestaltung digitaler Produktionsarbeit. Gesundheitsressourcen stärken durch organisationale Gestaltungskompetenz, Wiesbaden 2019, S. 419–423

Matud, M. Pilar (2004): Gender differences in stress and coping styles, in: Personality and Individual Differences 37 (7/2004), S. 1401–1415

Mayer, John D./Salovey, Peter (1993): The intelligence of emotional intelligence, in: Intelligence 17 (4/1993), S. 433–442

McDonald, Glenda/Jackson, Debra/Wilkes, Lesley/Vickers, Margaret H. (2012): A work-based educational intervention to support the development of personal resilience in nurses and midwives, in: Nurse education today 32 (4/2012), S. 378–384

McDonald, Glenda/Jackson, Debra/Wilkes, Lesley/Vickers, Margaret H. (2013): Personal resilience in nurses and midwives: Effects of a work-based educational intervention, in: Contemporary Nurse 45 (1/2013), S. 134–143

McEwen, Bruce S. (1998): Stress, adaptation, and disease. Allostasis and allostatic load, in: Annals of the New York Academy of Sciences 840 (1/1998), S. 33–44

McEwen, Bruce S. (2002): Sex, stress and the hippocampus: allostasis, allostatic load and the aging process, in: Neurobiology of Aging 23 (5/2002), S. 921–939

McEwen, Bruce S. (2004): Protection and damage from acute and chronic stress: allostasis and allostatic overload and relevance to the pathophysiology of psychiatric disorders, in: Annals of the New York Academy of Sciences 1032 (1/2004), S. 1–7

McEwen, Bruce S./Wingfield, John C. (2003): The concept of allostasis in biology and biomedicine, in: Hormones and Behavior 43 (1/2003), S. 2–15

McGrath, Anne/Reid, Norma/Boore, Jennifer R. P. (2003): Occupational stress in nursing, in: International journal of nursing studies 40 (5/2003), S. 555–565

McVicar, Andrew (2003): Workplace stress in nursing: A literature review, in: Journal of Advanced Nursing 44 (6/2003), S. 633–642

Mérida-López, Sergio/Bakker, Arnold B./Extremera, Natalio (2019): How does emotional intelligence help teachers to stay engaged? Cross-validation of a moderated mediation model, in: Personality and Individual Differences 151 (o.H./2019), S. 109393

Mey, Günter/Mruck, Katja (2010): Interviews, in: Mey, Günter/Mruck, Katja (Hrsg.): Handbuch Qualitative Forschung in der Psychologie, Wiesbaden 2010, S. 423–435

Meyer, Markus/Böttcher, Mandy/Glushanok, Irina (2015): Krankheitsbedingte Fehlzeiten in der deutschen Wirtschaft im Jahr 2014, in: Badura, Bernhard/Ducki, Antje/Schröder, Helmut/Klose, Joachim/Meyer, Markus/Bernhard Badura, Antje Ducki, Helmut Schröder, Joachim Klose, Markus Meyer (Hrsg.): Neue Wege für mehr Gesundheit – Qualitätsstandards für ein zielgruppenspezifisches Gesundheitsmanagement, Berlin/Heidelberg 2015, S. 341–548

Michel, Jesse S./Kotrba, Lindsey M./Mitchelson, Jacqueline K./Clark, Malissa A./Baltes, Boris B. (2011): Antecedents of work-family conflict: A meta-analytic review, in: Journal of Organizational Behavior 32 (5/2011), S. 689–725

Mielck, Andreas (2012): Soziale Ungleichheit und Gesundheit. Empirische Belege für die zentrale Rolle der schulischen und beruflichen Bildung, in: Brähler, Elmar/Kiess, Johannes/Schubert, Charlotte (Hrsg.): Gesund und gebildet: Voraussetzungen für eine moderne Gesellschaft, Göttingen 2012, S. 129–145

Milek, Anne/Bodenmann, Guy (2018): Stressbewältigung, in: Margraf, Jürgen/Schneider, Silvia (Hrsg.): Lehrbuch der Verhaltenstherapie, 4. Aufl., Berlin, Heidelberg 2018, S. 557–568

Minssen, Heiner (2006): Arbeits- und Industriesoziologie. Eine Einführung, Frankfurt am Main 2006

Mohr, Gisela/Rigotti, Thomas (2003): Irritation (Gereiztheit), https://zis.gesis.org/skala/Mohr-Rigotti-Irritation-(Gereiztheit), 31.05.2021

Mohr, Gisela/Rigotti, Thomas/Müller, Andreas (2005): Irritation: Ein Instrument zur Erfassung psychischer Beanspruchung im Arbeitskontext. Skalen- und Itemparameter aus 15 Studien, in: Zeitschrift für Arbeits- und Organisationspsychologie A&O 49 (1/2005), S. 44–48

Morin, Alexandre J.S./Meyer, John P./Creusier, Jordane/Biétry, Franck (2016): Multiple-group analysis of similarity in latent profile solutions, in: Organizational Research Methods 19 (2/2016), S. 231–254

Müller, Andreas/Mohr, Gisela/Rigotti, Thomas (2004): Differenzielle Aspekte psychischer Beanspruchung aus Sicht der Zielorientierung, in: Zeitschrift für Differentielle und Diagnostische Psychologie 25 (4/2004), S. 213–225

Näswall, Katharina/Sverke, Magnus/Hellgren, Johnny (2005): The moderating role of personality characteristics on the relationship between job insecurity and strain, in: Work & Stress 19 (1/2005), S. 37–49

Nerdinger, Friedemann W./Blickle, Gerhard/Schaper, Niclas (2011): Arbeits- und Organisationspsychologie, 2. Aufl., Berlin/Heidelberg 2011

Nes Solberg, Lise/Segerstrom, Suzanne C. (2006): Dispositional Optimismand Coping: A meta-analytic review, in: Personality and Social Psychology Review 10 (3/2006), S. 235–251

Nguyen, Lemai/Bellucci, Emilia/Nguyen, Linh Thuy (2014): Electronic health records implementation: An evaluation of information system impact and contingency factors, in: International Journal of Medical Informatics 83 (11/2014), S. 779–796

Nguyen, Quyen/Kuntz, Joana R.C/Malinen, Sanna/Näswall, Katharina (2016): Employee resilience and leadership styles: The moderating role of proactive personality and optimism, in: New Zealand Journal of Psychology 45 (2/2016), S. 13–21

Nieuwenhuijsen, Karen/Bruinvels, David/Frings-Dresen, Monique (2010): Psychosocial work environment and stress-related disorders: A systematic review, in: Occupational Medicine 60 (4/2010), S. 277–286

Nilsson, Berit/Holmgren, Lars/Stegmayr, Birgitta/Westman, Göran (2003): Sense of coherence-stability over time and relation to health, disease, and psychosocial changes in a general population: A longitudinal study, in: Scandinavian Journal of Public Health 31 (4/2003), S. 297–304

Nixon, Ashley E./Mazzola, Joseph J./Bauer, Jeremy/Krueger, Jeremy R./Spector, Paul E. (2011): Can work make you sick? A meta-analysis of the relationships between job stressors and physical symptoms, in: Work & Stress 25 (1/2011), S. 1–22

O'Connor, Daryl B./Cobb, Joanna/O'Connor, Rory C. (2003): Religiosity, stress and psychological distress: No evidence for an association among undergraduate students, in: Personality and Individual Differences 34 (2/2003), S. 211–217

Oberski, Daniel (2016): Mixture models: Latent profile and latent class analysis, in: Robertson, Judy/Kaptein, Maurits (Hrsg.): Modern statistical methods for HCI, Cham 2016, S. 275–287

O'Brien-Pallas, Linda/Murphy, Gail Tomblin/Shamian, Judith/Li, Xiaoqiang/Hayes, Laureen J. (2010): Impact and determinants of nurse turnover: A pan-Canadian study, in: Journal of Nursing Management 18 (8/2010), S. 1073–1086

Oc, Burak/Bashshur, Michael R. (2013): Followership, leadership and social influence, in: The Leadership Quarterly 24 (6/2013), S. 919–934

O'Driscoll, Michael P. (2013): Coping with stress: A challenge for theory, research and practice, in: Stress and health 29 (2/2013), S. 89–90

Okafor, Ebony/Lucier-Greer, Mallory/Mancini, Jay A. (2016): Social stressors, coping behaviors, and depressive symptoms: A latent profile analysis of adolescents in military families, in: Journal of Adolescence 51 (2016), S. 133–143

Öksüz, Emine/Demiralp, Meral/Mersin, Sevinç/Tüzer, Hilal/Aksu, Miray/Sarıkoc, Gamze (2019): Resilience in nurses in terms of perceived social support, job satisfaction and certain variables, in: Journal of nursing management 27 (2/2019), S. 423–432

Olstad, Reidun/Sexton, Harold/Søgaard, Anne Johanne (2001): The Finnmark Study. A prospective population study of the social support buffer hypothesis, specific stressors and mental distress, in: Social Psychiatry and Psychiatric Epidemiology 36 (12/2001), S. 582–589

Ong, Anthony D./Bergeman, Cindy S./Bisconti, Toni L./Wallace, Kimberly A. (2006): Psychological resilience, positive emotions, and successful adaptation to stress in later life, in: Journal of Personality and Social Psychology 91 (4/2006), S. 730–749

Ong, Anthony D./Bergeman, Cindy S./Chow, Sy-Miin (2010): Positive Emotions as a Basic Building Block of Resilience in Adulthood, in: Reich, John/Zautra, Alex (Hrsg.): Handbook of Adult Resilience, New York 2010, S. 81–93

Ong, Anthony D./Edwards, Lisa M./Bergeman, Cindy S. (2006): Hope as a source of resilience in later adulthood, in: Personality and Individual Differences 41 (7/2006), S. 1263–1273

Panaccio, Alexandra/Vandenberghe, Christian (2009): Perceived organizational support, organizational commitment and psychological well-being: A longitudinal study, in: Journal of Vocational Behavior 75 (2/2009), S. 224–236

Pangallo, Antonio/Zibarras, Lara/Lewis, Rachel/Flaxman, Paul (2015): Resilience through the lens of interactionism: A systematic review, in: Psychological Assessment 27 (1/2015), S. 1–20

Pargament, Kenneth I. (1997): The psychology of religion and coping: Theory, research and practice, New York 1997

Pargament, Kenneth I./Koenig, Harold G./Perez, Lisa M. (2000): The many methods of religious coping: Development and initial validation of the RCOPE, in: Journal of Clinical Psychology 56 (4/2000), S. 519–543

Park, Crystal L. (2010): Making sense of the meaning literature: An integrative review of meaning making and its effects on adjustment to stressful life events, in: Psychological Bulletin 136 (2/2010), S. 257–301

Park, Crystal L./Cohen, Lawrence H./Murch, Renee L. (1996): Assessment and prediction of stress-related growth, in: Journal of Personality 64 (1/1996), S. 71–105

Park, Crystal L./Folkman, Susan (1997): Meaning in the context of stress and coping, in: Review of General Psychology 1 (2/1997), S. 115–144

Patry, Danielle A./Blanchard, Céline M./Mask, Lisa (2007): Measuring university students' regulatory leisure coping styles: Planned breathers or avoidance?, in: Leisure Sciences 29 (3/2007), S. 247–265

Payne, N. (2001): Occupational stressors and coping as determinants of burnout in female hospice nurses, in: Journal of Advanced Nursing 33 (3/2001), S. 396–405

Penley, Julie A./Tomaka, Joe (2002): Associations among the Big Five, emotional responses, and coping with acute stress, in: Personality and Individual Differences 32 (7/2002), S. 1215–1228

Penney, Lisa M./Spector, Paul E. (2005): Job stress, incivility, and counterproductive work behavior (CWB): The moderating role of negative affectivity, in: Journal of Organizational Behavior 26 (7/2005), S. 777–796

Peres, Julio F. P./Moreira-Almeida, Alexander/Nasello, Antonia, Gladys/Koenig, Harold, G. (2007): Spirituality and Resilience in Trauma Victims, in: Journal of Religion and Health 46 (3/2007), S. 343–350

Petrides, Kostantinos V./Frederickson, Norah/Furnham, Adrian (2004): The role of trait emotional intelligence in academic performance and deviant behavior at school, in: Personality and Individual Differences 36 (2/2004), S. 277–293

Piko, Bettina F. (2006): Burnout, role conflict, job satisfaction and psychosocial health among Hungarian health care staff: A questionnaire survey, in: International Journal of Nursing Studies 43 (3/2006), S. 311–318

Pindek, Shani/Spector, Paul E. (2016): Organizational constraints: A meta-analysis of a major stressor, in: Work & Stress 30 (1/2016), S. 7–25

Pinquart, Martin (2011): Soziale Bedingungen psychischer Störungen, in: Wittchen, Hans-Ulrich/Hoyer, Jürgen (Hrsg.): Klinische Psychologie & Psychotherapie, 2. Aufl., Heidelberg 2011, S. 319–335

Pishgooie, Amir Hossain/Atashzadeh-Shoorideh, Foroozan/Falcó-Pegueroles, Anna/Lotfi, Zahra (2019): Correlation between nursing managers' leadership styles and nurses' job stress and anticipated turnover, in: Journal of Nursing Management 27 (3/2019), S. 527–534

Podsakoff, Nathan P./LePine, Jeffery A./LePine, Marcie A. (2007): Differential challenge stressor-hindrance stressor relationships with job attitudes, turnover intentions, turnover, and withdrawal behavior: a meta-analysis, in: Journal of Applied Psychology 92 (2/2007), S. 438–454

Portoghese, Igor/Galletta, Maura/Coppola, Rosa Cristina/Finco, Gabriele/Campagna, Marcello (2014): Burnout and workload among health care workers: the moderating role of job control, in: Safety and Health at Work 5 (3/2014), S. 152–157

Pow, Jessie/King, David B./Stephenson, Ellen/DeLongis, Anita (2017): Does social support buffer the effects of occupational stress on sleep quality among paramedics? A daily diary study, in: Journal of Occupational Health Psychology 22 (1/2017), S. 71–85

Preyer, Gerhard (2012): Rolle, Status, Erwartungen und soziale Gruppe. Mitgliedschafts-theoretische Reinterpretationen, Wiesbaden 2012

Purser, Ronald E./Milillo, Joseph (2015): Mindfulness Revisited, in: Journal of Management Inquiry 24 (1/2015), S. 3–24

Quine, Lyn (2001): Workplace bullying in nurses, in: Journal of Health Psychology 6 (1/2001), S. 73–84

Rabenu, Edna/Yaniv, Eyal (2017): Psychological resources and strategies to cope with stress at work, in: International Journal of Psychological Research 10 (2/2017), S. 8–15

Rasch, Damaris/Dewitt, Tanja/Eschenbeck, Heike (2017): Stress im Krankenhaus, in: Prävention und Gesundheitsförderung 12 (4/2017), S. 285–293

Raspe, Matthias/Koch, Peter/Zilezinski, Max/Schulte, Kevin/Bitzinger, Diane/Gaiser, Ulrike (...) Nienhaus, Albert (2020): Arbeitsbedingungen und Gesundheitszustand junger Ärzte und professionell Pflegender in deutschen Krankenhäusern, in: Bundesgesundheitsblatt, Gesundheitsforschung, Gesundheitsschutz 63 (1/2020), S. 113–121

Rau, Renate/Buyken, Dajana (2015): Der aktuelle Kenntnisstand über Erkrankungsrisiken durch psychische Arbeitsbelastungen, in: Zeitschrift für Arbeits- und Organisationspsychologie A&O 59 (3/2015), S. 113–129

Reeve, Kristen L./Shumaker, Catherine J./Yearwood, Edilma L./Crowell, Nancy A./Riley, Joan B. (2013): Perceived stress and social support in undergraduate nursing students' educational experiences, in: Nurse Education Today 33 (4/2013), S. 419–424

Rennert, Dirk/Kliner, Karin/Richter, Matthias (2018): Arbeitsunfähigkeit, in: Knieps, Franz/Pfaff, Holger (Hrsg.): Arbeit und Gesundheit Generation 50+, Berlin 2018, S. 37–122

Reuter, Tabea/Schwarzer, Ralf (2012): Manage Stress at Work through Preventive and Proactive Coping, in: Locke, Edwin A. (Hrsg.): Handbook of Principles of Organizational Behavior, Hoboken 2012, S. 499–516

Rice, Valerie/Liu, Baoxia (2016): Personal resilience and coping with implications for work: Part I: A review, in: Work 54 (2/2016), S. 325–333

Rice, Virginia Hill (2012): Theories of Stress and Its Relationship to Health, in: Rice, Virginia Hill (Hrsg.): Handbook of stress, coping, and health. Implications for nursing research, theory, and practice, 2. Aufl., Los Angeles 2012, S. 22–42

Richardson, Chris G./Ratner, Pamela A. (2005): Sense of coherence as a moderator of the effects of stressful life events on health, in: Journal of Epidemiology and Community Health 59 (11/2005), S. 979–984

Richter, Matthias/Hurrelmann, Klaus (2009): Gesundheitliche Ungleichheit: Ausgangsfragen und Herausforderungen, in: Hurrelmann, Klaus/Richter, Matthias (Hrsg.): Gesundheitliche Ungleichheit. Grundlagen, Probleme, Perspektiven, 2. Aufl., Wiesbaden 2009, S. 13–35

Rode, Henning/Süß, Stefan (2015): Der Einfluss unternehmensinterner Social Media auf die Arbeitgeberattraktivität: Eine szenariobasierte Experimentalstudie, in: Die Betriebswirtschaft 75 (6/2015), S. 351–367

Rogers, Ann E./Hwang, Wei-Ting/Scott, Linda D./Aiken, Linda H./Dinges, David F. (2004): The working hours of hospital staff nurses and patient safety, in: Health affairs 23 (4/2004), S. 202–212

Rothgang, Heinz/Müller, Rolf/Preuß, Benedikt (2020): Barmer Pflegereport 2020: Belastungen der Pflegekräfte und ihre Folgen, https://www.barmer.de/blob/270028/6b0313d72f48 b2bf136d92113ee56374/data/dl-report-komplett2020.pdf, 31.05.2021

Röverkamp, Marie (2017): Eine Lösung für den hohen Stresspegel finden, https://www.tag esspiegel.de/wirtschaft/arbeitswelt-eine-loesung-fuer-den-hohen-stresspegel-finden/197 63422.html, 31.05.2021

Ruhle, Sascha Alexander/Süß, Stefan (2019): Presenteeism and absenteeism at work: An analysis of archetypes of sickness attendance cultures, in: Journal of Business and Psychology 20 (3/2019), S. 241–255

Rüller, Horst (2005): Geschichte der Pflege, in: Schneider, K./Brinker-Meyendriesch, E./Schneider, A./Schneider, Kordula (Hrsg.): Pflegepädagogik, Heidelberg 2005, S. 19–36

Ruotsalainen, Jani H./Verbeek, Jos H./Mariné, Albert/Serra, Consol (2015): Preventing occupational stress in healthcare workers, in: The Cochrane Database of Systematic Reviews o. Jg. (4/2015), CD002892

Rushton, Cynda Hylton/Batcheller, Joyce/Schroeder, Kaia/Donohue, Pamela (2015): Burnout and Resilience Among Nurses Practicing in High-Intensity Settings, in: American Journal of Critical Care 24 (5/2015), S. 412–420

Rutter, Michael (1999): Resilience concepts and findings: Implications for family therapy, in: Journal of Family Therapy 21 (2/1999), S. 119–144

Rutter, Michael (2006): Implications of resilience concepts for scientific understanding, in: Annals of the New York Academy of Sciences 1094 (1/2006), S. 1–12

Saksvik, Per Øystein/Tvedt, Sturle Danielsen/Nytrø, Kjell/Andersen, Gunn Robstad/Andersen, Thale Kvernberg/Buvik, Marte Pettersen/Torvatn, Hans (2007): Developing criteria for healthy organizational change, in: Work & Stress 21 (3/2007), S. 243–263

Salovey, Peter/Mayer, John D. (1990): Emotional Intelligence, in: Imagination, Cognition and Personality 9 (3/1990), S. 185–211

Schablon, Anja/Wendeler, Dana/Kozak, Agnessa/Nienhaus, Albert/Steinke, Susanne (2018): Prevalence and consequences of aggression and violence towards nursing and care staff in Germany: A survey, in: International Journal of Environmental Research and Public Health 15 (6/2018), S. 1274

Schablon, Anja/Zeh, Annett/Wendeler, Dana/Peters, Claudia/Wohlert, Claudia/Harling, Melanie/Nienhaus, Albert (2012): Frequency and consequences of violence and aggression towards employees in the German healthcare and welfare system: A cross-sectional study, in: BMJ Open 2 (5/2012), S. 1–10

Schaufeli, Wilmar B./Bakker, Arnold B. (2004): Job demands, job resources, and their relationship with burnout and engagement: A multi-sample study, in: Journal of Organizational Behavior 25 (3/2004), S. 293–315

Schaufeli, Wilmar B./Bakker, Arnold B./van Rhenen, Willem (2009): How changes in job demands and resources predict burnout, work engagement, and sickness absenteeism, in: Journal of Organizational Behavior 30 (7/2009), S. 893–917

Scheier, Michael F./Carver, Charles S. (1985): Optimism, coping, and health: Assessment and implications of generalized outcome expectancies, in: Health Psychology 4 (3/1985), S. 219–247

Scheier, Michael F./Carver, Charles S. (1992): Effects of optimism on psychological and physical well-being: Theoretical overview and empirical update, in: Cognitive Therapy and Research 16 (2/1992), S. 201–228

Scheier, Michael F./Carver, Charles S./Bridges, Michael W. (1994): Distinghishing optimism from neuroticism (and trait anxiety, self-mastery, and self-esteem): A reevaluation of the life orientation test, in: Journal of Personality and Social Psychology 67 (6/1994), S. 1063–1078

Scherm, Ewald/Süß, Stefan (2016): Personalmanagement, 3. Aufl., München 2016

Schmitz, Norbert/Neumann, Willi/Oppermann, Roman (2000): Stress, burnout and locus of control in German nurses, in: International Journal of Nursing Studies 37 (2/2000), S. 95–99

Schmoll, René/Süß, Stefan (2019): Working anywhere, anytime: An experimentalInvestigation of workplace flexibility's influence on organizational attraction, in: Management Revue 30 (1/2019), S. 40–62

Schmucker, Rolf (2019): Arbeitsbedingungen in Pflegeberufen, in: Jacobs, Klaus/Kuhlmey, Adelheid/Greß, Stefan/Klauber, Jürgen/Schwinger, Antje (Hrsg.): Pflege-Report 2019 Berlin/Fulda 2019, S. 49–60

Schneider, Benjamin/Ehrhart, Mark G./Macey, William H. (2013): Organizational climate and culture, in: Annual Review of Psychology 64 (2013), S. 361–388

Schneider, Tamera R./Lyons, Joseph B./Khazon, Steven (2013): Emotional intelligence and resilience, in: Personality and Individual Differences 55 (8/2013), S. 909–914

Schnyder, Ulrich/Büchi, Stefan/Sensky, Tom/Klaghofer, Richard (2000): Antonovsky's sense of coherence: Trait or state?, in: Psychotherapy and psychosomatics 69 (6/2000), S. 296–302

Schönfeld, Sabine/Boos, Anne/Müller, Julia (2011): Posttraumatische Belastungsstörung, in: Wittchen, Hans-Ulrich/Hoyer, Jürgen (Hrsg.): Klinische Psychologie & Psychotherapie, 2. Aufl., Heidelberg 2011, S. 985–1004

Schott, Thomas/Hornberg, Claudia (2011): Vorwort, in: Schott, Thomas/Hornberg, Claudia (Hrsg.): Die Gesellschaft und ihre Gesundheit: 20 Jahre Public Health in Deutschland, Wiesbaden 2011, S. 13–22

Schreuder, Jolanda A. H./Roelen, Corné A. M./Groothoff, Johan W./van der Klink, Jac J. L./Magerøy, Nils/Pallesen, Ståle (…) Moen, Bente E. (2012): Coping styles relate to health and work environment of Norwegian and Dutch hospital nurses: A comparative study, in: Nursing outlook 60 (1/2012), S. 37–43

Schultz, Alyssa B./Edington, Dee W. (2007): Employee health and presenteeism: A systematic review, in: Journal of Occupational Rehabilitation 17 (3/2007), S. 547–579

Schulz, Michael/Damkröger, Annika/Heins, Christian/Wehlitz, Lutz/Löhr, Michael/Driessen, Martin (…) Wingenfeld, Katja (2009): Effort-reward imbalance and burnout among German nurses in medical compared with psychiatric hospital settings, in: Journal of Psychiatric and Mental Health Nursing 16 (3/2009), S. 225–233

Schutte, Nicola S./Malouff, John M. (2011): Emotional intelligence mediates the relationship between mindfulness and subjective well-being, in: Personality and Individual Differences 50 (7/2011), S. 1116–1119

Schwarzer, Ralf/Hallum, Suhair (2008): Perceived teacher self-efficacy as a predictor of job stress and burnout: Mediation analyses, in: Applied Psychology 57 (o.H./2008), S. 152–171

Schwarzer, Ralf/Knoll, Nina (2007): Functional roles of social support within the stress and coping process: A theoretical and empirical overview, in: International Journal of Psychology 42 (4/2007), S. 243–252

Schwinger, Antje/Klauber, Jürgen/Tsiasioti, Chrysanthi (2020): Pflegepersonal heute und morgen, in: Jacobs, Klaus/Kuhlmey, Adelheid/Greß, Stefan (Hrsg.): Pflege-Report 2019, Berlin/Heidelberg 2020, S. 3–21

Seligman, Martin E. P./Csikszentmihalyi, Mihaly (2001): „Positive psychology: An introduction": Reply, in: American Psychologist 55 (1/2001), S. 5–14

Selye, Hans (1946): The general adaptation syndrome and the diseases of adaptation, in: The Journal of Clinical Endocrinology and Metabolism 6 (o.H./1946), S. 117–230

Selye, Hans (1976): Forty years of stress research: principal remaining problems and misconceptions, in: Canadian Medical Association Journal 115 (1/1976), S. 53–56

Semmer, Norbert K./Jacobshagen, Nicola/Meier, Laurenz L./Elfering, Achim/Beehr, Terry A./Kälin, Wolfgang/Tschan, Franziska (2015): Illegitimate tasks as a source of work stress, in: Work & Stress 29 (1/2015), S. 32–56

Semmer, Norbert K./Tschan, Franziska/Meier, Laurenz L./Facchin, Stephanie/Jacobshagen, Nicola (2010): Illegitimate tasks and counterproductive work behavior, in: Applied Psychology 59 (1/2010), S. 70–96

Semmer, Norbert K./Zapf, Dieter (2017): Theorien der Stressentstehung und -bewältigung, in: Fuchs, Reinhard/Gerber, Markus (Hrsg.): Handbuch Stressregulation und Sport, Berlin/Heidelberg 2017, S. 23–50

Shapiro, Shauna L. (2009): The integration of mindfulness and psychology, in: Journal of Clinical Psychology 65 (6/2009), S. 555–560

Shapiro, Shauna L./Carlson, Linda E./Astin, John A./Freedman, Benedict (2006): Mechanisms of mindfulness, in: Journal of Clinical Psychology 62 (3/2006), S. 373–386

Shatté, Andrew/Perlman, Adam/Smith, Brad/Lynch, Wendy D. (2017): The positive effect of resilience on stress and business outcomes in difficult work environments, in: Journal of Occupational and Environmental medicine 59 (2/2017), S. 135–140

Shepperd, James A./Kashani, Javad H. (1991): The relationship of hardiness, gender, and stress to health outcomes in adolescents, in: Journal of Personality 59 (4/1991), S. 747–768

Shin, Hyojung/Park, Yang Min/Ying, Jin Yuan/Kim, Boyoung/Noh, Hyunkyung/Lee, Sang Min (2014): Relationships between coping strategies and burnout symptoms: A meta-analytic approach, in: Professional Psychology: Research and Practice 45 (1/2014), S. 44–56

Shoss, Mindy K./Jiang, Lixin/Probst, Tahira M. (2018): Bending without breaking: A two-study examination of employee resilience in the face of job insecurity, in: Journal of Occupational Health Psychology 23 (1/2018), S. 112–126

Siegrist, Johannes (1996): Adverse health effects of high-effort/low-reward conditions, in: Journal of Occupational Health Psychology 1 (1/1996), S. 27–41

Siegrist, Johannes (2018): Soziale Stressoren und stressbedingte Erkrankungen, in: Fuchs, Reinhard/Gerber, Markus (Hrsg.): Handbuch Stressregulation und Sport, Berlin/Heidelberg 2018, S. 79–92

Siegrist, Johannes/Wahrendorf, Morten/Knesebeck, Olaf von dem/Jürges, Hendrik/Börsch-Supan, Axel (2007): Quality of work, well-being, and intended early retirement of older employees: baseline results from the SHARE Study, in: European Journal of Public Health 17 (1/2007), S. 62–68

Skinner, Ellen A./Edge, Kathleen/Altman, Jeffrey/Sherwood, Hayley (2003): Searching for the structure of coping: A review and critique of category systems for classifying ways of coping, in: Psychological Bulletin 129 (2/2003), S. 216–269

Skogstad, Anders/Einarsen, Ståle/Torsheim, Torbjørn/Aasland, Merethe Schanke/Hetland, Hilde (2007): The destructiveness of laissez-faire leadership behavior, in: Journal of Occupational Health Psychology 12 (1/2007), S. 80–92

Skogstad, Marit/Johannessen, Håkon A./Tynes, Tore/Mehlum, Ingrid S./Nordby, Karl C./Lie, Arve (2016): Systematic review of the cardiovascular effects of occupational noise, in: Occupational Medicine 66 (1/2016), S. 10–16

Slaski, Mark/Cartwright, Susan (2003): Emotional intelligence training and its implications for stress, health and performance, in: Stress and Health 19 (4/2003), S. 233–239

Smith, Brad/Shatté, Andrew J./Perlman, Adam/Siers, Michael/Lynch, Wendy D. (2018): Improvements in resilience, stress, and somatic symptoms following online resilience training: A dose-response effect, in: Journal of Occupational and Environmental Medicine 60 (1/2018), S. 1–5

Smith, Bruce W./Dalen, Jeanne/Wiggins, Kathryn/Tooley, Erin/Christopher, Paulette/Bernard, Jennifer (2008): The Brief Resilience Scale: assessing the ability to bounce back, in: International Journal of Behavioral Medicine 15 (3/2008), S. 194–200

Smith, Zaneta/Leslie, Gavin/Wynaden, Dianne (2017): Coping and caring: Support resources integral to perioperative nurses during the process of organ procurement surgery, in: Journal of Clinical Nursing 26 (21–22/2017), S. 3305–3317

Snyder, C. Richard (2002): Hope theory: Rainbows in the mind, in: Psychological Inquiry 13 (4/2002), S. 249–275

Snyder, C. Richard/Harris, Cheri/Anderson, John R./Holleran, Sharon A./Irving, Lori M./Sigmon, Sandra T. (…) Harney, Pat (1991): The will and the ways: Development and validation of an individual-differences measure of hope, in: Journal of Personality and Social Psychology 60 (4/1991), S. 570–585

Snyder, C. Richard/Irving, Lori M./Anderson, John R. (1991): Hope and health: Measuring the will and the ways, in: Snyder, C. Richard/Forsyth, Donelson R. (Hrsg.): Handbook of Social and Clinical psychology, Elmford 1991, S. 285–305

Snyder, C. Richard/Sympson, Susie C./Michael, Scott T./Cheavens, Jen (2002): Optimism and hope constructs: Variants on a positive expectancy theme, in: Chang, Edward Chin-Ho (Hrsg.): Optimism & pessimism: Implications for theory, research, and practice, 2. Aufl., Washington, DC 2002, S. 101–125

Somerfield, Mark R./McCrae, Robert R. (2000): Stress and coping research: Methodological challenges, theoretical advances, and clinical applications, in: American Psychologist 55 (6/2000), S. 620–625

Song, Zhaoli/Foo, Maw-Der/Uy, Marilyn A. (2008): Mood spillover and crossover among dual-earner couples: A cell phone event sampling study, in: Journal of Applied Psychology 93 (2/2008), S. 443–452

Sonnentag, Sabine (2015): Dynamics of Well-Being, in: Annual Review of Organizational Psychology and Organizational Behavior 2 (1/2015), S. 261–293

Sonnentag, Sabine/Frese, Michael (2006): Stress in Organizations, in: Weiner, Irving B. (Hrsg.): Handbook of Psychology, Hoboken 2006

Sonnentag, Sabine/Venz, Laura/Casper, Anne (2017): Advances in recovery research: What have we learned? What should be done next?, in: Journal of Occupational Health Psychology 22 (3/2017), S. 365–380

Soucek, Roman/Pauls, Nina/Ziegler, Michael/Schlett, Christian (2015): Entwicklung eines Fragebogens zur Erfassung resilienten Verhaltens bei der Arbeit, in: Wirtschaftspsychologie 17 (4/2015), S. 13–22

Spector, Paul E./Coulter, Martha L./Stockwell, Heather G./Matz, Mary W. (2007): Perceived violence climate: A new construct and its relationship to workplace physical violence and verbal aggression, and their potential consequences, in: Work & Stress 21 (2/2007), S. 117–130

Spiegel Online (2019): Krankmacher Stress – das sind Alarmzeichen, https://www.spiegel.de/gesundheit/psychologie/burn-out-das-sind-alarmzeichen-fuer-krankmachenden-stress-a-1257802.html, 31.05.2021

Spieß, Erika/Reif, Julia A. M. (2018): Quellen von Stressoren, in: Reif, Julia/Spieß, Erika/Stadler, Peter (Hrsg.): Effektiver Umgang mit Stress, Berlin,/Heidelberg 2018, S. 13–31

Stamper, Chirstina L./Johlke, Mark C. (2003): The impact of perceived organizational support on the relationship between boundary spanner role stress and work outcomes, in: Journal of Management 29 (4/2003), S. 569–588

Stansfeld, Stephen/Candy, Bridget (2006): Psychosocial work environment and mental health: A meta-analytic review, in: Scandinavian Journal of Work, Environment & Health 32 (6/2006), S. 443–462

Statistisches Bundesamt (2018): Gesundheit. Grunddaten der Krankenhäuser, https://www.destatis.de/DE/Themen/Gesellschaft-Umwelt/Gesundheit/Krankenhaeuser/Publikationen/Downloads-Krankenhaeuser/grunddaten-krankenhaeuser-2120611177004.pdf?__blob=publicationFile, 31.05.2021

Statistisches Bundesamt (2020): Pflegeheime (Anzahl). Gliederungsmerkmale: Jahre, Deutschland, Pflegeangebot, Träger, Kapazitätsgrößenklassen, https://www.gbe-bund.de/gbe/!pkg_olap_tables.prc_set_orientation?p_uid=gastd&p_aid=78562942&p_spra che=D&p_help=2&p_indnr=397&p_ansnr=12999266&p_version=3&D.000=1&D.983=2&D.493=3&D.995=2, 31.05.2021

Stearns, Stephen C./Koella, Jacob C. (1986): The evolution of phenotypic plasticity in life-history traits: Predictions of reaction norms for age and size at, in: Evolution 40 (5/1986), S. 893–913

Stein, Petra (2014): Forschungsdesigns für die quantiative Sozialofrschung, in: Baur, Nina/Blasius, Jörg (Hrsg.): Handbuch Methoden der empirischen Sozialforschung, Wiesbaden 2014, S. 135–151

Sterling, Peter/Eyer, Joseph (1988): Allostasis: A new paradigm to explain arousal pathology, in: Fisher, Shirley/Reason, James T. (Hrsg.): Handbook of life stress, cognition and health, Oxford 1988, S. 629–649

Stern.de (2021): Pflege-Petition online mitzeichnen – so geht's, https://www.stern.de/gesund heit/pflegepetition/pflege-petition-online-mitzeichnen-in-weniger-als-fuenf-minuten--- so-geht-s-9562560.html, 31.05.2021

Stetz, Melba C./Castro, Carl A./Bliese, Paul D. (2007): The impact of deactivation uncertainty, workload, and organizational constraints on reservists' psychological well-being and turnover intentions, in: Military Medicine 172 (6/2007), S. 576–580

Stich, Jean-François/Farley, Samuel/Cooper, Cary/Tarafdar, Monideepa (2015): Information and communication technology demands: Outcomes and interventions, in: Journal of Organizational Effectiveness: People and Performance 2 (4/2015), S. 327–345

Stöcker, Gertrud (2002): Bildung und Pflege. Eine berufs- und bildungspolitische Standortbestimmung, 2. Aufl., Hannover 2002

Swanson, Vivien/Power, Kevin (2001): Employees' perceptions of organizational restructuring: The role of social support, in: Work & Stress 15 (2/2001), S. 161–178

Swickert, Rhonda/Hittner, James (2009): Social support coping mediates the relationship between gender and posttraumatic growth, in: Journal of Health Psychology 14 (3/2009), S. 387–393

Taddicken, Monika (2009): Methodeneffekte von Web-Befragungen: Soziale Erwünschtheit vs. Soziale Entkontextualisierung, in: Weichbold, Martin/Bacher, Johann/Wolf, Christof (Hrsg.): Umfrageforschung. Herausforderungen und Grenzen, Wiesbaden 2009, S. 85–104

Tahghighi, Mozhdeh/Rees, Clare S./Brown, Janie A./Breen, Lauren J./Hegney, Desley (2017): What is the impact of shift work on the psychological functioning and resilience of nurses? An integrative review, in: Journal of Advanced Nursing 73 (9/2017), S. 2065–2083

Tarafdar, Monideepa/Pullins, Ellen Bolman./Ragu-Nathan, T. S. (2015): Technostress: Negative effect on performance and possible mitigations, in: Information Systems Journal 25 (2/2015), S. 103–132

Tarafdar, Monideepa/Tu, Qiang/Ragu-Nathan, Bhanu S./Ragu-Nathan, T. S. (2007): The impact of technostress on role stress and productivity, in: Journal of Management Information Systems 24 (1/2007), S. 301–328

Taylor, Shelley E. (2011): Affiliation and stress, in: Folkman, Susan (Hrsg.): The Oxford Handbook of Stress, Health, and Coping, Oxford 2011, S. 86–100

Taylor, Shelley E./Stanton, Annette L. (2007): Coping resources, coping processes, and mental health, in: Annual Review of Clinical Psychology 3 (2007), S. 377–401

Techniker Krankenkasse (2018): Gesundheitsreport 2018 Fit oder fertig? Erwerbsbiografien in Deutschland, https://www.tk.de/resource/blob/2035866/020269554b71a1686aefe c7106ba5dc3/gesundheitsreport-2018-data.pdf, 31.05.2021

Techniker Krankenkasse (2019): Gesundheitsreport 2019 Pflegefall Pflegebranche so geht's Deutschlands Pflegekräften, https://www.tk.de/resource/blob/2059766/2ee52f34b8d545e b81ef1f3d87278e0e/gesundheitsreport-2019-data.pdf, 31.05.2021

Tetrick, Lois E./Winslow, Carolyn J. (2015): Workplace stress management interventions and health promotion, in: Annual Review of Organizational Psychology and Organizational Behavior 2 (1/2015), S. 583–603

Thayer, Julian F./Verkuil, Bart/Brosschot, Jos F./Kampschroer, Kevin/West, Anthony/Sterling, Carolyn u. a. (2010): Effects of the physical work environment on physiological measures of stress, in: European Journal of Cardiovascular Prevention and Rehabilitation 17 (4/2010), S. 431–439

Theorell, Töres/Hammarström, Anne/Aronsson, Gunnar/Träskman Bendz, Lil/Grape, Tom/Hogstedt, Christer (...) Hall, Charlotte (2015): A systematic review including meta-analysis of work environment and depressive symptoms, in: BMC Public Health 15 (1/2015), S. 1–14

Thoits, Peggy A. (1995): Stress, coping, and social support processes: Where are we? What next?, in: Journal of Health and Social Behavior 35 (o.H./1995), S. 53–79

Thoits, Peggy A. (2010): Stress and health: Major findings and policy implications, in: Journal of Health and Social Behavior 51 (1/2010), S. 41–53

Thoits, Peggy A. (2011): Mechanisms linking social ties and support to physical and mental health, in: Journal of Health and Social Behavior 52 (2/2011), S. 145–161

Toepfer, Georg (2011): Genotyp/Phänotyp, in: Toepfer, Georg (Hrsg.): Historisches Wörterbuch der Biologie, Stuttgart 2011, S. 59–71

Tomlinson, Eve R./Yousaf, Omar/Vittersø, Axel D./Jones, Lauraine (2018): Dispositional mindfulness and psychological health: A Systematic Review, in: Mindfulness 9 (1/2018), S. 23–43

Tsaur, Sheng-Hshiung/Tang, Ya-Yun (2012): Job stress and well-being of female employees in hospitality: The role of regulatory leisure coping styles, in: International Journal of Hospitality Management 31 (4/2012), S. 1038–1044

Tummers, Gladys E. R./Landeweerd, Jan A./van Merode, Godefridus G. (2002): Work organization, work characteristics, and their psychological effects on eurses in the Netherlands, in: International Journal of Stress Management 9 (3/2002), S. 183–206

Turgut, Sarah/Michel, Alexandra/Sonntag, Karlheinz (2017): Coping with daily hindrance and challenge stressors in the workplace, in: Zeitschrift für Arbeits- und Organisationspsychologie A&O 61 (3/2017), S. 123–136

Turner, Jonathan H./Boyns, David E. (2001): The return of grand theory, in: Turner, Jonathan H. (Hrsg.): Handbook of Sociological Theory, New York 2001, S. 353–378

Turner, Ralph H. (2001): Role theory, in: Turner, Jonathan H. (Hrsg.): Handbook of Sociological Theory, New York 2001, S. 233–254

Tyson, Paul D./Pongruengphant, Rana/Aggarwal, Bela (2002): Coping with organizational stress among hospital nurses in Southern Ontario, in: International Journal of Nursing Studies 39 (4/2002), S. 453–459

Tytherleigh, Michelle Y./Jacobs, Pamela A./Webb, Christine/Ricketts, Chris/Cooper, Cary L. (2007): Gender, health and stress in English university staff? Exposure or Vulnerability?, in: Applied Psychology 56 (2/2007), S. 267–287

Um, Myung-Yong/Harrison, Dianne F. (1998): Role stressors, burnout, mediators, and job satisfaction: A stress-strain-outcome model and an empirical test, in: Social Work Research 22 (2/1998), S. 100–115

Ungar, Michael (2004): A constructionist discourse on resilience, in: Youth & Society 35 (3/2004), S. 341–365

Ungar, Michael (2006): Resilience across cultures, in: British Journal of Social Work 38 (2/2006), S. 218–235

Ungar, Michael (2010): Cultural dimensions of resilience among adults, in: Reich, John/Zautra, Alex (Hrsg.): Handbook of Adult Resilience, New York 2010, S. 404–423

Unger, Antonia (2014): Professionelle Pflegedienstleistungen im Spannungsfeld von Emotion, Emotionsarbeit und Effizienz, in: Bornewasser, Manfred (Hrsg.): Dienstleistungen im Gesundheitssektor: Produktivität, Arbeit und Management, Manfred Bornewasser, Wiesbaden 2014, S. 297–326

van Cappellen, Patty/Toth-Gauthier, Maria/Saroglou, Vassilis/Fredrickson, Barbara L. (2016): Religion and well-Being: The mediating role of positive emotions, in: Journal of Happiness Studies 17 (2/2016), S. 485–505

van der Hallen, Ruth/Jongerling, Joran/Godor, Brian P. (2020): Coping and resilience in adults: A cross-sectional network analysis, in: Anxiety, Stress, and Coping (2020), S. 479–496

van Rossenberg, Yvonne (2016): A tale of two approaches: How and why a person-centred approach would provide new insight into the leadership of Innovation, in: Shipton, Helen/Budhwar, Pawan S./Sparrow, Paul/Brown, Alan (Hrsg.): Human Resource Management, Innovation and Performance, Houndmills u. a. 2016, S. 197–212

van Vegchel, Natasja/Jonge, Jan de/Bosma, Hans/Schaufeli, Wilmar (2005): Reviewing the effort-reward imbalance model: Drawing up the balance of 45 empirical studies, in: Social Science & Medicine 60 (5/2005), S. 1117–1131

van Vegchel, Natasja/Jonge, Jan de/Meijer, Titia/Hamers, Jan P. H. (2001): Different effort constructs and effort-reward imbalance: effects on employee well-being in ancillary health care workers, in: Journal of Advanced Nursing 34 (1/2001), S. 128–136

van Veldhoven, Marc J. P. M./Beijer, Susanne E. (2012): Workload, work-to-family conflict, and health: Gender differences and the influence of private life context, in: Journal of Social Issues 68 (4/2012), S. 665–683

Virtanen, Marianna/Nyberg, Solja T./Batty, G. David/Jokela, Markus/Heikkilä, Katriina/Fransson, Eleonor I. (…) Kivimäki, Mika (2013): Perceived job insecurity as a risk factor for incident coronary heart disease: systematic review and meta-analysis, in: BMJ Clinical Research 347 (2013), S. 1–15

Viswesvaran, Chockalingam/Sanchez, Juan I./Fisher, Jeffrey (1999): The role of social support in the process of work stress: A meta-analysis, in: Journal of Vocational Behavior 54 (2/1999), S. 314–334

Vitera, Jan (2016): Wie fühlt es sich an, committed zu sein? Dissertation. Ernst-Moritz-Arndt-Universität Greifswald, http://nbn-resolving.de/urn:nbn:de:gbv:9-002472-9, 31.05.2021

Vollrath, Margarete (2001): Personality and stress, in: Scandinavian Journal of Psychology 42 (4/2001), S. 335–347

Waal, André (2018): Increasing organisational attractiveness, in: Journal of Organizational Effectiveness: People and Performance 5 (2/2018), S. 124–141

Wagner-Schelewsky, Pia/Hering, Linda (2014): Online-Befragung, in: Baur, Nina/Blasius, Jörg (Hrsg.): Handbuch Methoden der empirischen Sozialforschung, Wiesbaden 2014, S. 661–673

Wagstaff, Anthony Sverre/Sigstad Lie, Jenny-Anne (2011): Shift and night work and long working hours: A systematic review of safety implications, in: Scandinavian Journal of Work, Environment & Health 37 (3/2011), S. 173–185

Wahlberg, Lara/Nirenberg, Anita/Capezuti, Elizabeth (2016): Distress and coping self-efficacy in inpatient oncology nurses, in: Oncology Nursing Forum 43 (6/2016), S. 738–746

Wahrendorf, Morten/Dragano, Nico/Siegrist, Johannes (2013): Social position, work stress, and retirement intentions: A study with older employees from 11 european countries, in: European Sociological Review 29 (4/2013), S. 792–802

Wahrendorf, Morten/Rupprecht, Christoph J./Dortmann, Olga/Scheider, Maria/Dragano, Nico (2021): Erhöhtes Risiko eines COVID-19-bedingten Krankenhausaufenthaltes für Arbeitslose: Eine Analyse von Krankenkassendaten von 1,28 Mio. Versicherten in Deutschland, in: Bundesgesundheitsblatt, Gesundheitsforschung, Gesundheitsschutz 64 (3/2021), S. 314–321

Wang, An-Ni/Zhang, Wen/Zhang, Jing-Ping/Huang, Fei-Fei/Ye, Man/Yao, Shu-Yu (...) Su, Pan (2017): Latent classes of resilience and psychological response among only-child loss parents in China, in: Stress and Health 33 (4/2017), S. 397–404

Wang, Xiaofeng/Cheng, Zhenshun (2020): Cross-sectional studies: Strengths, weaknesses, and recommendations, in: Chest 158 (1/2020), S. 65–71

Wang, Zhen/Li, Chaoping/Li, Xupei (2017): Resilience, leadership and work engagement: The mediating role of positive affect, in: Social Indicators Research 132 (2/2017), S. 699–708

wdr.de (2020): Zu wenig Personal: Warnung vor Engpässen auf den Intensivstationen, https://www1.wdr.de/nachrichten/intensivbetten-personal-corona-100.html, 31.05.2021

Webster, Jennica R./Beehr, Terry A./Love, Kevin (2011): Extending the challenge-hindrance model of occupational stress: The role of appraisal, in: Journal of Vocational Behavior 79 (2/2011), S. 505–516

Weinert, Ansfried B. (2004): Organisations- und Personalpsychologie, 5. Aufl., Weinheim u. a. 2004

Weiß, Eva-Ellen/Süß, Stefan (2016): The relationship between transformational leadership and effort-reward imbalance, in: Leadership & Organization Development Journal 37 (4/2016), S. 450–466

Weiß, Eva-Ellen/Süß, Stefan (2019): Protective faith? The role of religiosity in the stressor-strain relationship in helping professions, in: The International Journal of Human Resource Management 30 (16/2019), S. 2418–2444

Weiß, Matthias/Hartmann, Silja/Högl, Martin (2018): Resilienz als Tremdkonzept, in: Karidi, Maria/Schneider, Martin/Gutwald, Rebecca (Hrsg.): Resilienz. Interdisziplinäre Perspektiven zu Wandel und Transformation, Wiesbaden 2018, S. 13–32

Welbourne, Jennifer L./Gangadharan, Ashwini/Esparza, Celina A. (2016): Coping style and gender effects on attitudinal responses to incivility, in: Journal of Managerial Psychology 31 (3/2016), S. 720–738

Welford, Alan T. (1973): Stress and performance, in: Ergonomics 16 (5/1973), S. 567–580

Werner, Emmy E. (1995): Resilience in Development, in: Current Directions in Psychological Science 4 (3/1995), S. 81–84

Wichmann, Angela (2019): Quantitative und qualitative Forschung im Vergleich: Denkweisen, Zielsetzungen und Arbeitsprozesse, Berlin, Heidelberg 2019

Williams, Paula G./Wiebe, Deborah J./Smith, Timothy W. (1992): Coping processes as mediators of the relationship between hardiness and health, in: Journal of Behavioral Medicine 15 (3/1992), S. 237–255

Wingenfeld, Klaus/Büscher, Andreas (2017): Strukturierung und Beschreibung pflege-
rischer Aufgaben, https://www.bundesgesundheitsministerium.de/fileadmin/Dateien/5_P
ublikationen/Pflege/Berichte/Fachbericht_Pflege.pdf, zuletzt aktualisiert am 31.05.2021
Winwood, Peter C./Lushington, Kurt (2006): Disentangling the effects of psychological and
physical work demands on sleep, recovery and maladaptive chronic stress outcomes
within a large sample of Australian nurses, in: Journal of Advanced Nursing 56 (6/2006),
S. 679–689
Wörz, Markus (Hrsg.) (2008): Erlöse – Kosten – Qualität: Macht die Krankenhausträger-
schaft einen Unterschied? Eine vergleichende Untersuchung von Trägerunterschieden
im akutstationären Sektor in Deutschland und den Vereinigten Staaten von Amerika,
Wiesbaden 2008
Wulf, Ines Catharina/Süß, Stefan/Diebig, Mathias (2017): Akteure der Gefährdungsbeurtei-
lung psychischer Belastung: Perspektiven und Konflikte im betrieblichen Arbeits- und
Gesundheitsschutz, in: Zeitschrift für Arbeitswissenschaft 71 (4/2017), S. 296–304
Wüstner, Kerstin (2005): Burnout bei Arbeitslosen, in: Arbeit 14 (2/2005), S. 131–146
Xie, Zhenyu/Wang, Aolin/Chen, Bo (2011): Nurse burnout and its association with occupa-
tional stress in a cross-sectional study in Shanghai, in: Journal of Advanced Nursing 67
(7/2011), S. 1537–1546
Yaseen, Yousif Ali/Abdulah, Deldar Morad/Piro, Rasoul Sabri (2020): Emotional intelli-
gence dimensions as predictors of coping reactions to stress in nursing practitioners, in:
Fukushima Journal of Medical Science 65 (3/2020), S. 99–108
Yontz, Laura S./Zinn, Jennifer L./Schumacher, Edward J. (2015): Perioperative nurses'
attitudes toward the electronic health record, in: Journal of Perianesthesia Nursing 30
(1/2015), S. 23–32
Youssef, Carolyn M./Luthans, Fred (2007): Positive organizational behavior in the workplace, in: Journal of Management 33 (5/2007), S. 774–800
Yu, Fiona/Raphael, Deborah/Mackay, Lisa/Smith, Melody/King, Anna (2019): Personal and
work-related factors associated with nurse resilience: A systematic review, in: Internatio-
nal Journal of Nursing Studies 93 (o.H./2019), S. 129–140
Zaghini, Francesco/Biagioli, Valentina/Proietti, Miriana/Badolamenti, Sondra/Fiorini,
Jacopo/Sili, Alessandro (2020): The role of occupational stress in the association bet-
ween emotional labor and burnout in nurses: A cross-sectional study, in: Applied Nursing
Research 54 (2020), S. 1–12
Zaidman-Zait, Anat/Mirenda, Pat/Szatmari, Peter/Duku, Eric/Smith, Isabel M./Vaillancourt,
Tracy (…) Georgiades, Stelios (2018): Profiles of social and coping resources in families
of children with autism spectrum disorder: Relations to parent and child outcomes, in:
Journal of Autism and Developmental Disorders 48 (6/2018), S. 2064–2076
Zajacova, Anna/Lynch, Scott M./Espenshade, Thomas J. (2005): Self-efficacy, stress, and
academic success in college, in: Research in Higher Education 46 (6/2005), S. 677–706
Zapf, Dieter/Vogt, Christoph/Seifert, Claudia/Mertini, Heidrun/Isic, Amela (1999): Emotion
work as a Source of Stress: The Concept and Development of an Instrument, in: European
Journal of Work and Organizational Psychology 8 (3/1999), S. 371–400
Zatura, Alex J./Reich, John W. (2011): Resilience: The Meanings, Methods, and Measures
of a Fundamental Characteristics oF Human Adaptation, in: Folkman, Susan (Hrsg.): The
Oxford handbook of stress, health, and coping, Oxford 2011, S. 173–185

Zhang, Fangfang/Parker, Sharon K. (2019): Reorienting job crafting research: A hierarchical structure of job crafting concepts and integrative review, in: Journal of Organizational Behavior 40 (2/2019), S. 126–146

Zheng, Zhimin/Gangaram, Poornima/Xie, Huiting/Chua, Stephanie/Ong, Samantha Bee Cheng/Koh, Sioh Eng (2017): Job satisfaction and resilience in psychiatric nurses: A study at the Institute of Mental Health, Singapore, in: International journal of mental health nursing 26 (6/2017), S. 612–619

The manufacturer's authorised representative in the EU is Springer
Nature Customer Service Centre GmbH, Europaplatz 3, 69115 Heidelberg,
Germany. If you have any concerns regarding our products, please
contact ProductSafety@springernature.com

Printed and bound by CPI Group (UK) Ltd, Croydon, CR0 4YY
28/04/2026
02098491-0007